C++ Programming

오종철 · 장민석 공저

객체지향 프로그래밍 언어인 C++를 배우고자 하는 이들이 반드시 알고 넘어가야 할 내용들을 점검하고, 자료의 입출력에서부터 마지막 클래스의 내용까지 자연스럽게 이해할 수 있도록 설명하려고 노력하였다. 또한 전산학에 대한 비전공자의 입장에서 C++를 강의하면서 느꼈던 기본적인 내용을 점검하고 그 결과를 정리하였으며, 전산 전공 용어를 가능한 사용하지 않고 C++를 기술하였고 다양한 예제를 통하여 차례대로 개념을 익히고 파악할 수 있도록 하였다.

도서출판 GS인터비전

머리말

현재 우리가 접하고 있는 모든 분야에서 컴퓨터가 없어서는 작업이 불가능한 시대에 살고 있다. 더욱이 몇 년 전의 DOS 환경의 컴퓨터 작업이 더 편리한 윈도우즈 환경으로 급속도로 발전하였다. 일련의 문제들을 해결하기 위한 컴퓨터를 이용한 고급 수준의 프로그래밍 언어의 경우에도 보다 더 사용자에게 친숙한 환경의 인터페이스를 제공하고 있다. C++ 언어를 활용한 윈도우즈 환경의 그래픽 사용자 인터페이스(GUI)가 좋은 예라고 할 수 있다. 특히 C++ 언어가 전 분야에 걸쳐 사용영역이 넓어지고 있다는 사실로 미루어 여타 다른 언어보다 여러 가지 면에서 매우 성능이 우수하다는 것을 짐작할 수 있다. 더욱이 기존의 C를 기본틀로 개발된 객체 지향 프로그래밍 언어로서의 C++ 언어가 비주얼 C++까지 그 발전을 비약적으로 함으로써 윈도우용 소프트웨어 산업에까지 폭 넓게 자리 잡아가고 있다. 하지만 비주얼 C++가 컴퓨터 산업의 강력한 도구가 되어 가는 이 시점에서 그 근간이 되는 C++의 기본을 잡지 못하면 앞서 가는 흐름을 영원히 잡지 못할 것이다.

지난 몇 년 동안 C++ 프로그래밍 언어를 강의하면서 객체지향 프로그래밍 언어인 C++를 배우고자 하는 이들이 반드시 알고 넘어가야 할 내용들을 이 책을 통해 다시 한 번 점검하고, 자료의 입출력에서부터 마지막 클래스의 내용까지 자연스럽게 이해할 수 있도록 설명하려고 노력하였다. 또한 전산학에 대한 비전공자의 입장에서 C++를 강의하면서 느꼈던 기본적인 내용을 점검하고 그 결과를 정리하였으며, 전산 전공 용어를 가능한 사용하지 않고 C++를 기술하려고 하였다. 그러나 객체 지향 프로그래밍 언어의 대표격인 C++의 클래스를 기술하면서 비전공자에게 다소 어려운 용어들이 등장하는 것은 어쩔 수 없는 부분이었음을 이해해주기 바란다.

C++ 프로그래밍 언어를 다룬 책들은 거의 구성이 비슷하고, 이를 배우고자 하는 초보자의 대부분은 어렵다고 한다. 이 책에서는 강의 경험을 통하여 얻은 사실을 토대로 책을 구성하였다. C++ 언어를 처음 배우는 사람들이 가장 많이 느껴왔던 어려운 점은 C 언어를 기본으로 알고 있는 것으로 간주하면서 기술하고 있다는 점과 한 개념을 설

명하면서 뒷부분에서 다루게 될 내용을 별다른 주석없이 도입한다는 점 등이다. 이 책에서는 가능한 C의 내용을 기술하지 않았으며, 다양한 예제를 통하여 차례대로 개념을 익히고 파악할 수 있도록 하였다.

이 책의 구성을 간략히 설명하면 다음과 같다. 1장은 C++ 언어의 개요와 IDE 프로그램인 비주얼 C++ 6.0의 간단한 실행에 대하여 설명하였다. 2장은 자료의 처리를 위한 변수의 선언 방법과 cout 객체를 통한 자료의 출력, cin 객체를 통한 자료의 입력 등을 다루고 있다. 3장은 C++에서 사용되는 대부분의 연산자와 그 기능에 대하여 간략히 설명하였으며, 4장에서는 실행의 흐름을 변경하거나 순환 실행을 하도록 하는 많이 사용하는 몇 가지 제어문에 대하여 알아보았다. 5장에서는 사용자 정의 함수의 정의와 선언 그리고 호출에 대하여 자세히 설명하였고, C++의 특성인 함수 템플릿과 함수의 다중정의에 대하여 언급하였다. 6장은 포인터와 배열, 그리고 함수와 관련된 여러 가지 호출 방식과 배열의 일종인 문자열의 간단한 처리 방법을 기술하였다. 또한 힙 메모리에 자료를 할당할 수 있도록 도와주는 new 연산자와 delete 연산자에 대하여 설명하였다. 7장은 클래스로 넘어가는 기착지인 구조체에 대한 전반적인 사항들과 구조체 멤버함수와 구조체 자료를 함수로 전달하는 방식 등을 다루었다. 8장에서는 변수의 또 다른 별명인 참조자와 이를 통한 간단한 연산자 다중정의를 설명하였다. 9장부터는 이 책의 후반부에 해당되는 부분으로 전반부의 내용을 기반으로 객체지향 프로그래밍에 대해 예제 위주로 설명하였다. 우선 9장은 C++ 객체 지향 프로그램의 개념을 빠르게 잡을 수 있도록 전체적으로 설명하였다. 10장은 짧은 함수를 직접 삽입하는 인라인 함수에 대해 설명하였다. 11장은 클래스의 메소드에 해당되는 멤버 함수에 대해 설명하였다. 12장은 클래스의 데이터형의 변환에 대해 설명하였다. 13장은 객체 생성시 데이터 멤버를 정의하고 초기화하는 방법인 생성자 함수와 객체 소멸시 필요한 소멸자 함수에 대해 설명하였다. 14장은 6장에서 설명한 new 연산자와 delete 연산자를 예를 통해 보완 설명하였다. 15장은 정적 멤버와 정적 멤버 함수에 대해 설명하였다. 16장은 생성된 객체들에 대해 자기 자신의 포인터를 유지하기 위한 this 포인터에 대해서 설명하였다. 17장은 8장의 연산자 다중정의를 보완 설명하였다. 18장은 클래스의 중요 개념인 상속에 대해 예제를 통해 설명하였다. 19장은 멤버 함수가 아니면서 클래스의 전용 멤버에 접근할 수 있는 프렌드 함수에 대해 설명하였다. 마지막으로 20장은 파일 스트림 객체를 통해 파일 입출력을 할 수 있는 방법에 대해 설명하였다. 이 책의 부록에는 문자 상수인 아스키(ASCII) 코드표와 참고문헌을 첨가하였다.

끝으로 이 책이 C++의 기본을 다지고자 하는 이들에게 좋은 참고가 되길 바라며, 이 책을 출판해주신 도서출판 GS인터비전 송기수 대표님께 감사의 말씀을 드린다.

2010년 8월

오종철 · 장민석

차 례

Chapter 1. C++ 언어 프로그래밍

Chapter 2. 변수와 입출력

Chapter 3. 연산자

Chapter 4. 제어문

Chapter 5. 함수의 사용

Chapter 6. 포인터와 배열

Chapter 7. 구조체

Chapter 9. C++ 객체 지향 프로그래밍 개요

Chapter 10. 인라인 함수

Chapter 11. 클래스 멤버 함수

Chapter 12. 클래스의 형 변환

Chapter 13. 생성자와 소멸자 함수

Chapter 18. 상속

Chapter 19. 프렌드 클래스와 예외

Chapter 20. 입출력과 파일

Chapter 1

C++ Programming

C++ 언어 프로그래밍

1.1 C++ 언어의 개요

C++ 언어 프로그래밍이란 C++ 언어를 이용하여 컴퓨터가 처리할 일련의 작업 처리의 순서를 기술하는 것 또는 그 행위를 말한다. C++ 언어는 인간과 컴퓨터 사이에 의사소통을 하기 위해 만들어진 수단으로서 우리가 실생활에서 사용하고 있는 의사소통 수단인 언어가, 그 상대가 컴퓨터로 바뀐 것이라고 보면 될 것이다. 프로그래밍 언어는 과학 계산용으로 사용하는 FORTRAN, 교육용의 BASIC 등 여러 가지 종류가 있으나, C++ 언어는 수학식의 계산과 같은 단순한 연산에서 벗어나 각종 컴퓨터 언어 개발, 멀티미디어 저작도구에의 활용, 게임 소프트웨어 개발 툴(tool), 그리고 기타 응용 패키지 프로그램 개발 등 부수히 많은 분야의 문제들을 해결할 수 있는 다양한 적용성을 구비한 언어가 되고 있다.

1972년에 미국 Bell 연구소의 Dennis Ritche는 UNIX 운영체제를 개발하는 과정에서 UNIX 운영체제의 이식성을 증가시킬 목적으로 C 언어를 개발하였다. 초기의 C는 절차적 프로그래밍 언어로서의 기능은 다른 주요 언어인 PASCAL 등과 같았다. 절차적 프로그래밍이란 주어진 문제 해결을 위해 선택된 알고리즘 절차에 따라 언어를 구현하는 것을 말한다. 그러나 C 언어는 이후 구조적 프로그래밍이 가능하도록 1980년 초에 몇 가지 개선점을 추가하였으며, 1980년대 말에는 많은 기능을 추가하여 "표준 C" 또는 "ANSI C"로 알려진 C 언어의 표준안을 마련하였다.

C의 구조적 프로그래밍이 이전보다 뛰어난 향상성을 가져왔으나 규모가 큰 프로그래밍은 여전히 어려운 과제로 남아있었다. 1980년대 초에 Bell 연구소의 Bjarne Stroustrup이 "C with Class" 라는 이름으로 C++ 언어를 개발하였다. Stroustrup이 C++를 만든 주 목적은 프로그래머들이 보다 쉽게 유용한 프로그램을 작성할 수 있도록 하기 위한 것이라 한다. Stroustrup은 기존의 C를 기본 틀로 하여 C++를 만들었다. 그 이유는 그 당시에 C 언어의 사용자가 많다는 점과 C 특유의 간결성, 그리고 UNIX 운영체제에 잘 맞다는 점 때문이다. 그러나 C++는 단순한 C의 확장이 아니라 C 보다 훨씬 좋은 독립된 언어이다.

Stroustrup은 두 가지 사항을 C++에 주입하였다. 첫째는 C++를 C와 호환성을 갖도록 하였다. 따라서 C++는 기존의 C 라이브러리를 그대로 사용할 수 있다. 두 번째는 Simula 67이라는 시뮬레이션 언어의 클래스 구문에 기반한 OOP(Object-Oriented Programming : 객체지향 프로그래밍) 특성을 추가시켰다. 이렇게 하여 기존의 C 언어에 함수와 연산자의 다중 정의, 참조자, 그리고 클래스 등 많은 기능이 추가됨으로써 C++는 객체지향 프로그래밍 언어로 탄생한 것이다. C++의 이름도 기존 C라는 이름에 1을 더하는 증가연산자(++)를 붙임으로써 이 언어가 C의 확장이라는 의미를 나타내고 있는 것이다. Stroustrup은 AT&T의 벨 연구소에서 근무하면서 C++를 개발한 이후에도 계속 버전을 향상시켰다. 컴퓨터 언어를 표준화하는 단체인 ANSI(The American National Standards Institute)에서는 C의 표준은 정하였지만 C++는 표준화시키지 못했기 때문에 보통 AT&T 표준을 C++ 언어의 표준으로 받아들이면 된다.

1.2 C++ 프로그램의 실행

1.2.1 원시 프로그램

C++ 언어로 작성하여 저장된 파일을 원시 프로그램(source program)이라고 한다. 우리가 이 책을 통하여 습득하고자 하는 목적이 우리의 문제를 풀기 위한 원시 프로그램의 작성에 있다. C++ 언어로 원시 프로그램을 작성하면 컴파일과 링크 과정을 거쳐야 한다. 그리고 이 과정에서 오류가 발생하면 디버깅 과정을 거쳐 잘못된 점을 수정하는 작업도 필요하다. 원시 프로그램의 작성부터 실행에 이르기까지 모든 과정을 하나의 프로그램에서 해결할 수 있게 하는 것을 통합 개발 환경(IDE)이라고 한다. 따라서 이러한 IDE 프로그램을 통하면 IDE에 포함된 문서 편집기로 C++ 원시 프로그램을 작성할 수 있을 뿐만 아니라 이를 컴파일하고 실행할 수 있다. C++ 언어의 실행을 위하여 일반적으로 많이 사용하는 IDE 프로그램이 MS Visual C++ 6.0이므로 이 책에서는 MS Visual C++ 6.0의 프로그램을 이용하여 모든 원시 프로그램을 작성한 후, 컴파일과 링크 과정을 거쳐 실행 결과를 얻었다.

〈그림 1.1〉은 MS Visual C++ 6.0 프로그램을 실행하였을 때 나타나는 초기 화면이다.

C++ 원시프로그램을 새롭게 작성하기 위하여 [File]-[New] 메뉴를 선택하면 〈그림 1.2〉와 같이 생성할 프로젝트의 종류와 이름, 그리고 프로젝트의 저장 위치를 정할 수 있는 대화상자가 나타난다. 한 개의 응용 프로그램을 생성하기 위하여 만들어진 여러 개의 원시 프로그램의 묶음을 프로젝트(project)라고 한다. 이 프로젝트 정보를 관리하는 파일이 작업공간(workspace) 파일이다.

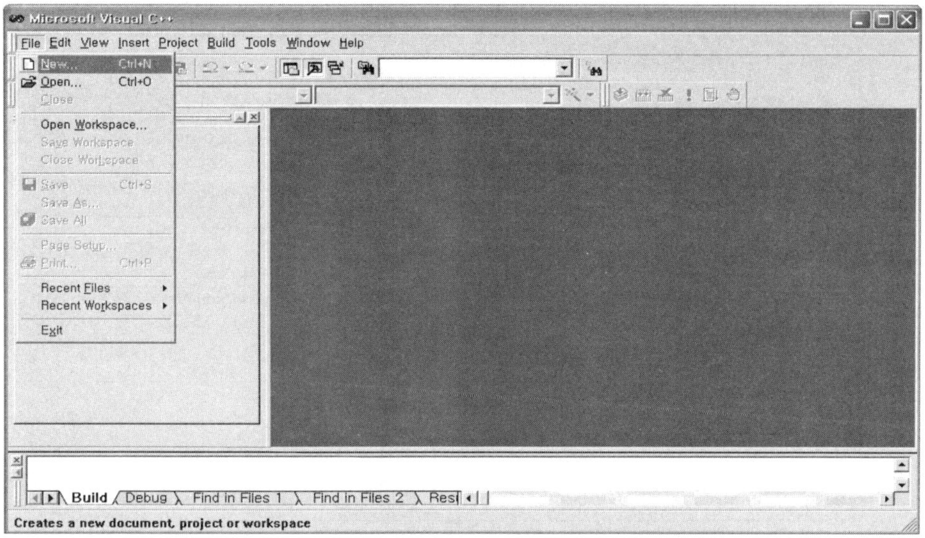

〈그림 1.1〉 MS Visual C++ 실행 초기 화면

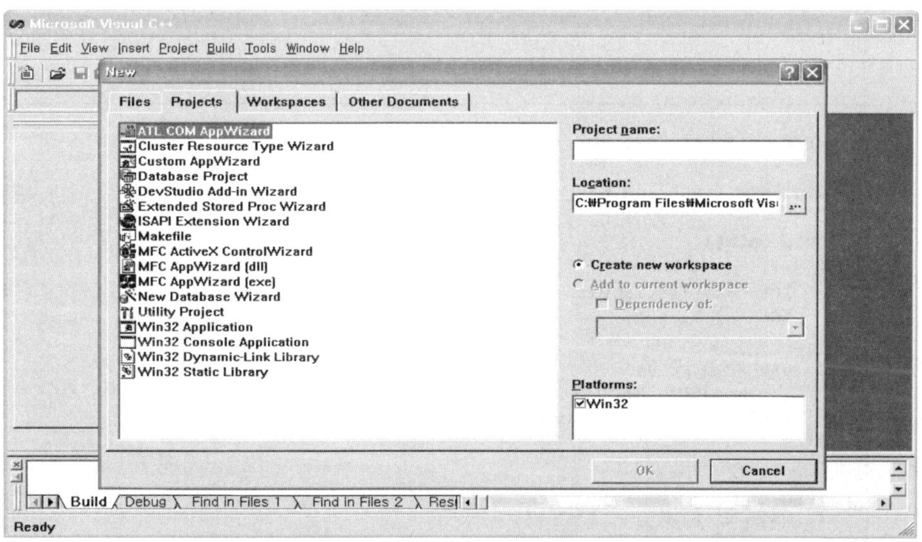

〈그림 1.2〉 프로젝트 생성 대화상자

C++ 언어의 원시 프로그램을 작성하기 위해서 〈그림 1.2〉의 대화상자에서 [Files] 텝을 선택하고 다음 〈그림 1.3〉과 같이 [C++ Source File] 항목을 선택하고 〈그림 1.3〉과

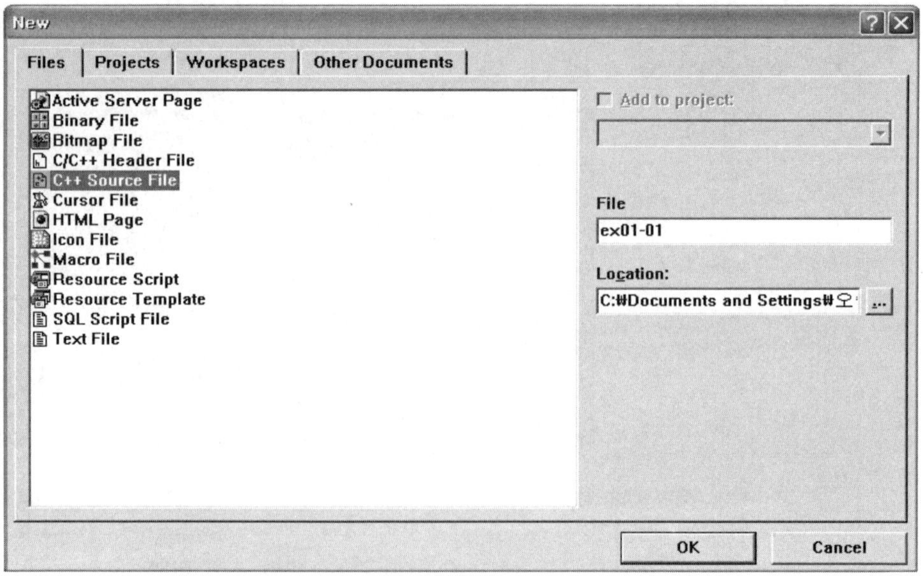

〈그림 1.3〉 C++ Source File의 선택

〈예 1.1〉

```
// C++ Source Program  "ex01-01.cpp"

#include <iostream.h>

void main()
{
   int  add(int, int);      //  함수 원형의 선언문
   int  a, b, sum;

   cin >> a >> b;          /*  변수의 입력 (C의 주석문 처리)  */
   sum = add(a, b);        //  함수의 호출
   cout << "sum = " << sum << endl;   // 변수의 출력
}


//  함수의 정의

int add(int x, int y)
{
   return  x+y;
}
```

같이 [C++ Source File] 항목을 선택한다. 오른쪽의 [File]에는 원시 프로그램의 이름을 "ex01-01"과 같이 확장자 없이 입력하고, 이 파일을 비롯하여 실행까지의 모든 정보 파일을 저장하고자 하는 폴더의 이름을 [Location]에 지정한다. 대부분의 C++ 컴파일러는 C++ 언어로 작성된 원시 프로그램 파일의 확장자를 .cpp로 설정한다. 따라서 이 책에서도 모든 C++ 원시 프로그램 파일의 확장자가 .cpp가 되도록 저장하였지만, 원시 프로그램의 파일 이름은 대부분 표기하지 않았다.

〈예 1.1〉은 〈그림 1.3〉에서 OK 버튼을 클릭한 이후 나타나는 편집기 화면에 작성된 C++ 언어의 원시 프로그램이다. 앞으로 C++ 원시 프로그램이란 용어대신 C++ 프로그램 또는 단순히 프로그램이라고 부를 것이다.

1.2.2 컴파일

컴퓨터는 0과 1로만 된 기계어만 이해할 수 있다. 이러한 기계어를 사람들이 알아볼 수 있도록 만든 언어가 어셈블리 언어(assembly language)이다. 그러나 어셈블리 언어도 기계어를 단순히 일대일로 대응시킨 것이기 때문에 기계의 여러 하드웨어적인 동작도 이해하고 있어야 한다. 이러한 하위 레벨 언어에서 벗어나 사람이 쉽게 알아볼 수 있는 언어로 프로그램을 작성할 수 있는 언어가 등장하였다. BASIC, FORTRAN, COBOL, PASCAL, C, C++ 등의 이러한 고급 레벨 언어는 사람들에게 친숙하지만, 컴퓨터는 전혀 이해하지 못할 것이므로 기계어로 번역하는 작업이 필요하다. 이와 같이 C++ 언어 등으로 작성된 원시 프로그램을 컴퓨터가 이해할 수 있는 기계어 코드로 번역하는 작업을 컴파일(compile)이라고 한다. Turbo C++, Borland C++, MS Visual C++ (MVC++), Symantec C++ 등이 이러한 컴파일 작업을 수행해 주는 C++ 컴파일러들의 예이다.

C++ 컴파일러는 선행 처리자가 # 기호로 시작하는 선행 처리문 등을 자동으로 먼저 처리한 이후에 컴파일 작업을 수행한다. 컴파일 작업은 원시 프로그램과 이 프로그램의 수행에 필요하기 때문에 포함되어야 하는 다른 원시 파일들도 같이 컴파일이 이루어져야 한다. 컴파일 작업이 성공적으로 끝나면, 확장자가 .OBJ인 기계어 코드로 이루어진 오브젝트 파일(Object file)이 생성된다. 컴파일 과정에 오류가 생기면 원시 프로그램으로 돌아가서 이를 수정한 후 다시 컴파일 과정을 거쳐야 한다.

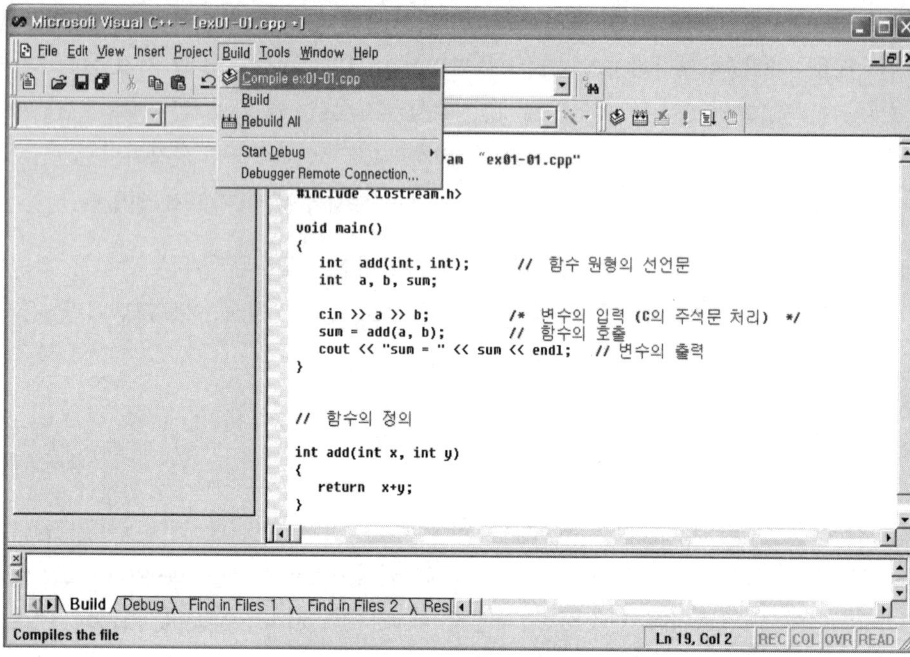

〈그림 1.4〉 컴파일을 위한 항목

〈그림 1.4〉는 C++ 언어로 작성된 원시 프로그램을 기계어로 변환시켜주는 컴파일 과정을 위하여 [Build] 메뉴에서 [Compile ex01-01.cpp] 항목을 선택하는 모습을 표시한 것이다.

1.2.3 링크

성공적인 컴파일러 작업으로 만들어진 오브젝트 파일에 라이브러리 파일(Library file)을 결합하는 작업을 링크(link)라고 한다. 미리 만들어진 오브젝트 파일인 라이브러리 파일(Library file) 속에는 프로그램의 표준 라이브러리 함수의 본체 등 본격적인 프로그램 실행에 필요한 여러 정보들이 수록되어 있다. 이때 링크 도중 오류가발생하면 그 원인을 찾아서 원시 프로그램을 수정하여 컴파일 단계부터 다시 시작해야 한다. 오류 없이 링크가 성공적으로 이루어지면 확장자가 .EXE인 실행 파일이 만들어진다. 다음 〈그림 1.5〉는 컴파일 과정이 성공한 이후 링크 작업을 수행하기 위한 [Build] 항목을 선택하는 모습이다.

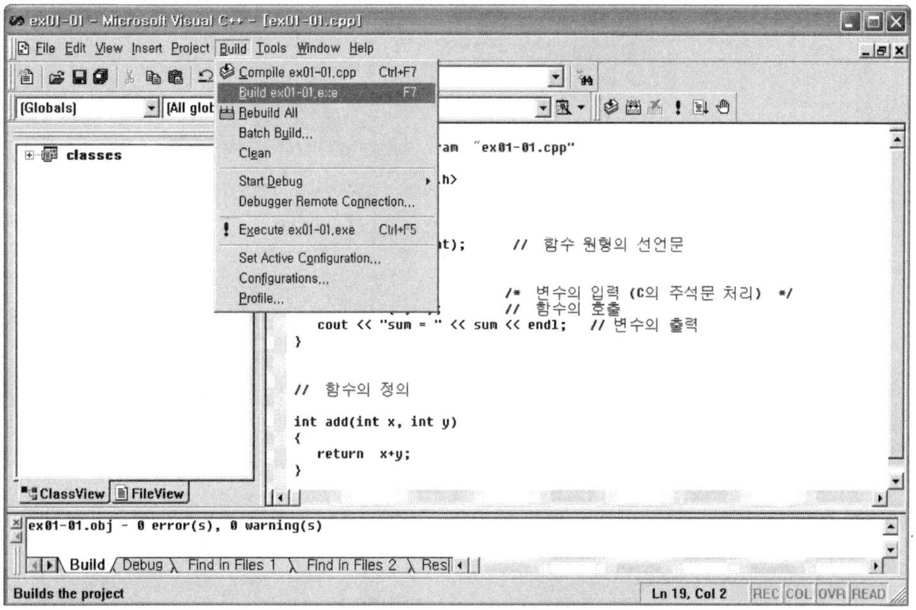

〈그림 1.5〉 링크(빌드)를 위한 항목

1.2.4 실행

〈예 1.1〉의 원시 프로그램을 "ex01-01.cpp"라는 파일로 저장하였다. 컴파일 단계를 성공적으로 거쳤으면 "ex01-01.cpp" 파일이 저장되어 있는 폴더에 Debug라는 폴더가 자동적으로 생성되어 이 폴더에 "ex01-01.obj" 파일이 만들어지고, 다음 단계인 링크도 순조롭게 수행되면 "ex01-01.exe" 파일도 Debug 폴더에 새로 생성될 것이다.

이때, 〈그림 1.6〉에서 표시된 바와 같이 프로그램의 실행을 위하여 [Executeex01-01.exe] 항목을 선택하면 다음 〈그림 1.7〉의 화면이 새로 생기면서 자료의 입력을 기다리는 커서가 깜박거린다.

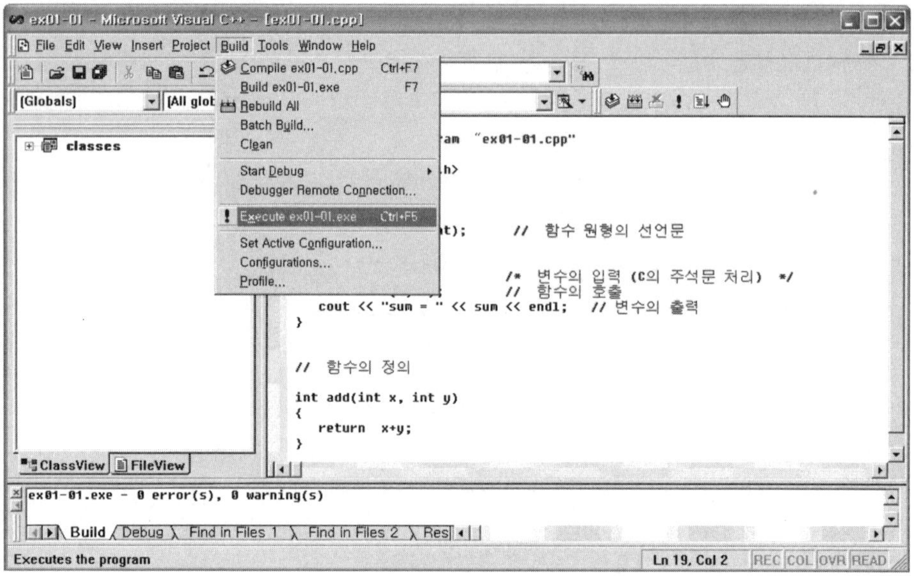

〈그림 1.6〉 프로그램 실행을 위한 항목

〈그림 1.7〉 프로그램의 실행과 자료의 입력

이제 두 변수 a, b에 대한 값을 차례대로 입력하고 Enter↵ 키를 누르면 〈그림 1.8〉의 화면에 프로그램의 실행 결과가 출력된다.

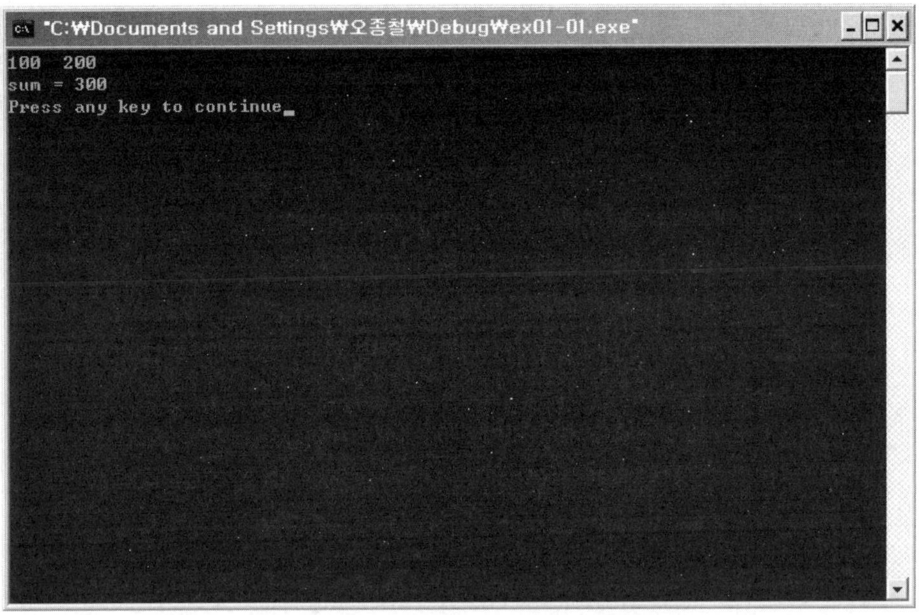

〈그림 1.8〉 프로그램의 실행 결과의 출력

1.3 C++ 프로그램의 구조

C++ 프로그램은 하나 이상의 함수들로 구성된 모듈화 구조의 언어이다. 〈예 1.1〉 프로그램에 표시되어 있듯이 C++의 실행은 main() 함수의 첫 문장부터 차례대로 실행하며 마지막 문장의 실행이 끝나면 전체 C++ 프로그램의 실행이 종료된다.

실행에 필요한 헤더파일의 정보나 매크로들의 처리는 선행 처리자의 몫이다. 선행 처리자에 의해서 수행되는 선행 처리문들은 대부분 C++ 프로그램의 앞부분에 위치한다. 이후 모듈화 된 여러 함수들을 표시하는데 이들 함수들의 정해진 순서는 없다.

이제 〈예 1.1〉 프로그램에 대하여 간략히 알아보자.

1.3.1 C++ 프로그램의 요소

C++ 프로그램은 컴파일러가 인식하는 기본 어휘들로 구성되어 있어야 한다. C++의 기본 어휘들은 주석, 키워드, 식별자(변수), 상수값, 연산자, 구분자들이다. 먼저 주석(comment)은 C++ 프로그램의 설명을 위한 것으로 프로그램 내의 어디에서나 주석을 달 수 있다. 표준 C에서는 /*와 */ 사이의 모든 것을 주석으로 해석하였지만, /* 뒤 쪽에 같은 /* 표시가 있을 경우에는 주석이 될 수 없어 오류가 발생한다. C++에서는 이의 결점을 보완하여 // 기호를 사용하고, // 이후 그 줄의 끝까지를 주석으로 간주하고 있다. // 뒤의 같은 줄에 // 기호가 나와도 오류가 발생하지 않는다. 물론 C++는 C의 확장이기에 /*와 */ 기호를 사용한 주석도 가능하다. 다음은 〈예 1.1〉에 표시된 주석의 예이다.

```
// C++ Source Program  "ex01-01.cpp"

cin >> a >> b;      /* 변수의 입력(C의 주석문 처리) */
```

키워드(keyword, 예약어)는 C++에서 특별한 의미를 갖는 예약된 단어이다. 기본 자료형의 변수를 선언하기 위해 사용되는 int, long, double 등과 유도 데이터형을 정의하는 struct, class 그리고 제어문에 사용되는 if, for, while 등이 키워드들이다. 이들은 이미 예약된 단어들이기 때문에 C++ 프로그램 사용자가 키워드를 다른 변수의 이름으로 사용할 수 없다. C++ 키워드는 2.1 절에 소개하였다.

식별자(identifier)는 2 장에서 설명될 변수의 이름이나 상수의 이름을 의미한다. 식별자는 영문 대·소문자, 숫자, 그리고 밑줄(_)로 구성된다. 이외에 다른 문자들이 포함되면 식별자 오류가 발생한다.

상수값은 말 그대로 C++ 프로그램에 쓰이는 상수들의 값을 표현하는 것이다. 2.1.2 절에서 기본 자료형에 해당하는 상수들의 표현 방법을 다루게 된다. 예를 들어 457은 10진수로 표현된 정수 상수이지만 0711은 8진수 정수 상수이다. 또한 0x1C9는 10진수 457을 16진수 정수로 표현한 정수 상수값을 의미한다.

C++ 프로그램은 연산자가 없이 어떤 문제도 프로그래밍 할 수 없다. C++에는 많은 연산자(operator)가 있으며 이에 적절한 피연산자(operand)가 주어진 식에서 의미를

갖는다. 3 장의 [표 3.1]에 C++에서 사용되는 대부분의 연산자를 표시하였다. 연산자는 연산자 우선순위와 결합규칙에 따라 연산되며, 연산자들의 연산 기능을 사용자가 다중 정의할 수 있다.

마지막으로 구분자(punctuator)는 연산자로의 기능을 갖지 않는 괄호(()), 중괄호({ }), 콤마(,) 그리고 콜론(;) 등이며, 프로그램의 요소들을 구분하는 데 사용된다. 예를 들어 다음과 같은 변수 선언문에 사용된 콤마(,)가 구분자이다.

```
int   a,  b,  sum ;    //  여기서 ,는 구분자이다.
```

1.3.2 C++의 선행처리기

C++도 선행처리기(preprocessor)를 사용한다. 선행처리기는 원시 프로그램의 컴파일이 시작되기 직전에 # 기호로 시작되는 선행처리 지시자(directives)를 수행하기 위하여 자동 실행된다. 〈예 1.1〉에 표시된 다음 문장은 #include 선행처리 지시자를 수행하기 위하여 선행처리기가 수행된다.

```
#include <iostream.h>          //  선행처리 지시자
```

이 #include 선행처리 지시자는 헤더 파일 〈iostream.h〉의 내용을 프로그램으로 삽입하도록 선행처리기에게 지시할 것이다. C++의 몇 가지 중요한 입출력 기능들이 〈iostream.h〉 헤더 파일에 정의되어 있다. 예를 들어 〈예 1.1〉에서 두 변수 a, b에 정수형 자료를 읽어 들이는 cin과 문자열과 변수 sum의 값을 차례대로 출력하는 cout의 정보가 〈iostream.h〉에 포함되어 있다. 따라서 cin과 cout을 사용하기 위해서 헤더파일 〈iostream.h〉를 불러 삽입해주는 #include 선행처리 지시자가 반드시 필요하다. cin, cout의 간단한 사용법은 2 장에서 다루어지지만, 9 장 이후에 클래스를 배우고 나면 cin과 cout의 의미를 확실히 알 수 있을 것이다. 참고로 cin과 cout은 C++의 키워드가 아니다.

```
cin  >> a >> b;
…
cout << "sum =" << sum ;
```

C++ 언어는 C의 확장이기 때문에 C에서 제공되는 대부분 표준 라이브러리 함수들을 사용할 수 있다. 예를 들어 자료들의 출력을 위해서 함수 printf()를 다음과 같이 사용할 수 있다. 그러나 이 책에서는 자료들의 입출력에 관한 한 cin과 cout만을 사용하였다.

```
printf("sum = %dWn", sum);
```

이 문장에서 printf() 함수를 잘 모르는 상태일 경우에는 이 문장이 무엇인지, 설령 출력을 위한 표준 라이브러리 함수라는 것은 알았다고 하더라도 어떻게 사용해야 하는지 모를 것이다. 따라서 C에 관련된 여러 참고 문헌을 찾아보려고 도서관이나 서점으로 가야한다. 그러나 Visual C++ 6.0 IDE 편집기 창에서 바로 printf() 함수의 기능과 용법, 그리고 이 함수의 원형이 들어있는 헤더 파일의 이름과 예제 등의 정보를 알 수 있는 방법이 있다. C++가 제공하는 도움말 기능을 이용하는 것이다. 예를 들어 편집기 창에 printf()를 입력하고 커서를 이 단어에 위치한다. 그리고 F1 키를 누르면 〈그림 1.9〉와 같이 printf() 함수의 도움말 창이 나타난다.

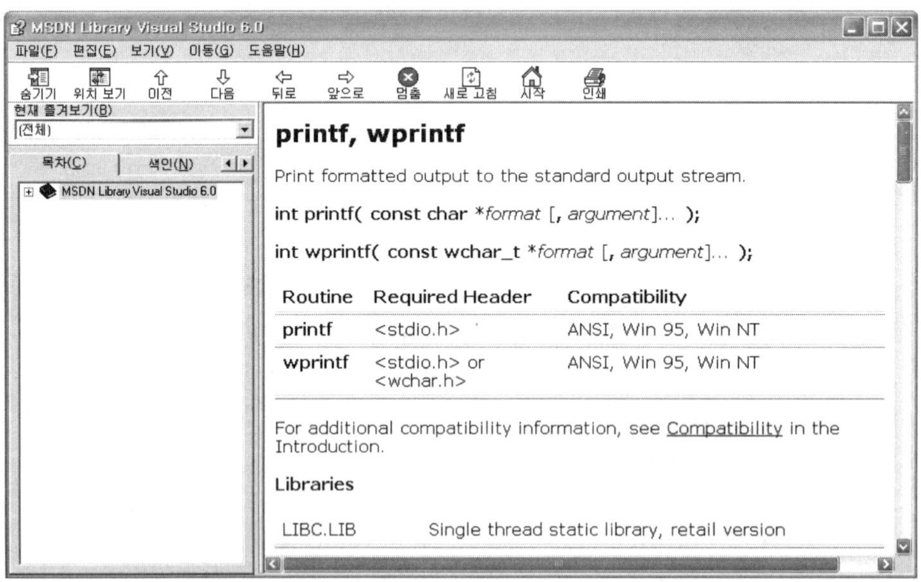

〈그림 1.9〉 Visual C++ 6.0 IDE 도움말 창

1.3.3 main() 함수

```
void main()        // main() 함수 : 프로그램은 이 함수를 호출한다.
{                  // main() 함수의 시작
   ...
}                  // main() 함수의 끝
```

main() 함수는 C++ 프로그램에서 없어서 안 될 가장 중요한 함수이다. C++ 프로그램의 실행은 main() 함수의 첫 문장에서 시작하여 끝 문장으로 종료되기 때문이다. 〈예 1.1〉의 main() 함수는 함수의 반환값이 존재하지 않으므로 void로 지정되었다. 그리고 main() 함수로 전달되는 명령행 인수가 없으므로 괄호 안에 아무 것도 표시하지 않았다. main() 함수를 포함한 모든 함수는 블록으로 처리되어야 하며 다른 블록과 경계선을 표시하기 위하여 중괄호({})를 사용한다. 따라서 구분자 중괄호로 구분된 블록의 내부는 다른 블록과 별개의 환경을 갖는 하나의 지역이다.

1.3.4 변수 선언

```
int  a, b, sum ;
```

이 문장은 세 개의 int형 변수 a, b, sum을 선언하는 명령문이다. 모든 변수는 사용되기 이전에 반드시 선언되어야 한다. 변수를 선언해야만 이 변수에 대입되는 자료들이 저장될 메모리가 확보되기 때문이다. C++에서는 변수의 선언문이 이 변수를 사용하기 전에 선언만 된다면 어디에 나타나는지 상관없다.

1.3.5 사용자 정의 함수

```
int  add( int, int ) ;          // 함수 원형의 선언문
```

이 문장은 main() 함수 내에서 호출될 사용자 정의 함수의 원형을 선언한 것이다. main() 함수를 포함한 모든 함수는 다른 함수를 호출하기 전에 호출될 함수의 정보를 미리 알고 있어야 한다. 함수의 이름, 전달되는 인수들의 개수와 자료형, 그

리고 함수의 실행이 종료된 후 반환되는 반환값의 자료형 등이 호출될 함수의 대략적인 정보이다. 이 정보들로부터 프로그램은 앞으로의 함수 호출을 준비할 수 있을 것이다. 이러한 정보들을 표시한 문장이 위와 같은 함수 원형의 선언문이다. 그러나 시스템이 미리 제공하는 표준 라이브러리 함수들은 이들의 정보가 각종 헤더파일에 들어있기 때문에 #include 지시자를 통해 선행처리기를 작동시키면 된다.

〈예 1.1〉에 표시된 add() 함수인 경우에는 두 개의 인수(int형 정수)를 main() 함수에서 add() 함수로 전달하려고 할 것이다. 또한 add() 함수의 실행이 종료되어 반환되는 반환값의 자료형을 int형 정수로 프로그램은 미리 알게 된다.

```
sum = add(a, b);   //  함수의 호출
```

이 문장은 add()라는 사용자 정의 함수에 두 자료 a, b의 값을 전달하며, 프로그램 실행 포인터를 add() 함수로 옮겨간다. 이후 add() 함수의 실행이 끝나면 다시 main() 함수로 복귀되고 add() 함수의 반환값이 변수 sum에 대입된다. 이 문장에 표시된 기호 =은 수학에서의 등호의 개념이 아니다. 이것을 대입연산자라고 하는데 대입연산자는 우측 피연산자의 값을 좌측 피연산자가 할당받은 메모리에 저장하라는 연산을 수행한다.

```
int add(int x, int y)            // 함수의 정의
{
        return  x+y ;
}
```

앞의 네 줄은 새로운 블록(중괄호{})이 시작되기 때문에 add() 함수 전체는 main() 함수와 전혀 다른 영역을 차지한다. 다시 말해 add() 함수 내에 선언된 x와 y 변수는 main() 함수에서 참조할 수 없는 지역변수들이다. 물론 add() 함수도 main()의 세 변수 a, b, sum를 전혀 참조하지 못한다.

add() 함수의 정의 부분의 첫 줄(함수의 헤더라고 부르자)은 main() 함수에서 작성된 함수 원형의 선언문과 일치하여야 한다(변수의 이름은 지역적이기 때문에 add() 함수의 정보가 아니다.) 만일 조금이라도 일치하지 않으면 main() 함수에서 전혀 다른 함수로 오해를 하기 때문에 두 정보의 일치에 신경 써야 한다. C++는

다형성의 원리에 의하여 같은 이름을 갖지만 전혀 다른 두 함수를 작성할 수 있다. 5, 9 장에서 함수의 다형성을 비롯하여 함수에 대한 여러 가지 성질들을 배우게 된다.

1.4 읽기 쉬운 C++ 프로그램

C++ 프로그램은 선행처리 지시자를 포함하는 부분과 main() 함수, 그리고 필요에 따라 작성된 사용자 정의 함수들로 크게 나눌 수 있다. C++에서는 세미콜론(;)이 각 명령문의 끝을 표시한다. 따라서 세미콜론으로 문장의 끝을 정상적으로 표시하기만 한다면 다음과 같이 한 줄에 여러 개의 문장을 기술할 수 있으며, 반대로 여러 줄에 걸쳐 한 문장을 표시할 수 있다.

```
void
main(){
int add(int, int);    int a, b, sum;   cin >> a >> b;
sum
=
add
(a, b); cout << "sum = " << sum << endl;
}
```

이렇게 작성된 프로그램을 〈예 1.1〉의 프로그램과 비교해 보라. 당연히 〈예 1.1〉의 프로그램이 알아보기 쉽고, 간결한 느낌이 들것이다. 따라서 앞으로 C++ 프로그램을 작성할 경우 특별한 경우가 아니면 한 줄에 한 문장씩 표시하도록 하자. 그밖에 C++ 프로그램을 읽기 쉽게 작성하는 방법으로 다음과 같은 몇 가지를 들 수 있다. 다음에 설명된 것들은 단지 프로그램을 읽기 쉽게 만들려고 하는 것이지 이를 따르지 않는다고 해서 프로그램의 실행에 영향을 주는 것은 아니다.

- 변수 선언문과 실행문 사이를 한 줄 이상 띄운다.
- 새로운 블록이 시작할 때마다 3~5개의 빈칸을 삽입한다.
- 의미 있는 변수 이름을 선택한다.
- 프로그램의 이해를 위하여 간단한 주석을 표기한다.

Chapter

2

C++ Programming

변수와 입출력

2.1 변수

상수와 달리 C++ 프로그램의 내부에서 그 값이 바뀔 수 있는 여러 자료들은 먼저 메모리에 저장한 후, 저장된 공간의 이름을 통하여 자료를 적절히 수정할 수 있다. 이 때 각 자료들이 적절하게 메모리에 저장될 공간의 이름은 일정한 형식에 의하여 미리 선언되어야 한다. 이처럼 값을 수정할 수 있는 자료를 변수라고 하며, 하나의 변수를 저장하는 기억장소에 이름을 짓는 선언(declaration)은 다음과 같은 형식으로 이루어진다.

```
기억클래스   자료형   변수이름 [= 초기값] ;
```

C++ 프로그램에서 변수를 선언하면 메모리에 선언된 이름에 대응되는 공간이 생성된다. 이를 정의(definition)라고 하는데 일반적으로 변수를 선언하는 행위가 변수를 정의하는 것이 된다. 그러나 5.8 절에서 소개될 외부변수를 사용하기 위하여 선언문을 작성하는 경우에 변수의 선언은 되지만 정의는 되지 않는다.

변수를 선언하는 변수 선언문에는 기억클래스와 자료형의 종류, 그리고 변수의 이름과 이 변수에 저장되는 자료의 값이 나타나있다. 기억클래스(auto, static, extern, register)는 변수가 저장될 메모리 내의 저장 위치와 유효 범위를 지정하는 것으로 5.8 절에서 자세히 설명할 것이다. 변수 선언문에서 자료형 앞에 위치하는 기억클래스는 생략될 수 있다. 특히 기억클래스가 auto일 경우 주로 생략할 수 있다. 자료형(int, double, char 등)은 선언되는 변수에 저장될 자료의 형태를 지정하는 것으로 지정되는 자료형에 따라 각각 다른 형태의 자료가 저장된다.

2.1.1 변수이름

C++에서 변수를 선언할 때 선언문의 변수이름은 사용자가 이름을 정해야 한다. 변수 이름이나 함수 이름은 각각 구별되어야 하므로 식별자(identifier)라고 한다. 사용자가 식별자를 이름 짓는 몇 가지 규칙은 다음과 같다.

- 영문자(대·소문자 구별), 숫자, 밑줄(_)들의 조합으로 식별자를 만든다.

- 식별자 이름의 길이는 무제한이다.
- 숫자로 시작하는 식별자 이름은 허용이 안된다.
- 키워드(keyword)는 특별한 사용을 위하여 내부적으로 정의된 식별자이다. 따라서 변수나 함수의 이름에 해당하는 사용자 식별자로 키워드를 사용할 수 없다.

다음 표는 C++ 키워드를 나열한 것이다.

asm	auto	bad_cast	bad_typeid	bool	break
case	catch	char	class	const	const_cast
continue	default	delete	do	double	dynamic_cast
else	enum	except	explicit	extern	false
finally	float	for	friend	goto	if
inline	int	long	mutable	namespace	new
operator	pricate	protcted	public	register	reinterpret_cast
return	short	signed	sizeof	static	static_cast
struct	switch	template	this	throw	true
try	type_info	typedef	typeid	typename	union
unsigned	using	virtual	void	volatile	while

프로그램 사용자의 식별자어는 이것을 사용하는 변수나 함수의 의미를 잘 표현할 수 있는 이름으로 정하는 것이 좋다. 예를 들어, 봉급이란 자료를 저리하기 위한 변수의 이름으로 x나 y등 무의미한 이름을 사용하는 대신에 salary 또는 Salary 등으로 명명한다.

다음은 C++에서 서로 구별되어 사용될 수 있는 올바른 변수 이름들의 예이다. 식별자에 사용되는 알파벳의 대소문자는 서로 구별이 됨을 상기하자.

salary,	Salary,	saLary,	SALARY,	salary5,	salary_10

그러나 다음 예들은 C++에서 변수를 위한 식별자 이름으로 사용하기 부적절한 것들이다. 괄호 안에 사용하지 못하는 이유를 명시하였다.

```
2Num01 (숫자로 시작),
double (키워드),
Hap-Ge (하이픈은 사용불가)
Data six (스페이스 문자는 식별자 이름에 사용불가)
```

변수의 선언문에서 기억클래스가 생략될 수 있듯이 변수의 초기값도 생략할 수 있다. 변수의 초기값을 지정하지 않으면 그 번수에 의미 없는 쓰레기 값이 일단 서장된다. 그러나 나중에 정확한 계산을 위하여 대입연산자(=)를 이용하여 변수의 값을 지정할 수 있다. 또한 두 개 이상의 변수를 하나의 선언문에 한꺼번에 선언할 수 있다.

〈예 2.1〉에서 하나의 선언문으로 변수 sum과 변수 x를 동시에 선언하고 있다. 그러나 프로그램의 실행 결과를 보면 변수 x는 선언문에서 초기값을 지정하지 않았기 때문에 이상한 값이 저장되어 있음을 알 수 있다.

〈예 2.1〉

```
#include <iostream.h>

void main()
{
    long  sum=0, x;    // 변수 sum과 변수 x의 선언

    for(int i=1; i < 100; i++)  // 변수 i의 선언 위치
        sum += i;

    cout << "sum= " << sum << endl;
    cout << "x= " << x << endl;
}
```

〈실행결과〉

```
sum= 4950
x= -858993460
```

일반적으로 함수의 실행이 시작되는 부분에 이 함수 내에서 사용되는 여러 변수

들을 선언하는 것이 바람직하다. 그러나 C와 달리 C++에서는 변수 선언의 위치에 아무런 제약이 없다. 즉, 프로그램 내의 어디서나 변수 선언이 가능하고, 바로 이 변수에 값을 지정하여 사용할 수 있다. 〈예 2.1〉에서 for 문의 초기식에 사용된 변수 i는 그 자리에서 바로 선언되었으며, 1로 초기화되었다. 여기서 사용된 for 문의 쓰임새는 4 장에서 자세히 다룰 것이다.

2.1.2 상수

〈예 2.1〉의 변수 sum과 같이 변수를 선언함과 동시에 특정값으로 초기화를 할 수 있다. 이 때 초기화되는 특정값과 같이 프로그램에서 연산에 사용되는 실질적인 자료 또는 값을 상수(constant)라고 부른다. 상수는 변수와는 달리 프로그램이 종료될 때까지 그 값이 변하지 않고 계속 유지되는 자료이다. C++에서 취급하는 기본적인 리터럴상수로서 정수형 상수와 부동소수형 상수, 그리고 문자형 상수가 있다.

1) 정수형 상수

정수형 상수는 표현하는 방식에 따라 10진수, 8진수 그리고 16진수로 표현할 수 있다. 정수형 상수는 일반적으로 10진수 표기법을 많이 사용하지만, 0으로 시작하고 그 외의 숫자가 7 이하의 숫자들로 구성되어 있으면 8진수를 의미한다. 예를 들어 프로그램에서 표기된 정수형 상수 0711은 8진수를 의미하며 다음 식과 같이 십진수로 변환하면 십진수 457이 된다. 주의할 점은 0으로 시작한 0293의 값은 프로그램에서 오류가 발생한다는 점이다. 왜냐하면 8진수 표기에는 9가 쓰이지 않기 때문이다.

$$0711 = 7 \times 8^2 + 1 \times 8 + 1 = 457$$

마지막으로 프로그램에서 표기된 상수가 0X 또는 0x로 시작하며 9 이하의 숫자들과 알파벳 a에서 f (또는 A에서 F)로 구성되어 있으면 16진수의 정수형 상수를 의미한다. 여기에서 a는 10, b는 11, c는 12, d는 13, e는 14, f는 15를 각각 나타낸다. 예를 들어 프로그램에서 정수형 상수로 0x1cd5로 표기한다면 이 값은 10진수의 정수값 7381과 같다.

$$0x1cd5 = 1\times16^3 + c\times16^2 + d\times16 + 5$$

$$= 1\times16^3 + 12\times16^2 + 13\times16 + 5 = 7381$$

그러나 어떤 경우이든지 정수형 상수들은 메모리 내부에 2진수로 변환되어 저장된다. 따라서 다음 〈예 2.2〉의 두 정수형 상수 0711과 0x1c9는 같은 값인 10진수 457이 출력된다. 참고로 cout은 출력 담당을 맡은 클래스 객체로서 정수형 자료는 기본적으로 십진수로 변환하여 출력한다.

〈예 2.2〉

```
#include <iostream.h>

void main()
{
    cout << 0711 << endl;
    cout << 0x1c9 << endl;
}
```

〈실행결과〉

```
457
457
```

2) 문자형 상수

영문 대·소문자나 숫자 등의 문자들을 다루기 위하여 문자형 자료형이 고안되었다. 프로그램에서 문자형 상수는 하나의 문자를 홑 따옴표(‘ ’)로 묶어서 표현하는 1문자 상수와 여러 개의 문자를 쌍 따옴표(“ ”)로 묶어서 표현하는 문자열 상수(string)가 있다. 예를 들어 C++ 프로그램에 표기된 'A'는 문자 A를 지칭하는 1문자 상수이며, "ABC"는 세 개의 연속된 문자열을 나타내는 문자열 상수이다.

C++뿐만 아니라 모든 프로그래밍 언어들은 내부적으로 문자와 일대일 대응 관계를 이루는 수치 코드(정수)를 사용하여 문자들을 취급한다. 대부분의 컴퓨터 시스템은 256개 이하의 문자들을 지원한다. 즉, 모든 문자들을 0에서 255까지의 수치코드로 일대일 대응시킨다면 메모리의 1 바이트만으로 충분히 이

값들을 저장할 수 있다. 따라서 하나의 문자를 저장하기 위하여 1 바이트의 메모리가 필요하다. 모든 문자들의 수치 코드로 가장 많이 사용되는 기호 세트가 ASCII(American Standard Code for Information Interchange) 문자 세트이다. [부록 A]에 확장 수치 코드값을 포함한 ASCII 표를 첨부하였다. ASCII 표를 보면 문자 상수 'A'에 해당하는 10진수의 코드 값은 65이다. 또한 문자 상수 'a'에 해당하는 10진수의 코드 값이 97이므로 영문 알파벳의 대문자와 소문자 간의 ASCII 코드 값은 32만큼 차이가 난다.

다음 〈예 2.3〉은 프로그램에서 문자형 상수 'A'와 'a'의 표기 형식을 나타낸 것이며, 두 문자형 상수의 ASCII 코드 값의 차이가 32가 됨을 보여주고 있다.

〈예 2.3〉

```
#include <iostream.h>

void main()
{
    cout << 'A' << endl;
    cout << 'a' << endl;
    cout << 'a'-'A' << endl;
}
```

〈실행결과〉

```
A
a
32
```

C++ 프로그램을 작성할 때 키보드로 직접 입력이 불가능한 문자 상수들이 있다. 예를 들어 ASCII 코드가 0 번인 널(NUL) 문자라든지 기계음 "삑"소리를 내는 문자(BEL, ASCII 코드 7번), 또는 확장 ASCII 코드에 속한 문자들이 키보드로 입력이 불가능한 문자들이다. 이런 문자 상수들은 다음과 같이 역사선(\) 뒤에 해당 문자의 8진수 ASCII 값을 함께 붙여 프로그램에서 표기한다.

'\0'	(NUL 문자, 보통 문자열의 끝을 표시)
'\7'	(BEL 문자, 삑소리 음을 나타내는 문자)
'\100'	(@ 문자, 100은 @ 문자의 8진수 ASCII 값)

C++에서 자주 쓰이는 특수한 기능을 담고 있는 문자 상수들을 이용하기 위해 해당 문자의 ASCII 값을 항상 외우고 있어야 한다면 상당한 불편함이 따를 것이다. C++는 몇 개의 특별한 기능을 갖는 문자들을 위해서 확장 문자열(escape sequences) 문자 상수를 [표 2.1]과 같이 정의하였다. 예를 들어 출력을 위한 cout 문장에 다음과 같이 홑 따옴표 안에 두 개의 문자를 표시하더라도 오류 없이 확장 문자열의 문자가 출력된다. 확장 문자열 '\n'은 두 개의 문자 '\'와 'n'이 연달아 출력하는 것이 아니라 [표 2.1]에 설명한 바와 같이 출력 커서를 다음 줄로 이동시키는 기능의 문자를 의미한다. 즉, endl의 기능과 유사함을 알 수 있다. 따라서 다음 문장은 'A' 문자를 출력한 이후 다음 출력의 위치를 다음 줄의 첫 칸으로 이동하게 된다.

```
cout << 'A' << '\n';
```

[표 2.1] 확장 문자열 문자 상수

확장문자열 문자상수	기 능
'₩n'	커서를 다음 줄로 이동 (new line)
'₩t'	커서를 탭의 길이 만큼 이동 (tab)
'₩r'	커서가 있는 행의 첫 칸으로 커서를 이동 (carriage return)
'₩f'	한 페이지 다음으로 커서 이동 (form feed)
'₩b'	커서를 한 칸 뒤로 이동 (back space)
'₩a'	'₩7'과 동일, 즉, “삑” 소리 문자를 출력
'₩''	' 문자 자체를 문자 상수로 표시
'₩"'	" 문자 자체를 문자 상수로 표시
'₩₩'	₩ 문자 자체를 문자 상수로 표시

〈예 2.4〉는 특수한 문자 상수의 표기와 확장 문자열 문자 상수의 몇 가지 예를 보인 것이다. 문자 상수 '\7'을 출력하면 화면에 문자가 출력되는 것이 아

니라 기계음으로 "삑" 소리가 들릴 것이다. 확장 문자열 문자 상수는 한 개의 특수문자를 표기하는 것이기 때문에 문자열과 구분되어야 한다. 문자 상수 '\100'에서 100은 문자 '@'의 8진수 ASCII 코드 값이다. 따라서 〈예 2.4〉의 출력 결과 문자 '@'가 출력되고 있음을 알 수 있다.

문자열은 일종의 문자형 배열로서 메모리에 저장될 경우 연속적으로 문자들을 저장한 후, 널(null) 문자를 끝에 자동으로 저장한다. 즉, ASCII 코드값이 0인 '\0' 문자가 문자열의 끝에 추가되어 저장된다. 따라서 문자열 "ABC"를 저장하기 위해서는 널 문자를 포함하여 총 4 바이트의 메모리가 필요하다. 문자 상수의 표현에 사용되는 홑 따옴표를 이용하여 프로그램에서 문자열을 〈예 2.4〉와 같이 'ABC'와 같이 표현하는 방법은 올바르지 않으므로 실행 시 오류가 발생한다.

〈예 2.4〉

```
#include <iostream.h>

void main()
{
    cout << '₩7' << endl;
    cout << '₩100' << endl;
    cout << '₩"' << endl;
    cout << "ABC" << endl;
}
```

〈실행결과〉

```
(삑소리)
@
 "
ABC
```

3) 부동소수형 상수

부동소수형 상수는 소수점이 있는 실수를 의미한다. C++ 프로그램에서 부동소수형 상수는 3.14159와 같이 소수점만을 지정하여 표현하는 고정 소수점 방식과 0.314159E+2과 같이 E 또는 e를 포함하는 지수형식으로 표현하는 부동소수점 방식으로 표기된다. 부동 소수점 방식으로 표기될 때의 기호 E(또는 e)

는 다음과 같이 거듭제곱에서 밑인 10을 대신하는 것이다.

$$0.314159E+2 = 0.314159 \times 10^2 = 31.4159$$

다음 〈예 2.5〉는 부동소수형 상수를 프로그램에서 표기하는 두 가지 방식에 대한 예를 보이고 있다. cout 클래스 객체는 고정 소수점 표기 방식과 부동소수형 방식의 두 표기 방법 중에서 보다 더 간단히 표현되는 방식을 택하여 부동소수형 자료를 출력한다.

〈예 2.5〉

```
#include <iostream.h>

void main()
{
    cout << 3.14159 << endl;
    cout << 0.314159E+2 << endl;
}
```

〈실행결과〉

```
3.14159
31.4159
```

2.2 자료형

변수의 선언문에 명시된 자료형으로부터 이 변수에 저장될 자료들의 유형과 표현 가능한 범위, 그리고 음수의 사용 여부 등을 알 수 있다. 또한 문자와 숫자의 쓰임이 틀리고, 정수와 실수 자료의 메모리 저장 방식이 차이가 있기 때문에 프로그램 작성할 때 자료형의 정확한 특징을 알고 있어야 한다. 자료형은 정수형, 문자형, 부동소수형으로 나눌 수 있으며, 함수나 포인터 등에 "자료형이 없는" void 키워드를 특별히 사용할 수 있다. 이 책에 소개된 대부분의 예제 프로그램에 있는 main() 함수의 자료형이 void 자료형임을 알 수 있다.

변수의 부적절한 자료형의 선택은 잘못된 연산을 수행하게 될 여지가 많다. 예를 들어, 부동소수형 상수 3.15를 자료형이 int형으로 선언된 정수형 변수 x에 대입하면 실제 x에 저장된 값은 3이 된다. 실제 값과 0.15의 오차가 생기게 됨으로 변수

x를 100배하는 경우 15 만큼의 오류가 발생한다. 그런데 이런 종류의 잘못된 연산 오류는 쉽게 찾아낼 수 없으므로 최종 연산 결과가 틀린 이유를 디버깅하는 것이 매우 어렵다. 따라서 어떤 문제를 해결하기 위하여 프로그램을 작성할 때 필요한 변수의 선언 시 이 변수에 저장되는 자료의 형태를 정확히 알고 있어야 한다.

2.2.1 정수형

포트란이나 다른 대다수의 프로그래밍 언어들은 정수처리를 위하여 하나의 정수형만을 제공하지만 C++는 여러 종류의 정수형을 제공한다. 이는 정수의 쓰임에 따라 가장 적합한 정수형을 사용할 수 있도록 배려한 것이다. [표 2.2]에 정수형 자료형의 종류와 똑같이 쓸 수 있는 자료형의 이름, 그리고 표현범위를 정리하였다.

정수형 변수의 자료형으로 int형과 unsigned int형은 프로그램이 실행되는 시스템의 사양에 따라 그 크기가 달라진다. 예들 들어 MS-DOS나 16-비트 윈도우 버전을 사용하는 시스템에서는 int형이 2 바이트의 크기를 정수형 자료의 저장에 할당하였지만, 32-비트 이상의 OS 버전에서는 4 바이트의 저장 공간을 차지한다. signed형은 양수값과 음수값을 모두 나타낼 수 있으며 short, int, long과 함께 사용되지만 보통 signed 키워드는 생략된다.

정수형 자료형의 unsigned형은 0 이상의 값을 다루는 변수들에 사용한다. 그러나 이 경우에 unsigned 키워드를 생략해서는 안 된다. 즉, unsigned int, unsigned short, unsigned long으로 선언되어야 한다.

[표 2.2] 정수형 자료형(32-비트 이상의 OS 버전)

자료형	다른 이름	크기 (바이트)	표현 범위
int	signed	4	−2147483648 — 2147483647
short	short int	2	−32768 — 32767
long	long int	4	−2147483648 — 2147483647
unsigned int	unsigned	4	0 ~ 4294967295
unsigned short	unsigned short int	2	0 ~ 65535
unsigned long	unsigned long int	4	0 ~ 4294967295

다음은 정수형 자료형을 갖는 변수들을 선언하는 몇 가지 예이다.

```
int max_employees ;
short  score ;
long  income = 257000 ;
unsigned int population = 32768 ;
```

프로그램에서 정수형 상수를 정수형 변수에 저장하거나 수식의 계산에 사용할 경우 이 정수형 상수를 기본적으로 int형으로 처리한다. 그러나 정수형 자료가 2147483650과 같이 int형의 표현범위를 벗어날 경우 잘못된 값으로 변환되어 처리된다. 이 값을 처리하기 위해서 〈예 2.6〉과 같이 숫자 뒤에 U 또는 u를 붙여 정수형 상수를 표기하면 unsigned int형 변수에 저장할 수 있다. 정수형 상수 뒤에 L 또는 l을 붙이면 정수 상수의 크기에 상관없이 long형으로 처리된다. 또는 U 또는 u를 정수 상수 뒤에 붙이게 되면 unsigned int형 정수 상수를 의미하며, 순서나 대소문자에 관계없이 u와 l를 붙이면 이 정수 상수는 unsigned long형으로 처리된다.

〈예 2.6〉

```
#include <iostream.h>


void main()
{
    int max_employees;
    unsigned int population;

    max_employees = 2147483650;  // 표현범위를 넘어섬
    cout << max_employees << endl;

    population = 2147483650u;  // unsigned int형으로 변환
    cout << population << endl;
}
```

〈실행결과〉

```
-2147483646
2147483650
```

2.2.2 문자형

문자형 자료에 대한 변수의 자료형으로 char(또는 signed char)와 unsigned char가 있다. 표준 ASCII 문자(수치 코드가 127번 이하의 문자)들을 저장하기 위해서는 char형이면 충분하며, 확장 ASCII 문자(수치 코드가 128번에서 255번까지의 문자)들의 처리에 unsigned char형을 사용하면 어느 시스템에서나 무리 없이 작동한다. 이 밖에 한글이나 일본 글자처럼 두 개의 문자를 합하여 하나의 문자(이를 광폭 문자(wide character)라고 한다)를 구성하는 wchar_t형이 있다.

〈예 2.7〉

```
#include <iostream.h>

void main()
{
    char  answer = 'y' ;
    unsigned  char  sign = '-' ;
    char  ch = 65 ;

  cout << answer << endl;
  cout << sign << endl;
  cout << ch << endl;
}
```

〈실행결과〉

```
y
-
A
```

〈예 2.7〉의 문자형 변수들의 선언문에서 각 변수들을 초기화하는 값으로 표현된 'y'와 '-'을 문자 상수라고 하였다. 문자 상수는 이 문자 상수에 대응되는 ASCII 코드 값이 1 바이트의 메모리에 저장된다. 예를 들어 문자 상수 'A'를 문자형 변수에 저장시키면 ASCII 코드를 사용하는 시스템인 경우에 문자 'A'에 해당하는 ASCII 수치 코드 65가 이 변수의 기억장소에 저장된다. 반대로 char형 변수 ch에 정수 65를 초기화시킨 이후 ch 변수의 값을 출력하면 ASCII 코드 65에 해당하는 문자 'A'가 출력된다.

2.2.3 부동소수형

정수형의 자료형으로 처리할 수 없는 아주 큰 값, 또는 아주 작은 값들의 계산이나 정수가 아닌 소수점이 있는 실수의 처리를 위하여 C++는 부동소수형의 자료형을 제공한다. C++에서 제공되는 부동소수형의 자료형에는 float, double 그리고 long double이 있다. 〔표 2.3〕에 부동소수형 자료형으로 선언된 변수가 차지하는 메모리의 바이트 수와 시스템이 허용하는 유효숫자의 최소 개수, 그리고 이 자료형으로 다룰 수 있는 실수의 표현 범위를 표시하였다.

[표 2.3] 부동소수형 자료형

자료형	크기 (바이트)	유효숫자 최소길이	표현 범위
float	4	7 자리	$3.4\times10^{-38} \sim 3.4\times10^{38}$
double	8	15 자리	$1.7\times10^{-308} \sim 1.7\times10^{308}$
long double	10	19 자리	$1.2\times10^{-4932} \sim 1.2\times10^{4932}$

프로그램에서 부동소수형 상수는 기본적으로 double형으로 처리한다. 그러나 float형으로 처리하고 싶다면, 즉, 연산이 이루어질 때 4 바이트의 메모리 공간만을 할당하려면 부동소수형 상수 뒤에 f나 F를 붙여 사용한다.

다음은 부동 소수형 변수를 선언하는 선언문의 몇 가지 예를 표시한 것이다.

```
float  y = 3.141592f ;             // float형 상수로 초기화
double  min = 3.4e-37 ;            // double형 상수로 초기화
long double mul = 1.0L ;           // long double형 상수로 초기화
```

부동소수형으로 선언된 자료형의 표현 범위 이내에 있는 실수 값들의 계산은 항상 정확히 이루어질까? C++ 언어를 비롯한 대부분의 프로그래밍 언어로 프로그램을 작성하여 실행할 경우 이에 대한 대답은 그렇지 않을 수 있다는 것이다. 예를 들어 〈예 2.8〉과 같이 double형으로 선언된 두 변수를 1.34e+25와 2.0로 각각 초기화한 후, 두 변수의 합을 출력한다면 어떤 결과를 얻을 수 있을까?

〈예 2.8〉

```
#include <iostream.h>

void main()
{
	double x = 1.34e+25;
	double y = 2.0;

	cout << "x+y= " << x+y << endl;
}
```

〈실행결과〉

```
x+y= 1.34e+025
```

〈예 2.8〉의 실행 결과 주어진 (x+y)의 값은 x 값과 똑같은 1.34e+025가 나왔다. 즉, 변수 x의 값에 2.0을 더한 효과가 전혀 없다는 결과를 얻는다. 두 값의 덧셈 연산은 먼저 부동소수형의 1.34e+25는 0.134e+26으로 변환되고, 2.0은 0.00…02e+26으로 변환되어 이루어진다. 두 값을 더한 결과는 0.1340…02e+26(유효숫자 길이는 26)으로 계산되며, 이 값은 double형의 유효 숫자 길이의 한계 때문에 0.134e+26으로 저장된다. 따라서 〈예 2.8〉의 실행 결과가 얻어지는 것이다. 이와 같은 형태의 연산은 x, y의 자료형이 long double로 크게 선언되더라도 정확한 결과를 얻지 못한다. 왜냐하면 long double형의 경우에도 표현 가능한 유효숫자 길이가 19 자리 정도이기 때문이다. 결국 매우 큰 수와 매우 작은 수의 연산이 포함된 수식을 계산 할 경우에는 사용자가 이러한 사실을 주의하여야 한다.

2.3 자료의 출력

2.3.1 cout 객체

프로그램에서 처리되는 자료들의 값을 표준 출력 장치에 출력하고자 할 때 C에서는 주로 printf() 표준함수를 사용한다. 그러나 C에서 표준 입출력 장치로부터 입출력을 수행해왔던 printf() 함수나 scanf() 함수는 자료의 종류에 따라 여러 입출력

변환지정자를 정확히 사용하여야 한다. 그렇지 않을 경우 예상치 못하는 출력 결과를 야기 시킬 수 있기 때문이다.

반면에 C++에서는 객체지향 프로그래밍 언어의 장점을 살려서 클래스 객체인 cout를 주로 사용한다. 클래스 객체인 cout, cin 또는 cerr 등은 입출력되는 자료들의 자료형을 자동으로 판단하여 처리해주고 그 사용방법도 매우 간단하다.

시스템 표준 라이브러리 함수들인 printf() 함수나 scanf() 함수를 사용하기 위해서는 이들의 정보가 수록되어 있는 stdio.h 헤더 파일을 #include 선행처리 지시자를 통하여 프로그램에 포함하여야 한다. 마찬가지로 C++ 프로그램에서 입출력 스트림 객체인 cout, cin 등을 사용하기 위해서는 iostream.h 헤더파일에 이들의 정보가 들어있기 때문에 main() 함수를 작성하기 이전에 다음과 같이 한 행으로 iostream.h 헤더파일을 프로그램에 포함시켜야 한다. 이 행의 끝은 다른 실행문과 달리 세미콜론(;)을 붙일 필요가 없다.

```
#include <iostream.h>      // 이 문장의 끝에 쎄미콜론(;)이 필요없음
```

C++ 선행처리기가 원시 프로그램을 컴파일하기 직전에 자동으로 # 기호로 시작되는 선행처리 지시자의 기능을 수행하게 된다. #include 선행처리 지시자는 뒤에 있는 헤더 파일의 내용을 전부 원시프로그램에 삽입한다. 따라서 cout, cin 등의 정보가 들어있는 iostream.h 헤더파일의 내용이 원시 프로그램에 포함되어 이들 스트림 객체가 원활히 수행할 수 있게 된다.

다음은 자료의 출력을 위한 cout 객체의 간단한 사용 형식이다.

```
cout   <<   출력자료 ;
```

이 실행문은 << 연산자의 오른쪽에 있는 출력 자료를 왼쪽의 cout 객체에 전달하도록 한다. 여기서 사용되는 연산자 << 를 삽입연산자(inserter operator)라고 부르며, 이동 연산자와 같은 기호로 표시된다. 같은 기호를 서로 다른 기능의 연산자가 공유하는 것을 연산자 다중정의(operator overloading)이라고 한다. 그러나 C++는 연산자가 중복으로 쓰이더라도 상황에 따라 정확히 문제에 맞는 연산을 수행하기 때문에 걱정할 필요가 없다.

다음 〈예 2.9〉는 여러 형태(자료형)의 자료들을 cout으로 출력하는 예이다. 첫 번째 cout 문은 여러 개의 문자들로 구성된 문자열을 출력하는 것으로 이 문자열의 마지막 문자는 개행문자 '\n'이다. C++에서 개행문자 '\n'은 출력 커서의 위치를 다음 줄로 넘겨주는 문자 상수이다.

〈예 2.9〉

```
#include <iostream.h>

void main()
{
    int income = 2570000;
    unsigned int pop = 32768U;
    char  ch = 'y';

    float x = 3.141592f;
    double min = 3.4e-37;

    cout << "Data Output using cout : \n";
    cout << income;     // 자동으로 다음줄로 출력 위치가
    cout << ch;         // 넘어가지 않는다.
    cout << pop;
    cout << '\n';        // 출력을 다음 줄로 넘겨준다.

    cout << "x= " << x << "\nmin= " << min << '\n';
}
```

〈실행결과〉

```
Data Output using cout :
2570000y32768
x= 3.14159
min= 3.4e-037
```

cout이 지정된 자료를 출력한 이후 자동으로 다음 자료의 출력 위치를 다음 줄로 옮겨주지 않는다. 따라서 다음 자료의 출력을 다음 줄부터 시작하기 위해서는 개행문자 '\n'을 별도로 다음과 같이 cout 객체로 전달해야한다.

```
cout   <<   '\n' ;
```

자료들을 cout으로 출력할 때 하나의 자료마다 cout를 매번 사용하는 것은 귀찮은 작업이다. 하지만 〈예 2.9〉의 마지막 cout 문에서 알 수 있듯이 여러 개의 자료들의 출력을 하나의 cout 문으로 해결할 수 있다. 사용되는 형식은 다음과 같다.

이때 출력 결과는 먼저 제시된 자료들의 값부터 차례대로 출력된다.

```
cout  <<  자료1  <<  자료2  <<  자료3  <<  … ;
```

2.3.2 조정자

〈예 2.9〉의 출력 결과들을 좀 더 사용자가 원하는 형태로 조작할 수 있다. cout 스트림 객체 내부에 출력 형태를 조작할 수 있는 여러 조정자(mainpulator)들이 내재되어 있다. 이 절에서는 이러한 입출력 스트림 조정자 가운데에서 몇 가지만을 소개하겠다. 보다 자세한 조정자 종류나 그에 대한 설명은 20 장을 참조하기 바란다. cout의 조정자를 사용하기 위해서는 〈iomanip.h〉 헤더피일을 〈iostream.h〉 헤더파일과 함께 프로그램 맨 앞에 삽입(include)해야 한다.

```
#include  <iostream.h>      // 이 문장의 끝에 쎄미콜론(;)이 필요없음
#include  <iomanip.h>
```

cout 조정자로 정수형 자료를 10진수, 8진수 그리고 16진수로 각각 변환하여 출력하게 하는 dec, hex, oct이 있다. cout은 10진수의 입출력이 기본이지만 이 조정자를 이용하여 한번 지정하면 다음 cout 문장에도 계속 영향을 미치므로 원하는 조정자로 다시 재 지정하여야 한다. 다음 〈예 2.10〉은 정수형 자료들을 조정자 dec, hex, oct를 이용하여 10진수를 8진수 또는 16진수로 출력하거나, 8진수로 입력된 정수형 자료를 10진수 또는 16진수로 출력하는 예를 보이고 있다.

〈예 2.10〉

```
#include <iostream.h>
#include <iomanip.h>

void main()
{
     int  decimal = 457;
     int  octal = 0711;
     int  hexadecimal = 0x1C9;

     cout << "decimal number = " << decimal << endl;
     cout << "octal number =  " << oct << decimal << endl;
     cout << "hexadecimal = " << hex << decimal << endl;

     cout << "decimal = " << dec << octal << endl;
     cout << "hexadecimal = " << hex << octal << endl;
     cout << "octal = " << oct << hexadecimal << endl;
}
```

〈실행결과〉

```
decimal number = 457
octal number =  711
hexadecimal = 1c9
decimal = 457
hexadecimal = 1c9
octal = 711
```

〈예 2.10〉의 모든 cout 문장들의 끝에 있는 endl도 하나의 조정자로서 endl 조정자는 개행문자 '\n'을 출력하고 이어서 출력 버퍼 스트림의 내용을 지워주는 두 가지 역할을 수행한다.

자료의 출력을 사용자가 요구하는 바대로 도움을 주기 위한 조정자로서 setw() 조정자와 setprecision() 조정자가 있다. 이 두 조정자는 함수의 기능을 갖고 있는 것으로 괄호 안에 적절한 매개변수 값을 넣어줌으로써 여러 가지의 출력 결과를 얻을 수 있다. setw() 조정자는 cout에서만 작동하는 것으로 자료의 출력 필드폭을 지정하는 역할을 한다. 지정된 출력 필드폭 내에서 우측으로 붙여 자료가 출력되며, 이 조정자 바로 다음에 이어지는 출력자료에만 영향을 준다. 예를 들어 다음 setw(8) 조정자는 income의 값을 8자리의 필드 크기에 맞춰서 출력한다.

```
cout   <<  setw(8)  <<  income ;
```

setprecision() 조정자는 부동소수형 자료를 출력할 때 유효숫자의 자릿수를 지정한다. 예들 들어 부동소수형 자료 3.141592의 경우 유효숫자의 길이는 6이다. 따라서 이 값을 조정자 setprecision(5)로 지정하면 유효숫자를 5개만 지정하는 것으로 3.1415가 출력된다. 또 다른 예로 부동소수형 자료 2.345e+12는 유효숫자가 2, 3, 4, 5의 네 개다. 따라서 이 값을 조정자 setprecision(2)로 지정하면 2.3e+012가 출력된다. setw() 조정자와 다르게 setprecision() 조정자는 새롭게 정의될 때 까지 다른 자료들의 출력에 영향을 끼친다. 예를 들어 다음 setprecision(2) 조정자는 x의 값을 2자리의 유효숫자만 출력되도록 한다.

```
cout   <<  setprecision(2)  <<  x ;
```

다음 〈예 2.11〉에서는 setw() 조정자와 setprecision() 조정자의 예를 보여주고 있다. 참고로 부동소수형 자료를 반드시 소수점 이하 두 자리가 출력되도록 하려면 13 장에서 설명할 조정자 setprecision()과 조정자 setiosflags()를 결합하여 사용한다.

〈예 2.11〉

```
#include <iostream.h>
#include <iomanip.h>

void main()
{
    int  maxEmployees = 5501, income = 2570000;
    double x = 2.345e+12,  y = 3.141592;

    cout << "maxEmployees = [" << setw(8) << maxEmployees << "]\n";
    cout << "income       = [" << setw(8) << income << "]\n";

    cout << "x= [" << setprecision(2) << x << "]\n";
    cout << "y= [" << y << "]\n";
    cout << "y= [" << setprecision(5) << setw(8) << y << "]\n";
}
```

〈실행결과〉

```
maxEmployees = [    5501]
income       = [ 2570000]
x= [2.3e+012]
y= [3.1]
y= [  3.1416]
```

2.4 자료의 입력

C 언어에서는 자료의 입력을 위하여 표준함수인 scanf() 함수를 많이 사용한다. 그러나 scanf() 함수는 사용하기가 까다롭기 때문에 조금만 부주의하면 전혀 의도하지 않은 엉뚱한 값이 변수에 입력되기 쉽다. C++ 언어에서 자료의 입력을 위해 사용되는 cin은 입력 자료에 대응하는 변수 이름만을 지정해주기 때문에 scanf() 함수의 사

용보다 훨씬 간단하다. 클래스 객체인 cin은 표준 입력 장치인 키보드로부터 자료의 표준 입력을 위한 스트림 객체이다. cin을 사용하기 위해서 cin의 자세한 내부 연산을 알 필요가 없다. 우리는 단지 cin의 사용법만을 익히면 된다. 이것이 클래스 객체의 장점이자 C++의 객체지향 언어로서의 장점이다. cin 스트림 객체를 사용하기 위해서는 cout 스트림 객체와 같이 〈iostream.h〉 헤더파일을 main() 함수 앞에 삽입(#include)하여야 한다.

cin은 키보드로부터 입력받은 문자들을 변수의 자료형에 맞게 자동으로 변환하여 저장한다. 다음은 cin의 사용형식을 표시한 것이다.

```
cin  >>  변수 ;
```

cin 스트림 객체의 경우에도 한 문장으로 여러 개의 변수에 대한 입력을 수행할 수 있다. 그러나 하나의 cin 문장으로 여러 입력 값을 한꺼번에 입력하고자 할 경우 입력되는 자료들은 빈 공간(space) 등의 공백으로 분리되어야 한다. 그러나 보통 프로그램의 사용자들은 여러 입력 값들을 쉼표 등으로 구분하려는 성향이 있기 때문에 혼란을 야기할 여지가 있다. 따라서 가능한 하나의 cin 문장에 하나의 변수만을 입력하는 것이 좋은 방법이다.

```
cin  >>  변수1  >>  변수2  >>  … ;
```

〈예 2.12〉는 서로 다른 자료형에 대한 자료들이 cin을 통해 입력되는 모습과 입력된 자료들이 우리가 의도한대로 각 변수에 잘 저장되고 있음을 보여주고 있다. 〈예 2.12〉에서 보여주고 있듯이 변수에 자료를 입력하기 위하여 변수마다 하나의 cin 객체를 사용하고 있으며, 특히 어떤 변수를 입력하고 있는지를 프로그램 실행자에게 알려주기 위하여 cin 객체의 입력이 이루어지기 전에 다음과 같이 cout 객체를 사용하여 입력하고자 하는 변수의 이름을 출력하고 있다.

```
cout  <<  "score = " ;
cin  >>  score ;
```

〈예 2.12〉

```
#include <iostream.h>

void main()
{
    int    score;
    char   name[10];
    char   answer;
    double min;

    cout << "Input Data -------₩n";
    cout << "name = ";
    cin >> name;                // 문자열 자료의 입력

    cout << "score = ";
    cin >> score;               // 정수형 자료의 입력

    cout << "answer = ";
    cin >> answer;              // 문자형 자료의 입력

    cout << "min = ";
    cin >> min;                 // 부동소수형 자료의 입력

    cout << "₩nOutput Data -------₩n";
    cout << "Name = " << name << endl;
    cout << "Score = " << score << "₩nAnswer = " << answer << endl;
    cout << "Min = " << min << endl;
}
```

〈실행결과〉

```
Input Data -------
name = YooJung
score = 98
answer = A
min = 1.23e-21

Output Data -------
Name = Yoojung
Score = 98
Answer = A
Min = 1.23e-021
```

<예 2.12>에서 문자열의 자료를 입력할 때, 예를 들어 "Yoo Jung"와 같이 두 단어로 입력하면 name 변수에는 문자열 "Yoo" 만이 입력되고 입력되지 않은 자료 "Jung"은 score 변수에 자동 저장된다. 그런데 score 변수는 정수형 숫자가 저장되는 변수이므로 내부적으로 오류가 발생하여 이후 입력 기능이 마비된다. 이 같은 현상은 cin 객체가 자동으로 자료를 인식하여 앞에서 자료가 입력된 이후 버퍼에 남아있는 쓰레기 자료를 다음 변수에 계속 자동 입력하려는 기능이 있기 때문이다. 한 줄의 자료 입력이 모두 소진되지 않을 경우 강제로 버퍼를 비워주는 cin의 또 다른 버전으로 cin.get() 함수가 있다.

다음 <예 2.13>의 첫 번째 실행의 경우에는 입력되는 두 자료를 공백으로 구분하여 정상적으로 입력이 이루어졌으나, 두 번째 실행에서는 두 변수의 입력을 쉼표로 구분하였기 때문에 y 변수의 입력이 제대로 이루어지지 않았다. 따라서 cin을 사용하여 여러 변수들의 값을 한 줄에 입력할 경우에는 입력 자료사이를 반드시 공백으로 띄어야 한다.

<예 2.13>

```
#include <iostream.h>

void main()
{
    double x, y;

    cout << "x = ?, y = ? ";
    cin >> x >> y;

    cout << "x = " << x << "  y = " << y << endl;
}
```

<실행결과 1>

```
x = ?, y = ? 10.5 23.5
x = 10.5  y = 23.5
```

<실행결과 2>

```
x = ?, y = ? 10.5, 23.5
x = 10.5  y = -9.25596e+061
```

2.5 기호 상수

C 언어에서는 특정한 상수를 #define을 이용하여 프로그램의 서두, 주로 main() 함수 앞에 정의한다. 특정한 상수란 프로그램의 여러 부분에 자주 사용되는 상수이거나 프로그램의 실행이 이루어 질 때의 주변 상황에 따라 번갈아 수정해야 하는 상수, 또는 매번 표기하기가 복잡한 경우의 상수를 의미한다. #define 문으로 정의되어 있는 프로그램 내의 특정한 상수를 C/C++ 언어에서는 매크로 상수라고 한다. 프로그램 곳곳에 포함되어 있는 매크로 상수는 선행처리자가 컴파일 이전에 이 매크로 상수 이름대신 #define으로 정의된 상수 값으로 대체한다.

다음은 #define 문으로 정의되는 매크로 상수의 예를 표시한 것이다. 예를 들어, 산술 연산에 자주 쓰이는 원주율 π는 3.141592의 값으로 프로그램에서 매번 이 값을 표시하는 것이 번거로울 것이다. 이 값을 다음 #define 문과 같이 PI로 정의하고 숫자 대신 매크로 상수 PI를 사용하면 프로그램의 해석이 더 용이할 것이다.

```
#define    RATE    0.16                        // 자주 바뀌는 은행이자
#define    PI      3.141592                    // 표기가 복잡한 상수
#define    MSG     "Enter a number: "          // 문자열
#define    TRUE    1                           // 참의 의미를 갖는 상수이름
```

C++에서는 #define으로 기호 상수를 처리하는 것보다 const 키워드를 주로 이용한다. 기호 상수를 선언하는 일반적인 형식은 다음과 같다.

```
const   데이터형   상수이름 = 값 ;
```

이 형식에서 데이터형이 생략되면 C++는 이를 int로 해석한다. 여기서 정한 상수 이름에 대입 연산자(=)의 오른쪽 값으로 프로그램이 끝날 때까지 값이 고정되며, 변수와는 달리 이 기호 상수를 다른 값으로 변경하지 못한다. 다음 문장들은 앞에서 #define으로 정의했던 상수들을 const 키워드를 이용하여 기호 상수로 선언한 예들이다.

```
const double Rate = 0.16 ;
const double Pi = 3.141592 ;
const char Msg[] = "Enter a number: " ;
const int True = 1 ;
const False = !True ;     // 데이터형으로 int 생략
```

변수와 구별되도록 기호 상수 이름을 정하는 것이 좋다. 예를 들면 기호 상수에는 상수 이름의 첫 글자를 대문자로 시작함으로써 변수 이름과 구별하도록 한다.

#define으로 상수를 정의하는 것보다 const로 상수를 정의하는 것이 몇 가지 점에서 더 능률적이다. 먼저 const를 이용한 기호 상수의 선언문에서 알 수 있듯이 사용되는 기호 상수의 자료형을 구별하여 지정할 수 있다. 또한 변수 사용의 영역 규칙과 유사하게 프로그램 일부분, 즉, 특정 함수나 블록에서만 상수의 사용을 제한할 수 있다. 반면에 #define문으로 정의된 매크로 상수는 전역적이다. 더구나 기호 상수는 포인터, 배열, 그리고 구조체 같은 복잡한 자료형에도 사용 가능하다.

다음 〈예 2.14〉는 const 키워드를 사용하여 원의 면적을 구하는 예를 표시한 것이다. 이때 원주율(Pi)과 메시지(Msg)를 기호 상수로 선언하였다.

〈예 2.14〉

```
#include <iostream.h>

void main()
{
    double radius, area;
    const double Pi = 3.141592;                  // 기호상수의 정의
    const char Msg[] = "Enter a radius = ";

    cout << Msg;
    cin >> radius;

    area = Pi * radius * radius;
    cout << "반지름이 " << radius << "인 원의 넓이는 " << area << endl;
}
```

〈실행결과〉

```
Enter a radius = 3
반지름이 3인 원의 넓이는 28.2743
```

연습문제

2-1 다음과 같이 문장들을 작성하였을 때 오류 메시지가 뜨는 이유를 설명하여라.

(1)
```
int pop ;
524000 = pop ;
```

(2)
```
int x, double y ;
```

(3)
```
int x ;
x=100 ;
double x=3.14 ;
```

(4)
```
cout >> 5400 ;
cin << x ;
```

(5)
```
const double pi ;
pi = 3.14 ;
```

2-2 100과 200을 초기값으로 하는 두 int형 변수를 선언하고, 이들의 사칙연산 결과를 출력하여라.

2-3 2002와 2010으로 각각 초기화하는 두 변수를 적절히 선언하여라. 두 변수의 합을 새로운 변수에 저장하고, 세 변수들의 값을 한 줄에 모두 출력하여라.

2-4 15와 127사이의 임의의 정수를 초기값으로 char형 변수를 선언하여라. 이 변수의 값을 문자로 출력하여라.

2-5 초기값 27.3과 55.32를 정확히 저장할 수 있도록 두 변수를 선언하고, 두 변수

의 사칙연산 결과를 출력하여라.

2-6 연습문제 2-5의 사칙연산 중에서 곱과 나눗셈의 결과를 소숫점 이하 3자리까지 출력하여라.

2-7 정수 7598을 8진수, 16진수, 10진수의 순서로 출력하여라.

2-8 정수 1234567을 정확히 저장할 수 있도록 적절한 변수를 선언하고, 이 값을 10칸의 출력 폭에 출력하여라.

2-9 실수 31.415를 초기값으로 정확히 저장할 수 있는 변수를 선언하고, 다음과 같은 형태로 출력하여라.

```
31
31.4
31.41
31.415
```

2-10 int형 자료 3개를 각각 입력받아 한 줄에 출력하고, 다음 줄에 3개의 합을 출력하여라.

2-11 연습문제 2-10에서 입력받은 세 자료의 평균을 정확히 저장할 수 있도록 변수를 선언하여 저장하고, 4개의 변수를 한 줄에 하나씩 출력하여라.

2-12 다음 문자열이 출력되도록 프로그램을 작성하여라.

```
"You are 'GOOD' boy!"
```

Chapter

3

C++ Programming

연산자

3.1 연산자의 종류

2장에서는 여러 자료들을 위한 변수 선언과 자료의 출력, 입력을 담당하는 cout, cin의 간단한 사용법에 대하여 알아보았다. 이제 프로그램 내에서 각 자료들을 우리가 원하는 목적에 맞도록 자료의 연산을 위하여 C++ 언어에서 준비된 여러 연산자에 대하여 알아보자.

프로그램에서 다루는 수식은 기본적인 작업 명령을 설정하는 것으로서 연산자(operator)와 피연산자(operand)로 구성되어 있다. 수식의 결과는 항상 하나의 값이어야 하며, 이는 피연산자들의 연산을 통해 얻어진다. 피연산자는 우리가 2 장에서 다루었던 여러 형태의 자료를 뜻하며, 이 자료들은 수식에 포함된 연산자의 기능에 따라 연산이 이루어진다. 예를 들어 다음 수식에서 x와 2는 변수와 상수인 자료이므로 피연산자이고, + 기호는 두 자료를 더하라는 기능을 하는 연산자이다.

$$x + 2$$

C++에서 쓰이는 연산자들을 [표 3.]에 표시하였다. * 연산자와 같이 하나의 기호로 두 개의 기능을 연산하도록 하는 연산자가 있다. 이와 같이 하나의 기호로 두 개의 연산 기능을 하는 것을 연산자 다중정의이라고 하는데 같은 기호로 두 가지 연산을 하더라도 C++ 프로그램에서 피연산자의 개수와 유형에 따라 정확한 연산이 이루어진다.

3.1.1 연산자 우선순위

하나의 수식에 여러 개의 연산자가 사용될 경우 여러 개의 연산자 중에서 어느 연산자부터 먼저 연산이 이루어지느냐 하는 문제가 발생한다. 수학에서도 덧셈과 곱셈이 함께 이루어지는 수식에서 곱셈이 늦게 나타나 있어도 덧셈보다 먼저 연산이 이루어진다. C++ 프로그램에서는 이 문제의 답을 처음부터 모든 연산자들의 우선순위를 정하여 해결한다. 즉, [표 3.1]에 표시되어 있는 바와 같이 모든 연산자에 연산 우선순위를 부여하는 것이다. 연산 우선순위에 해당하는 숫자가 작을수록 이 연산자의 연산이 먼저 실행된다. 당연히 각 연산자의 연산 우선순위는 그 연산자가 수행되는 연산식의 결과에 영향을 미친다.

[표 3.1] 연산자

<table>
<tr><th>우선순위</th><th>연산자</th><th>결합방향</th></tr>
<tr><td>1</td><td>::</td><td>→</td></tr>
<tr><td>2</td><td>( )　[ ]　.　-〉</td><td>→</td></tr>
<tr><td>3</td><td>! ~ ++ -- - (자료형) * & sizeof new delete</td><td>←</td></tr>
<tr><td>4</td><td>*　/　%</td><td>→</td></tr>
<tr><td>5</td><td>+　-</td><td>→</td></tr>
<tr><td>6</td><td>〈〈　〉〉</td><td>→</td></tr>
<tr><td>7</td><td>〈　〈=　〉=　〉</td><td>→</td></tr>
<tr><td>8</td><td>==　!=</td><td>→</td></tr>
<tr><td>9</td><td>&</td><td>→</td></tr>
<tr><td>10</td><td>^</td><td>→</td></tr>
<tr><td>11</td><td>|</td><td>→</td></tr>
<tr><td>12</td><td>&&</td><td>→</td></tr>
<tr><td>13</td><td>||</td><td>→</td></tr>
<tr><td>14</td><td>?:</td><td>←</td></tr>
<tr><td>15</td><td>=　+=　-=　*=　/=　%=
&=　|=　^=　〈〈=　〉〉=</td><td>←</td></tr>
<tr><td>16</td><td>,</td><td>→</td></tr>
</table>

다음과 같은 간단한 연산식의 문장을 생각해보자. 이 연산문에는 세 개의 연산자 (=, +, *)들이 포함되어 있다.

```
y = 100 + x * 2 ;   // *(우선순위 4번), +(우선순위 5번), =(우선순위 15번)
```

[표 3.1]에 표시되어 있는 연산자 우선순위를 보면 * 연산자가 연산 우선순위 4번으로 다른 연산자보다 우선순위가 높다. 따라서 x*2의 이항 연산이 먼저 실행된다. 다음으로 + 연산자가 실행되어 상수 100에 x*2의 계산 결과를 덧셈한다. 마지막으로 덧셈

결과를 = 연산자 왼쪽에 있는 (이를 Lvalue라고 한다) 변수 y에 대입한다. 따라서 연산 우선순위가 5인 + 연산자는 * 연산자보다 먼저 실행되지 않는다. 〈예 3.1〉에서 변수 x의 값을 10으로 하면, 변수 y의 값은 120이 됨을 알 수 있다. 즉, 100+x의 연산이 먼저 실행되지 않고 x*2의 연산이 먼저 실행되고 있다.

그러면 + 연산자를 먼저 연산하여 y의 값으로 220이 저장되게 할 수 없을까? 연산자 우선순위 규칙 때문에 앞의 연산문에서는 불가능하지만, 연산 우선순위가 2인 괄호(())를 다음과 같이 사용하면 연산의 순서를 바꿀 수 있다. 〈예 3.1〉에서 변수 x의 값을 10으로 하면, 변수 z의 값은 220이 됨을 알 수 있다. 즉, 괄호 연산자의 영향으로 100+x의 연산이 먼저 실행되고 난 이후, 그 결과에 2를 곱하는 연산이 실행되고 있다.

```
z = ( 100 + x ) * 2 ;     // ( ) 연산자 사용하여 연산 순서를  바꿈
```

복잡한 수식이 들어있는 연산문에서 연산자의 우선순위가 잘 기억이 나지 않을 경우 괄호를 중첩으로 사용하여 연산자의 실행 순서를 정확히 하는 것도 좋은 방법이다.

〈예 3.1〉

```
#include <iostream.h>
void main()
{
    int x,y,z;

    x = 10;

    y = 100 + x * 2;
    cout << "y = " << y << endl;

    z = (100 + x) * 2;
    cout << "z = " << z << endl;
}
```

〈실행결과〉

```
y = 120
z = 220
```

3.1.2 연산자 결합방향

좀 더 복잡한 예를 들어보자. 다음 예는 앞의 연산문의 끝에 나눗셈 연산자(/)를 추가한 것이다.

```
y = 100 + x * 2 / 3 ;    // 연산자 /는 우선순위 4번
```

연산자 우선순위를 살펴보면 두 연산자 *, /의 순위가 같다. 따라서 단지 연산 우선순위만을 따져서는 x*2의 연산과 2/3의 연산 중 어느 것을 먼저 수행할 것인지 결정할 수 없다. 이것은 연산 우선순위만으로 해결할 수 없는 것으로 이 문제에 대한 답이 [표 3.1]에 표시된 연산자의 결합방향이다.

[표 3.1]을 보면 두 연산자(*, /)의 결합 방향이 →(왼쪽에서 오른쪽)으로 표시되어 있다. 이런 결합 방향은 왼쪽에 있는 연산자를 먼저 실행한다. 반대로 결합 방향이 ←(오른쪽에서 왼쪽으로 결합)인 연산자들의 경우에는 오른쪽에 있는 연산자를 먼저 실행하게 된다. 따라서 앞의 예인 경우에는 x*2를 먼저 수행하고, 그 결과를 3으로 나누는 나눗셈 연산자의 실행이 이어진다. 이와 같이 여러 연산자가 하나의 식에 나타날 경우 연산자 우선순위와 연산자 결합 방향 등의 규칙에 의거하여 실행이 이루어진다.

〈예 3.2〉는 x의 값으로 10이 저장되었을 때, 결합규칙에 의거하여 y의 값이 얻어지는 경우와 괄호를 사용하여 연산 순서를 바꾸었을 때 얻어지는 z의 값을 각각 표시하고 있다. z의 값이 왜 100일까? 그 해답은 다음 절에서 설명될 나눗셈 연산자(/)의 몇 가지 기능 때문이다.

〈예 3.2〉

```
#include <iostream.h>
void main()
{
    int x,y,z;

    x = 10;

    y = 100 + x * 2 / 3;
    cout << "y = " << y << endl;

    z = 100 + x * (2 / 3);
    cout << "z = " << z << endl;
}
```

〈실행결과〉

```
y = 106
z = 100
```

3.2 산술연산자

다음 표에는 모든 계산의 기본이라고 할 수 있는 덧셈, 빼셈, 곱셈, 나눗셈, 그리고 나머지 셈을 수행하는 5가지 산술연산자(이항 연산자)와 값의 부호를 변환시켜주는 단항 연산자인 부호연산자(-)가 표시되어 있다. 이항 연산자(binary operator)란 연산자를 중심으로 좌우에 두 개의 피연산자(operand)를 대상으로 연산 처리를 수행하는 연산자를 말한다. 반면에 단항 연산자(unary operator)는 하나의 피 연산자만을 대상으로 연산 처리를 한다.

산술 연산자	연산 우선순위	결합 방향	비고
−	3	←	단항 연산자
* / %	4	→	이항 연산자
+ −	5	→	이항 연산자

빼셈연산자와 부호연산자는 같은 기호를 사용하지만, C++는 피 연산자의 개수에 따라 적절하게 목적하는 바대로 정확히 연산 처리를 수행한다. 이와 같이 동일한 연산 기호를 여러 다른 연산에 사용하는 것을 연산자 다중정의(operator overloading)라고 한다. 이것은 객체지향 언어로서의 C++가 갖는 중요한 특성중의 하나이다. 연산자 다중정의의 또 다른 예로서 이항 연산자인 곱셈연산자로 사용되는 기호 *는 단항 연산자인 간접연산자로도 사용된다. 또한 나눗셈연산자인 /은 나눗셈이 아닌 다른 기능을 수행하는 연산자로 다중 정의되어 있지는 않지만, 피 연산자의 자료형에 따라 서로 다른 값을 갖는 연산 처리를 수행한다. 이와 같은 것도 연산자 다중정의의 한 예라 할 수 있다.

3.2.1 나눗셈 연산자

나눗셈연산자는 두 피연산자에 대한 나눗셈의 연산 결과의 자료 형태, 즉 연산

결과의 자료형을 두 피연산자의 자료형에 따라 다르게 처리한다. 예를 들어 두 피연산자가 모두 int형이면 나눗셈 연산 결과도 int형으로, 두 피연산자 중 어느 하나가 double형이면 나눗셈 연산 결과를 double형으로 처리한다. 여기서 주목할 내용은 두 피연산자가 모두 정수형 자료일 경우 나눗셈 연산 결과는 정확한 나눗셈 결과가 아니라 앞의 피연산자를 뒤의 피연산자로 나눈 몫이라는 것이다.

〈예 3.3〉은 나눗셈연산자의 연산자 다중정의에 대한 예를 보여준다. 〈예 3.1〉의 실행 결과를 살펴보면 543과 9는 int형 상수이다. 543을 9로 나누는 실제 나눗셈 결과는 60.333333…이지만 543/9의 결과는 int형으로 60이 된다. 반면에 543.과 9.은 소숫점이 있는 double형 상수이므로 두 값의 나눗셈 543./9.의 결과는 double형 60.333333이다.

참고로 출력을 위한 클래스 객체 cout은 기본적으로 부동소수형 자료의 유효숫자가 최대 6자리까지 출력한다. 2 장에서 설명하였던 조정자 setprecision()을 이용하면 유효숫자의 개수를 늘일 수 있다.

〈예 3.3〉

```
#include <iostream.h>
#include <iomanip.h>
void main()
{
      cout << "(int / int : 543/9) = " << 543/9 << endl;
      cout << "(double / double : 543./9.) = " << 543./9. << endl;
      cout << "543./9. = " << setprecision(8)<< 543./9. << endl;
}
```

〈실행결과〉

```
(int / int : 543/9) = 60

(double / double : 543./9.) = 60.3333

543./9. = 60.333333
```

3.2.2 수식에서 묵시적 형변환

<예 3.3>에서는 같은 종류의 자료형을 갖는 두 피연산자의 나눗셈을 연산하였다. 그러면 서로 다른 자료형을 갖는 두 피연산자의 나눗셈은 어떻게 이루어질까? 많은 식에서 서로 다른 자료형들의 연산이 이루어 질 것이다. 이와 같이 서로 다른 자료형을 갖는 자료들의 연산의 경우 자동으로 두 피연산자에 다음 변환 규칙을 먼저 적용하고 연산이 이루어진다. 이를 수식에서의 묵시적 형변환(implicit type conversion)이라고 한다.

〈묵시적 형변환 규칙〉

① 피연산자의 자료형이 서로 다르면 낮은 순위의 피연산자가 높은 순위의 자료형으로 자동 변환된 이후 연산이 이루어진다.

② 묵시적 형변환에 대한 순위는 메모리에 저장되는 바이트 수가 클수록 높다. 다음은 묵시적 형변환에 대한 우선순위를 부등호로 표시한 것이다. char형보다 int형이, double형보다 long double형이 형변환 우선순위가 더 높다.

char 〈 int 〈 long 〈 float 〈 double 〈 long double

③ 같은 바이트를 차지하는 unsigned와 signed의 경우에는 unsigned가 signed보다 형변환 우선순위가 높다.

수식에서의 묵시적 형변환 규칙에 의거하여 자료형이 서로 다른 자료들의 나눗셈을 <예 3.4>에 표시하였다. 정수/정수의 나눗셈 결과를 제외하고 모두 실수/실수의 나눗셈 결과를 보이고 있다.

〈예 3.4〉

```
#include <iostream.h>
#include <iomanip.h>
void main()
{
    cout << "(int / int : 5430/9) = " << 5430/9 << endl;
    cout << "(int / double : 5430/9.0) = " << 5430/9.0 << endl;
    cout << "(double / int : 5430.0/9) = " << 5430.0/9 << endl;
}
```

〈실행결과〉

```
(int / int : 5430/9) = 603
(int / double : 5430/9.0) = 603.333
(double / int : 5430.0/9) = 603.333
```

3.2.3 나머지연산자(%)

나머지연산자(%)는 두 정수형 피연산자의 나머지를 구한다. 나머지 연산은 반드시 정수형 자료들 사이에서만 이루어진다. 따라서 정수형 이외의 자료가 피연산자로 사용되면 다음과 같은 오류 메시지가 나타난다.

```
Error : Illegal use of floating point
```

나눗셈연산자의 연산에서 두 피연산자가 모두 정수형일 때 나눗셈 연산의 결과는 왼쪽의 정수를 오른쪽의 정수로 나눈 몫으로 해석할 수 있다. 즉, 두 정수의 몫과 나머지를 구하는 문제의 해결에 나눗셈연산자와 나머지연산자를 사용할 수 있다.

다음 〈예 3.5〉는 변수 seconds에 초단위의 시간을 읽어 들인 후, 초 단위의 시간을 (시:분:초)로 출력하는 프로그램이다.

〈예 3.5〉

```
#include <iostream.h>

void main()
{
    int seconds;
    int hour, min, sec;

    cout << "Enter the number of seconds = ";
    cin >> seconds;

    hour = seconds / 3600;
    sec = seconds % 3600;
    min = sec / 60;
    sec = sec % 60;       // sec %= 60;

    cout << seconds << " seconds == " << hour << ":"
          << min <<  ":" << sec << endl;
}
```

〈실행결과〉

```
Enter the number of seconds = 5467
5467 seconds == 1:31:7
```

3.3 대입연산자와 누적대입연산자

3.3.1 대입연산자(=)

대입연산자는 연산자 =의 오른쪽에 위치한 변수, 상수, 수식 등의 값을 =의 왼쪽 변수(Lvalue)에 저장하는 기능을 하는 연산자이다. 대입연산자(=)는 다음 표와 같이 누적대입연산자들과 더불어 연산자 우선순위가 15로 매우 낮다. 또한 결합방향이 ←이므로 대입연산자 오른쪽에 위치한 연산자들을 먼저 연산하게 된다.

누적 대입 연산자	연산자 우선순위	결합 방향	비 고
= += -= *= /= %=	15	←	대입 연산자

다음은 대입연산자의 사용 예를 표시한 것이다.

```
x = y  = worldcup = 2010 ;
```

이 문장이 실행되면 연산자 결합규칙에 의하여 가장 오른쪽에 위치한 세 번째 대입연산자가 먼저 수행되어 변수 worldcup에는 2010이 저장(대입)된다. 다음으로 두 번째 = 연산자가 수행되므로 변수 y에는 worldcup에 저장된 값이 대입된다. 따라서 변수 y에도 2010이 저장된다. 최종적으로 변수 x에 y의 값, 즉, 2010이 저장된다.

대입연산자는 연산자 =의 오른쪽의 값을 왼쪽 변수(Lvalue)에 저장하라는 의미이기 때문에 대입연산자나 누적대입연산자의 왼쪽에는 상수 또는 수식이 위치해서는 곤란하다. 이를 어겼을 경우에는 다음과 같은 오류 메시지가 뜬다.

```
Error : Lvalue required
```

3.3.2 대입연산자를 통한 자료형의 변환

대입연산자 또는 누적대입연산자의 연산이 실행되어 연산자 오른쪽의 값이 왼쪽 변수에 저장될 때, 오른쪽 식의 값은 왼쪽 변수의 자료형으로 자동 변환되어 저장된다. 예를 들어 실수형 자료를 대입연산자를 이용하여 정수형 변수에 저장하면 소수점 이하는 버림되는 변환이 일어나 정수 형태로 저장된다. 대입연산자의 두 피연산자들의 자료형이 서로 다를 경우 다음과 같은 경고 메시지가 출력된다.

```
warning C4244: '=' : conversion from 'const double' to 'int',
possible loss of data
```

〈예 3.6〉는 대입연산자(=)를 통한 자료형의 변환을 설명하고 있다. 실행 결과에서 짐작할 수 있듯이 대입연산자 왼쪽에 위치한 변수의 자료형과 서로 다른 자료형의 자료를 왼쪽 변수에 저장하는 과정에서 오차가 발생하게 된다. 따라서 의도적인 목적이 아니라면 대입연산자를 통한 자료형의 자동 변환에 주의하여야 한다.

〈예 3.6〉

```
#include <iostream.h>
void main()
{
    double  worldcup;
    int  korea;

    worldcup = 201006;
    cout << "worldcup(double) = " << worldcup << endl;

    korea = 2010.0612;
    cout << "korea(int) = " << korea << endl;
}
```

〈실행결과〉

```
worldcup(double) = 201006
korea(int) = 2010
```

3.3.3 누적대입연산자

수학에서 수식 $x = x + 10$은 항상 거짓이다. 즉, 이 수식을 만족하는 변수 x의 값은 존재하지 않는다. 그러나 C++ 프로그램에서 이 수식의 의미는 대입연산자의 우변의 식을 계산하여 좌변의 x 변수에 대입하라는 명령이기 때문에 수학과는 달리 옳은 문장이 된다. 그런데 이 식에는 좌변과 우변에 모두 변수 x가 나타나기 때문에 사용자의 편의를 위하여 누적대입연산자 += 연산자를 사용하여 다음과 같이 표기한다.

```
x  +=  10 ;    // 누적대입연산자 +=를 이용한 식의 계산
```

이와 같이 += 연산자는 이 연산자의 왼쪽에 위치한 피연산자(이것은 반드시 변수이어야 한다.)에 오른쪽에 위치한 피연산자를 더하고, 이 결과를 다시 왼쪽 피연산자에 대입(저장)하는 연산을 수행한다. 즉, x += 10; 문장을 풀어쓰면 다음과 같다.

```
x  =  x + 10 ;
```

이와 같이 두 개의 연산자들을 수행하는 표현을 하나의 연산자로 표현하게 되면 프로그램의 수식이 간결하게 되어, 프로그램을 해석하기가 훨씬 쉬울 뿐만 아니라 연산 실행 속도도 빨라지는 장점이 있다.

〈예 3.7〉은 누적대입연산자들의 몇 가지 사용 예를 표시한 것이다. 여기서 누적대입연산자가 들어있는 다음 왼쪽 문장은 오른쪽과 같이 두 문장으로 차례대로 실행된다.

avr /= mul *= 10.56;	mul = mul * 10.56; avr = avr / mul;

〈예 3.7〉

```
#include <iostream.h>
#include <iomanip.h>
void main()
{
    int     sum = 100, diff = 200;
    double  mul = 4.0, avr = 1.0;

    sum += 25;              // sum = sum + 25;
    diff -= sum+25;         // diff = diff - (sum+25);

    cout << "sum = " << sum << "\ndiff = " << diff;

    avr /= mul *= 10.5;     // mul = mul * 10.5;
                            // avr = avr / mul;
    cout << "\nmul = " << mul;
    cout << "\navr = " << setprecision(3) << avr << endl;
}
```

〈실행결과〉

```
sum = 125
diff = 50
mul = 42
avr = 0.0238
```

3.4 증가연산자와 감소연산자

증가연산자(++)와 감소연산자(--)는 단항 연산자로서 피연산자가 한 개다. 보통 단항 연산자의 피연산자가 연산자의 오른쪽에 위치하는 것과 달리 증가연산자와 감소연산자의 피연산자는 왼쪽과 오른쪽 모두에 올 수 있다. 연산자가 피연산자의 왼쪽에 위치하는 것을 전위표기형(prefix), 오른쪽에 위치하는 것을 후위표기형(postfix)이라고 말한다. 증가연산자(++)는 피연산자의 값을 1 증가시키며, 감소연산자(--)는 1 감소시킨다. 여기서 피연산자는 반드시 변수이어야 하며, 피연산자인 변수의 자료형은 정수형만이 아니라 문자형, 부동소수형도 가능하다. 그러나 피연산자의 값을 1 증가 또는 1 감소해서 그 값을 다시 피연산자의 메모리에 저장하여야 하므로 상수나 수식이 피연산자가 될 경우 실행 오류가 발생한다.

연산자	연산자 우선순위	결합 방향	비 고
++ (증가연산자)	3	←	단항 연산자
-- (감소연산자)			

다음 네 문장을 실행하면 그 결과 모두 똑같이 x의 값을 1 증가시키는 연산을 수행한다. 세 번째 문장은 전위 표기로 증가연산자를 사용한 것이며, 네 번째 문장은 후위 표기로 증가연산자를 사용한 예이다. 두 문장 모두 처음 두 문장보다 프로그램을 간결하게 해주며 이해를 쉽게 해준다.

```
x = x + 1 ;        // 변수 x에 1를 더하고 x에 저장
x += 1 ;           // 누적 대입연산자 +=의 이용
++x ;              // 증가연산자(전위표기형)
x++ ;              // 증가연산자(후위표기형)
```

증가연산자가 수식에서 전위로 표기될 경우와 후위로 표기될 경우 연산 순서 면에서 조금 차이가 있다. 예를 들어 〈예 3.8〉의 문장(1)의 x = ++a;는 다음 두 문장의 축약 표현이라고 할 수 있다. 즉, 전위표기형의 경우 먼저 변수 a의 값을 1만큼 증가시키고, 이 변수의 값을 수식에서 사용한다.

x = ++a;	a = a + 1 ; // a의 값을 먼저 1 증가
	x = a ; // 1 증가된 a의 값을 x에 대입

반면에 〈예 3.8〉의 문장(2)의 y = a++;은 다음 두 문장의 연속적인 실행 결과와 같다. 즉, 후위표기형의 경우 변수 a의 값을 수식에서 사용하고, 이어서 변수 a의 값을 1만큼 증가시킨다. 그러나 전위표기형이든 후위표기형이든 모두 증가연산자가 포함되어 있는 수식을 실행하고 난 이후는 모두 피연산자의 값을 1 증가시키고 있음을 알 수 있다.

y = a++ ;	y = a ; // a의 값을 y에 대입
	a = a + 1 ; // 이어서 a의 값을 1 증가

다음 〈예 3.8〉에 증가연산자가 포함된 좀 더 복잡한 수식의 예를 추가하였다.

〈예 3.8〉

```
#include <iostream.h>
void main()
{
    int x, y, z, w;
    int a = 100;

    x = ++a;      // 문장 (1)
    cout << "a= " << a << ",  x= " << x << endl;

    y = a++;      // 문장 (2)
    cout << "a= " << a << ",  y= " << y << endl;

    z = x+a++*2;  // z=x+a*2; 실행후 a++; 실행
    cout << "a= " << a << ",  z= " << z << endl;

    w = x+ ++a*2;  // w = x+++a*2; 문장과 동일
    cout << "a= " << a << ",  w= " << w << endl;
}
```

〈실행결과〉

```
a= 101,  x= 101
a= 102,  y= 101
a= 103,  z= 305
a= 104,  w= 309
```

〈예 3.8〉의 실행 결과에서 알 수 있듯이 증가연산자가 전위로 표기된 경우에는 먼저 피연산자의 값을 1 증가한 후, 그 값을 전체 수식에 포함시켜 계산한다. 반대로 후위로 표기된 경우에는 전체 수식을 먼저 모두 계산한 다음 마지막으로 증가연산자를 피연산자에 연산하여 피연산자의 값을 1 증가시킨다.

3.5 형변환 연산자

묵시적 형변환은 사용자가 특별히 지정하지 않아도 수식의 계산시 형변환 우선순위에 의거하여 자동으로 자료형이 변환되어 연산이 이루어지는 것을 말한다. 이와

별도로 사용자가 수식의 연산에서 특정한 자료를 사용자가 원하는 자료형으로 변환할 수 있다. 이와 같은 명시적 형변환(explicit type conversion)을 위하여 형변환 연산자를 사용한다. 형변환연산자는 다음 예와 같이 피연산자 앞에 형변환을 하고자하는 자료형을 괄호 안에 명기한 것을 일컫는다. 형변환연산자는 단항 연산자이므로 연산 우선순위가 3번으로 비교적 높다.

```
(char), (unsigned), (int), (long), (float), (double), (long double)
```

먼저 다음 예를 살펴보자. 나머지연산자(%)의 연산은 정수들 사이에서만 가능하므로 다음 식을 실행하면 변수 x가 정수형이 아니어서 오류가 발생한다.

```
double  x = 8.2 ;
cout << x % 3 << endl ;     // 실행 오류 발생
```

이 때 발생하는 오류를 해결하기 위한 한 방법으로 변수 x의 데이터형을 정수형으로 먼저 선언하는 방법이 있지만, 부동소수형의 자료를 정수형으로 선언할 경우 소수점 이하의 정보가 손실되므로 x가 포함된 다른 수식에서 심각한 오차가 발생된다.

〈예 3.9〉는 형변환연산자를 이용하여 오류가 발생했던 부분을 올바르게 수정하여 실행한 문장과 정수/정수의 계산을 일시적으로 실수/정수의 계산으로 변환하여 실행한 문장의 예이다. 여기에서 피연산자 x와 543의 앞에 표시되어 있는 (int), (double)이 형변환연산자이다.

〈예 3.9〉

```
#include <iostream.h>
void main()
{
    double x = 8.2;

    cout << "x%3 = " << (int)x % 3 << endl;

    cout << "543/9 = " << (double)543 / 9 << endl;
}
```

〈실행결과〉

```
x%3 = 2
543/9 = 60.3333
```

3.6 관계연산자

관계연산자	연산자 우선순위	결합 방향	비 고
〈 〈= 〉= 〉	7	→	대소 관계 비교
== !=	8	→	등가 비교

관계연산자는 두 피연산자의 대소와 등가 비교를 위한 연산자이다. 관계연산자의 연산 결과는 참이나 거짓으로 표현된다. 연산 결과를 저장할 경우 참이면 1, 거짓이면 0을 메모리에 저장한다. C++에서 0은 거짓을 의미하며, 0이 아닌 모든 수는 참을 의미한다. 대소 관계를 비교하는 네 가지 연산자(〈, 〈=, 〉=, 〉)들은 각 기호가 의미하는 바와 똑같이 대소 관계의 비교를 수행한다. 예를 들어, 연산자 〉=은 연산자의 왼쪽 피연산자가 오른쪽 피연산자보다 크거나 같으면 참을, 작으면 거짓을 연산 결과로 한다.

등가 비교를 위한 연산자 중에서 == 연산자는 두 피연산자의 값이 같으면 참을, 같지 않으면 거짓을 연산 결과로 한다. 반면에 != 연산자는 == 연산자와 반대의 연산을 수행한다. 특히 == 연산자의 경우 두 등호 기호(=) 사이를 빈칸으로 띄우지 말아야 한다. 또한 대입연산자인 = 연산자와 혼동하기 쉬우므로 반드시 구별하여 사용해야 한다.

다음 〈예 3.10〉로부터 관계연산자의 사용 예를 표시하고 있다. 관계 연산자의 연산 결과를 출력하면 참인 경우 1이 출력되며, 거짓인 경우 0이 출력됨을 알 수 있다. 또한 등가 비교를 위한 == 연산자와 대입연산자(=)의 결과가 확연히 차이가 있음을 알 수 있다. 등가 비교의 결과는 참(1) 또는 거짓(0)이지만, 대입연산자의 최종 결과는 변수 x의 값이기 때문이다.

〈예 3.10〉

```
#include <iostream.h>
void main()
{
    int i=5, j=0;

    cout << "(i>=4 && j==0) is " << (i>=4 && j==0) << endl;
    cout << "(i>=4 && j!=0) is " << (i>=4 && j!=0) << endl;
    cout << "(i>=4 || j!=0) is " << (i>=4 || j!=0) << endl;

    j = !(i >= 0);
    cout << "j= " << j << endl;

    j = !i >= 0;
    cout << "j= " << j << endl;
}
```

〈실행결과〉

```
(x >= d) is 1
(x == d) is 0
(x = d) is 8
```

3.7 논리연산자

논리연산자는 피연산자의 논리 연산(논리합 OR, 논리곱 AND, 논리부정 NOT)을 수행한다. 관계연산자와 마찬가지로 논리연산자의 연산 결과도 참(1) 또는 거짓(0)이다. 논리연산자는 프로그램의 조건 제어와 반복 제어를 위한 명령문에 많이 사용된다.

논리연산자	연산자 우선순위	결합 방향	비 고
!	3	←	논리부정 (단항 연산자)
&&	12	→	논리곱 (이항 연산자)
||	13	→	논리합 (이항 연산자)

논리합은 두 피연산자가 모두 거짓일 경우에만 거짓의 값을, 논리곱은 두 피연산자가 모두 참일 경우에만 참의 값을 갖는다. 논리부정 연산자 !은 단항 연산자로서 오른쪽에 위치하는 피연산자가 거짓이면 참을, 참이면 거짓을 연산의 결과로 한다.

논리부정 연산자가 다른 비교연산자나 논리연산자보다 우선순위가 높기 때문에 〈예 3.11〉에 표시한 바와 같이 괄호연산자가 필요하다. 즉, 괄호연산자를 사용하지 않으면, 즉, j = ! i >= 0; 문장이 수행되면 먼저 !i가 실행되어 그 결과가 거짓으로 0이고, 이어서 0>=0을 실행하여 참이 된다. 따라서 j의 값은 참의 결과인 1이 된다.

〈예 3.11〉

```
#include <iostream.h>
void main()
{
    int i=5, j=0;

    cout << "(i>=4 && j==0) is " << (i>=4 && j==0) << endl;
    cout << "(i>=4 && j!=0) is " << (i>=4 && j!=0) << endl;
    cout << "(i>=4 || j!=0) is " << (i>=4 || j!=0) << endl;

    j = !(i >= 0);
    cout << "j= " << j << endl;

    j = !i >= 0;
    cout << "j= " << j << endl;
}
```

〈실행결과〉

```
(i>=4 && j==0) is 1
(i>=4 && j!=0) is 0
(i>=4 || j!=0) is 1
j= 0
j= 1
```

3.8 조건연산자

조건연산자	연산자 우선순위	결합 방향	비 고
? :	14	←	삼항 연산자

조건연산자(? :)는 유일한 삼항 연산자로서 4 장에서 다루어진 간단한 형식의 if-else 제어문의 함축된 표현이라 할 수 있다. 조건연산자의 사용 형식은 다음과 같다. 조건연산자는 expr1이 참이면(또는 0이 아니면) 식 expr2을 계산한 값을, expr1이 거짓(또는 0)이면 식 expr3을 계산한 값을 최종적인 연산 결과로 한다.

```
expr1 ? expr2 : expr3
```

예를 들어 다음은 조건연산자를 이용하여 x가 10보다 크면 (10-x)의 값을 출력하고, 10보다 작거나 같으면 (x-10)의 값을 출력하는 문장을 표시한 것이다.

```
(x > 10) ? (cout << x-10) : (cout << 10-x) ;
```

다음 〈예 3.12〉는 변수 x의 절댓값을 변수 y에 저장하는 문제를 조건연산자로 간단히 나타낸 프로그램이다.

〈예 3.12〉

```
#include <iostream.h>
void main()
{
    int  x, y;

    cout << "x ? ";
    cin >> x;

    y = x > 0 ? x : -x;    // 삼항연산자 ? :의 사용

    cout << "x = " << x << "\nabs(x) = " << y << endl;
}
```

<실행결과>

```
x ? -2010
x = -2010
abs(x) = 2010
```

3.9 비트별 논리연산자

비트별 논리 연산자	연산자 우선순위	결합 방향	비 고
~	3	←	비트별 보수 (단항 연산자)
&	9	→	비트별 논리곱 (이항 연산자)
^	10	→	비트별 배타논리합 (이항 연산자)
|	11	→	비트별 논리합 (이항 연산자)

비트별 논리연산자(bitwise logical operator)는 정수형 자료를 대상으로 비트 단위로 논리 연산을 수행하는 연산자이며, 이 연산자의 연산 결과도 정수형이다. 피연산자가 정수형 이외의 자료형일 경우 오류가 발생한다.

다음은 대응되는 하나의 비트에 대하여 비트별 논리연산자의 실행결과를 표로 나타낸 것이다.

x	y	x & y	x | y	x ^ y	~x
0	0	0	0	0	1
0	1	0	1	1	1
1	0	0	1	1	0
1	1	1	1	0	0

3.9.1 비트별 보수연산자

비트별 보수(complement)연산자인 ~는 피연산자의 각 비트의 값을 0이면 1로, 1이면 0으로 바꾸어 준다. 예를 들어 <예 3.13>과 같이 변수 bitcomp에 16진수 0x57이 초기화되어 있다고 하자. 16진수인 0x57을 십진수와 이진수로 표현하면 다음과 같다. 이 때 편의상 이진수를 4 비트씩 띄어서 표시하였다.

16진수	십진수	이진수
0x57	87	0000 0000 0000 0000 0000 0000 0101 0111

이때 ~bitcomp를 실행하면 이 연산 결과의 이진수 표현은 다음과 같다.

~bitcomp의 이진수	1111 1111 1111 1111 1111 1111 1010 1000

이를 16진수로 변환하면 0xffffffa8이 되며 이진수의 제일 처음 나타나는 비트의 값이 1이므로 십진수로 표현하면 음수 -88을 얻는다.

<예 3.13>

```
#include <iostream.h>
void main()
{
    int  bitcomp = 0x57;

    cout << "bitcomp = 0x" << hex << bitcomp
    << " (" << dec  << bitcomp << ")" << endl;
    cout << "~bitcomp = 0x" << hex << ~bitcomp
    << " (" << dec  << ~bitcomp << ")" << endl;
}
```

<실행결과>

```
bitcomp = 0x57 (87)
~bitcomp = 0xffffffa8 (-88)
```

3.9.2 비트별 논리곱연산자

이항 연산자인 비트별 논리곱연산자(&)는 두 피연산자의 대응되는 비트값이 모두 1일 때만 대응되는 비트에 1을, 그 외의 경우에는 0이 계산된다. 예를 들어 〈예 3.14〉와 같이 int형 변수 bit1이 0xa7로, int형 변수 bit2가 0xf0으로 초기화되어 있다고 하자. 두 변수에 대하여 다음과 같이 비트별 논리곱 연산(&)을 시행하여 그 결과를 변수 bitand에 저장하면 16진수 0xa0를 얻는다.

```
bitand = bit1 & bit2 ;
```

변수 예	2진수	16진수
bit1	0000 0000 0000 0000 0000 0000 1010 0111	0xa7
bit2	0000 0000 0000 0000 0000 0000 1111 0000	0xf0
bit1 & bit2	0000 0000 0000 0000 0000 0000 1010 0000	0xa0

여기서 bit2의 비트중 0과 대응되는 bit1의 비트들은 모두 0으로 연산되고 bit2의 1을 갖는 비트에 대응되는 연산 결과는 bit1이 갖고 있는 비트들의 값임을 알 수 있다.

〈예 3.14〉

```
#include <iostream.h>
void main()
{
    int bit1 = 0xa7, bit2 = 0xf0;
    int bitand;

    bitand = bit1 & bit2;
    cout << "bit1 = 0x" << hex << bit1 << endl;
    cout << "bit2 = 0x" << hex << bit2 << endl;
    cout << "bit1 & bit2 = 0x" << hex << bitand << endl;
}
```

〈실행결과〉

```
bit1 = 0xa7
bit2 = 0xf0
bit1 & bit2 = 0xa0
```

비트별 논리곱연산자(&)는 포인터에서 중요하게 다루어질 주소연산자(&)와 같은 기호를 사용한다. 비트별 논리곱연산자가 이항 연산자인 반면에, 주소연산자는 단항 연산자이며 연산자 우선순위는 주소연산자가 훨씬 높다. 두 연산자가 같은 기호를 사용하므로 주의를 하자. 또한 & 기호를 연속적으로 붙여 사용하는 논리곱연산자(&&)와 혼동을 하지 말아야 한다.

3.9.3 비트별 배타논리합연산자

비트별 배타논리합연산자(^)는 & 연산자보다 우선순위가 낮은 이항 연산자이다. 이 연산자는 두 피연산자의 대응되는 비트값이 어느 하나만 1일 때 1이고, 그 외의 경우에는 0을 대응 비트 연산값으로 한다.

```
bitxor = bit1 ^ bit2
```

위 예의 실행 결과는 다음과 같다.

bitxor	2진수	16진수
bit1 ^ bit2	0000 0000 0000 0000 0000 0000 0101 0111	0x57

〈예 3.15〉

```
#include <iostream.h>
void main()
{
    int bit1 = 0xa7, bit2 = 0xf0;
    int bitxor;

    bitxor = bit1 ^ bit2;
    cout << "bit1 = 0x" << hex << bit1 << endl;
    cout << "bit2 = 0x" << hex << bit2 << endl;
    cout << "bit1 ^ bit2 = 0x" << hex << bitxor << endl;
}
```

〈실행결과〉

```
bit1 = 0xa7
bit2 = 0xf0
bit1 ^ bit2 = 0x57
```

3.9.4 비트별 논리합연산자

비트별 논리합연산자(|)는 두 피연산자의 대응되는 비트 값이 둘 다 0일 경우에만 대응되는 연산의 비트 값으로 0을 저장하며, 대응되는 두 비트 중 적어도 하나가 1이면 연산 결과의 대응 비트값은 1이 된다. 〈예 3.16〉에 비트별 논리합 연산자의 예를 다음과 같이 표시하였다.

```
bitor = bit1 | bit2
```

이 비트별 논리합 연산의 결과 bitor의 값으로 다음 결과를 얻는다.

bitor	2진수	16진수
bit1 | bit2	0000 0000 0000 0000 0000 0000 1111 0111	0xf7

논리합연산자(||)가 | 기호 두 개를 연속해서 붙여 사용하는데 반해 비트별 논리합연산자는 | 기호를 한 개만 사용하므로 혼동하지 않도록 주의하자.

〈예 3.16〉

```
#include <iostream.h>
void main()
{
    int bit1 = 0xa7, bit2 = 0xf0;
    int bitor;

    bitor = bit1 | bit2;
    cout << "bit1 = 0x" << hex << bit1 << endl;
    cout << "bit2 = 0x" << hex << bit2 << endl;
    cout << "bit1 | bit2 = 0x" << hex << bitor << endl;
}
```

〈실행결과〉

```
bit1 = 0xa7
bit2 = 0xf0
bit1 | bit2 = 0xf7
```

비트별 논리연산자의 응용으로 그래픽에서 기존의 도형에 다른 도형을 겹치는 여러 작용을 생각해 볼 수 있다. 예를 들어 도형을 구성하는 점의 색상에 대하여 생각해 보자. 기존 도형의 빨강색(RED, 지정값은 4)에 새로운 도형의 파란색(BLUE, 지정값은 1)을 OR_PUT 연산으로 겹치면, 겹쳐진 점의 색상은 다음과 같이 자홍색(MAGENTA, 지정값은 5)을 얻는다. OR_PUT 연산의 결과에서 얻어진 자홍색의 이진수 표현은 두 도형의 정보를 비트별 논리합연산자(|)로 계산된 것임을 알 수 있다.

기존 도형의 색상	새로운 도형의 색상	OR_PUT 연산으로 겹쳐진 도형의 색상
RED (0100)	BLUE (0001)	MEGENTA (0101)

3.10 이동연산자

이동연산자	연산자 우선순위	결합 방향	비고
〈〈 〉〉	6	→	정수형에만 연산

이동연산자는 왼쪽에 위치한 피연산자(정수형 자료)의 비트를 오른쪽 양의 정수값만큼 왼쪽(〈〈) 또는 오른쪽(〉〉)으로 이동시킨다. 이때 먼저 있던 비트의 값은 없어지고, 이동되어 비어 있는 비트에는 0이 채워진다. 예를 들어 다음 문장은 bit1의 각 비트를 왼쪽으로 1 비트씩 이동시키는 문장이다.

```
bitshift = bit1 << 1;
```

위 예에서 bit1의 각 비트를 왼쪽으로 1 비트 이동시킴으로써 실제로는 bit1에 2를 곱하는 효과를 나타낸다. 따라서 식 (bit1 〈〈 n)의 결과는 bit1의 2^n배를 나타낸다. 반대로 식 (bit1 〉〉 n)의 값은 bit1을 2^n으로 나눈 것과 같다. 즉, 다음 두 정수형 변수 bitshift와 y는 같은 값을 갖는다.

```
bitshift = bit1 << 2;
y = bit1 * 4;        // 2^2 = 4
```

이제 비트별 논리곱연산자(&)와 이동연산자(>>)를 이용하여 정수형 변수 bit2의 특정 비트의 값을 추출하는 프로그램을 작성하여 보자. 예를 들어 bit2가 0x12a7로 초기화되어 있을 때 bit2의 하위 5번째 비트부터 12번째 비트의 값(16진수로 0x2a)을 추출해 보자. 먼저 다음과 같이 & 연산자를 사용하여 해당 비트만을 남겨 놓는다.

```
bit3 = bit2 & 0x0ff0 ;          //  bit2의 초기값은 0x12a7
```

이제 얻어진 bit3을 오른쪽으로 4 비트 이동시키면 우리가 원하는 결과를 얻는다.

```
bitshift = bit3 >> 4 ;
```

다음 <예 3.17>은 이동연산자의 연산 결과와 정수의 특정 부분의 비트의 값을 추출하는 예를 표시한 것이다.

<예 3.17>

```
#include <iostream.h>
void main()
{
    int  bit1 = 3, bit2 = 0x12a7;
    int  bit3, bitshift;

    cout << "bit1 = " << bit1 << endl;
    cout << "bit1 << 2 = " << (bit1 << 2) << endl;

    bit3 =  bit2 & 0x0ff0;
    bitshift = bit3 >> 4;

    cout << "bit2 = 0x" << hex << bit2 << endl;
    cout << "(bit2 & 0x0ff0) >> 4 = 0x" << hex << bitshift<< endl;
}
```

〈실행결과〉

```
bit1 = 3
bit1 << 2 = 12
bit2 = 0x12a7
(bit2 & 0x0ff0) >> 4 = 0x2a
```

연습문제

3-1 다음 연산 결과가 문제의 예상되는 값이 나오지 않는 이유를 설명하여라.

(1) 예상되는 값 = 345

```
int x;
x=3.15;
cout << 100*x+30 << endl;
```

(2) 예상되는 값 = 9.5

```
int x=38, y=4;
cout << x/y << endl;
```

(3) 예상되는 값 = 66

```
int x=5, y=10;
cout << y++ * x++ << endl;
```

3-2 다음 연산식에 포함된 모든 변수가 int형일 때, 변수들의 값을 적절히 초기화하고 그 결과인 fin의 값을 출력하여라. 이 결과로부터 연산자들의 실행 순서를 설명하여라.

(1) `fin = a %= b = 2 + c / 3;`

(2) `fin = m + 2 * (x += 5)/y;`

(3) `fin = -a % b - m / n * 4 + c;`

(4) `fin = -x + 5 * y >= z * 2;`

3-3 다음 세 문장을 연속 실행한 이후 세 변수에 저장되어 있는 값을 출력하여라. 그러한 결과가 나온 이유를 설명하여라.

```
x = 10;
y = ++x;
z = 5*y++;
```

3-4 다음 프로그램의 결과를 출력하고, 그 이유를 설명하여라.

(1)
```
char ch='3';
int x = 0;
if (ch >= '5' && ++x == 1)
    cout << "x = " << x << endl;
else
    cout << "x = " << x << endl;
```

(2)
```
char ch='3';
int x = 1;
if (ch >= '5' || ++x == 1)
    cout << "x = " << x << endl;
else
    cout << "x = " << x << endl;
```

3-5 다음 수식을 설명하고 int형인 모든 변수의 값을 적절히 초기화하여 그 결과를 출력하여라.

(1) y = 5 + x--;

(2) c = a || b;

(3) a += b * 4;

(4) z = 3 || (x == ++y);

(5) b = a >> 3;

3-6 char형 상수 'Z'의 ASCII 값과 이에 대응되는 문자를 출력하여라.

3-7 하나의 문자를 입력받은 후, ASCII표에서 그 다음에 위치하는 문자를 출력하여라.

3-8 섭씨온도를 입력받아서 이를 화씨온도로 변환하는 프로그램을 작성하여라.

$$\text{화씨온도} = \frac{9}{5} \cdot \text{섭씨온도} + 32$$

3-9 연습문제 3-8의 문제와 반대로 화씨온도를 입력받을 경우 이를 섭씨온도로 변환하는 프로그램을 작성하여라.

3-10 직사각형의 두 변의 길이를 입력받아 직사각형의 둘레를 구하여 출력하고, 둘레가 이 직사각형의 둘레와 같은 원의 반지름을 구하는 프로그램을 작성하여라.

3-11 미국 메이저리그의 명예의 전당에 오른 놀란 라이언의 최고 구속은 시속 100.9마일이라고 한다. 1 마일이 약 1.609344km라고 할 때, 놀란 라이언의 최고 구속을 짐작하기 위하여 시속을 입력받아 이를 마일로 계산하는 프로그램을 작성하여라.

3-12 두 수를 입력받아 삼항연산자(? :)를 이용하여 두 수 중 작지 않은 쪽을 변수 max에 저장하고 이를 출력하는 프로그램을 구하여라.

3-13 int형 자료 x와 double형 자료 y를 입력받아서 y의 정수부분을 x로 나눈 몫과 나머지를 구하여라.

3-14 int형 변수의 오른쪽에서 하위 5번째 비트까지의 이진수 값을 차례대로 출력하는 프로그램을 작성하여라.

3-15 int형 변수 x의 값을 16진수 0x12ab17로 초기화하고 이 값의 이진수 표현의 하위 9번째 비트에서 하위 16번째 비트에 속해있는 값을 추출하여라.

Chapter

4

C++ Programming

제어문

4.1 제어문

3 장에서는 프로그램 내에서 여러 문제를 해결하기 위한 수식의 연산을 위하여 C++에 제공한 대부분의 연산자에 대하여 알아보았다. 3 장에서 다루지 못한 연산자 중에서 간접연산자(*), 주소연산자(&), 전역식별연산자(::)와 메모리 할당에 관련된 new, delete 연산자, 그리고 멤버연산자(.), 간접멤버연산자(->) 등이 중요한데 이 연산자들은 차후 자세히 언급될 것이다.

프로그램의 실행은 보통 위에서 아래로 수행된다. 4 장에서 다루게 될 제어문은 프로그램 동작의 흐름을 바꾸거나 프로그램 문장의 수행 순서를 변경하고자 할 때 사용되는 문장이다. 제어문에는 if 문과 같이 선택적으로 처리를 구분하는 조건 제어문이 있으며, switch 문과 같은 다중 선택문, for 문과 같이 동작을 반복하는 반복문, 그리고 프로그램의 흐름을 다른 위치로 바꾸어주는 break 등과 같은 분기문이 있다.

4.2 if 문

if 문은 if 다음에 주어진 조건식(괄호로 구분)의 연산 결과가 참인 경우에 한하여 if 문과 연결된 문장들을 수행하는 가장 간단한 제어문이다. if 문의 형식은 다음과 같다.

```
if ( 조건식 )
문장 ;
```

if 문에 대한 프로그램의 실행 흐름을 순서도로 도식화하면 다음 그림과 같다.

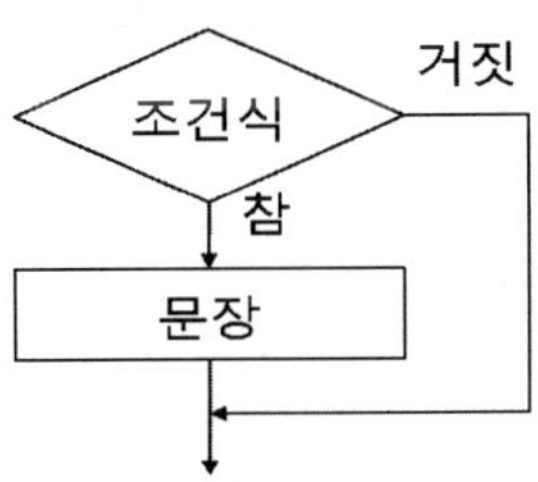

〈그림 4.1〉 if 문의 순서도

이 순서도를 보면 if 다음에 제시된 괄호 안의 조건식이 참일 경우에만 if 문에 포함된 문장을 수행하며, 조건식이 거짓이면 if 문에 제시된 문장을 수행하지 않고 if 문을 건너 뛴다. 만일 if 문을 이용하여 둘 이상의 문장을 동시에 처리하기 위해서는 중괄호({,}) 기호를 이용하여 실행하고자 하는 문장들을 하나의 블록(block)으로 묶어주어야 한다.

〈예 4.1〉은 if 문의 조건식에서 두 문자형 자료들의 ASCII 코드 값을 비교하여 첫 번째 문자의 ASCII 코드 값이 두 번째 문자의 ASCII 코드 값보다 작으면, 두 문자간의 ASCII 코드 값의 차이를 출력하게 된다. 그러나 반대의 경우에는 if 문에 포함된 문장을 수행하지 않는다.

〈예 4.1〉

```
#include <iostream.h>
void main()
{
    char ch1, ch2;

    cout << "첫번째 문자? "; cin >> ch1;
    cout << "두번째 문자? "; cin >> ch2;

    if(ch1 < ch2)
       cout << "₩'" << ch2 << "₩'-₩'" << ch1 << "₩' = "
            << ch2 - ch1 << endl;

    cout << "프로그램의 끝" << endl;
}
```

〈실행결과 1: 조건식이 참인 경우〉

```
첫번째 문자? A
두번째 문자? a
'a'-'A' = 32
프로그램의 끝
```

〈실행결과 2; 조건식이 거짓인 경우〉

```
첫번째 문자? n
두번째 문자? A
프로그램의 끝
```

if 문의 조건식은 일반적으로 관계연산자나 논리연산자를 사용하여 수식을 만들기 때문에 연산의 결과는 참, 또는 거짓이다. 그러나 조건식의 값이 참, 거짓으로 표현되지 않더라도 그 결과가 0이면 거짓, 0이 아닌 수이면 참으로 인식한다. 따라서 다음 두 표현은 if 문의 똑같은 조건식이다.

```
if ( x != 0 )
```

```
if ( x )
```

반대로 다음 두 if 문의 조건식도 똑같은 분기를 유도한다.

```
if ( x == 0 )
```

```
if ( !x )
```

다음 〈예 4.2〉는 음이 아닌 정수형 자료 x를 읽어 들인 후, x가 0이 아닐 경우에만 x를 4로 나눈 몫과 나머지를 구하는 예제이다. if 문의 조건식이 참일 경우 수행해야 될 세 개의 문장을 모두 처리하기 위하여 중괄호를 이용한 블록을 설정하였다.

<예 4.2>

```
#include <iostream.h>
void main()
{
    unsigned int x;
    int quotient, remainder;

    cout << "음이 아닌 정수를 입력 : ";
    cin  >> x;

    if (x) {
      quotient = x / 4;
      remainder = x % 4;
      cout << x << "를 4로 나눈 몫은 " << quotient;
      cout << "이고, 나머지는 " << remainder << "이다." << endl;
    }
}
```

<실행결과>

```
음이 아닌 정수를 입력 : 198
198를 4로 나눈 몫은 49이고, 나머지는 2이다.
```

4.3 if-else 문

<예 4.1> 또는 <예 4.2>에서 if 문의 조건식이 거짓일 경우에는 특별한 처리를 수행하지 않는다. 만일 조건식의 값이 거짓일 때 참의 경우와 또 다른 처리를 수행하고자 한다면 if와 함께 키워드 else를 사용한다. if-else 문의 가장 간단한 사용 형식은 다음과 같다.

```
if ( 조건식 )
        문장 1 ;
else
        문장 2 ;
```

if-else 문에 대한 프로그램의 실행 흐름을 순서도로 도식화하면 다음 그림과 같다. 다음 순서도의 흐름에서 알 수 있듯이 if-else 문은 [조건식]의 값이 참이면 [문장1]를 수행하고, 거짓이면 [문장2]를 따로 수행한다.

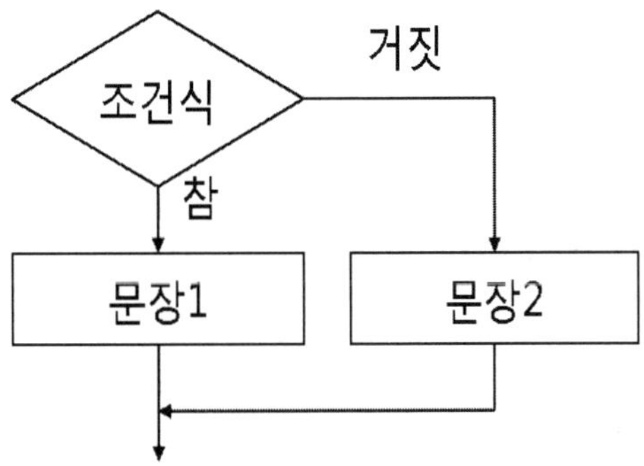

〈그림 4.2〉 if-else 문의 순서도

if-else 문을 사용하면 두 가지의 서로 다른 처리를 수행할 수 있다. if와 else 문을 적절히 중첩하면 세 가지 이상의 서로 다른 선택 처리를 할 수 있다.

〈예 4.3〉은 if-else 문을 중첩 사용하여 0점에서 100점 사이의 점수를 갖는 점수를 입력받아 이 점수에 해당하는 학점을 부여하는 프로그램이다. 입력 점수에 대응하는 학점은 80점 이상은 A, 50점에서 79점까지는 B, 49점 이하는 C를 부여한다. 학점을 부여하기 전에 먼저 입력 점수가 0점에서 100점 사이의 값인지를 조사하고, 이 범위를 벗어나는 점수가 입력될 경우 메시지를 따로 출력하지 않고 프로그램이 강제 종료되도록 하였다. 프로그램을 강제로 종료하는 시스템 표준함수인 exit()를 사용하기 위하여 헤더 파일 〈process.h〉가 프로그램의 서두에 삽입되었다.

첫 번째 if 문에 나타난 (score<0 || score>100)이 입력된 score의 값이 적절한 범위를 벗어나는 지의 여부를 조사하기 위한 조건식이다. 이 조건식의 여집합은 논리곱연산자를 사용하여 (score>=0 && score<=100)와 같이 나타나는데, 이는 수학적으로 다음 수식을 의미한다.

$$0 \leqq score \leqq 100$$

〈예 4.3〉

```
#include <iostream.h>
#include <process.h>

void main()
{
    int  score;
    char grade;

    cout << "0점에서 100점 사이의 점수를 입력하세요 : ";
    cin  >> score;

    if (score < 0 || score > 100)
        exit(0);     // 프로그램 강제 종료를 위한 시스템 표준함수

    else if (score >= 80)
       grade = 'A';

    else if (score >= 50)
       grade = 'B';

    else
       grade = 'C';

    cout << score << "점에 대한 학점은 " << grade << "입니다." << endl;
}
```

〈실행결과 1: 정상적으로 점수가 입력됨〉

```
0점에서 100점 사이의 점수를 입력하세요 : 45
45점에 대한 학점은 C입니다.
```

〈실행결과 2: 음수 값을 갖는 점수가 입력됨〉

```
0점에서 100점 사이의 점수를 입력하세요 : -10
```

다음 〈예 4.4〉와 같이 if와 else가 한 쌍으로 결합되어 있지 않고 if-if-else 문으로도 사용이 가능하다. 이 때 else 문과 짝을 이루는 if 문은 else 문 바로 직전의 if 문이다. 〈예 4.4〉의 마지막 else는 바로 직전의 if(조건식이 b>c인)와 짝을 이루게 된다. 따라서 a가 음수이면 아무런 작업도 수행하지 않게 된다. 그러나 a가 음수가 아니라면 조건식 (b>c)의 결과에 따라 b와 c의 최댓값이 x에 대입된다. 〈예 4.4〉의 if-if-else 문의 흐름을 순서도로 나타내면 다음과 같다.

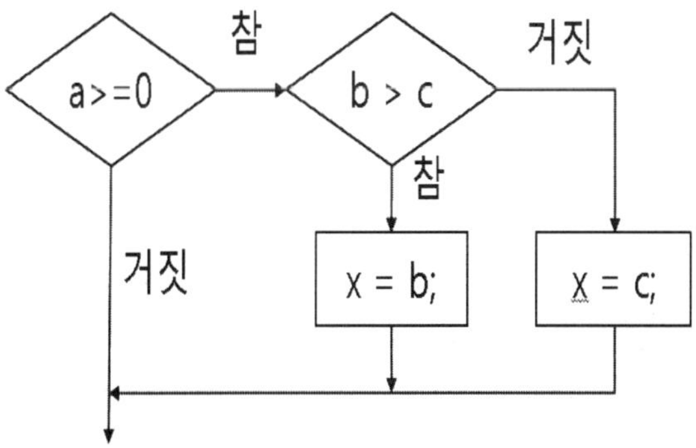

〈그림 4.3〉 if-if-else 문의 순서도

〈예 4.4〉

```
#include <iostream.h>
void main()
{
    int a, b, c;
    int x=0;

    cout << "a= " ; cin >> a;
    cout << "b= " ; cin >> b;
    cout << "c= " ; cin >> c;

    if (a >= 0)
        if (b > c)
            x = b;
        else
            x = c;

    cout << "x= " << x << endl;
}
```

〈실행결과 1〉

```
a= 10
b= 34
c= 12
x= 34
```

〈실행결과 2〉

```
a= -5
b= 34
c= 12
x= 0
```

그런데 〈예 4.4〉의 if-if-else 문에서 else가 처음 if와 짝을 이루고자 한다면 〈예 4.5〉에 표시한 바와 같이 두 번째 if 문을 처음 if 문의 조건식이 참일 경우 실행하게 되는 블록 안에 놓으면 된다. 이미 설명한 바와 같이 블록을 설정하는 방법은 중괄호 {}를 이용한다. 불록을 설정하면 if-if-else 문의 else 문은 처음 if와 짝을 이루게 되므로 조건식 (a>=0)이 거짓이면, 즉, a가 음수이면 변수 x에 무조건 c의 값이 대입된다. 〈예 4.5〉의 if-if-else 문의 흐름을 순서도로 나타내면 다음과 같다.

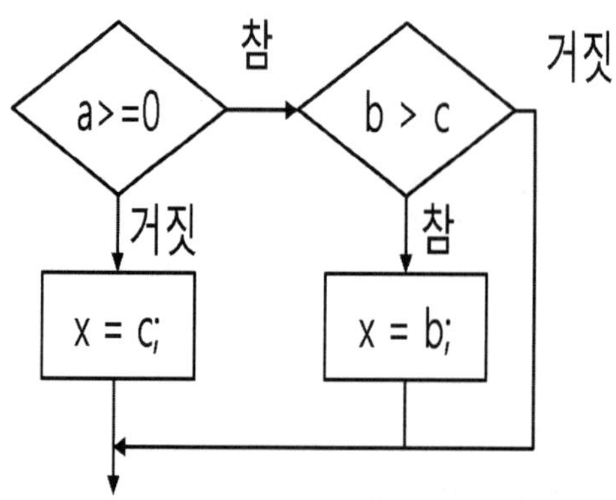

〈그림 4.4〉 if-{if}-else 문의 순서도

〈예 4.5〉

```
#include <iostream.h>
void main()
{
    int a, b, c;
    int x=0;

    cout << "a= " ; cin >> a;
    cout << "b= " ; cin >> b;
    cout << "c= " ; cin >> c;

    if (a >= 0) {   // 블록 설정
        if (b > c)
            x = b;
    }
    else
        x = c;

    cout << "x= " << x << endl;
}
```

〈실행결과 1〉

```
a= 10
b= 20
c= 30
x= 0
```

〈실행결과 2〉

```
a= -5
b= 10
c= 20
x= 20
```

4.4 switch 문

if-else 문의 경우 if 문의 조건식을 참과 거짓으로 판단하여 각 경우에 주어진 문장들을 수행한다. 여러 갈래의 경우에 대하여 각각의 문장을 수행하고자 하면

if-else문을 중첩으로 사용하였다. switch 문은 여러 개의 if-else 문을 중첩하는 것과 비슷한 기능을 수행하는 다중 선택문으로서 switch의 (식)의 값에 따라서 별개의 처리를 수행할 수 있다. if-else 문의 (조건식)의 값이 참 또는 거짓인데 반해, switch 문의 (식)의 값은 반드시 정수형 또는 문자형이어야 한다.

switch 문은 여기에 포함된 case의 상수 값에 따라 여러 갈래의 문장을 실행할 수 있으며, break; 문장의 유무에 따라 다양한 흐름을 만들어낼 수 있다. break; 문은 이 break 문을 둘러싸고 있는 블록(여기서는 switch 문)을 강제로 벗어나고자 할 때 사용된다.

switch 문이 다음과 같이 사용되면 먼저 (식)의 값을 계산한다. (식)의 값이 (상수1)이면 문장1를 수행하고 이어서 문장2를 수행한다. 다음 나타나는 문장이 break 문이므로 break 문의 작용으로 switch 문의 실행이 끝난다. (식)의 값이 (상수2)이면 문장2를 수행한 이후 break 문을 만나므로 강제로 switch 문을 끝내게 된다. 그러나 (식)의 값이 (상수3)이면 문장3을 수행하고 이어서 문장4를 수행한 이후 switch 문을 끝내고, (식)의 값이 case로 연결된 (상수1), (상수2), (상수3)이 아닌 다른 정수 값일 경우에는 default 다음에 있는 문장4를 수행하고 switch 문을 끝내게 된다.

```
switch ( 식 )
{
  case 상수1 : 문장1 ;
  case 상수2 : 문장2 ;
          break ;
  case 상수3 : 문장3 ;
  default : 문장4 ;
}
```

〈예 4.6〉은 case의 상수가 3개 나열된 swtich 문의 예를 표시한 것이다. 실행결과들을 살펴보면 (식)의 값이 -1, 0, 1인 경우 그 case에 해당하는 문장들을 수행하고 있으며, 이외의 값이 (식)의 값으로 지정되면 default에 속하는 문장만 수행하고 switch 문을 끝내고 있음을 알 수 있다. 〈예 4.6〉의 switch 문의 흐름을 순서도로 나타내면 다음과 같다.

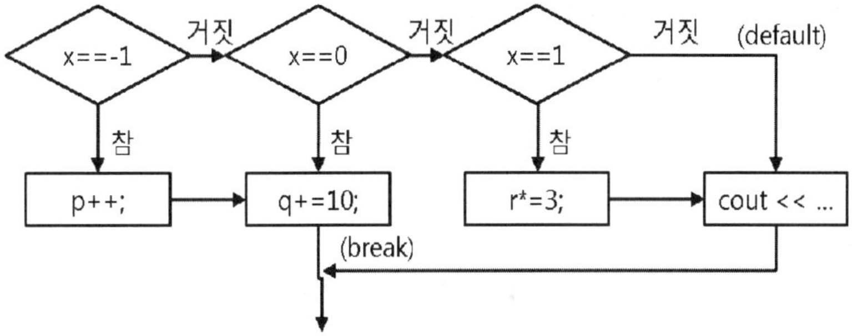

〈그림 4.5〉 switch 문의 순서도

〈예 4.6〉

```
#include <iostream.h>
void main()
{
    int x, p, q, r;

    cout << "x= "; cin >> x;

    p = q = r = 10;

    switch( x )
    {
    case -1:
        p++;
    case 0 :
        q+=10;
        break;
    case 1 :
        r*=3;
    default : cout << "x는 -1, 0, 1 중의 하나이어야 합니다." << endl;
    }

    cout << "p= " << p << "; q= " << q << "; r= " << r << endl;
}
```

〈실행결과 1; x의 값으로 -1을 입력할 경우〉

```
x= -1
p= 11; q= 20; r= 10
```

<실행결과 2; x의 값으로 0을 입력할 경우>

```
x= 0
p= 10; q= 20; r= 10
```

<실행결과 3; x의 값으로 1를 입력할 경우>

```
x= 1
x는 -1, 0, 1 중의 하나이어야 합니다.
p= 10; q= 10; r= 30
```

<실행결과 4; x의 값으로 4를 입력할 경우>

```
x= 4
x는 -1, 0, 1 중의 하나이어야 합니다.
p= 10; q= 10; r= 10
```

4.5 while 문

프로그래밍에서 문장들이 한번만 코딩되어 있어도 계속하여 반복적으로 이 문장들을 처리할 수 있다. 이와 같이 반복적 처리를 루프(loop)라고 하는데 while 문이 반복 처리를 위하여 사용하는 제어문이다. 다음과 같은 형식으로 사용되는 while 문은 (조건식)의 값이 참일 때, while 문에 연결된 문장들을 계속하여 반복 수행한다. 그러나 이 문자들이 반복 수행하기 전에 매번 (조건식)의 값을 계산하여 그 값이 참이면 반복 수행하고, 거짓이면 while 문의 루프 밖으로 빠져나간다.

```
while ( 조건식 )
 문장 ;            // 이 문장이 반복 처리되는 루프이다.
```

while 문의 조건식이 참일 때 두 문장 이상을 반복 실행하게 될 경우에는 반복 처리되는 문장들을 중괄호를 이용하여 블록으로 정의하여야 한다. 주의하여야 할 점은 (조건식)의 연산 결과가 언제나 참이 될 경우에는 while 문이 무한정 반복 처리되기 때문에 프로그램이 끝나지 않는 현상(이를 무한 루프에 빠진다고 한다!)이 발생한다는 것이다. 이를 방지하기 위해서는 while 문의 블록 안에 조건식의 연산 결과를 변화시키는 문장이 필요하다. 예를 들어, 다음 while 문은 무한 루프에 빠지게 되어 프로그램이 영원이 끝나지 않는다. 따라서 무한 루프를 방지하기 위하여 루프가 수행될 때마다 변수 x의 값이 증가되도록 하는 문장이 블록 안에 필요하다.

```
int x=1, y;
while ( x <= 10 )  // 블록 안에서 이 조건식의 값을 변경해주는 역할이 없다.
{
   y += 100;
   cout << x << y << endl ;
}
```

while 문의 흐름을 순서도로 나타내면 다음과 같다.

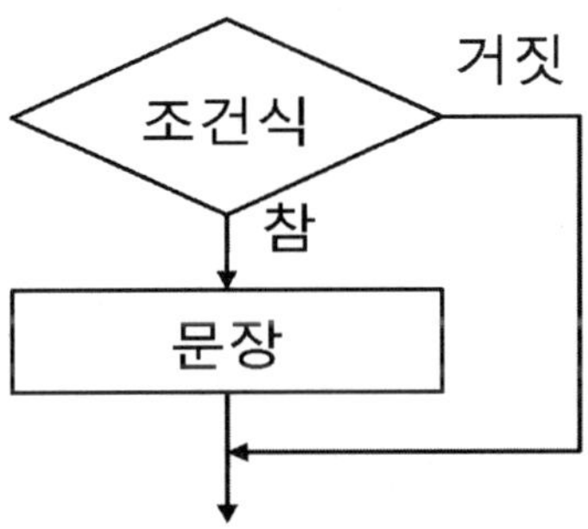

〈그림 4.6〉 while 문의 순서도

〈예 4.7〉은 문자들을 입력받아서 문자 상수 '.'가 입력되기 직전까지 입력된 문자들의 총 개수와 입력받은 문자 중에서 알파벳 소문자들의 개수를 계산한 후, 이를 출력하는 예를 while 문을 이용하여 표시하고 있다.

〈예 4.7〉

```
#include <iostream.h>
void main()
{
    char  ch;
    int  total_cnt=0, low_cnt = 0;

    cin >> ch;
    while (ch != '.')   // 입력 문자가 '.'이면 루프 탈출
    {
        total_cnt++;

        if(ch >= 'a' && ch <= 'z')  // 입력 문자가 소문자이면
           low_cnt++;
        cin >> ch;  // 조건식의 값을 변경하기 위한 문장
    }

    cout << "입력된 문자의 총 개수 = " << total_cnt << endl;
    cout << "영문 소문자의 총 개수 = " << low_cnt << endl;
}
```

〈실행결과〉

```
THis IS a Sample.
입력된 문자의 총 개수 = 13
영문 소문자의 총 개수 = 8
```

자료 입력을 위한 클래스 객체인 cin은 자료들을 입력받을 때 빈 칸 문자들(' ', '\t', '\n' 등)을 각 자료들을 구분하는 용도로 사용한다. 특히 문자형 자료들을 입력받을 때 빈 칸 문자들은 하나의 자료로 인식하지 않는다. 〈예 4.7〉에서 빈칸 문자가 3번 입력되었지만 프로그램 실행 결과를 보면 입력 문자로 처리되지 않고 있음을 알 수 있다. cin 대신에 istream 클래스의 cin.get() 멤버 함수를 이용하여 문자형 자료를 입력하면 빈 칸 문자들도 모두 문자형 자료로 입력할 수 있다.

〈예 4.7〉에서 문자 자료들의 입력을 끝내기 위하여 문자 상수 '.'을 이용하였다. 이는 while 문의 조건식에서 처리 반복문의 계속적인 실행 여부를 판정하기 위해 ch 변수의 값과 비교되어 진다. 마지막으로 cin 입력은 버퍼를 이용하여 입력이 이루어 진다. 따라서 Enter 키가 입력되어야만 프로그램에 입력 자료가 전달되어 한 줄씩 처리 된다.

4.6 do-while 문

do-while 문은 while 문과 비슷한 반복 처리를 수행하는 제어문이다. do-while 문은 기본적으로 다음과 같은 형식을 따른다. while 문과 달리 do-while 문은 먼저 루프 내의 문장(들)을 수행한 후 나중에 (조건식)을 검사한다. (조건식)이 거짓이면 do-while 문을 벗어나지만, 참이면 do-while 문의 반복 처리를 위한 문장(들)을 수행한다. 조건식의 값이 참일 경우 블록에서 조건식의 값을 변경하기 위한 문장이 있어야 한다는 것은 while 문과 같다.

```
do {
   문장(들) ;
} while ( 조건식 ) ;
```

while 문의 경우 (조건식)을 처음 평가할 때, 그 값이 거짓이면 while 문의 본체를 한 번도 수행하지 않는다. 그러나 do-while 문은 일단 본체를 수행하고 나서 조건식의 참, 거짓을 검사하기 때문에 본체의 문장(들)을 최소한 한번은 반드시 수행한다. 이 사실을 염두에 두면 해결하고자 하는 문제의 상황에 따라 while 문과 do-while 문을 선택하여 사용할 수 있을 것이다. do-while 문의 흐름을 순서도로 나타내면 다음과 같다.

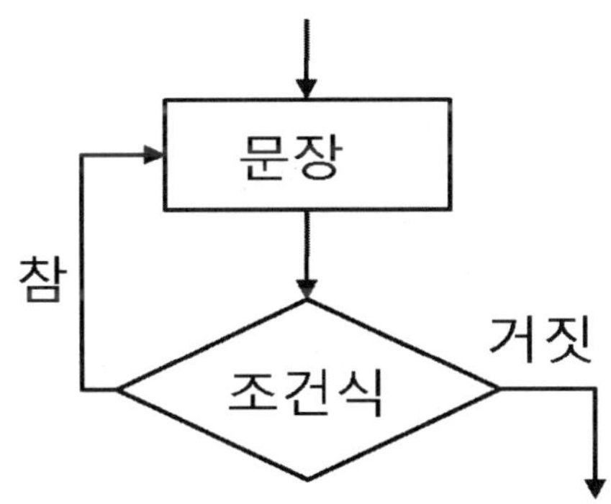

〈그림 4.7〉 do-while 문의 순서도

다음 〈예 4.8〉은 마일(mile)을 킬로미터(km)로 환산하는 프로그램이다. 양수가 입력되는 동안에는 똑같은 대답을 계속해서 처리하기 위하여 반복 처리를 위한 제어문이 사용되며, 제어문의 블록 내에서 변수 miles 자료를 읽어 들이기 때문에 먼저 조건식을 검사할 수 없다. 따라서 while 문 대신 do-while 문을 사용하였다.

〈예 4.8〉

```
#include <iostream.h>
const double Km1mile = 1.609344;  // 기호상수의 정의

void main()
{
    int   miles;
    double  kms;

    do {
        cout << "마일수 입력 (종료는 음수) : ";
        cin  >> miles;

        if(miles <= 0) break;   // miles의 값이 양수가 아니면 루프 탈출

        kms = miles * Km1mile;
        cout << miles << "마일은 " << kms << "km 이다." << endl;
    } while ( 1 );
}
```

〈실행결과〉

```
마일수 입력 (종료는 음수) : 100
100마일은 160.934km 이다.
마일수 입력 (종료는 음수) : 95
95마일은 152.888km 이다.
마일수 입력 (종료는 음수) : -1
```

특이하게 〈예 4.8〉의 경우에는 루프의 탈출을 조건식에서 설정하지 않고 if 문과 break 문을 이용하여 do-while 문의 탈출하는 기법을 표시하고 있다. do-while 문의 조건식은 블록의 반복 처리를 위하여 항상 참의 값(1)으로 지정하였다.

4.7 for 문

for 문은 C++ 프로그래밍에서 가장 많이 사용하는 제어문의 하나로 일정한 횟수만큼 반복 작업을 수행하도록 하는 반복 명령어이다. 또한 이후 다루게 될 배열의 처리 등 첨자를 이용한 식의 빈복 연산에 while 문이나 do-while 문보다 for 문이 더 유용하게 사용할 수 있다. for 문의 사용 형식은 다음과 같다.

```
for ( 초기식 ; 조건식 ; 변경식 )
  문장(들);
```

for 문은 위의 형식에 의거하여 가장 먼저 (초기식)을 단 한번 실행하며, 이어서 while 문의 조건식의 역할을 같은 (조건식)을 평가한다. 이 조건식이 참이면 for 문의 본체인 문장(들)을 수행하고, 마지막으로 조건식의 결과를 변경할 수 있는 (변경식)을 계산한다. 다음으로 다시 (조건식)을 평가하여 이 값이 참이면 for 문의 본체인 문장(들)을 수행하는 과정을 반복 처리한다. for 문이 반복 처리되는 과정에 (조건식)의 값이 거짓이면 for 문을 끝낸다.

for 문의 괄호 안에 있는 (초기식), (조건식), (변경식)은 서로를 구분하기 위하여 반드시 세미콜론(;)으로 분리하여야 한다. 참고로 for 문의 형식을 while 문으로 표시하고, 이를 순서도로 나타내면 다음과 같다.

```
초기식 ;
while ( 조건식 ) {
   문장(들) ;
   변경식 ;
}
```

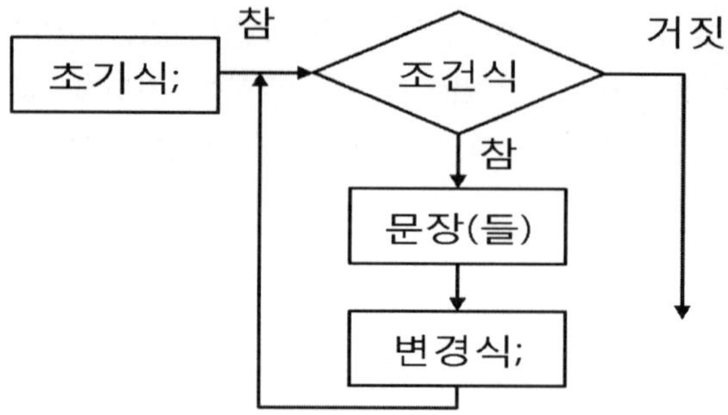

〈그림 4.8〉 for 문의 순서도

〈예 4.9〉는 정수 n을 읽어 들여 1에서 n까지 자연수들의 합을 구하는 프로그램이다. C++에서는 프로그램내의 어느 위치에서나 변수 선언을 할 수 있다. 일례로 〈예 4.9〉에 표시된 for 문의 경우 초기식에 해당하는 위치에서 변수 i를 선언하고 있다. 이는 다른 변수 n이나 변수 sum의 선언 위치와 다르지만 오류 없이 선언이 이루어진다.

〈예 4.9〉

```
#include <iostream.h>
void main()
{
    int  n;
    int  sum = 0;

    cout << "양의 정수 입력 : ";
    cin >> n;

    for(int i=1; i <= n; i++)
         sum += i;

    cout << "1에서 " << n << "까지의 합은 " << sum << endl;
}
```

〈실행결과〉

```
양의 정수 입력 : 50
1에서 50까지의 합은 1275
```

4.7.1 for 문 구성 요소의 생략

for 문은 반복에 필요한 초기식, 조건식, 변경식 그리고 반복 수행을 하는 문장(들)중 어느 것을 생략해도 된다. 그러나 for 다음의 괄호 안에는 반드시 2개의 세미콜론(;)이 있어야 한다. 〈예 4.9〉에서 초기식에 변수 i를 선언하고 초기화를 하였다. 만일 변수 i가 변수 n과 같은 위치에서 선언되었다면 다음 예와 같이 for 문의 초기식이 생략될 수 있다.

```
int n, i = 1 ;
for ( ; i <= n ; i++ )       // 초기식 생략
     sum += i ;
```

for 문의 형식에서 본체의 실행 여부를 검사하는 조건식을 생략하면 생략된 조건식의 값은 항상 참으로 인식된다. 따라서 조건식이 생략되면 for 문을 무한정으로 반복 실행하게 된다. 이 경우에는 다음 예와 같이 for 문의 본체에 루프를 탈출할 만한 상황을 만들어 주어야 무한 루프를 막을 수 있다. 다음 예에서 사용된 break 문은 switch 문과 do-while 문에서도 언급하였듯이 for 문의 영역인 블록을 탈출하는 데에 사용한다.

```
  for ( int i = 1 ;     ; i++ )      // 조건식 생략
{
     sum += i ;
     if ( i == n ) break ;          // 변수 i가 n이 되면 for 문 탈출
}
```

for 문의 변경식도 생략될 수 있지만, 변경식이 생략되어 조건식의 값이 변경이 되지 않으면 무한 루프의 가능성이 생길 수 있다. 따라서 변경식이 생략될 경우에는 다음과 같이 조건식이나 for 문의 본체에서 변경식에 해당하는 일련의 갱신 작업을 해줘야 한다.

```
for ( int i = 1 ; i <= n ;   )          // 변경식 생략
      sum += i++;                       // for 문의 본체에서 변경식 대체
```

다음 예와 같이 for 문의 문장(들)이 생략되면 i가 n이 될 때까지 아무런 작업도 하지 않는다. 그러나 for 문의 문장(들)이 생략되더라도 세미콜론(;)은 반드시 있어야 한다.

```
for ( in i = 1 ; i <= n ; i++ )        // for 문의 본체인 문장(들) 생략
              ;                        // 세미콜론은 반드시 필요
```

이와 같이 for 문의 가장 큰 특징은 조건식이나 변경식의 구성에 아무런 제약이 없다는 점이다. 더욱이 반복 수행을 위한 카운트 변수 i의 값이 보통 변경식에서 변경하였던 것을 증가연산자의 기능을 활용하여 조건식에서 변경하도록 할 수 있다. 〈예 4.10〉은 첫째항이 a이고 공비가 r인 등비수열의 n항과 1항부터 n항까지의 합을 구하는 프로그램이다. for 문의 조건식 ++i<=n은 먼저 i++의 실행을 통해 변수 i의 값이 변경되고, 이어서 i<=n을 조건식으로 하여 참, 거짓을 판별한다.

〈예 4.10〉

```
#include <iostream.h>
void main()
{
    int   i, n;
    double a, r, An, Sn;   // An : 일반항, Sn : n항까지의 합

    cout << "첫째항 입력 : ";     cin >> a;
    cout << "공비 입력 : ";       cin >> r;
    cout << "항의 개수 입력 : ";  cin >> n;

    for (An=a, Sn=a, i=1; ++i <= n; )   // 변경식 생략
    {
        An *= r;
        Sn += An;
    }

    cout << "이 등비수열의 " << n << "항의 값은 " << An << endl;
    cout << "1항에서 " << n << "항까지 등비수열의 합은 " << Sn << endl;
}
```

〈실행결과〉

```
첫째항 입력 : 3
공비 입력 : 0.7
항의 개수 입력 : 8
이 등비수열의 8항의 값은 0.247063
1항에서 8항까지 등비수열의 합은 9.42352
```

4.7.2 for 문의 중첩

if-else 문을 중첩하여 사용할 수 있었듯이 반복 제어문도 중첩하여 사용할 수 있다. 특히 다중 배열의 요소들을 다루고자 할 때 반복 제어문의 중첩, 특히 for 문의 중첩 사용이 진가를 발휘한다. 다음과 같이 각 요소들이 계산되는 5×5 크기의 2차원 행렬 a_{ij}가 있다고 하자

$$a_{ij} = i + j * 2 , \qquad i = 1, 2, \cdots, 5, j = 1, 2, \cdots, 5$$

〈예 4.11〉은 for 문을 2번 중첩하여 이 행렬의 각 요소 a_{ij}를 계산한 후, 행렬의 표기 형태로 각 요소들을 출력하는 프로그램을 나타낸 것이다.

〈예 4.11〉

```
#include <iostream.h>
#include <iomanip.h>
void main()
{
    for (int i=1; i <= 5; i++)
    {
       for (int j=1; j <= 5; j++)
           cout << setw(4) << (i+j*2);
       cout << "₩n";
    }
}
```

〈실행결과〉

```
3  5  7  9 11
4  6  8 10 12
5  7  9 11 13
6  8 10 12 14
7  9 11 13 15
```

〈예 4.11〉에 표시된 중첩 for 문 중에서 첫 번째 for 문은 행렬 a_{ij}의 행을 반복하기 위하여 사용되었으며, 하나의 행(i 값)에 대하여 열을 반복하기 위해 두 번째 for 문이 중첩되고 있음을 알 수 있다. 즉, 두 번째 for 문은 첫 번째 for 문의 본체를 표시하는 블록에 완전히 포함되어 있다.

4.8 continue 문

switch 문, do-while 문, 또는 for 문에서 사용되었던 break 문은 이 break 문을 포함하고 있는 블록을 탈출하는 임무를 수행한다. continue 문은 break 문과 달리 continue 문이 속해있는 블록을 탈출하지 않고 블록 내의 continue 문 이후에 표시된 문장(들)만 수행하지 않는다. 대신에 다음 단계의 반복 수행을 위하여 for 문의 경우에는 변경식을, while 문의 경우에는 조건식을 계산하게 된다.

다음은 for 문의 블록에서 if 문을 이용하여 continue 문을 사용한 예이다.

```
for (i=1; i<=5; i++)
{
    if(i==2) continue;  // i가 2이면 건너뛴다.
    ...                 // continue 대신 break가 쓰이면
    ...                 // for 문의 블록을 완전히 벗어난다.
}
```

continue 문을 이용하여 〈예 4.11〉의 행렬을 홀수행만 출력하도록 작성해보면 〈예 4.12〉와 같다. 그러나 continue 문 대신 break 문이 사용된다면 이 행렬의 첫 행만 출력될 것이다.

〈예 4.12〉

```
#include <iostream.h>
#include <iomanip.h>
void main()
{
    for (int i=1; i <= 5; i++)
    {
      if(i % 2 == 0) continue;    // 짝수 행은 건너뜀

      for (int j=1; j <= 5; j++)
          cout << setw(4) << (i+j*2);
      cout << "₩n";
    }
}
```

〈실행결과〉

```
  3   5   7   9  11
  5   7   9  11  13
  7   9  11  13  15
```

연습문제

4-1 다음 if 문의 실행결과가 실행 오류 또는 if 문이 정상적으로 동작하지 않는 이유를 설명하고 정상적으로 프로그램을 작성하여라.

(1) if (x = 0)

cout << x << "값은 0이다." << endl;

(2) if (x == 0);

cout << x << "값은 0이다." << endl;

(3) if (x =! 0)

cout << x << "값은 0이 아니다." << endl;

4-2 연습문제 3-12의 프로그램을 if-else 문을 이용하여 재 작성하여라.

4-3 if-else 문을 중첩으로 사용하여 학점을 산출하는 〈예 4.3〉의 실행 결과와 같게 되도록 switch 문을 사용하여 프로그램을 작성하여라.

4-4 〈예 4.7〉의 cin 객체 대신 멤버 함수 cin.get()를 이용하여 입력된 문자들 중에서 대문자의 개수를 계산하는 프로그램을 작성하여라. 그 결과를 〈예 4.7〉의 결과와 비교하여 설명하여라.

4-5 〈예 4.8〉의 프로그램에서 do-while 문을 while 문으로 수정하여 똑같은 결과가 나오도록 하여라.

4-6 〈예 4.11〉에 표시된 continue 문을 break 문으로 수정하여 그 결과를 비교하고 다르게 출력되는 이유를 설명하여라.

4-7 구구단의 7단을 while 문, do-while 문, for 문을 이용하여 다음과 같이 출력하는 프로그램을 각각 작성하여라.

```
7 * 1 = 7
7 * 2 = 14
7 * 3 = 21
7 * 4 = 28
7 * 5 = 35
7 * 6 = 42
7 * 7 = 49
7 * 8 = 56
7 * 9 = 63
```

4-8 for 문을 실행하여 다음 결과가 나오도록 프로그램을 작성하여라.

```
*
**
***
****
*****
```

4-9 for 문을 실행하여 다음 결과가 나오도록 프로그램을 작성하여라.

```
*
**
***
****
*****
****
***
**
*
```

4-10 for 문을 중첩 사용하여 1단부터 9단까지 구구단을 출력하는 프로그램을 작성하여라.

4-11 영문자 'c' 또는 'C'를 입력하면 문자열 "c자로 시작하는 동물들 : cat chicken 등이 있다."를 출력하고, 영문자 'd' 또는 'D'를 입력하면 문자열 "d자로 시작하는 동물들 : dog duck 등이 있다."를 출력하며, 그 밖의 다른 영문자를 입력하면 문자열 "c와 d만 준비됐습니다."가 출력되도록 switch 문을 작성하여라.

4-12 양의 정수를 입력받아 이 정수의 약수를 모두 출력하여라.

4-13 int형 정수 n을 입력받은 후 while 문을 이용하여 1에서 n까지의 곱을 출력하여라. n의 값이 음수일 때 프로그램을 종료하도록 한다.

4-14 int형 자료 m을 입력받아 1에서 n까지의 합이 m을 넘는 최초의 정수 n을 구하는 프로그램을 while 문을 이용하여 작성하여라.

4-15 영문 대문자를 'A'에서 'Z'까지 한 줄에 3개씩 출력하여라.

4-16 양의 정수 n과 m을 입력받아 n부터 n+m까지의 합을 출력하여라.

4-17 double형 변수 a, r의 값을 읽어 들여 첫째 항이 a이고 공비가 r인 등비수열의 제 1항에서 제 20항까지의 합을 출력하여라.

4-18 정수 n을 읽어 들인 후 n이 양수이면 n에서 2*n까지 정수들의 합을 계산하여 출력하고, n이 0이거나 음수이면 2*n에서 n까지 정수들의 곱을 계산하여 출력하는 프로그램을 작성하여라.

4-19 통계 처리를 위하여 자료들의 개수 n을 먼저 읽어 들인 후, n개의 자료를 다시 읽어 들이면서 이 n개 자료들의 합을 sum에 저장하여라. 마지막으로 합과 평균을 출력하는 프로그램을 작성하여라.

4-20 double형 자료 p와 int형 자료 r을 입력받아서 p^r을 계산하는 프로그램을 작성하여라.

4-21 산술연산자(+ - * / %)와 임의의 두 int형 자료가 + 2 3의 순서로 입력될 경우 2+3을 계산하는 프로그램을 switch 문을 이용하여 작성하여라.

4-22 양의 정수를 입력받아 이 정수의 각 자리의 수를 일의 자리부터 차례대로 출력하고 각 자리의 수의 합을 구하는 프로그램을 작성하여라.

Chapter

5

C++ Programming

함수의 사용

]5.1 함수(function)

C/C++ 언어 프로그램은 main() 함수를 포함하여 하나 이상의 함수로 구성되어 있다. C/C++ 언어 프로그램의 실행은 main() 함수로부터 시작하고 main() 함수가 끝나면 전체 프로그램의 실행이 종료된다. main() 함수 이외의 함수는 동일한 계산을 반복으로 나열하는 불편함을 해소하기 위하여 특정한 처리를 수행하도록 main() 함수와 별도로 구성된 하나의 독립적인 블록이다. 이런 함수는 다른 함수들과 자료를 주고받을 수 있으며, 자기 자신도 호출할 수도 있다. C에서 자료들의 입출력을 위하여 사용되어 온 printf(), scanf(), putchar(), getch() 등이 모두 함수이다.

함수는 반복의 불편함뿐만 아니라 복잡하고 긴 프로그램을 여러 개의 작은 부분으로 모듈화(modularization)함으로써 프로그램의 이해를 쉽게 할 수 있으며, 간편한 오류의 수정을 가능하게 해준다. 또한 함수를 범용적으로 따로 정의하면 다른 프로그램에서 재이용할 수 있는 장점이 있다. 함수의 이름은 변수의 이름을 정하는 규칙과 거의 비슷하지만, 자료 전달을 위한 인수의 입력을 위해 함수 이름 뒤에 반드시 괄호 ()를 붙여야 한다는 것이 변수와 구별되는 점이다.

C++에서 다루어지고 있는 함수는 main() 함수와 별도로 시스템에서 제공하고 있는 표준 라이브러리 함수(standard library function)와 사용자가 직접 설계하여 사용할 수 있는 사용자 정의 함수(user-defined function)로 크게 구분된다. 표준 라이브러리 함수는 printf() 함수 등 기본적인 기능을 수행하는 함수로서 미리 제작되어 컴파일러에 포함되어 있다. 따라서 사전에 정의되어 있는 라이브러리 함수를 사용하기 위해서는 그 함수가 정의된 형식을 그대로 지키면 된다. 또한 라이브러리 함수가 포함되어 있는 헤더 파일을 #include 명령을 이용하여 포함시켜야 한다.

사용자 정의 함수는 C++ 프로그램을 작성하는 사용자가 직접 제작하여 사용하는 함수를 말하며, 함수의 이름, 함수에서 주고받는 자료들의 자료형 등을 사용자가 직접 정의한다.

5.2 표준 라이브러리 함수

C++에서는 특정한 기능을 수행하는 여러 가지 함수가 제작되어 컴파일러에 포함

되어 있는 함수를 표준 라이브러리 함수라고 하는데 약 500여개 이상의 라이브러리 함수가 몇 가지 속성에 따라 분류되어 있다. 각 라이브러리 함수들은 미리 정의되어 컴파일 된 후 라이브러리 파일에 저장되어 있다. 그리고 헤더 파일에 각 라이브러리 함수들의 정보인 함수의 원형(프로토타입, prototype)이 선언되어 있다. 헤더 파일은 확장자가 .h로 명명된 파일이며 라이브러리 함수들의 기능에 따라 여러 가지 헤더 파일로 나뉘어져 있다. 예를 들어 C에서 많이 사용되어온 표준 입출력 함수들은 〈stdio.h〉라는 헤더파일에, sin, cos등 수학적인 계산을 위한 함수들은 〈math.h〉 헤더 파일에 함수들의 원형이 수록되어 있다.

일반적으로 함수를 사용하기 위해서는 먼저 사용 목적에 맞도록 함수를 main() 함수와 독립적으로 정의하고, main() 함수 등 이 함수를 사용하고자 하는 호출함수에서 이 함수의 정보(프로토타입)를 선언한다. 마지막으로 정의된 함수를 수행하기 위하여 호출함수에서 실행문을 통해 이 함수를 호출한다. 그러나 C++에서 제공하는 라이브러리 함수를 사용할 경우에는 사용자 함수와 달리 라이브러리 함수를 따로 정의할 필요가 없다. 단지 라이브러리 함수의 정보, 즉, 함수의 원형이 수록된 헤더파일을 #include 선행처리자를 통하여 삽입하면 된다.

다음 〈예 5.1〉은 표준 라이브러리 함수인 sqrt() 함수와 pow() 함수를 호출하는 예를 보여주고 있다. sqrt() 함수는 괄호 안의 인수의 제곱근을 구해준 함수이며, pow() 함수는 괄호 안의 인수들의 거듭제곱을 구해주는 표준 라이브러리 함수이다. 이들 함수들을 사용하기 위해서 헤더 파일 〈math.h〉를 삽입하고 있다.

〈예 5.1〉에서 y=sqrt(x); 또는 pow(2., x)와 같이 인수를 라이브러리 함수에 넘겨주는 것을 함수의 호출이라고 한다. 함수가 호출되면 괄호 안에 표시된 인수들을

〈예 5.1〉

```
#include <iostream.h>
#include <math.h>      // 수학함수를 사용하기 위하여 헤더파일 삽입
void main()
{
    double x=4.5, y;

    y = sqrt(x);

    cout << 9 << "의 제곱근은 " << sqrt(9) << "이다." << endl;
    cout << x << "의 제곱근은 " << y << "이다." << endl;
    cout << 2 << "의 " << x << " 거듭제곱은 " << pow(2., x) << "이다." << endl;
}
```

〈실행결과〉

```
9의 제곱근은 3이다.
4.5의 제곱근은 2.121320이다.
2의 4.5 거듭제곱은 22.627417이다.
```

표준 라이브러리 함수로 전달하여 목적하는 값을 계산하여 호출한 함수에 반환한다. 예를 들어, 함수 sqrt(9)와 같이 main() 함수에서 sqrt() 함수를 호출하면 인수 9가 이 함수에 전달되고, 이 함수 내에서 $\sqrt{9}$의 값이 계산된다. 이어서 계산된 결과 3을 호출 함수인 main() 함수에 반환하면 main() 함수에서 그 반환값을 출력한다.

표준 라이브러리 함수를 사용할 경우 사용하고자 하는 라이브러리 함수의 원형에 표시한 인수의 자료형과 다른 자료를 입력했거나 혹은 입력되는 인수의 개수를 틀리게 표시하면 오류가 발생한다는 점을 주의해야 한다. 다음은 〈예 5.1〉의 표준 라이브러리 함수 pow()의 호출을 pow(2.)과 같이 잘못 표기한 경우 나타나는 컴파일 에러 메시지이다.

```
ex05-01.cpp
C:\Documents and Settings\C++ 예제\ex05-01.cpp(12) : error C2660: 'pow' :
function does not take 1 parameters
Error executing cl.exe.

ex05-01.exe - 1 error(s), 0 warning(s)
```

따라서 표준 라이브러리 함수를 사용할 경우 사전에 라이브러리 함수의 정확한 함수 원형(prototype)을 알고 있어야 한다. 라이브러리 함수의 원형은 컴파일러 제작사가 제공한 사용자 매뉴얼을 참조하거나 프로그램 작성을 위한 C++ 편집기 창에서 라이브러리 함수 이름에 커서를 놓은 후, F1 키를 누르면 다음 〈그림 5.1〉과 같이 찾고자 함수에 대하여 도움말이 준비되어 있는 항목이 나타난다.

〈그림 5.1〉의 [찾은 항목]에 대한 대화상자에서 원하는 항목을 선택하고 [항목 보기] 버튼을 누르면 이 함수에 대하여 〈그림 5.2〉와 같이 도움말을 얻을 수 있다.

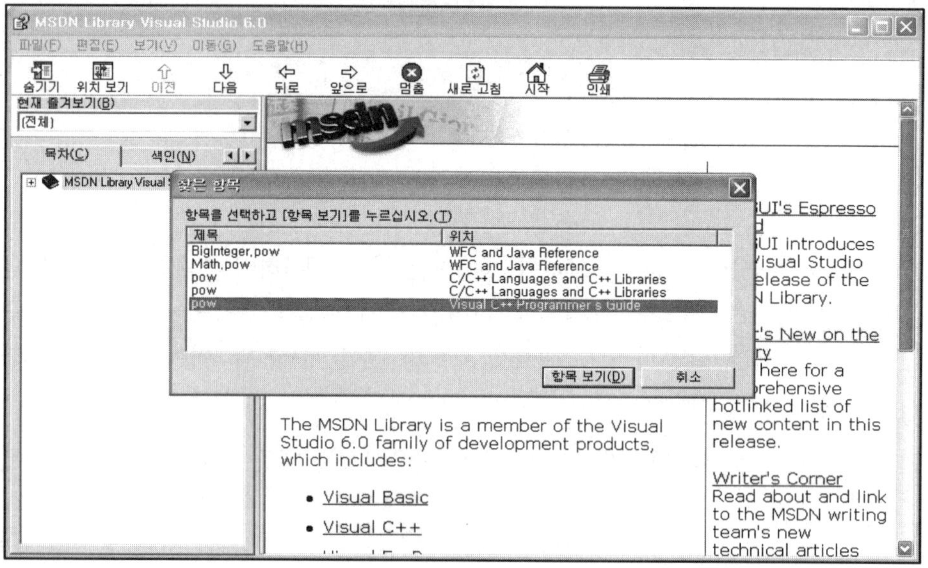

〈그림 5.1〉 MSDN 라이브러리 도움말 항목 선택

따라서 표준 라이브러리 함수를 사용할 경우 사전에 라이브러리 함수의 정확한 함수 원형(prototype)을 알고 있어야 한다. 라이브러리 함수의 원형은 컴파일러 제작사가 제공한 사용자 매뉴얼을 참조하거나 프로그램 작성을 위한 C++ 편집기 창에서 라이브러리 함수 이름에 커서를 놓은 후, F1 키를 누르면 다음 〈그림 5.1〉과 같이 찾고자 함수에 대하여 도움말이 준비되어 있는 항목이 나타난다.

〈그림 5.1〉의 [찾은 항목]에 대한 대화상자에서 원하는 항목을 선택하고 [항목 보기] 버튼을 누르면 이 함수에 대하여 〈그림 5.2〉와 같이 도움말을 얻을 수 있다.

〈그림 5.2〉의 도움말 창을 살펴보면 이 라이브러리 함수의 원형과 이 원형이 수록되어 있는 헤더파일, 함수의 설명, 그리고 관련 함수와 예제들이 포함되어 있음을 알 수 있다. 이를 바탕으로 두 함수 sqrt()와 pow() 함수의 원형을 표시하면 다음과 같다.

```
double   sqrt(double x);
double   pow(double x, double y);
```

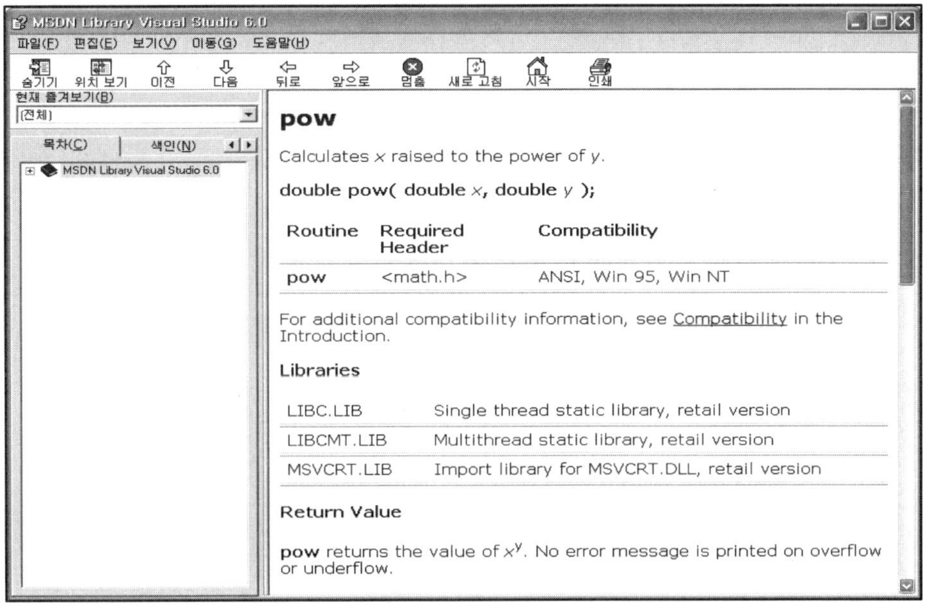

〈그림 5.2〉 MSDN 라이브러리 도움말

두 함수 sqrt()와 pow()의 원형의 괄호 안에는 라이브러리 함수에 전달되는 인수들의 자료형과 그 개수가 표시되어 있으며, 함수 이름 앞에 있는 자료형은 라이브러리 함수가 반환하는 값의 자료형을 의미한다. 즉, sqrt() 함수는 한 개의 double형 인수가, pow() 함수는 두 개의 double형 인수가 함수로 전달되며, 두 함수 모두 함수의 실행이 끝난 후 호출함수로 반환되는 값의 자료형은 double형이다.

5.3 사용자 정의 함수

사용자가 함수를 정의하여 사용하기 위해서는 세 가지 단계를 사용자가 직접 작성해야 한다. 먼저 main() 함수와 독립적으로 사용자의 목적에 맞는 함수의 내용을 정의(definition)하고 새롭게 정의된 함수의 입·출력 정보, 즉, 함수의 원형을 호출함수 내에서 선언(declaration)한다. 마지막으로 이렇게 정의되고 선언된 사용자 정의 함수가 실제로 필요한 시점에서 이 함수를 호출(call)하면 된다.

다음 〈예 5.2〉에서 간단한 예를 통해 사용자 정의 함수를 사용하기 위한 세 가지 단계를 보여주고 있다. 이 예는 사용자 정의 함수인 star() 함수를 정의하고, 선언한 이후에 star() 함수를 3번 호출하는 과정을 포함하고 있다. star() 함수의 기능은 main() 함수에서 이 함수를 호출하여 이 함수에 정수를 전달하면, 전달된 정수만큼 star() 함수에서 별표(*, asterisk)를 출력하는 것이다.

〈예 5.2〉

```
#include <iostream.h>
void main()
{
    void star(int n);    // 함수 원형의 선언
    int  x=20;

    cout << 10 << "개의 별표 출력" << endl;
    star(10);     // 함수의 호출

    cout << x << "개의 별표 출력" << endl;
    star(x);    // 함수의 호출

    cout << x+10 << "개의 별표 출력" << endl;
    star(x+10);  // 함수의 호출
}
```

```
void star(int n)    // 함수의 정의
{
    for(int i=1; i<=n; i++)
        cout << '*';
    cout << '\n';
}
```

〈실행결과〉

```
10개의 별표 출력
**********
20개의 별표 출력
********************
30개의 별표 출력
******************************
```

5.3.1 함수의 정의

<예 5.2>에서 알 수 있듯이 사용자 정의 함수의 사용은 세 가지 단계를 통하여 이루어진다. 먼저 main() 함수와 동일한 형식을 취하면서 독립적인 블록으로 함수를 정의해야 한다. 함수를 정의하는 일반적인 형식은 다음과 같다.

```
기억클래스  자료형  함수명 (매개 가인수)
{
   명령문(들)
   return 문;        // 반환값이 없을 경우 생략
}
```

1) 함수명

함수의 정의에 쓰이는 함수명을 정하는 규칙은 변수의 경우와 거의 동일하다. 사용자 정의 함수로 전달되는 인수가 없을 경우에도 함수명 다음에 반드시 빈 괄호가 필요하다. 예를 들어 지금까지 사용해 온 main() 함수는 main() 함수로 전달되는 인수가 없으므로 함수명 main 뒤에 빈 괄호 ()만 붙여 사용하였다.

2) 매개 가인수

<예 5.2>의 star() 함수의 정의 부분에서 함수 이름 뒤 괄호 안에 표시된 int n과 같이 괄호 안에 표시된 매개 변수들의 선언을 가인수라고 한다. 이들은 사용자 정의 함수를 호출할 때 전달되는 실인수들과 일대일로 대응된다. 가인수들은 사용자 정의함수 내에서 지역변수로서 메모리에 할당되며, 이 함수를 호출할 때 전달되는 실인수의 값으로 초기화된다. <예 5.2>의 경우 처음 star() 함수가 호출될 때는 가인수인 변수 n의 초기화 값으로 10이 저장되어 10개의 별표가 연속으로 출력되고, 두 번째로 호출될 때는 매개 가인수 n의 초기값으로 x의 값이 저장된다. x의 값이 20이므로 star() 함수에서 별표 20개를 연속으로 출력한다. 마지막 호출이 일어나면 n의 값으로 x+10의 값이 연산 과정을 거친 후 전달되며, 전달된 값의 개수만큼 별표가 출력된다.

3) 함수의 자료형과 return 문

사용자 정의 함수가 호출되어 실행이 종료되고 사용자 정의 함수를 호출한 함수로 값을 반환할 필요가 있을 경우 반환되는 자료의 자료형이 함수의 자료형이다. 이 때 호출된 함수는 return 문을 사용하여 자료를 반환한다. 다음은 return 문을 사용한 몇 가지 예들이다. 여기서 정수 100 또는 변수 s의 값이 반환되는데 함수의 자료형으로 정수 100 또는 변수 s의 자료형을 사용하면 된다.

```
return  100;        // 정수 100이 반환된다.
return  s;          // 변수 s의 값이 반환된다.
```

그러나 사용자 정의 함수 내에서 선언된 s의 자료형이 double일 경우 함수의 자료형으로 int형이 사용되면 반환되는 s의 값이 int형으로 변환된 후 반환된다. 따라서 반환되는 자료의 실제 자료형과 함수의 자료형이 일치하지 않으면 잘못된 값이 반환될 수 있으므로 주의해야 한다.

다음 예와 같이 return 문에 수식을 포함하게 될 경우에는 먼저 수식을 계산하여 그 결과를 반환해주지만, 괄호를 사용하는 것이 함수의 잘못된 반환을 피하는 좋은 방법이다.

```
return ( s / n );      // 식 ( s / n )을 계산하여 그 값을 반환
```

다음 〈예 5.3〉은 가인수 n의 값을 전달받아 1에서 n까지의 자연수의 합을 s에 계산한 후 평균 (s/n)의 값을 main() 함수에 반환하는 함수 avr1_n()을 정의한 것이다. 아직 main() 함수를 작성하지 않았기 때문에 프로그램을 실행할 수는 없다.

〈예 5.3〉

```
double avr1_n(int n)       // 함수의 정의
{
    double s=0.;

    for(int i=1; i<=n; i++)
        s += i;

    return (s/n);
}
```

사용자 정의 함수 내에 return 문이 없거나 다음 예와 같이 return 문에 아무런 자료가 명시되어 있지 않으면 함수의 실행이 종료되더라도 사용자 정의 함수를 호출한 함수로 반환되는 자료가 없게 된다.

```
return ;          // 반환되는 자료가 없다.
```

이와 같은 경우에는 함수의 자료형을 생략하는 것이 아니라 키워드 void를 사용하여 함수의 자료형을 표기한다. 지금까지 main() 함수 앞에 키워드 void가 사용되었던 이유도 main() 함수가 어떠한 자료도 반환하고 있지 않기 때문이었으며, 또한 〈예 5.2〉의 star() 함수도 아무런 자료를 반환하고 있지 않으므로 star() 함수의 자료형으로 void가 사용되었다.

return 문을 사용하여 반환할 수 있는 자료의 개수는 오직 한 개뿐이며, 두 자료 이상의 자료를 반환하는 것은 불가능하다. 그러나 return 문을 사용하지 않고 포인터나 참조자등의 개념을 이용하면 사용자 정의 함수에서 두 개 이상의 자료를 반환할 수 있다.

사용자 정의 함수가 호출되어 이 함수에서 정의된 마지막 문장이 실행되거나 return 문이 수행되면 이 함수의 실행이 종료된다. 그러나 이 함수가 끝난다고 해서 전체 프로그램이 끝나는 것이 아니라 이 함수가 호출된 위치로 되돌아간다. C++ 프로그램은 main() 함수의 문장들이 모두 실행되었을 때 최종적으로 종료된다.

4) 함수 정의의 기억클래스

함수의 정의에서 표기해야 되는 기억클래스로 extern과 static이 있다. extern 기억클래스는 다른 파일로 분리되어 있는 함수에서 이 함수를 호출할 수 있도록 허용하는 것으로 생략이 가능하다. 반면에 static으로 기억클래스를 지정하면 이 함수가 포함된 파일 내에서만 호출이 가능하다. 〈예 5.3〉에 표기된 사용자 정의 함수 avr1_n()의 정의에서는 기억클래스가 생략된 것이다. 따라서 이 함수의 기억클래스는 자동으로 extern이 되므로 다른 파일에 저장되어 있는 임의의 함수에서 avr1_n() 함수를 호출할 수 있다.

5.3.2 함수 원형의 선언

사용자 정의 함수를 정의하고 난 후 이 함수를 사용(즉, 호출)하기 위해서는 이 함수의 원형(prototype)을 먼저 선언하여야 한다. 함수의 원형을 선언하는 이유는 이 함수로 전달되는 자료(이를 인수라고 한다.)들의 자료형과 그 개수를 함수 호출 이전에 정확히 표기해 줄 필요가 있기 때문이다. 또한 시스템으로 하여금 함수의 실행결과 반환되는 값의 처리를 위한 메모리 할당 등의 적절한 업무를 수행할 준비를 하도록 하여야 한다. 따라서 함수 원형의 선언문에는 사용자 정의 함수에 넘겨주어야 할 인수들의 자료형과 반환값의 자료형, 호출할 사용자 정의 함수가 어디에 정의되어 있는 지를 나타내는 함수의 기억클래스 등이 명시되어야 한다. 즉, 함수 원형을 선언하는 작업은 컴파일러로 하여금 함수가 정의된 위치와 함수의 반환값을 올바르게 처리할 수 있도록 정보를 제공한다. 또한 컴파일러는 두 함수사이에서 전달되는 매개 인수들의 자료형들이 서로 정확한지 검사해주며, 일치하지 않을 경우 경고 또는 자동 형변환을 수행한다.

다음은 사용자 정의 함수를 사용하기 위하여 선언하는 함수 원형의 일반적인 형식을 표시한 것이다.

```
기억클래스  데이터형   함수명 (가인수들의 데이터형 나열) ;
```

함수 원형의 선언문도 하나의 명령문이다. 따라서 반드시 세미콜론(;)으로 끝나야 한다. 이 선언문에서 기억클래스를 제외한 나머지 내용은 함수의 정의 부분에서 표시되어 있는 머리 부분을 그대로 복사하면 된다. 예를 들어 다음 두 문장은 〈예 5.2〉의 star() 함수와 〈예 5.3〉의 avr1_n() 함수를 호출하기 이전에 두 함수의 원형을 선언한 예이다.

```
void star ( int n ) ;             // star() 함수 원형의 선언문
double avr1_n ( int n ) ;         // avr1_n() 함수 원형의 선언문
```

일반적으로 함수 원형의 선언문에서 가인수들의 이름은 중요하지 않다. 따라서 호출될 함수 원형의 선언문에는 다음과 같이 가인수들의 이름을 생략하고 두 함수간에 전달되는 매개변수(인수)들의 자료형만을 표시한다.

```
void star ( int ) ;              // 가인수 이름 n 생략
double avr1_n ( int ) ;          // 가인수 이름 n 생략
```

함수로 전달되는 인수들의 개수가 둘 이상이면 함수 원형의 선언문과 함수의 정의에서 표시된 인수들의 자료형은 대응 순서대로 반드시 일치하여야 한다. 인수의 개수와 그 자료형이 일치하지 않을 경우 전혀 다른 함수를 사용하는 것으로 오해(함수의 다중 정의)하기 때문에 오류가 발생한다.

1) 함수 원형 선언의 기억클래스

〈예 5.2〉에 있는 star() 함수의 원형에 대한 선언문을 보면 기억클래스가 생략되었다. 이와 같이 하나의 파일에 사용자 정의 함수를 정의한 블록과 이 함수의 원형에 대한 선언문이 같이 작성되어 있을 경우에는 기억클래스를 생략할 수 있다. 그러나 사용자 정의 함수가 다른 파일에 따로 작성되어 있다면 기억클래스의 예약어로 반드시 extern을 지정해야 한다. 예를 들어, 다음과 같이 선언되는 사용자 정의 함수 lsum() 함수가 저장된 프로그램 파일은 이 선언문이 저장되어 있는 프로그램 파일과 서로 다름을 알 수 있다.

```
extern   int   lsum ( int, int );
// lsum() 함수는 이를 호출하는 함수와는 다른 파일에 저장되어 있다.
```

2) 함수 원형 선언문의 생략

사용자 정의 함수가 이를 호출하는 함수보다 먼저 정의되어 있으면 함수 원형의 선언문을 생략할 수 있다. 또한 외부 변수가 선언되는 지역(즉, main() 함수를 포함한 모든 블록의 밖)에서 사용자 정의 함수의 원형이 선언된 경우에도 이 함수를 호출하는 함수 내에서 함수 원형 선언문을 중복으로 선언하지 않는다.

예를 들어, 표준 라이브러리 함수 sqrt()를 호출하기 위하여 #include 〈math.h〉 문장을 main() 함수 블록의 밖에 삽입하였다. 이 문장은 C++ 선행처리자에 의하여 헤더 파일 math.h의 정보, 특히 sqrt() 함수의 원형에 대한 선언문을 main() 함수의 밖에 위치하게 한다. 따라서 sqrt()를 호출하는 main() 함수 내에서 따로 sqrt() 함수 원형의 선언을 할 필요가 없는 것이다.

5.3.3 함수의 호출

〈예 5.2〉의 사용자 정의 함수 star() 함수의 자료형은 void형이므로 이 함수가 호출되어 함수의 실행이 끝나더라도 반환값이 없다. 이와 같이 반환값이 없는 void형 함수를 호출하는 형식은 다음과 같다.

```
함수명( 실인수들의 나열 ) ;        //  반환값이 없는 함수의 호출 형식
```

일반적으로 C++는 사용자 정의 함수를 호출하면 이 함수로 전달되는 실인수의 값을 사용자 정의 함수의 머리 부분에 있는 가인수에 일대일로 대입된다. 예를 들어 〈예 5.2〉에 표시한 바와 같이 함수 star()를 다음과 같이 호출하면, star() 함수의 정의 부분에 있는 가인수 n이 생성(n의 자료형에 해당하는 메모리가 할당)되고 이 변수에 x의 값 20이 대입된다.

```
star( x ) ;
```

다음 단계는 x의 값으로 초기화가 된 변수 n을 통하여 star() 함수가 본격적으로 실행된다. 이때 star() 함수 내에서 선언된 자동 변수들은 그 자료형에 해당하는 메모리가 할당된다. 대부분의 경우 호출된 함수 star()가 종료되면 시스템은 star() 함수 내에서 선언했던 변수들의 메모리를 해제한다. 물론 변수의 선언문에 표기된 기억클래스의 종류에 따라 main() 함수가 끝날 때까지 할당된 메모리가 존속되는 변수도 있다.

〈예 5.3〉에서 정의된 avr1_n() 함수를 호출하기 위해서는 avr1_n() 함수로부터 반환되는 값의 처리를 같이 생각해야 한다. 반환값이 있는 함수는 일반적으로 식을 연산하는 과정에서 그 함수의 호출이 이루어진다. avr1_n() 함수의 자료형이 double형이므로 호출이 일어난 이후 반환되는 값의 자료형은 double형이다. 호출 방식에 대한 다음 예의 첫 문장은 함수를 호출하고 반환값을 cout 문을 통해 바로 출력하는 것이며, 두 번째 문장은 반환값을 변수 m에 대입하는 것이다.

```
cout << avr1_n (10) << endl ;   // 반환값이 있는 함수의 호출 형식
m = avr1_n (n);
```

다음 <예 5.4>는 사용자 정의 함수 avr1_n() 함수를 호출하는 main() 함수를 표시한 것이다. 함수의 선언문에 기억클래스가 생략되어 있기 때문에 <예 5.3>의 avr1_n() 함수는 <예 5.4>의 main() 함수와 같은 파일에 작성되어 있어야 한다.

<예 5.4>

```
#include <iostream.h>
void main()
{
    double avr1_n(int);   //함수의 선언
    int n;
    double m;

    cout << "1에서 10까지 자연수들의 평균은 "      // 함수의 호출
         << avr1_n(10) << endl;

    cout << "n= " ; cin >> n;   // 변수 n의 입력

    m = avr1_n(n);      // 함수의 호출

    cout << "1에서 " << n << "까지 자연수들의 평균은 "  << m << endl;
}
```

<실행결과>

```
1에서 10까지 자연수들의 평균은 5.5
n= 50
1에서 50까지 자연수들의 평균은 25.5
```

5.3.4 사전 정의된 함수의 삽입

<예 5.5>와 같이 4개의 함수를 호출하는 호출문으로만 구성된 main() 함수가 정상적으로 작동하기 위해서는 각 함수들을 정의하고 이 함수들의 정보를 선언하여야 한다. 이때 각 함수들을 사전에 정의한 블록은 main() 함수가 저장된 "ex05-05.cpp"와 다른 파일, 예를 들어 함수 input()은 "input.cpp", 함수 avr1_n()은 "avr.cpp", 함수 output()은 "output.cpp", 마지막으로 함수 star()는 "star.cpp"에 각각 저장되어 있다고 하자.

main() 함수와는 별도로 다른 파일에 저장되어 있는 이 함수들을 main() 함수와 연결하는 가장 쉬운 방법은 표준 라이브러리 함수들을 호출할 때 헤더 파일의 삽입과 비슷하게 main() 함수 블록 이전에 #include 문을 이용하여 사용자 정의 함수들이 저장된 파일을 삽입하는 것이다.

〈예 5.5〉

```
void main()
{
    int n;
    double y;

    n = input();        // 자료 입력
    y = avr1_n(n);      // 1에서 n까지 자연수들의 평균 계산
    output(y);          // m의 출력
    star(n);        // n개의 별표 출력
}
```

일반적으로 라이브러리 함수가 포함된 헤더파일을 삽입할 경우에는 〈math.h〉와 같이 헤더파일 양 끝에 〈〉 기호를 사용하고, 사용자가 작성한 파일을 삽입할 경우에는 다음 예와 같이 파일의 양 끝에 " " 기호를 사용한다. 그러나 어느 경우든지 두 기호 모두 사용이 가능하다.

```
#include "input.cpp"
#include "avr.cpp"
#include "output.cpp"
#include "star.cpp"
```

#include 문을 사용하여 사용자 정의 함수들이 저장되어 있는 파일을 삽입하고 나면 컴파일 과정을 거치는데 이 때 오류가 발생하면 오류가 발생한 해당 파일을 수정하고 다시 컴파일한다. 이후 이상이 없으면 실행 버튼을 눌러 프로그램을 실행한다. main() 함수 내에서 호출되는 함수들의 선언문은 생략하여도 될 것이다. 왜냐하면 호출하고자 하는 함수들이 main() 함수 이전에 삽입되었기 때문이다.

다음은 〈예 5.6〉에 삽입된 4개의 함수들의 정의 블록이 포함된 파일의 내용을 각각 표시 한 것이다. 다른 C++ 프로그램에서 이미 정의되어진 함수들을 언제든지

호출하여 사용할 수 있도록 사용자가 정의한 함수들은 가능한 하나의 파일에 하나의 함수만 저장하는 것이 좋다.

"input.cpp"

```
int input()     // input() 함수의 정의
{
    int n;

    cin >> n;
    return n;
}
```

"avr.cpp"

```
double avr1_n(int n)        // avr1_n() 함수의 정의
{
   double s=0.;

   for(int i=1; i<=n; i++)
      s += i;
   return (s/n);
}
```

"output.cpp"

```
void output(double y)     // output() 함수의 정의
{
   cout << y << endl;
}
```

"star.cpp"

```
void star(int n)     // star() 함수의 정의
{
    for(int i=1; i<=n; i++)
        cout << '*';
    cout << '\n';
}
```

다음 〈예 5.6〉은 main() 이전에 #include 문을 이용하여 4개의 함수들을 삽입하는 방법을 표시하고 있다. 여기서 함수 input()은 자연수를 입력받기 위한 함수이며, 함수 output()은 이 함수가 호출될 때 전달받은 값을 출력하기 위한 용도의 함수이다.

〈예 5.6〉

```
#include <iostream.h>
#include "input.cpp"
#include "avr.cpp"
#include "output.cpp"
#include "star.cpp"

void main()
{
    int n;
    double y;

    n = input();       // 자료의 입력
    y = avr1_n(n);     // 1에서 n까지 자연수들의 평균 계산
    output(y);         // 자료의 출력
    star(n);       // n개의 별표 출력
}
```

〈실행결과〉

```
20
10.5
********************
```

5.4 자기 호출

C++의 함수는 자기 자신을 호출하여 실행시킬 수 있는 특성을 가지고 있는데 이것을 자기 호출(재귀호출, recursive call)이라고 한다. 자기 호출은 수열의 점화식의 풀이와 같이 특별한 프로그램에 매우 유용하다. 자기 호출은 자기 자신을 호출할 때마다 항상 새로운 메모리 영역을 할당한다. 그러나 C++는 예외적으로 main() 함수는 자기 자신을 호출하지 못하도록 하고 있다.

함수의 자기 호출을 쉽게 이해하기 위하여 먼저 변수 p의 r 거듭제곱을 구하는

함수 pr()를 for 문을 이용하여 작성하면 “pr.cpp”과 같다.

“pr.cpp”

```
double pr(double p, int r)    // pr() 함수의 정의
{
    double mul=1.;

    for(int i=1; i<=r; i++)
        mul *= p;
    return mul;
}
```

p의 r 거듭제곱 p^r은 p를 r번 곱하는 것으로서 수학적으로 다음과 같이 표현할 수 있다.

$$p^r = p * p^{r-1}$$

여기서 p^{r-1}의 계산은 p^r의 계산과 같은 코드로 작성될 것이다. 따라서 p^r의 계산에 포함된 p^{r-1}의 계산을 위하여 새로운 함수를 따로 호출할 것이 아니라 함수 자신을 호출하면 된다. 물론 호출에 필요한 두 전달 인수는 p와 r-1이 될 것이다. pr() 함수를 수정하여 자기 호출 방법으로 작성된 p^r을 구하는 자기 호출 함수 pr_rec()의 코드는 다음 “pr_rec.cpp”과 같이 간단하게 표시된다.

“pr_rec.cpp”

```
double pr_rec(double p, int r)    // 자기 호출 함수 pr_rec()의 정의
{
   if(r == 0)
        return 1;
   else
        return (p * pr_rec(p, r-1));
}
```

함수 pr_rec()는 함수 pr()에 비하여 수학식에 가깝게 작성되었다. pr_rec() 함수

가 호출되면 r의 값이 0이 아닐 경우 식 (p * pr_rec(p, r-1))의 값이 반환된다. return 문에 수식이 사용되었기 때문에 먼저 식의 값을 계산한다. 이 식을 계산하기 위하여 자기 자신인 pr_rec() 함수를 호출하게 된다. 그런데 자기 호출 함수가 자신을 호출하면 새로이 호출된 함수도 역시 자기 자신을 또 호출할 것이다. 따라서 자기 호출을 언젠가 종결할 수 있는 조건이 있어야 한다. 왜냐하면 종결 조건이 없다면 자기 호출을 무한히 반복하여 프로그램이 영원히 끝나지 않을 늪으로 빠져들 것이기 때문이다. 자기 호출을 언젠가는 끝낼 수 있도록 유도하는 조건을 경계조건(boundary condition)이라고 하는데 pr_rec() 함수에서는 $p^0 = 1$의 계산을 위한 if 명령문이 경계 조건의 역할을 담당하고 있다.

0.5의 3 거듭제곱 0.5^3을 계산하기 위하여 함수 pr_rec()가 main() 함수에서 pr_rec(0.5, 3)으로 처음 호출되었다고 할 때 자기 호출 함수의 실행 순서를 나열하면 다음과 같다.

pr_rec(0.5, 3)의 호출

→ pr_rec(0.5, 2)의 호출

→ pr_rec(0.5, 1)의 호출

→ pr_rec(0.5, 0)의 호출

→ pr_rec(0.5, 0)의 값으로 1.0 반환 (경계조건)

→ 식 0.5*pr_rec(0.5, 0)의 계산 결과 0.5를 pr_rec(0.5, 1)의 값으로 반환

→ 식 0.5*pr_rec(0.5, 1)의 계산 결과 0.25를 pr_rec(0.5, 2)의 값으로 반환

→ 식 0.5*pr_rec(0.5, 2)의 계산 결과 0.125를 pr_rec(0.5, 3)의 값으로 반환

다음 〈예 5.7〉은 자기 호출 함수 pr_rec()을 이용하여 거듭제곱을 계산하는 main() 함수를 작성한 것이다. 자기 호출 함수인 pr_rec() 함수가 main() 함수와는 다른 파일("pr_rec.cpp")에 작성되어 있으므로 #include 문을 이용하여 main() 함수 이전에 삽입하였다.

〈예 5.7〉

```
#include <iostream.h>
#include "pr_rec.cpp"

void main()
{
    double p;
    int  r;

    cout << "p(double) = ? ";  cin  >> p;
    cout << "r(int) = ? ";     cin  >> r;

    cout << p << "의 " << r << " 거듭제곱은 " << pr_rec(p,r)
         << "이다." << endl;
}
```

〈실행결과〉

```
p(double) = ? 0.5
r(int) = ? 3
0.5의 3 거듭제곱은 0.125이다.
```

자기 호출의 다른 예로 정수 n의 계승(factorial) n!를 구하는 함수를 작성해보자. n의 계승 n!은 수학적으로 다음과 같이 표현할 수 있다.

$$n! = n * (n - 1)!, \quad 0! = 1(\text{경계조건})$$

따라서 n!을 계산하는 식에 (n-1)!를 계산하는 식이 포함되어 있으므로 자기 호출 방식을 이용하여 함수 factorial()를 다음과 같이 자기 호출 함수로 작성할 수 있다. 예를 들어, 20!의 값은 20*19!이므로 다시 19!의 값을 계산하기 위하여 똑같은 함수를 호출하여야 한다. 즉, 20!의 값을 계산하기 위하여 factorial(20)을 호출하면 식 20*factorial(19)의 값이 반환되어야 한다. 따라서 또다시 factorial(19)의 호출이 일어난다. 이 경우 무한 자기호출을 막을 수 있는 경계조건으로 n의 값이 0일 때 if 문을 사용하여 따로 정의된 0! = 1의 식이 사용된다.

"factorial.cpp"

```
double factorial(int n)
{
   if(n == 0)
      return 1;
   else
      return (n * factorial(n-1));
}
```

〈예 5.8〉은 5의 계승인 5!과 20의 계승인 20!을 구하는 main() 함수를 표시한 것이다. 5!의 값은 int형으로 표시가 가능하지만, 20!의 값은 워낙 값이 크기 때문에 int형으로 표시할 수가 없어서 factorial()의 함수 자료형으로 double형을 지정하였다.

〈예 5.8〉

```
#include <iostream.h>
#include "factorial.cpp"

void main()
{
    int  r;

    cout << "r = ? ";  cin  >> r;
    cout << r << "! = " << factorial(r) << endl;

    cout << "r = ? ";  cin  >> r;
    cout << r << "! = " << factorial(r) << endl;
}
```

〈실행결과〉

```
r = ? 5
5! = 120
r = ? 20
20! = 2.4329e+018
```

5.5 함수의 다중 정의

5.5.1 전달 인수의 개수가 다른 경우

C++에서는 여러 개의 함수가 같은 이름을 사용할 수 있다. 이를 함수의 다중 정의 또는 다형성(polymorphism)이라고 한다. C++의 클래스를 이해하기 위해서는 함수의 다중 정의에 대한 개념을 알아둘 필요가 있다. 예를 들어 서로 다른 세 수 x, y, z에 대하여 다음과 같이 정의되는 다변수 함수 f()들을 생각해보자.

$$f(x) = 2x^2 + 3$$

$$f(x,y) = \frac{f(y) - f(x)}{y - x}$$

$$f(x,y,z) = \frac{f(y,z) - f(x,y)}{z - x}$$

여기서 각 함수들을 정의하기 위해서는 서로 다른 이름의 함수가 필요하다. 수학에서는 정의역의 차원이 다르기 때문에 함수들의 이름을 f()로 같게 사용하여도 혼동하지 않는다. C++에서도 함수의 다형성에 의거하여 위의 수식들을 같은 함수 이름으로 사용자 정의할 수 있다. 다음은 다중 정의한 사용자 정의 함수 f()의 예를 표시한 것이다.

"f.cpp"

```
// 함수의 다중 정의

double f(double x)
{
   return (2*x*x+3);
}
```

```
double f(double x, double y)
{
   return ((f(y)-f(x))/(y-x));
}
```

```
double f(double x, double y, double z)
{
   return ((f(y,z)-f(x,y))/(z-x));
}
```

〈예 5.9〉는 함수의 이름은 f()로 같지만 인수의 개수가 서로 다른 세 개의 함수들을 다중 정의한 함수들을 호출하는 main() 함수의 예를 보여주고 있다.

〈예 5.9〉

```
#include <iostream.h>
#include "f.cpp"

void main()
{
    cout << "f(0) = " << f(0) << endl;
    cout << "f(1) = " << f(1) << endl;
    cout << "f(2) = " << f(2) << endl;
    cout << "f(0,1) = " << f(0,1) << endl;
    cout << "f(1,3) = " << f(1,3) << endl;
    cout << "f(0,1,3) = " << f(0,1,3) << endl;
}
```

〈실행결과〉

```
f(0) = 3
f(1) = 5
f(2) = 11
f(0,1) = 2
f(1,3) = 8
f(0,1,3) = 2
```

5.5.2 전달 인수의 자료형이 다른 경우

함수로 전달되는 매개 인수들의 개수가 같지만 인수의 자료형이 서로 다를 경우에도 함수의 다중 정의가 가능하다. 다음 〈예 5.10〉은 이와 같이 전달되는 인수의 자료형이 다를 경우 같은 이름의 함수를 다중 정의한 예를 보여주고 있다. 다중 정의한 area() 함수는 int형 가인수를 갖는 함수와 double형 가인수를 갖는 함수 등 두 가지 함수 원형을 가지고 있다. 혼동의 우려가 있을 것 같지만 컴파일러는 실제 전달 인수 즉, 실인수의 자료형에 따라 두 가지 함수 중 필요한 것을 자동 선택한다. 〈예 5.10〉에서 7과 같이 int형 자료가 전달되면 한 변의 길이가 a인 정사각형의 면적을 계산하는 함수가 호출되며, 3.5와 같이 double형 자료가 전달 인수로 사용되면 반지름의 길이가 r인 원의 면적을 구하는 함수가 자동적으로 호출된다.

〈예 5.10〉

```
#include <iostream.h>

const double  Pi = 3.141592;     // 상수의 선언

long  area(int a)     // area() 함수의 다중정의
{
    return a*a;
}

double area(double r)  // area() 함수의 다중정의
{
    return  Pi*r*r;
}

void main()
{
    cout << "한변이 " << 7 << "인 정사각형의 넓이 = " << area(7) << endl;
    cout << "반지름이 " << 3.5 << "인 원의 넓이 = " << area(3.5) << endl;
}
```

〈실행결과〉

```
한변이 7인 정사각형의 넓이 = 49
반지름이 3.5인 원의 넓이 = 38.4845
```

함수의 다중 정의는 함수의 자료형만을 다르게 한다고 하여 가능하지 않다. 예를 들어 다음과 같이 전달 인수들의 개수와 자료형은 같은데 함수의 자료형만 다르게 정의한 것은 함수의 다중 정의가 아니다. 왜냐하면 function() 함수가 호출될 때 전달 인수들의 자료형에 대한 정보로부터 두 함수중의 하나를 선택하여 호출하는데, 이 경우에는 컴파일러가 어느 함수를 호출해야 될지 모호해지기 때문이다.

```
int   function( int x, int y );        // 호출의 모호함 때문에
double  function( int x, int y );      // 함수의 다중정의가 성립되지 않음
```

5.5.3 디폴트 전달인수

C++의 새로운 특징 중의 하나로 디폴트 전달인수를 들 수 있다. 이것은 함수를 정의할 때 가인수의 초기값을 미리 지정하는 것이다. 이러한 함수가 호출되면 대응되는 전달 실인수의 값을 빠뜨렸을 때 미리 지정된 가인수의 초기값이 자동적으로 해당 가인수의 값으로 사용된다. 일반적으로 호출될 함수의 정의가 이루어질 때 함수 정의 머리 부분에서 가인수들을 선언함과 동시에 초기값을 대입하여 디폴트 전달 인수를 생성한다. 디폴트 전달 인수를 함수에 사용하고자 할 경우에는 디폴트 전달 인수들은 반드시 가장 오른쪽에서 왼쪽 순으로 첨가해야 한다. 예를 들어, 두 번째 전달 인수가 디폴트 전달 인수가 아니면 첫 번째 인수를 디폴트 전달 인수로 사용할 수 없다.

다음 〈예 5.11〉은 첫째항이 a이고 공차가 d인 등차수열의 n항까지의 합을 구하는 프로그램이다. main() 함수보다 먼저 정의된 함수 sum()을 살펴보면 가인수 n과 d가 디폴트 전달 인수로 사용되고 있음을 알 수 있다. 즉, 가인수 n은 100으로, 가인수 d는 1로 내정되어 있다. 따라서 main() 함수에서 sum() 함수를 호출할 때 대응되는 실인수가 생략되면 이미 내정되어 있는 가인수 초기값들이 전달 인수를 대신하게 된다. 예를 들어 main() 함수에서 sum(3)의 형식으로 이 함수를 호출하면 디폴트 전달인수가 사용되어 실제는 sum(3, 100, 1)이 호출된다. 즉, 첫째항이 3이고 공차가 1인 등차수열의 처음 100개의 항에 대한 합을 구하게 된다. 또한 sum(3, 5)의 형식으로 이 함수를 호출하면 실제로 sum(3, 5, 1)이 호출되어 3+4+5+6+7의 값 25가 반환될 것이다. sum(3, 5, 2)와 같이 모두 실인수를 사용하여 sum() 함수를 호출하게 되면 미리 내정된 가인수들의 값은 무시된다. 따라서 첫째항이 3, 공차가 2인 등차수열의 5항까지의 합을 얻게 된다. main() 함수보다 사용

자 정의 함수 sum()이 먼저 작성되었기 때문에 main() 함수 내에서 sum() 함수의 선언문은 생략되었다.

〈예 5.11〉

```
#include <iostream.h>

double sum(double a, int n=100, double d=1)   // 디폴트 전달인수의 사용
{
    double  sn, an;

    sn = an = a;  // 첫번째 항의 입력

    for(int i=2; i<=n; i++)
    {
        an += d;    // i번째 항의 일반항
        sn += an;   // i번째 항까지의 합
    }
    return sn;
}

void main()
{
     cout << "sum(3)   =  " << sum(3) << endl;
     cout << "sum(3,5)   =  " << sum(3,5) << endl;
     cout << "sum(3,5,2)   =  " << sum(3,5,2) << endl;
}
```

〈실행결과〉

```
sum(3) = 5250
sum(3,5) = 25
sum(3,5,2) = 35
```

5.6 매크로와 인라인 함수

C++ 프로그램을 작성하여 실행하면 운영 체제가 컴파일 된 명령들을 메모리에 로드하고 이를 차례대로 수행한다. 이 때 각 명령들이 저장된 메모리 주소들을 참조하여 다음 명령의 순서를 따라 나간다. 또한 함수를 호출할 경우 호출 바로 다음의 명령문에 대한 주소를 메모리에 저장한 다음 스택을 이용하여 함수로 매개 인수들을 전달한다. 그리고 함수가 정의되어 있는 메모리의 위치로 건너뛰어 함수의 명령들을 실행하게 된다. 함수의 실행이 끝나면 이전에 저장했던 호출 다음 명령문의

위치로 돌아와서 다음 명령을 수행한다. 그러나 함수 호출이 일어났을 경우 함수로 갔다 오는 시간이 걸리는 단점이 있는데, 이를 해결할 수 있는 방법으로 C에서 즐겨 사용되어 온 매크로(macro)와 C++에서 기능이 추가된 인라인(inline) 함수가 있다. 즉, 매크로와 인라인 함수는 실행 시간이 일반 함수보다 빠르다는 장점이 있다.

매크로는 #define 문으로 정의된 내용을 그대로 치환함으로 작동된다. 그러나 인라인 함수는 함수 호출을 인라인 함수로 정의된 코드로 치환한다. 따라서 인라인 함수는 전체 프로그램의 코드를 증가시키는 빌미를 제공하기 때문에 인라인 함수도 매크로처럼 간단히 표현되는 함수일 경우에만 사용하는 것이 바람직하다. 즉, 함수의 코드가 길 경우에는 일반 함수와 비교하여 실행 속도에서 얻는 이득보다 메모리를 많이 사용하는 데에서 오는 손해가 더 클 수 있다. 그러나 매크로를 사용하는 정도의 간단한 문제일 경우에는 매크로 대신 인라인 함수를 사용하는 것이 더 좋은 방법이다. 매크로 함수는 〈예 5.12〉에서 알 수 있듯이 종종 잘못된 연산 결과를 유도하기 때문이다.

가능하면 한 문장으로 해결될 수 있는 문제를 인라인 함수로 작성하는 것이 좋으며, 인라인 함수는 inline이란 키워드를 이용하여 정의한다. 또한 main() 함수를 비롯하여 인라인 함수를 호출하는 함수보다 먼저 정의되어 있어야 한다.

다음 〈예 5.12〉는 인라인 함수의 사용을 표시한 예이며, #define으로 정의되는 매크로와 비교하였다. 〈예 5.12〉의 main()에서 식 10*ADD1(5)의 형식으로 사용하면 매크로의 작동 원칙에 따라 ADD1(5) 대신 5+100이 치환되어 식 10*5+100으로 계산되어 그 결과가 150이 얻어진다. 그러나 인라인 함수 add2()를 식 10*add2(5)와 같이 사용하면 인라인 함수를 먼저 호출하기 때문에 1050을 얻는다.

〈예 5.12〉

```
#include <iostream.h>

#define  ADD1(x)  x+100    // macro function

inline int add2(int x)  { return  x+100; }  // inline function

void main()
{
    cout << "macro  : 10*ADD1(5) = " << 10*ADD1(5) << endl;
    cout << "inline : 10*add2(5) = " << 10*add2(5) << endl;
}
```

<실행결과>

```
macro  : 10*ADD1(5) = 150
inline : 10*add2(5) = 1050
```

5.7 함수 템플릿

C++에서 새롭게 추가된 기능의 하나로 함수 템플릿(function templates)의 구현을 들 수 있다. 예를 들어 두 개의 전달 인수 가운데 최댓값을 반환하는 함수 max(x, y)을 생각해보자. 여기서 전달 인수 x, y에는 서로 순서를 정할 수 있는 임의의 자료형의 자료들이 쓰일 수 있어야 한다고 하자. 즉, 정수형, 부동소수형 외에도 구조체, 클래스등 유도 데이터형의 자료들도 두 실인수로 사용될 수 있어야 한다. 그러나 C++는 함수의 호출 시 전달되는 인수들의 자료형에 대한 정보를 컴파일 할 때 미리 선언되어야 한다. 따라서 여러 형태의 자료형을 갖는 실인수들을 max() 함수로 전달하기 위해서는 함수의 다중 정의가 필요하다. 그런데 이 경우 같은 이름의 각 함수들의 코드는 단지 두 전달 인수들의 대소를 비교하는 것으로서 동일하게 작성될 것이다.

템플릿(template)은 동일한 코드를 사용하는 다중 정의 함수들에 대한 하나의 패턴을 정의하는 데에 사용된다. 이 때 전달 인수들의 자료형은 매개변수로 처리한다. max() 함수와 같은 기능을 하는 함수 템플릿을 작성하면 다음 예와 같다. 여기서 전달 인수들과 함수의 자료형은 템플릿의 인수 <class T>로 표시하고 있다. 키워드 class는 반드시 필요하며 T는 사용자가 정하는 템플릿의 이름이다.

```
template   <class T>
T max (T x,  T y)
{
  return (x > y) ? x : y ;
}
```

이제 위 예와 같이 정의된 템플릿을 이용하여 함수를 호출하면, 함수 호출에 의해 전달되는 실인수들의 자료형에 맞게 컴파일러가 적절한 함수를 생성한다. 즉, 다음 <예 5.13>과 같이 main() 함수 내에서 함수 템플릿을 두 번 호출하면 컴파일러는 앞서 정의된 함수 템플릿대신 이 템플릿을 이용한 서로 다른 두 개의 함수를 생성하여 최종 실행 파일을 만들어 나간다. 예를 들어 〈예 5.13〉의 main()에서 max(i, 0)으로 함수 템플릿을 사용하면 두 전달인수 i와 0가 int형이므로 다음과 같은 함수가 생성되어 호출된다.

```
int max(int x, int y)
{
    return (x > y) ? x : y ;
}
```

반면에 max(d1, d2)로 함수 템플릿을 사용하면 두 변수 d1, d2가 double형이므로 max(i, 0)을 호출할 때와 이름이 같지만 다음과 같이 다중 정의된 함수가 생성된다.

```
double  max(double x, double y)
{
    return (x > y) ? x : y ;
}
```

〈예 5.13〉

```
#include <iostream.h>

template  <class T>   // 함수 템플릿의 정의
T  max(T x, T y)
{
    return  (x > y) ? x : y;
}


void main()
{
    int i, j;
    double  d1, d2;

    cout << "int형 자료 입력 = ";  cin  >> i;

    j = max(i, 0);   // 전달 인수들의 자료형은 int형

    cout << "i = " << i << endl;
    cout << "max(i,0) = " << j << endl;

    cout << "두 개의 double형 자료입력 = "; cin >> d1 >> d2;

    cout << "d1 = " << d1 << ", d2 = " << d2 << endl;
    cout << "max(d1,d2) = " << max(d1, d2) << endl;
                    // 전달 인수들의 자료형은 double형
}
```

〈실행결과〉

```
int형 자료 입력 = 5
i = 5
max(i,0) =5
두 개의 double형 자료입력 = 34.5  9.7
d1 = 34.5, d2 = 9.7
max(d1,d2) = 34.5
```

5.8 변수의 기억클래스

변수의 선언문에서 변수의 자료형이 변수에 할당된 메모리의 크기와 저장 방식 등을 지정해 주는 역할을 한다면, 변수의 기억클래스(storage class)는 선언되는 변수가 메모리의 어느 부분에 저장할 것인지와 변수의 사용 범위, 그리고 변수를 기억하는 시간 등을 지정한다. 자료를 저장하는 메모리는 프로그램의 기계어 코드가 들어 있는 text 부분과 일시적으로 자료가 저장되는 dynamic 부분, 그리고 프로그램이 종료가 될 때까지 자료를 계속해서 보관하는 data 부분으로 구성되어 있다.

기억클래스에 해당하는 키워드를 표로 정리하면 〔표 5.1〕과 같다.

〔표 5.1〕 변수의 기억클래스

변수영역 / 기억시간	지역변수	전역변수
일시적	auto register	
지속적	static	extern static

함수 내부 또는 하나의 블록 안에서 선언된 변수를 지역 변수(local variable)라고 한다. 우리는 지금까지 함수 내부에서 선언된 지역 변수들만을 다루었다는 사실을 알 수 있다. 또한 지역 변수는 이 변수가 선언된 함수 또는 블록의 내부에서만 유효하다. 즉, 다른 함수나 블록에서는 이 변수의 값을 참조할 수 없다. 지역 변수에 대한 키워드는 auto, register, static이 있으며 static만 변수의 기억시간이 지속적이다.

변수는 프로그램의 어느 위치에서든지 선언할 수 있다고 하였다. 함수의 외부에서도 변수를 선언할 수 있는데 이렇게 선언된 변수는 이후에 정의되는 모든 함수 또는 블록에서 이 변수의 값을 참조할 수 있다. 이와 같이 함수의 외부에서 선언된 변수를 전역 변수(global variable)라고 한다. 전역 변수에 대한 키워드는 extern과 static이 있으며 이 변수들의 기억 시간은 모두 지속적이다.

5.8.1 지역 변수

1) 자동변수 auto

함수 또는 특정 블록 내에서 선언된 변수이거나 함수의 매개 인수로 사용된 변수가 기억클래스로 auto를 사용하면 이 변수를 자동변수(auto variable)라고 부른다. 자동변수로 선언될 때 변수의 기억클래스 키워드인 auto를 생략할 수 있다. 따라서 지금까지 선언했던 대부분의 변수가 지역 변수로서 기억클래스인 auto가 생략된 자동변수이다. 자동 변수는 지역 변수이므로 이 변수가 포함된 함수 내에서만 변수의 기능이 유효하다.

자동변수는 변수의 선언 문장이 실행될 때마다 메모리에 할당된다. 자동변수는 메모리의 스택(stack)이라는 자동 기억 장소에 변수 영역이 확보된다. 스택은 push와 pop이라는 작용에 의해 자료가 저장 또는 제거되는 구조를 갖는다. 만일 함수가 호출되면 스택의 비어 있는 꼭대기 구간에 필요한 자료가 저장(push)된다. 이 상태에서 다른 함수가 호출되면, 위에 있는 구간은 밑으로 내려가고 호출된 함수에서 사용되는 새로운 자료가 다시 맨 위 구간에 저장(push)된다. 함수의 실행이 종료되었을 경우에는 push와는 역순으로 제일 나중에 저장된 맨 위의 구간에 저장된 자료들부터 제거(pop)해 나간다. 이러한 과정을 함수의 호출과 종료에 맞추어 수행하면서 자동변수의 할당이 이루어지게 된다.

〈예 5.14〉는 for 블록에서 사용되는 자동변수 x의 메모리 할당과 이 변수의 유효 범위를 설명한 예이다. 〈예 5.14〉에서 main() 함수에서 초기값 500으로 선언된 변수 x는 기억클래스가 auto이기 때문에 지역변수인 자동변수이다. 또한 for 문의 블록 내에서 초기값 100으로 선언된 변수 x 역시 지역변수로서 기억클래스 auto가 생략된 자동변수이다. main() 함수 내의 또 다른 블록에서 자동변수가 선언되었기 때문에 서로 다른 stack 구간에 두 지역의 변수가 따로 저장된다.

<예 5.14>의 for 문이 실행되기 전에는 stack의 맨 위 구간에 500으로 초기화된 x가 저장되어 있다. <그림 5.3>에 표시된 바와 같이 for 문의 블록이 실행되면, push의 작용으로 인해 500이 저장된 x는 한 구간 밑으로 내려간다. 동시에 스택의 맨 위 구간에는 for 문의 블록 내에서 100으로 초기화된 자동변수 x가 저장된다. for 문의 블록이 끝나면 pop의 작용으로 맨 위의 구간이 삭제된다. 따라서 500으로 저장되었던 변수 x가 저장되었던 구간이 스택의 맨 위 구간으로 자연스럽게 올라오게 되어 for 문 이후에 x 값으로 500이 출력된다. 즉, for 문의 각 단계가 모두 끝난 이후에는 for 문 실행 전에 선언되어 할당되었던 자동변수 x가 스택의 맨 위 구간에 출현하게 된다.

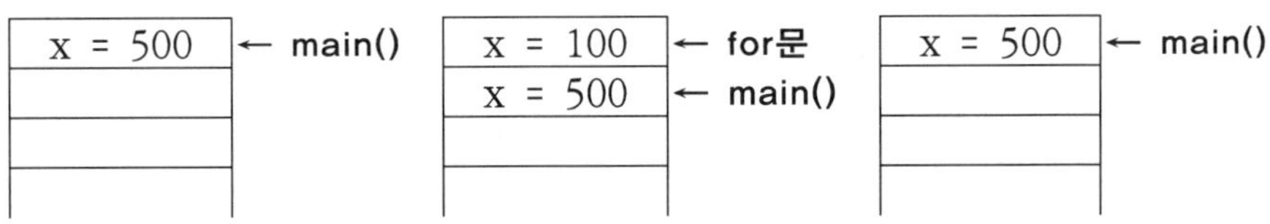

(for문 시작 전)　(for문의 각 단계의 실행 중)　(for문 종료 후)

<그림 5.3> 스택(stack)의 구간 변화

<예 5.14>

```
#include <iostream.h>

void main()
{
    auto  int  x = 500;   // 지역변수, 자동변수

    for (int i=1; i <= 3; i++)
    {
      int  x = 100;    // auto가 생략된 지역변수, 자동변수
      x += i;
      cout << "for loop : i = " << i << ", x = " << x << endl;
    }
    cout << "main() : i = " << i << ", x = " << x << endl;
}
```

〈실행결과〉

```
for loop : i = 1, x = 101
for loop : i = 2, x = 102
for loop : i = 3, x = 103
main() : i = 4, x = 500
```

2) 레지스터변수 register

일반적으로 변수들은 메모리에 저장된다. 이렇게 메모리에 저장된 값들을 읽어 들여 중앙처리장치(CPU)에서 계산을 한 후 다시 메모리에 저장한다. 이 때 메모리에서 값을 읽고 저장하는 과정은 짧은 시간이나마 어느 정도 시간을 필요로 한다. 메모리에서 읽고 쓰는 시간마저 줄일 수 있도록 CPU의 레지스터에 바로 값을 저장하는 변수를 레지스터변수(register variable)라고 한다. 레지스터변수는 자동변수와 같이 지역 변수이면서 기억 시간도 일시적이다. 다음은 레지스터변수를 선언하는 한 예이다.

```
register int count_fast ;
```

3) 정적변수 static

원시 프로그램을 작성한 이후 컴파일 과정에서 메모리의 data 영역에 할당되는 변수를 정적변수(static variable)라고 하며, 기억클래스 키워드로 static을 사용한다. 정적변수는 변수의 기억시간이 지속적이다. 즉, 정적변수가 속한 함수가 종료되더라도 main() 함수가 끝날 때까지 계속해서 메모리에 값을 보존한다. 따라서 정적변수는 컴파일이 이루어질 때 초기화가 한 번만 이루어지며, 선언문에서 초기화가 생략되었을 경우에는 0으로 자동 초기화가 된다.

다음 예와 같이 정적변수를 int형으로 선언할 경우에는 키워드 int를 생략할 수 있다.

```
static x = 100 ;            //  int가 생략됨
```

〈예 5.15〉에서 정적변수 pi와 x의 선언문은 컴파일할 때 한 번만 수행된다. 즉, 함수 static_test()를 호출할 때마다 pi와 x에 대한 선언문이 매번 실행되지

않기 때문에 이 변수들은 이전에 변경된 값을 계속 유지하게 된다. 반면에 자동변수 n은 static_test() 함수가 호출될 때마다 매번 200으로 초기화된다. 이미 설명한대로 stack에 저장되는 자동 변수는 블록이 바뀔 때마다 매번 생성과 소멸을 반복하기 때문이다.

〈예 5.15〉

```
#include <iostream.h>
void main()
{
    void  static_test();    // 함수의 선언문

    cout << "첫 번째 함수 호출 :" << endl;
    static_test();

    cout << "두 번째 함수 호출 :" << endl;
    static_test();
}

void  static_test()         // 함수의 정의
{
    auto int n = 200;   // 자동변수
    static double pi = 3.14;    // 정적변수 (지역변수)
    static x;    // 정적변수 (지역변수), 자료형 int가 생략됨

    pi *= 2.;
    x++;

    cout << "n = " << n << endl;
    cout << "pi = " << pi << endl;
    cout << "x = " << x << endl;

    n += 300;
}
```

〈실행결과〉

```
첫 번째 함수 호출 :
n = 200
pi = 6.28
x = 1
두 번째 함수 호출 :
n = 200
pi = 12.56
x = 2
```

5.8.2 전역 변수

함수를 나타내는 블록의 외부에 정의된 변수를 전역 변수(global variable)라고 하였다. 변수를 정의(definition)한다는 것은 새롭게 변수의 기억장소를 메모리에 할당한다는 뜻이다. 반면에 변수의 선언(declaration)은 기존에 만들어져 있는 변수를 참조하겠다는 의미이다. 따라서 변수의 선언 시에는 변수에 대한 메모리 영역이 따로 할당되지 않는다. 참고로 자동변수(auto)의 경우에는 변수의 정의와 선언이 한꺼번에 이루어진다.

전역 변수의 기억 시간은 지속적이다. 다시 말해 프로그램이 종료될 때까지 계속해서 변수의 값을 유지한다. 또한 프로그램에서 전역 변수가 정의되면 이후 어떠한 함수에서도 이 전역 변수를 사용할 수 있다. 전역 변수에 대한 기억클래스 키워드는 extern과 static이 있다.

1) 외부변수 extern

함수 내에서 외부변수를 참조하기 위해서는 먼저 외부 변수를 함수의 외부에 정의하여야 한다. 함수의 외부에 외부변수를 정의하는 방법은 초기화와 결부되어 두 가지 방법이 있다. 첫 번째 방법은 다음 예와 같이 키워드 extern을 사용하여 외부변수를 정의하고 초기화를 하는 것이다. 함수 내에서 초기화를 하지 않은 외부변수를 참조하게 되면 오류가 발생하기 때문에 반드시 초기화가 필요하다.

```
extern  int  e = 100;     //  외부 변수 e의 정의 - 반드시 초기화가 필요하다.

void  main()
{
   …
}
```

두 번째 방법은 기억클래스 외부변수의 키워드인 extern을 생략하는 것이다. 이 경우에는 초기화를 하지 않아도 되며, 외부변수는 0으로 자동 초기화된다. 따라서 함수의 외부에서 변수의 정의가 이루어져 있을 때 기억클래스가 생략되어 있다면 외부변수의 키워드 extern이 생략되었다고 보면 된다.

```
int  e;          //  0으로 자동 초기화되는 외부변수 e의 정의

void  main()
{
   ...
}
```

외부에서 정의한 외부변수 e를 main() 함수 내에서 참조하는 방법은 기억클래스 키워드 extern을 사용하여 main() 함수 내에서 외부변수 e를 선언해주면 된다.

```
void  main()
{
  extern  int  e;      //  외부변수의 선언
    ...
}
```

위 예에서 키워드 extern이 생략되면 main() 함수 내에서 새로운 자동변수 e를 정의하고 선언하는 문장으로 인식한다. 함수 내에 선언된 지역 변수들이 외부변수보다 먼저 참조되므로 main() 함수에서 같은 이름의 외부변수 e를 절대로 참조할 수 없게 된다. 따라서 외부 변수 e를 사용하기 위해서는 외부변수의 선언에서 키워드 extern이 반드시 필요하다. 그러나 다음 예와 같이 외부변수의 선언문 전체를 생략해 버리면 바로 외부변수를 참조할 수 있다.

```
void  extern_test()
{
  e  +=  100 ;          //  외부 변수 e의 선언문 생략, 바로 외부변수 참조
  cout << "(extern_test) e = " << e << endl;
}
```

다음 <예 5.16>에서 외부변수 e를 main() 함수뿐만 아니라 extern_test() 함수에

서도 참조할 수 있음을 보여주고 있다. 단, 하나의 함수에서 변경된 외부변수를 다른 함수에서 바로 참조할 수 있으므로 프로그램의 해석에 신중하여야 한다. 각 함수에서 외부변수의 값이 어떻게 수정되었는지 추적을 하지 않으면 최종 계산 결과가 우리가 의도한 값이 아닐 수도 있기 때문이다.

〈예 5.16〉

```
#include <iostream.h>

extern  int  e = 100;       // 외부변수의 정의

void main()
{
     extern  int  e;        // 외부변수 e의 사용을 선언
     void  extern_test();       // 함수의 선언

     e += 100;          // 외부변수 e를 참조

     cout << "첫 번째 함수 호출 : " << endl;
     extern_test();

     cout << "두 번째 함수 호출 : " << endl;
     extern_test();

     cout << "(main) e = " << e << endl;
}

void extern_test()   // 함수의 정의
{
     e += 200;  // 외부변수 e 참조, 외부변수 e의 선언문 생략
     cout << "(extern_test) e = " << e << endl;
}
```

〈실행결과〉

```
첫 번째 함수 호출 :
(extern_test) e = 400
두 번째 함수 호출 :
(extern_test) e = 600
(main) e = 600
```

2) 외부 정적변수 static

외부 정적변수는 외부변수와 더불어 함수의 외부에서 정의된 변수로서 기억클래스로 키워드 static을 사용한다. extern으로 정의된 외부변수는 다른 파일에 표시되어 있는 함수에서도 이 변수를 선언하여 사용할 수 있다. 역으로 함수 내에서 extern으로 선언된 변수는 다른 파일에 정의되어 있는 외부 변수를 참조할 수 있다. 물론 해당되는 두 파일을 따로 컴파일 한 후 하나로 연결하는 링크 과정을 거쳐야 한다. 반면에 static으로 정의된 외부 정적변수는 다른 파일에서 절대로 참조할 수 없다. extern과 static이 한 파일 내에서 사용될 때에는 두 변수의 사용상 차이점은 없다.

3) 전역식별연산자 (::)

함수 외부에 정의된 전역 변수의 이름과 동일하게 함수 내에서 지역 변수로 같은 이름을 사용할 수 있다. 똑같은 이름의 두 변수가 같은 블록에서 참조한다고 할 때, 전역 변수보다 지역 변수를 먼저 참조한다. 즉, 전역변수의 이름을 바꿔주지 않는 한 같은 이름을 가진 지역 변수가 있는 함수 내에서 전역 변수를 참조할 수 없다.

C++에는 특별히 전역 변수를 참조할 수 있는 연산자가 있다. 이 연산자를 전역식별연산자(scope access operator)라고 하며, 이 연산자는 콜론(:) 기호를 연달아 붙인 :: 기호를 사용한다. 이 연산자는 연산 우선순위가 1번으로 다른 모든 연산자보다 빠른 우선순위를 갖는다. 다음은 전역 변수 x에 대한 전역식별연산자의 사용법을 표시한 것이다.

```
cout << "전역식별연산자 ::x = " << ::x << endl;    //  ::이 전역식별연산자
```

다음 〈예 5.17〉에서 200으로 초기화된 외부변수 x는 전역 변수이며, main() 함수 내에 선언된 변수 x는 auto가 생략된 자동변수로서 지역 변수이다. 그러나 함수 내에서는 지역 변수가 우선이므로 x값을 참조하여 x*=2;를 실행하면 x의 값이 20이 된다. 그러나 〈예 5.17〉에 표시한 바와 같이 전역식별연산자(::)를 사용하면 외부변수 x의 값을 main() 함수 내에서 지역 변수 x와 구별하여 참조할 수 있다.

〈예 5.17〉

```
#include <iostream.h>

int  x = 200;            // 외부변수의 정의

void  main()
{
     int  x = 10;        // 자동변수의 선언과 정의

     x *= 2;             // 자동변수의 참조
     cout << "(auto) x = " << x << endl;

     ::x *= 2;          // 외부변수의 참조를 위해 전역식별연산자의 사용
     cout << "(extern) x = " << ::x << endl;
}
```

〈실행결과〉

```
(auto) x = 20
(extern) x = 400
```

연습문제

5-1 C++ 언어에서 제공하는 모든 수학 라이브러리 함수들을 조사하여 그 함수들의 원형과 반환값의 의미를 설명하여라.

5-2 두 정수를 각각 m과 n으로 읽어 들여 m<n일 경우에만 m에서 n까지의 합을 구하는 사용자 정의 함수 lsum()을 정의하고, 이 함수를 호출하기 위한 main() 함수도 같이 작성하여라.

5-3 〈예 5.3〉에서 정의된 avr1_n() 함수 내에서 이 함수로 전달된 값이 1보다 작은 정수이면 -1이 반환되도록 avr1_n() 함수를 수정한 후, main() 함수에서는 avr1_n() 함수의 반환값이 -1이면 "잘못 호출됨"이라는 메시지가 출력되도록 프로그램을 완성하여라.

5-4 양의 정수를 읽어 들인 후, 자기호출 방법을 사용하여 읽어 들인 정수의 각 자리의 수를 앞에서부터 한 줄에 하나씩 출력하는 프로그램을 작성하여라.

5-5 양의 정수를 변수 n에 읽어 들인 후 for 문을 이용하여 1부터 n까지의 곱인 n의 계승인 n!을 구하는 함수를 작성하여라.

5-6 양의 정수 n에 대하여 1부터 n까지의 홀수의 합을 구하는 함수를 작성하여라.

5-7 임의의 정수 m과 양의 정수 n을 입력받아 m에서 m+n까지의 합을 계산 하는 함수를 작성하여라.

5-8 0에서 360사이의 각도의 값을 전달받아 이 각도의 라디안(radian) 값을 구

하는 함수를 작성하여라.

라디안 = 각도 * 3.1415 / 180

5-9 cin.get() 함수를 이용하여 개행문자('\n')까지의 문자들을 입력받는 작업을 하고, 동시에 입력받은 문자의 개수를 반환하는 함수를 작성하여라.

5-10 양의 정수 n을 전달받아 다음과 같은 결과를 출력하는 함수를 작성하여라. 예를 들어 n이 3이면 다음과 같은 출력 결과가 나타난다.

```
0
1 1
2 2 2
3 3 3 3
2 2 2
1 1
0
```

5-11 1보다 큰 양의 정수를 입력받아 소수인지를 판별하여 소수이면 1을, 소수가 아니면 0을 반환하는 함수를 작성하여라. 참고로 어떤 수의 약수가 1과 자기 자신밖에 없는 수를 소수라고 한다.

5-12 삼각형의 세 변이 a, b, c일 때 이 삼각형의 넓이를 구하는 함수를 작성하여라. 참고로 삼각형의 넓이를 구하는 공식은 다음과 같다. 단, a, b, c의 값은 삼각형이 만들어질 조건을 만족하여야 한다.

삼각형의 넓이 = $\sqrt{s(s-a)(s-b)(s-c)}$, 여기서 $s=\frac{a+b+c}{2}$

5-13 double형 변수 a, b, c에 값을 읽어 들여 $ax^2+bx+c=0$의 실근을 출력하는 함수를 작성하여라. 두 근이 허근일 경우에는 "이차방정식의 두 근은 허근이다" 라는 메시지를 출력한다. 참고로 이차방정식의 근의 공식은 다음과 같다.

$$x = \frac{-b \pm \sqrt{b^2-4ac}}{2a} \quad (\text{단 } b^2-4ac \geqq 0)$$

5-14 지수함수 e^x의 값은 수학적으로 다음과 같이 계산된다. 이 값을 근사적으로 계산하는 함수 expon()을 작성하고 표준 라이브러리 함수 exp()의 호출값과 비교하여라.

$$e^x = 1 + \frac{x}{1!} + \frac{x^2}{2!} + \frac{x^3}{3!} + \frac{x^4}{4!} + \cdots$$

5-15 Fibonacci 수열 $\{a_n\}$은 다음과 같이 정의한다.

$$a_n = a_{n-1} + a_{n-2}, \quad a_1 = a_2 = 1$$

자기 호출 방법을 이용하여 a_{20}을 구하는 함수를 작성하여라.

5-16 다음과 같이 정의된 수열 $\{a_n\}$이 있다.

$$a_{n+2} = 3a_{n+1} - 2a_n, \quad a_1 = 2, \quad a_2 = 4$$

자기 호출 방법을 이용하여 a_{25}를 구하는 함수를 작성하여라.

5-17 서로 다른 n개의 공이 들어있는 주머니에서 r개의 공을 꺼내는 경우의 수, 즉, 조합 nCr을 계산하는 함수 nCr()를 작성하여라. 수학적으로 nCr은 다음과 같은 식과 경계 조건을 만족한다.

$$_{n}C_{r} = _{n-1}C_{r-1} + _{n-1}C_{r} \qquad (n \geq 1, r \geq 1, n > r)$$

$$_{n}C_{0} = _{n}C_{n} = 1$$

5-18 〈예 5.8〉의 factorial() 함수와 연습문제 5-17의 nCr()함수를 이용하여 순열 nPr를 구하는 함수 nPr()를 작성하여라.

$$_{n}P_{r} = _{n}C_{r} \cdot r!$$

5-19 X가 이항분포 B(n, p)를 따르는 확률변수라고 할 때, factorial() 함수와 nCr() 함수를 호출하여 확률 P(X=r)를 구하는 함수 binom()를 작성하여라.

$$P(X=r) = _{n}C_{r}\, p^{r} (1-p)^{n-r} \qquad (r=0,\ 1,\ \cdots,\ n)$$

5-20 임의의 자료형에 대하여 절댓값을 구하는 프로그램을 함수 템플릿을 이용하여 작성하여라.

5-21 유명한 하노이 탑(Tower of Hanoi)에 대한 문제도 자기 호출 방법으로 해결할 수 있다. 하노이 탑 문제는 "세 개의 기둥이 있고, 한 기둥에 서로 다른 크기의 원반이 크기순으로 n개 쌓여 있다. 이제 이 n개의 원반을 다른 기둥으로 현재의 순서와 똑같이 옮기려고 한다."이다. 이 때 옮기는 각 단계를 설명하는 메시지를 순서대로 출력하면서 최종적으로 원반을 크기순으로 모두 옮기는데 필요한 이동 회수를 구하는 프로그램을 작성하여라.

(힌트) 세 개의 기둥을 각각 A, B, C라고 하자. 먼저 n=1이면 A에서 C로 원반을 옮기면 된다. n〉1이면 먼저 n-1개의 원반을 기둥 C를 거쳐서 B로 옮긴다.

그리고 기둥 A에 남은 원반 1개를 C로 옮긴다. 마지막으로 기둥 A를 통하여 기둥B에 있는 원반 n-1개를 기둥 C로 전부 옮긴다.

Chapter

6

C++ Programming

포인터와 배열

6.1 포인터

프로그램이 실행되는 과정에 처리되는 모든 변수는 이 변수의 기억클래스와 자료형에 따라 메모리 공간에 저장되는 위치를 갖는다. 메모리는 바이트 단위로 구성되며, 각 바이트는 0번부터 고유 번호를 지니고 있다. 변수가 선언되면 그 변수에 자료를 저장하기 위하여 메모리를 할당한다. 변수에 할당되는 바이트 개수는 변수의 자료형에 의하여 달라진다. 예를 들어 int형 변수는 4 바이트의 메모리를 할당받으며, double형 변수는 8 바이트의 메모리를 할당받는다. 이때 할당된 메모리의 위치를 내부적으로 추적하기 위하여 각 변수에 주소를 부여한다. 각 변수에 부여되는 주소는 할당된 바이트들 중에서 가장 일련번호가 작은 것이다. 메모리내의 각 바이트에 대한 일련번호를 포인터(pointer)라고 하는데, 때로는 각 변수가 저장된 주소를 포인터와 혼용하여 사용되기도 한다.

프로그램이 실행되는 동안 변수의 값은 변경이 가능하다. 그러나 변수가 선언되어 한번 할당된 주소는 프로그램이 끝날 때까지 절대로 변경이 불가능하다.

6.1.1 주소연산자 (&)

주소연산자(&)는 변수 등 피연산자가 할당되어 있는 메모리의 주소를 구해주는 단항 연산자이다. 피연산자가 메모리에서 차지하는 바이트의 수가 2 이상이면 바이트의 일련번호가 가장 작은 포인터를 피연산자의 주소로 한다. 상수는 메모리의 영역을 할당받지 않는다. 따라서 피연산자가 상수인 경우에 주소연산자를 연산하면 오류 메시지가 발생한다.

다음 〈예 6.1〉은 외부변수(e)와 정적변수(s), 그리고 자동변수(n, pi)로 선언된 변수들이 할당받은 메모리의 주소를 출력하는 프로그램이다. cout은 기본적으로 16진수 표기를 사용하여 주소를 출력한다. 그러나 〈예 6.1〉를 포함하여 변수의 주소를 설명할 경우에 unsigned int형의 값으로 주소를 표시하고자 한다. 따라서 주소연산자를 이용하여 각 변수의 주소를 구한 후 캐스트연산자 (unsigned)를 연산하여 십진수의 형태로 주소를 출력하였다.

〈예 6.1〉

```
#include <iostream.h>

int e = 200;  // 외부변수

void main()
{
    int n = 100;     // 자동변수
    double pi = 3.14;   // 자동변수
    static s = 500;  // 정적변수

    cout << "n = " << n << " : &n = " << &n << endl;
    cout << "n = " << n << " : &n = " << (unsigned) &n << endl;
    cout << "pi = " << pi << " : &pi = " << (unsigned) &pi << endl;
    cout << "s = " << s << " : &s = " << (unsigned) &s << endl;
    cout << "e = " << e << " : &e = " << (unsigned) &e << endl;
}
```

〈실행결과〉

```
n = 100 : &n = 0x0012FF7C
n = 100 : &n = 1245052
pi = 3.14 : &pi = 1245044
s = 500 : &s = 4377940
e = 200 : &e = 4377936
```

메모리의 모든 주소는 세그먼트(segment) 주소와 오프셋(offset)의 조합으로 표시된다. 세그먼트 주소는 자료를 저장하는 데 사용할 ,메모리 블록을 나타내며, 오프셋은 세그먼트의 시작 위치를 기준으로 하는 메모리 위치를 나타낸다. 일반적으로 세그먼트 주소는 고정시켜 놓고 오프셋만 주소로 사용하는데 최고 64K 바이트의 주기억장치까지 사용할 수 있다.

〈예 6.1〉의 실행 결과를 보면 변수 n의 주소는 16진수로 0x0012FF7C이다. 이 주소에 대한 세그먼트 주소와 오프셋의 조합을 십진수로 다시 계산하면 변수 n이 할당된 주소가 1245052임을 알 수 있다. 그러나 변수가 할당된 주소의 값을 어떻게 계산해야 하는지, 또는 그 값이 무엇인지를 우리가 알 필요는 전혀 없다. 〈예 6.1〉의 결과를 토대로 두 자동변수 n과 pi, 그리고 외부변수 e, 정적변수 s의 위치를 그림으로 나타내면 〈그림 6.1〉과 같다.

〈그림 6.1〉을 보면 자동변수 pi와 n은 스택(stack)이라는 메모리 영역에 할당되며,

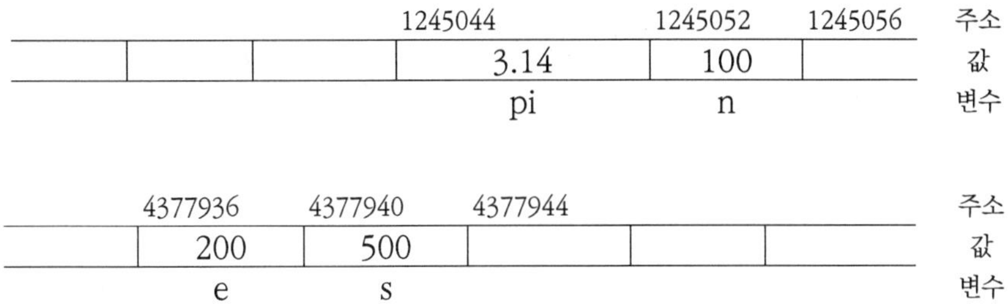

〈그림 6.1〉 메모리 내 변수들의 위치

외부변수 e와 정적변수 s는 힙(heap)이라고 불리는 메모리 영역에 할당된다. 두 영역은 서로 다른 위치에 존재하며 스택의 경우에는 먼저 선언된 변수의 주소보다 나중에 선언된 자동변수의 주소의 값이 작아지고 있음을 알 수 있다. 반면에 힙에 할당되는 외부변수나 정적변수는 나중에 선언될수록 주소의 값의 크기가 커짐을 알 수 있다.

6.1.2 포인터 변수

〈예 6.1〉에 선언된 변수 n의 값은 대입연산자 등을 이용하여 프로그램 중간에 언제든지 바꿀 수 있다. 즉, 변수 n이 할당된 메모리 위치에 저장된 값을 필요하면 수시로 변경할 수 있다. 그러나 변수 n의 값은 바뀌더라도 처음에 할당된 n의 메모리 공간의 위치는 변하지 않는다. 다시 말해 변수 n의 메모리 주소는 프로그램이 끝날 때까지 항상 같은 값을 유지한다. 따라서 주소연산자를 사용한 식 &n의 값은 항상 일정하다. 이 값은 일반적인 자료의 상수와 성격이 다르므로 이를 포인터 상수라고 부른다.

메모리의 포인터들을 저장할 수 있도록 설계된 변수를 포인터 변수라고 한다. 즉, 포인터 변수는 다른 변수들이 할당된 주소를 값으로 저장할 수 있다. 포인터 변수도 다른 일반 변수와 마찬가지로 메모리를 할당받는다. 그러나 일반 변수와는 달리 항상 4 바이트의 공간을 포인터 변수에 할당한다. 포인터 변수의 선언문에서 선언되는 변수가 포인터 변수임을 컴파일러에게 알리기 위해서 포인터 변수의 이름 앞에 기호 *를 붙인다. 포인터 변수의 선언문에 지정되는 자료형은 이 포인터 변수가 가리키게 될 자료의 자료형을 의미한다.

먼저 일반 변수 x의 선언문과 비교하면서 다른 변수들의 주소인 포인터를 저장할 수 있는 포인터 변수 px를 선언하는 예를 살펴보자.

```
int x;          // 일반변수 x의 선언문
int  *px ;      //  포인터 변수 px의 선언문
```

변수 x는 int형 자료를 저장할 수 있는 자동변수이지만, 변수 px는 이름 앞에 * 가 붙어 있기 때문에 일반 변수가 아닌 포인터 변수이다. px의 선언문에 지정된 자료형 int는 px에 저장할 수 있는 포인터가 int형 변수의 주소임을 나타내는 것이다.

포인터 변수의 이름인 px 앞에 붙이는 * 기호는 다음과 같이 int 뒤에 붙이거나, int와 px 사이에 공간을 두고 표시해도 상관없다.

```
int*  px ;
int *  px ;
```

다음 〈예 6.2〉에 int형 변수 x와 double형 변수 y를 선언하고 이 변수들의 주소를 저장할 수 있는 포인터 변수 px, py의 선언한 후, 주소연산자를 이용하여 두 포인터 변수에 x와 y의 주소를 각각 대입하는 예를 표시하고 있다.

〈예 6.2〉

```
#include <iostream.h>
void main()
{
    int x = 100;        // int형 변수의 선언
    double y = 3.14;    // double형 변수의 선언

    int *px;        // int형 변수의 주소를 저장하는 포인터 변수
    double *py;     // double형 변수의 주소를 저장하는 포인터 변수

    px = &x;     // x의 주소를 대입
    py = &y;     // y의 주소를 대입

    cout << "x의 값 = " << x << endl;
    cout << "x의 주소 = " << (unsigned) &x << endl;
    cout << "px의 값 = " << (unsigned) px << endl <<endl;

    cout << "y의 값 = " << y << endl;
    cout << "y의 주소 = " << (unsigned) &y << endl;
    cout << "py의 값 = " << (unsigned) py << endl;
}
```

<실행결과>

```
x의 값 = 100
x의 주소 = 1245052
px의 값 = 1245052

y의 값 = 3.14
y의 주소 = 1245044
py의 값 = 1245044
```

<예 6.2>의 실행이 이루어진 이후 변수 x, y와 포인터 변수 px, py의 메모리내의 위치와 각 변수들이 저장된 값을 그림으로 표시하면<그림 6.2>와 같이 될 것이다. 포인터 변수 px와 py도 자동 변수로서 다른 일반 변수들과 똑같은 메모리 영역에 위치하며 포인터 변수의 자료형에 상관없이 4 바이트의 메모리를 할당받고 있다.

	1245036	1245040	1245044	1245052	1245056	주소
	1245044	1245052	3.14	100		값
	py	px	y	x		변수

<그림 6.2> 4개 변수들의 위치와 저장된 값

자료형이 int*형인 포인터 변수 px에 자료형이 double형인 y의 주소를 대입하면 어떨까? px가 포인터 변수이므로 다른 변수의 주소를 대입할 수 있다고 하지만, px는 int*형으로 선언되어 있기 때문에 int형으로 선언되지 않은 변수의 주소를 절대로 대입할 수 없다. 따라서 만약 다음 문장이 실행되면 두 자료간의 자료형이 서로 다르다는 이유로 오류가 발생한다.

```
px = &y ;    // Error : Cannot convert 'double *' to 'int *'
```

임의의 자료형의 주소를 저장할 수 있는 void 포인터가 있지만, 이 포인터 변수를 사용하기 위해서는 참조하고 싶은 자료형에 맞도록 적절하게 형변환연산자를 이용하여 형변환을 하여야 한다.

6.1.3 간접연산자 (*)

포인터 변수에는 메모리의 바이트 일련번호인 포인터가 저장되어 있는데, 일반적으로 다른 변수들의 주소를 저장한다. 이 포인터 변수에 저장되어 있는 주소의 값을 가져오거나 다른 값으로 변경할 수 있다. 이와 같이 포인터 변수를 이용하여 다른 변수의 값을 간접적으로 수정할 수 있기 때문에 이를 수행하는 연산자를 간접연산자(indirection operator)라고 부르며, *를 연산자 기호로 사용한다. 주소연산자(&)와 같이 간접연산자(*)도 단항 연산자이며, 이항 연산자인 곱셈연산자와 같은 기호를 사용한다.

〈예 6.3〉은 포인터 변수 px, py를 이용하여 간접적으로 두 변수 x와 y의 값을 참조하여 그 값을 출력하는 방법을 표시하고 있다. px가 int형 변수의 주소를 저장할 수 있는 int*형 포인터 변수이기 때문에 *px의 연산 결과는 px에 저장된 주소로부터 4 바이트를 int형 자료로 읽어온다. 따라서 *px의 값은 x의 값 100이 된다. 마찬가지로 *py의 연산은 py에 저장된 주소로부터 8 바이트(double형의 변수가 할당받은 메모리 바이트 수)를 double형 방식으로 읽어오기 때문에 *py의 값은 3.14가 된다.

〈예 6.3〉

```
#include <iostream.h>
void main()
{
    int x = 100;        // int형 변수의 선언
    double y = 3.14;    // double형 변수의 선언

    int *px;        // int형 변수의 주소를 저장하는 포인터 변수
    double *py;     // double형 변수의 주소를 저장하는 포인터 변수

    px = &x;    // x의 주소를 대입
    py = &y;    // y의 주소를 대입


    cout << "x = " << x << ", *px = " << *px << endl;
    cout << "y = " << y << ", *py = " << *py << endl;
}
```

〈실행결과〉

```
x = 100, *px = 100
y = 3.14, *py = 3.14
```

포인터 변수를 이용하여 간접적으로 포인터 변수에 저장된 주소의 변수 값을 변경시킬 수 있으므로, px가 int*형 포인터 변수일 때 *px는 int형 변수처럼 수식에 사용할 수 있다. 예를 들어, 다음 문장은 px에 저장되어 있는 주소의 int형 값(즉, 변수 x의 값)을 구하여 200을 더한 후 그 값을 px가 가리키고 있는 주소에 저장한다. 여기서 px가 가리키고 있는 주소란 포인터 변수 px에 저장되어 있는 포인터가 나타내는 기억 장소를 의미한다. 결론적으로 변수 x의 값이 300으로 변경된다.

```
int x=100, *px=&x;
*px += 200 ;        // *px = *px + 200;
```

〈예 6.4〉는 간접연산자를 이용하여 포인터 변수가 가리키는 주소의 값을 간접적으로 변경하는 몇 가지 예를 표시하고 있다.

〈예 6.4〉

```
#include <iostream.h>
void main()
{
    int x=100, *px=&x;         // int*형 변수의 선언과 초기화
    double y=3.14, *py=&y;     // double*형 변수의 선언과 초기화
    int n;

    *px += 200;     // *px의 값을 200 증가
    cout << "x = " << x << endl;

    (*py)++;        // *py의 값을 1 증가
    cout << "y = " << y << endl;

    n = (*px)++;    // n = *px; 실행이후 (*px)++; 실행
    cout << "(가) x = " << x << ", n = " << n << endl;

    n = *px++;      // n = *px; 실행이후 px++; 실행
    cout << "(나) x = " << x << ", n = " << n << endl;
    cout << "*px = " << *px << endl;
}
```

〈실행결과〉

```
x = 300
y = 4.14
(가) x = 301, n = 300
(나) x = 301, n = 301
*px = 1245120
```

〈예 6.4〉에서 다음 (가) 문장과 같이 *px를 포함한 식은 어떻게 실행이 이루어질까?

```
n = (*px)++ ;          //  (가) 문장
```

이 문장은 다음과 같이 두 문장으로 분리하여 해석하면 이해하기 쉽다. 즉, 변수 n에 먼저 *px의 값이 대입되며, 이어서 *px의 값이 1 증가된다.

```
n = *px ;
(*px)++ ;
```

따라서 변수 n에는 이전에 변경된 x의 값 300이 대입되며, x의 값은 1 증가되어 301이다.

```
n = *px++ ;          //  (나) 문장
```

(가) 문장에서 괄호가 없는 (나) 문장 역시 다음 두 문장의 결합으로 해석할 수 있다. 즉, 먼저 변수 n에 *px의 값이 대입되고 난 후 포인터 변수 px에 저장되어 있는 포인터 값을 1 증가시킨다.

```
n = *px ;
px++ ;          //  px의 포인터 값을 1 증가시킨다.
```

포인터 변수의 값, 즉, 포인터를 1 증가시킨다는 것은 일반적인 수를 1 증가시킨다는 의미와 전혀 다르다. 〈예 6.4〉의 실행 결과로부터 짐작할 수 있듯이 포인터 변수 px가 int*형일 때 px++;의 실행은 px에 저장된 포인터를 실제로 4 증가시킨다. 여기서 4는 int형 변수가 메모리에 할당받는 바이트의 수이다. 따라서 (나) 문장이 실행된 이후 px에 저장되는 포인터의 값은 변수 x의 주소에 4를 더한 포인터 값이다. 이 주소를 갖는 기억 장소에 특정한 값을 저장하지 않았기 때문에 *px의 값을 출력하면 실행결과에 표시된 바와 같이 이상한 값이 출력된다.

포인터에 정수를 더하면 포인터가 되며, 일반적으로 연산 결과로서 다음과 같이 포인터의 값을 얻을 수 있다. 단, 다음 식에 나타나는 k는 반드시 정수이어야 하며, k가 실수일 경우에는 연산이 불가능하다.

식 (포인터 + k) 연산 결과 ≡ (포인터 + k *(포인터가 가리키는 자료형의 크기))

〈예 6.5〉는 포인터와 정수의 연산을 다루는 예를 표시하고 있다. 포인터와 정수의 연산 외에 두 포인터의 자료형이 같으면 (포인터-포인터)의 연산도 가능하다.

〈예 6.5〉

```
#include <iostream.h>
void main()
{
    double x=3.14, y=2.59, z=1.47;
    double *p=&y, *q=&z;    // 포인터 변수 초기화

    cout << "(1) *p = " << *p << ", *q = " << *q << endl;

    --p;   // 포인터-1

    cout << "(2) *p = " << *p << endl;
    cout << "(3) *p+2 = " << *p+2 << ", *(p+2) = " << *(p+2) << endl;

    q += 2;   // 포인터+2

    cout << "(4) *q = " << *q << endl;
    cout << "(5) *q-1 = " << *q-1 << ", *(q-1) = " << *(q-1) << endl;

    cout << "(6) q-p = " << q-p << endl;
}
```

〈실행결과〉

```
(1) *p = 2.59, *q = 1.47
(2) *p = 1.47
(3) *p+2 = 3.47, *(p+2) = 3.14
(4) *q = 3.14
(5) *q-1 = 2.14, *(q-1) = 2.59
(6) q-p = 2
```

〈예 6.5〉에서 변수들을 선언한 후 5개의 변수들이 메모리에 저장된 위치와 초화된 값을 표시해보면 다음〈그림 6.3〉과 같이 짐작할 수 있다. double형 변수들은 메모리에 각각 8 바이트의 영역을 할당받으며, 포인터 변수들은 4 바이트의 영역을 할당받고 있다. 또한 포인터 변수 p의 값은 변수 y의 주소로, q의 값은 변수 z의 주소로 초기화되어 있다.

	1245024	1245028	1245032	1245040	1245048		주소
	1245032	1245040	1.47	2.59	3.14		값
	q	p	z	y	x		변수

〈그림 6.3〉 〈예 6.5〉의 선언문 실행 직후 메모리 내 변수들의 위치

〈예 6.5〉의 실행 결과 (1)은 각각 변수 y와 z의 주소로 초기화된 포인터 변수가 가리키는 값을 간접연산자를 이용하여 참조하는 것이므로 *p는 2.59, *q는 1.47이 출력된다.

식 --p;이 실행되면 p의 값을 1 감소하는데 포인터 변수 p가 double*형이므로 p의 값인 포인터 1245040에서 double형의 크기인 8를 뺀다. 따라서 p의 값은 1245032로 바뀐다. 이 포인터 값은 변수 z의 주소이므로 (2)의 *p의 출력 결과는 z의 값 1.47이다.

(3)의 cout 문장의 출력 자료인 식 (*p+2)의 연산은 간접연산자가 덧셈연산자보다 우선순위가 높기 때문에 *p의 값 1.47에 정수 2를 더한다. 따라서 식 (*p+2)의 값은 3.47이 된다. 반면에 다른 출력 자료인 식 *(p+2)은 괄호 때문에 p+2를 먼저

계산한다. 변경된 p의 값이 포인터 1245032이므로 p+2의 값은

$$1245032 + 2 * 8 \equiv 1245048$$

이 된다. 따라서 p+2는 변수 x의 주소와 같아지며, *(p+2)의 값을 출력하면 x의 값 3.14가 얻어진다.

식 q+=2가 실행되면 q의 값을 2 증가한다. 따라서 q의 값은 1245032에서 2*8 바이트 늘어난 1245048로 바뀐다. 이 포인터 값은 변수 x의 주소이므로 (4), (5)의 *q와 *q-1의 출력 결과는 각각 3.14와 2.14이다. (5)의 *(q-1)은 먼저 q의 값을 1 감소한 위치의 값을 간접연산사로 참조하는 것이므로 변수 y의 값 2.59가 출력된다.

마지막으로 두 포인터 변수 q와 p의 뺄셈 연산 q-p를 살펴보자. 이 연산은 같은 자료형을 갖는 두 포인터간의 거리를 의미한다. 〈예 6.5〉의 마지막 cout 문장에 포함된 (q-p)의 값은 (1245048-1245032)로서 값은 16이지만 double*형 포인터들의 뺄셈 연산은 2가 된다. 여기서 얻어진 결과 2는 double*형 포인터 변수들이 메모리에 할당된 상대적 위치를 의미한다.

6.2 함수간 자료 전달 방법

6.2.1 값에 의한 전달(call by value)

사용자 정의 함수를 호출하여 호출된 함수에 자료를 전달하고자 할 때, 가장 일반적인 자료의 전달 방식이 값에 의한 전달(call by value)이다. 이는 사용자 정의 함수를 호출한 함수 내에서 실인수를 함수의 호출 식에 지정하면, 사용자 정의 함수에서는 전달되는 실인수의 값을 가인수에 복사한다. 자료의 전달이 끝나면 실인수와 가인수는 서로 독립적이 된다. 즉, 사용자 정의 함수 내에서 가인수의 값을 수정하더라도 함수의 호출로 자료를 전달하는데 사용한 실인수에 영향을 주지 않는다.

변수 x, y에 두 변수의 합과 차를 각각 저장하는 사용자 정의 함수를 작성해보자. 〈예 6.6〉은 main()에서 읽어 들인 변수 x, y의 값을 값에 의한 전달 방식으로 job() 함수로 전달하여 job() 함수 내에서 두 변수의 합과 차를 각각 저장하는 작업을 수행하였다. 실인수와 가인수의 이름을 같게 선언하였으나, 새롭게 할당된 가인수 x, y는 main() 함수의 두 변수 x, y와는 아무런 관련이 없다.

〈예 6.6〉

```
#include <iostream.h>
void main()
{
    int  x, y;
    void job(int, int);     // 함수의 선언

    cout << "x = "; cin >> x;
    cout << "y = "; cin >> y;

    cout << "job() 함수 호출 전 : x= " << x << ", y= " << y << endl;
    job(x, y);   // 함수의 호출
    cout << "job() 함수 호출 후 : x= " << x << ", y= " << y << endl;
}

void job(int x, int y)
{
    int  tmp;

    tmp = x;
    x += y;      // (x + y)를 x에 대입
    y = tmp - y;   // (x - y)를 y에 대입

    cout  << "job() 함수 내 : x= " << x << ", y= " << y << endl;
}
```

〈실행결과〉

```
x = 10
y = 50
job() 함수 호출 전 : x= 10, y= 50
job() 함수 내 : x= 60, y= -40
job() 함수 호출 후 : x= 10, y= 50
```

〈예 6.6〉의 실행 결과를 보면 main() 함수에서 읽어 들인 x, y의 값을 함수 job()에 값에 의한 함수로의 전달 방법으로 전달하였으므로 job() 함수로 전달된 실인수의 값들은 job() 함수에서 새로운 기억 장소를 할당받은 가인수 x, y에 단순히 복사됨을 알 수 있다. 즉, job() 함수 내에서는 우리가 의도한 바와 같이 두 변수의

값이 합과 차로 각각 변경되었지만, 변경된 이 값들이 main() 함수의 x, y 변수에 영향을 주지 않고 있다.

이제 두 전달인수들의 합과 차를 계산하여 얻어진 두 값을 job() 함수에서 main() 함수로 전달할 수 있는 방법을 찾아야 한다. 함수에서 배웠던 return 문을 이용하여 main() 함수에 값을 반환할 수 있는 방법을 생각해 볼 수 있지만 return 문은 오직 하나의 값만을 전달할 수 있다. 우리는 job() 함수에 변경된 두 개의 값을 main() 함수로 전달하여야 하므로 return 문이 해결책이 될 수 없다.

다른 해결 방법으로 두 변수 x, y를 전역 변수로 선언할 수 있다. 그러나 전역 변수를 선언하면 사용이 편하다는 장점이 있지만, 여러 함수에서 동시에 참조하여 이 변수들을 수정할 수 있기 때문에 오히려 더 혼란을 가중시킬 수 있다. 그러므로 특별한 목적을 위한 것이 아니라면 전역 변수를 선언하여 사용하는 방법은 가급적 피하는 것이 좋다. 호출함수로 두 개 이상의 값을 되돌려 주어야 하는 문제에 대한 해결책은 다음과 같이 함수의 인수 전달을 포인터를 통한 주소에 의한 전달 방식으로 바꾸는 것이다.

6.2.2 주소에 의한 전달(call by address)

이제 포인터의 가치를 알아보기 위하여 〈예 6.6〉의 문제점을 해결하기 위한 주소에 의한 전달 방법을 생각해보자. 사용자 정의 함수로 전달되는 실인수로 변수의 값을 사용하는 대신 변수의 주소인 포인터를 사용할 수 있다. 예를 들어 job() 함수로 전달되는 실인수로 변수 x, y의 값 대신에 변수 x, y가 저장된 메모리 내의 주소(포인터)를 지정한다. 이와 같이 함수 사이에 자료를 전달할 때 변수의 주소(포인터)를 전달하는 방법을 주소에 의한 전달(call by reference 또는 call by address) 이라고 부른다.

다음 예는 〈예 6.6〉의 값에 의한 전달 방식으로 호출했던 것을 주소에 의한 호출 방식으로 사용자 정의 함수를 호출하는 형식을 표시한 것이다.

```
job2(&x, &y);    // x와 y의 주소가 실인수로 전달
```

다음 〈예 6.7〉은 변수의 주소인 포인터를 함수로 전달하는 예를 표시한 프로그램이다.

〈예 6.7〉

```
#include <iostream.h>
void main()
{
    int  x, y;
    void job2(int*, int*);     // 함수 job2()의 선언

    cout << "x = "; cin >> x;
    cout << "y = "; cin >> y;

    cout << "job2() 함수 호출 전 : x= " << x << ", y= " << y << endl;

    job2(&x, &y);   // 함수 job2()의 호출, 변수의 주소를 실인수로 지정

    cout << "job2() 함수 호출 후 : x= " << x << ", y= " << y << endl;
}

void job2(int *px, int *py)  // 함수의 정의, 가인수를 포인터변수로 선언
{
    int  tmp;

    tmp = *px;
    *px += *py;       // (*px + *py)를 *px에 대입
    *py = tmp - *py;   // (*px - *py)를 *py에 대입

    cout  << "job2() 함수 내 : *px= " << *px << ", *py= " << *py << endl;
}
```

〈실행결과〉

```
x = 10
y = 50
job2() 함수 호출 전 : x= 10, y= 50
job2() 함수 내 : *px= 60, *py= -40
job2() 함수 호출 후 : x= 60, y= -40
```

〈예 6.7〉의 실행 결과를 보면 우리의 목적에 맞는 결과를 얻고 있다. 함수 job2() 가 호출되어 변수 tmp가 선언된 직후 메모리 내의 모양은 〈그림 6.4〉와 같다.

	1244952		1244964	1244968		1245048	1245052		주소
			&x	&y		50	10		값
	tmp		px	py		y	x		변수

〈그림 6.4〉 함수 job2()가 호출된 직후 메모리 내 변수들의 위치

〈그림 6.4〉를 보면 main() 함수에서 선언된 변수 x, y가 메모리에 할당된 주소를 가인수인 포인터 변수 px, py가 전달받고 있다. 가인수 px, py는 포인터 변수이므로 간접연산자를 이용하면 이 변수가 가리키는 기억 장소의 자료를 쉽게 참조할 수 있을 것이다. job2() 함수의 일부분인 다음 문장은 px가 가리키는 기억 장소에 저장된 int형 자료와 py가 가리키는 기억 장소의 int형 자료값을 더한 후, px가 가리키는 기억 장소에 저장하라는 명령문이다. 실제로 px가 가리키는 기억장소는 변수 x가 할당받은 영역이며, 또한 py가 가리키는 기억장소는 변수 y가 할당받은 영역임은 자명하다.

```
*px += *py ;  // *px는 변수 x와 동일하며, *py는 변수 y와 동일하다.
```

따라서 job2()을 호출하여 실행을 하면 main() 함수에서 선언된 두 변수의 값이 변하게 된다. 즉, job2() 함수에서 return 문을 사용하지 않고도 job2() 함수의 실행 결과가 main() 함수에 간접적으로 전달되는 셈이다.

6.3 배열

배열(array)은 유사한 성질의 자료들을 하나의 이름으로 묶어 다루고자 할 때 사용한다. 여기서 자료의 유사한 성질이란 배열로 묶이는 자료들의 자료형이 일치한다는 것이다. 예를 들어 한 반의 학생들의 기말고사 점수를 하나의 배열로 표현할 수 있으며, 어느 지역에 대한 1년 동안의 월평균 강우량을 12개의 요소를 갖는 배열로 저장할 수 있다.

배열은 동일한 자료형의 변수들을 하나의 이름으로 묶어 사용하는 기억 장소들의 모임이며, 배열에 묶여있는 각각의 변수들을 배열의 요소(element)라고 부른다. 배열의 각 요소들은 하나의 독립된 변수들로서 메모리 영역에 연속해서 저장된다. 1차원 배열의 이름을 m이라고 선언할 경우, 이 배열에 묶인 각 요소들은 배열의 이름인 m과 첨자, 그리고 대괄호 [ ]를 사용하여 다음과 같이 참조할 수 있다. 단, C++의 배열의 요소를 나타내는 첨자는 항상 0부터 시작함을 기억해야 한다.

배열 m[]의 첫 번째 요소의 이름 : m[0]

배열 m[]의 k 번째 요소의 이름 : m[k-1]

배열 m[]의 k+1 번째 요소의 이름 : m[k]

배열의 선언은 일반 변수의 선언과 유사하다. 즉, 배열에서도 일반 변수와 마찬가지로 기억클래스와 자료형을 지정해 주어야 한다. 배열의 선언문에 있는 기억클래스와 자료형의 키워드는 일반 변수의 선언문에서 쓰이는 키워드와 동일하다. 일반 변수가 아닌 배열로 정의/선언되기 위해서는 배열 이름 끝에 [] 기호를 사용해야 하며, 이 기호로서 배열을 일반 변수와 구분을 한다. 다음은 1차원 배열을 선언하는 일반적인 형식을 표시한 것이다. [] 기호 안에 지정되는 크기는 이 배열로 묶이는 요소의 개수를 의미한다.

```
기억클래스   자료형   배열이름[크기]= {초기화} ;
```

다음 〈예 6.8〉은 배열의 크기가 5인 int형 배열 x[]를 선언하여 이를 사용하는 예를 보여주고 있다. main() 함수 블록 내에 배열 x[]가 선언되어 있으므로 기억클래스 auto가 생략되었다고 볼 수 있다. 배열 x[]는 요소의 개수가 5 개이며, 각 요소가 단독으로 사용될 때 참조되는 변수의 이름은 x[0], x[1], x[2], x[3], x[4]이다. 또한 각 요소들의 자료형은 배열의 선언 시 지정된 int형으로 동일하다. 따라서 총 40 바이트의 메모리 영역이 배열 x[]에 할당되며, 이 배열의 모든 요소들은 첨자가 작은 요소부터 메모리에 순차적으로 배치된다.

〈예 6.8〉

```
#include <iostream.h>
void main()
{
    int  x[5];           // 크기가 5인 배열의 선언
    int  sum = 0;

    for(int i=0; i<5; i++)
    {
        cout << "x[" << i <<"] = " ;
        cin >> x[i];     // 배열의 각 요소에 값을 입력
        sum += x[i];
    }

    cout << "배열 x[]의 모든 요소들의 합은 " << sum << "이다." << endl;
}
```

〈실행결과〉

```
x[0] = 3
x[1] = 6
x[2] = 9
x[3] = 7
x[4] = 5
배열 x[]의 모든 요소들의 합은 30이다.
```

다음은 여러 가지 유형의 자료형을 갖는 일차원 배열을 선언한 예이다.

```
int  y[10] ;
double  month[12] ;
char  name[20] ;
```

여기에서 마지막으로 선언된 배열 name[]은 1 바이트 길이를 갖는 20개의 char형 요소로 이루어져 있다. 따라서 배열 name[]에 20개의 문자를 연달아 저장할 수 있으므로 char형 배열을 선언한 후 이 배열에 문자열을 저장한다.

6.3.1 배열의 초기화

배열의 선언문에 표기한 바와 같이 배열은 중괄호 {} 기호를 사용하여 초기화한다. C++ 이전 버전에서는 기억클래스가 auto와 register일 경우에는 배열의 초기화가 불가능하였지만, C++에서는 어느 경우에나 초기화가 가능하다. 배열의 크기보다 초기화되는 자료의 개수가 적으면 앞의 요소부터 차례로 초기화된 후, 나머지 요소는 0으로 자동 초기화된다. 그러나 반대로 {} 안에 배열의 개수보다 많은 수의 초기값을 지정하면 “Too many initializers”와 같은 오류(error) 메시지가 발생한다.

다음은 배열을 초기화하는 몇 가지 예를 표시한 것이다. 배열 month는 초기화되는 자료가 4개뿐이므로 month[4] 부터 month[11]까지의 요소들은 0.0으로 자동 초기화된다.

```
int  x[5] = {23, 30, 21, 28, 27} ;
double  month[12] = {35.7, 20.9, 67.1, 50.1} ;
```

배열의 각 요소는 단일 변수와 동등하게 독립적으로 취급된다. 따라서 다음 예와 같이 배열의 각 요소에 임의의 값을 대입할 수 있다.

```
month[5] = 6.0 ;
```

배열을 선언하는 선언문에서 초기화 없이 배열의 크기를 생략하면 오류가 발생한다. 그러나 초기화를 명시하는 경우에는 배열의 크기를 생략할 수 있다. 이 경우에는 주어진 초기값의 개수만큼 자동적으로 배열의 크기가 설정된다. 다음 예는 배열의 크기를 생략하는 대신 초기화를 명시한 두 배열의 선언문이다.

```
int  y[ ] = {10, 20, 30, 40, 50} ;
char  name[ ] = { 'M', 'y', 'n', 'a', 'm', 'e' } ;
```

char형 배열인 경우에는 각 요소를 초기화하는 값으로 문자 상수를 사용하거나, 문자 상수에 해당하는 ASCII 코드 값을 대신 쓸 수 있다. 특히 char형 배열의 초기값으로 문자열 상수를 대입할 수 있다. 예를 들어 앞에서 선언된 char형 배열 name[]의 초기화를 다음과 같이 표시할 수 있다. 그러나 문자 상수로 초기화하는 경우에는 배열 name[]에 할당된 요소의 수가 6개 이지만, 문자열로 초기화할 때에는 배열 name[]에 할당된 요소의 수가 7개이다. 왜냐하면 문자열을 표시하기 위하여 문자열의 끝을 나타내는 널문자(NULL, '\0')가 마지막 문자 다음에 숨어있기 때문이다.

```
char  name[ ] = "Myname" ;
```

6.4 다차원 배열

C++는 배열의 요소로 어떠한 타입도 허용된다. 따라서 배열의 요소로 배열을 허용한 2차원 이상의 다차원 배열(multidimensional array)을 유도 자료형으로 생성할 수 있다. 다음은 2차원 배열과 3차원 배열의 예를 표시한 것이다.

```
int a[3][4];
double year[10][12][31];
```

앞의 예와 같이 2차원 배열은 행과 열을 나타내는 첨자가 2개인 구조를 갖고 있으며, 2차원 배열 선언의 일반 형식은 다음과 같다.

```
기억클래스  자료형  배열이름[행의크기][열의크기] = {초기화 } ;
```

여기서 기억클래스와 자료형은 단일변수 또는 일차원 배열의 선언에서 설명한 것과 동일하다. 배열이름 뒤에 대괄호([])기호를 두 번 연달아 붙여 2차원 배열임을 나타내는데, 첫 번째 [] 기호 안에 명시된 값은 일차원 배열의 개수, 즉, 행렬로 생각하면 행의 크기를 의미한다. 두 번째 [] 기호 안에 명시된 값은 각 일차원 배열이 갖는 요소의 개수, 즉, 열의 크기이다.

2차원 배열이 선언된 이후 메모리에 먼저 1차원 배열인 0행에 대한 영역을 할당한다. 이어서 두 번째 행부터 모든 행에 해당하는 1차원 배열의 영역을 순차적으로 할당한다. 따라서 2차원 배열의 선언문에서 두 번째 첨자를 명시하지 않으면 오류가 발생한다. 그러나 이차원 배열의 선언과 동시에 초기화가 함께 이루어질 경우 첫 번째 첨자의 크기를 생략할 수 있다. 2차원 배열을 초기화하는 방법은 다음 예와 같이 각 행을 뜻하는 일차원 배열을 중괄호로 초기화하고 이 들을 묶기 위하여 중괄호를 중복으로 사용한다. 일차원 배열과 마찬가지로 초기화되는 개수가 넘치면 오류가 발생하고, 부족하면 나머지 요소들은 0으로 자동 초기화된다.

다음은 int형 2차원 배열 a[][]를 선언함과 동시에 초기화하는 예를 표시한 것이다.

```
int  a[3][3] = { {1, 10, 20}, {2, 25, 35}, {3, 30, 40} } ;
```

이렇게 선언된 이차원 배열 a[][]는 다음 〈그림 6.5〉와 같이 연속적인 메모리 영역을 확보하여 각 요소들이 초기화된다. (각 요소들의 메모리 주소는 생략한다.)

	0행			1행			2행			
…	1	10	20	2	25	35	3	30	40	…
	a[0][0]	a[0][1]	a[0][2]	a[1][0]	a[1][1]	a[1][2]	a[2][0]	a[2][1]	a[2][2]	

〈그림 6.5〉 2차원 배열 a[][]의 메모리 내의 위치

〈그림 6.5〉에서 알 수 있듯이 2차원 배열 a[][]는 첫 번째 요소 a[0][0]에서부터 9번째 요소인 a[2][2]까지 연달아 메모리에 배치되어 있다. 또한 0행의 요소들이 먼저 메모리를 확보한 후, 1행과 2행에 있는 요소들이 잇달아 연결되어 있다. 다음 예와 같이 안쪽 중괄호를 생략하여 2차원 배열을 초기화하더라도 〈그림 6.5〉와 똑같이 2차원 배열 a[][]가 초기화된다.

```
int a[3][3] = {1, 10, 20, 2, 25, 35, 3, 30, 40} ;
```

초기화 자료들이 주어질 경우에는 다음 예와 같이 행의 크기가 생략될 수 있다. 그러나 열의 크기를 생략하면 오류가 발생한다.

```
int a[][3] = {1, 10, 20, 2, 25, 35, 3, 30, 40 } ;
```

마지막으로 이차원 배열의 초기화에 대한 다음 두 선언문을 살펴보자.

```
int b[3][3] = { {1, 10}, {2, 25}, {3, 30} } ;
int c[3][3] = {1, 10, 2, 25, 3, 30 } ;
```

초기화되는 자료의 개수가 이차원 배열의 전체 요소의 크기 또는 열의 크기보다 적을 경우에는 앞에 있는 요소부터 차례대로 초기화된다. 이때 대입되는 초기화 값이 없는 뒷부분의 요소는 0으로 자동 초기화된다. 2차원 배열 b[][]와 c[][]의 차이를 그림으로 표시하면 〈그림 6.6〉과 같다.

…	1	10	0	2	25	0	3	30	0	…
	b[0][0]	b[0][1]	b[0][2]	b[1][0]	b[1][1]	b[1][2]	b[2][0]	b[2][1]	b[2][2]	

…	1	10	2	25	3	30	0	0	0	…
	c[0][0]	c[0][1]	c[0][2]	c[1][0]	c[1][1]	c[1][2]	c[2][0]	c[2][1]	c[2][2]	

〈그림 6.6〉 이차원 배열 b[][]와 c[][]의 초기화

〈예 6.9〉는 for 문을 중첩으로 사용하여 〈그림 6.5〉와 같이 초기화된 2차원 배열 a[][]를 수학의 행렬 형태로 출력하는 예를 표시하고 있다. 2차원 배열의 각 요소를 행과 열로 참조하기 위하여 두 개의 첨자를 이용한다. 예를 들어 2차원 배열의 i행 j열 요소 a[i][j]는 (i+1)번째 일차원 배열(행)의 (j+1)번째 요소를 의미한다. 배열의 행과 열에 대한 첨자는 언제나 0부터 시작한다.

〈예 6.9〉

```
#include <iostream.h>
#include <iomanip.h>

const int  Row=3, Col=3;     // 기호상수의 선언

void main()
{
     int  a[Row][Col] = {{1, 10, 20}, {2, 25, 35}, {3, 30, 40}};
     int  rsum[Row] ={0,};
     int  i, j;

     cout << "   ***  행렬 a[][]  ***" << endl << endl;
     cout << "행₩₩열 |   0   1   2  |   합" << endl;
     cout << "----------------------------" << endl;

     for(i = 0; i < Row; i++) {             // 2차원 배열을 행렬 형태로 출력
         cout << setw(3) << i << "   |";
         for(j = 0; j < Col; j++) {
             cout << setw(4) << a[i][j];
             rsum[i] += a[i][j];            // i행의 합 계산
         }
         cout << "  |  " << setw(3) << rsum[i] << endl;
     }
}
```

〈실행결과〉

```
   ***  행렬 a[][]  ***

행\열 :  0   1   2  |   합
----------------------------
  0   :  1  10  20  |   31
  1   :  2  25  35  |   62
  2   :  3  30  40  |   73
```

〈예 6.9〉의 일차원 배열 rsum[]은 각 행의 요소들의 합을 계산하는 목적으로 선언되었다. 이 때 행의 합을 위한 일차원 배열 rsum[]의 초기값으로 한 개의 0만을 지정하였지만, rsum[]의 초기화의 개수가 부족하기 때문에 나머지 요소들도 전부 0으로 자동 초기화되고 있음을 알 수 있다.

6.5 문자열

6.5.1 문자 배열

문자 배열은 이 배열의 각 요소에 하나의 문자가 저장되는 것으로서 다음과 같이 초기화할 수 있다. 이렇게 초기화된 문자 배열의 각 요소에는 문자 상수에 대응하는 아스키 코드 값이 저장된다.

```
char str[10]= {'D', 'e', 'p', 'a', 'r', 't', 'm', 'e', 'n', 't' };
```

여기서 선언된 문자 배열 str[]에는 초기화된 10개의 문자가 str[0]에서부터 연속적으로 이어져 있으며, 각 요소들은 독립적으로 참조된다. 다음 예는 2차원 문자 배열 s[][]를 표시한 것이다. 선언문에서 행의 크기를 생략하였지만 초기화가 이루어져 있으므로 행의 크기는 행에 대한 초기화의 개수만큼 자동으로 2가 될 것이다.

```
char s[][4]= {  {'I', 'n', 'f', 'o'}, {'S', 't', 'a', 't'} };
```

다음 〈예 6.10〉은 일차원 문자 배열 str[ ]과 이차원 문자 배열 s[][]의 선언과 초기화 방법을 표시하고 있으며, 배열의 특성을 이용하여 각 요소들의 문자들을 출력하고 있다.

〈예 6.10〉

```
#include <iostream.h>
void main()
{
    char str[10]= {'D', 'e', 'p', 'a', 'r', 't', 'm', 'e', 'n', 't' };
    char s[][4]= {  {'I', 'n', 'f', 'o'}, {'S', 't', 'a', 't'} };

    cout << "문자 배열 str[] = " ;  // 문자배열 str[] 출력
    for(int i=0; i<10; i++)
        cout << str[i];
    cout << endl;

    cout << "문자 배열 s[1][] = " ;    // 문자배열 s[][]의 1행 출력
    for(i=0; i<4; i++)
        cout << s[1][i];
    cout << endl;
}
```

〈실행결과〉

```
문자 배열 str[] = Department
문자 배열 s[1][] = Stat
```

6.5.2 문자열

널(NULL) 문자로 끝나며 메모리에 연속적으로 저장된 문자들의 일차원 문자 배열을 문자열(string)이라고 한다. 여기서 널 문자란 아스키(ASCII) 코드가 0번인 문자('\0'로 표시)로서 문자열의 끝을 표시한다. 6.5.1 절에서 선언된 str[] 문자 배열과 같이 널 문자로 끝나지 않는 char형 일차원 배열은 문자열이라고 부르지 않으며 문자열을 다루는 여러 함수에서 올바르게 수행되지 않는다. 문자열이 아닌 문자 변수를 문자열로 만들기 위해서는 저장된 문자들의 끝에 NULL 문자를 삽입한다. 예를 들어 다음과 같이 선언된 1차원 문자 배열 str[]은 문자열이 아니다.

```
char str[10]= {'D', 'e', 'p', 'a', 'r', 't' };
```

문자 배열 str[ ]을 문자열로 만들기 위해서는 다음 문장이 필요하다.

```
str[6] = '\0';     // 문자 상수 '\0'은 NULL 문자
```

문자열 상수(string constant)는 프로그램에서 큰따옴표(" ")를 사용하여 표기한다. 예를 들어 프로그램 내에서 표기된 "Love"는 문자열 상수이다. 이 문자열 상수의 저장은 'L' 문자부터 네 문자들을 연속적으로 메모리에 저장하고, 문자열의 끝을 표시하는 널 문자 '\0'가 마지막으로 저장된다. 즉, 문자열 상수는 눈에 보이지 않지만 문자열의 끝을 위한 NULL 문자를 암시적으로 포함하고 있다. 따라서 문자열 상수 "Love"는 크기가 5인 char형 일차원 배열이 되는 셈이다.

6.5.3 문자열을 위한 기억공간의 확보

문자열을 다루려면 먼저 문자열의 길이 또는 크기를 컴파일러에게 알려줌으로써 적절한 기억 공간을 미리 확보하여야 한다. 문자열의 길이(length)란 문자열에 포함된 NULL 문자 직전까지의 총 문자수이다. 반면에 문자열을 위해 확보된 메모리 내의 총 바이트 수를 문자열의 크기(size)라고 한다. 문자 1개가 1 바이트의 메모리 영역을 차지하므로 NULL 문자를 포함하여 최대 문자열의 크기만큼 문자열을 통하여 문자들을 저장할 수 있다.

문자열의 크기를 컴파일러에게 알리는 방법은 char형 배열의 선언문에 실제 크기를 명시하는 방법과 문자열 상수로 char형 배열을 초기화함으로써 문자열의 크기를 자동으로 정해지도록 하는 방법이 있다. 또한 new 연산자를 이용하여 힙 공간에 문자열을 위한 메모리를 확보하는 방법이 있는데 이에 대해서는 6.11 절에서 설명할 것이다.

```
char name[40] ;
```

위와 같이 실제 크기를 명시하여 문자 배열을 선언하면 name이라는 문자열을 위해 40 바이트의 기억 공간이 확보된다. 그러나 문자열의 끝을 표시하기 위하여 NULL 문자 '\0'이 마지막으로 저장되어야 하므로 문자 배열 name에 저장하려는

문자열의 길이는 반드시 39 이하여만 한다. 이렇게 선언된 name에는 키보드 입력이나 기타 문자열 복사 등의 작업으로 문자열을 저장할 수 있다.

다음 일차원 배열 str[]의 선언문은 문자 배열의 크기가 명시되어 있지 않지만, 초기화되는 문자열 상수 "initialize"의 크기인 11 바이트 메모리 공간(NULL 문자 포함)이 문자열 str을 위해 자동으로 할당된다.

```
char str[] = "initialize" ;
```

다음 〈예 6.11〉은 문자열을 다루기 위하여 문자 배열을 선언하는 두 가지 방법을 표시하고 있다.

〈예 6.11〉

```
void main()
{
    char  name[40];
    char  str[] = "initialize";    // 배열의 크기를 생략

    strcpy(name, "Gab Dol");    // 문자열의 복사

    cout << "문자열 name = " << name << endl;
    cout << "name의 길이 = " << strlen(name) << endl;    // 문자열의 길이
    cout << endl;
    cout << "문자열 str = " << str << endl;
    cout << "str의 길이 = " << strlen(str) << endl;    // 문자열의 길이
}
```

〈실행결과〉

```
문자열 name = Gab Dol
name의 길이 = 7

문자열 str = initialize
str의 길이 = 10
```

〈예 6.11〉에서 호출한 표준 라이브러리 함수 strcpy()은 두 번째 실인수의 문자열을 첫 번째 실인수의 문자 배열에 대입(복사)하기 위한 목적으로 사용되며, 표준 라이브러리 함수 strlen()는 문자열의 길이를 반환한다. 이 함수들을 사용하기 위해서는

strcpy() 함수와 strlen() 함수의 원형이 저장되어 있는 〈string.h〉 헤더 파일을 프로그램의 서두에 삽입하여야 한다.

cout 객체에 문자열 상수를 직접 표기하면 문자열 상수가 바로 출력된다. 또한 다음과 같이 문자열이 저장된 문자 배열의 이름을 cout 객체에 표기하면 문자 배열에 저장된 NULL 문자 직전까지의 문자들이 차례대로 이어서 출력된다.

```
cout << "str의 길이 = ";      // 문자열 상수의 출력
cout << str <<  ;             //  문자 배열에 저장된 문자열의 출력
```

6.5.4 문자열의 배열

문자열을 배열에 지정하고자 할 경우에는 2차원 배열을 이용하는 방법과 1차원 포인터 배열을 이용하는 방법이 있다. 각 문자열의 크기를 똑같이 취급할 경우에는 char형 2차원 배열을 이용하고, 문자열 크기가 각각일 때에는 1차원 char형 포인터 배열을 이용하는 것이 좋다.

다음은 2차원 문자 배열 DIS[][]을 5개의 문자열로 초기화한 선언문이다. 행의 크기가 6이므로 초기화가 이루어지지 않은 6번째 행 DIS[5]는 0으로 초기화 되어있다.

```
char DIS[6][41] = {"Dep. of Informatics and Statistics",
                   "Natural Science College", "K. National Univ.",
                   "68 Mi-Dong", "Chollapuk-Do"} ;
```

이 문장이 선언되고 나면 2차원 문자 배열 DIS[][]의 메모리 영역이 다음 〈그림 6.7〉과 같이 초기화된 문자열로 채워질 것이다. 여기서 ...은 문자들을 생략한다는 의미이고 '\0' 문자는 문자열의 끝을 나타내는 NULL 문자이다.

…	Dep. of Infomatics and St...s\0	Natural Science...e\0	K. Nationnal Univ.\0
	DIS[0]	DIS[1]	DIS[2]

68 Mi-Dong\0	Chollapuk-Do\0	\0	…
DIS[3]	DIS[4]	DIS[5]	

〈그림 6.7〉 이차원 배열 DIS[][]의 선언과 초기화

2차원 문자 배열 DIS[ ][ ]의 각 행 DIS[i]는 똑같은 크기(41 바이트)를 갖는 독립적인 1차원 문자 배열의 기능을 수행한다. 따라서 초기화가 이루어지지 않은 DIS[5]에 strcpy() 함수를 이용하여 〈예 6.12〉와 같이 문자열을 복사할 수 있다. 물론 이 배열의 각 요소 DIS[i][j]도 (i+1) 번째 문자열의 (j+1) 번째 문자를 의미하는 독립적인 하나의 변수이다.

〈예 6.12〉

```
#include <iostream.h>
#include <string.h>
void main()
{
    char DIS[6][41] = {"Dep. of Informatics and Statistics",
                       "Natural Science College", "K. National Univ.",
                       "68 Mi-Dong", "Chollapuk-Do"} ;

    strcpy(DIS[5], "Korea");

    for(int i=0; i<6; i++)
        cout << "DIS[" << i << "] = " << DIS[i] << endl;


    cout << "DIS[1][8] = " << DIS[1][8] << endl;
}
```

〈실행결과〉

```
DIS[0] = Dep. of Informatics and Statistics
DIS[1] = Natural Science College
DIS[2] = K. National Univ.
DIS[3] = 68 Mi-Dong
DIS[4] = Chollapuk-Do
DIS[5] = Korea
DIS[1][8] = S
```

6.5.5 문자열의 입력

이름이나 주소 등의 문자열 자료들을 입력받기 위해서는 먼저 문자열 자료들이 저장될 기억 장소가 메모리에 확보되어 있어야 한다. 다음 예와 같이 char형 배열을 선언하면 컴파일러는 이 일차원 배열의 크기인 21 바이트의 기억 공간을 확보한다.

```
char name[21] ;
```

1) cin을 이용한 한 단어의 입력

cin 객체는 문자열을 읽어 들일 때 공백을 나타내는 문자(스페이스, 탭, 개행 문자 등)를 입력 문자열의 끝으로 인식한다. 다시 말해 공백으로 끝나는 한 단어의 문자들을 cin 문장에 지정된 기억 장소에 순차적으로 저장하고, 마지막으로 널 문자를 추가로 저장한다. cin 객체는 임시 저장 장치인 버퍼를 이용하여 입력되는 자료를 버퍼에 임시 저장하였다가 [Enter↵]키가 입력되었을 때 버퍼에 저장된 자료들을 프로그램에 전달한다.

다음 〈예 6.13〉 프로그램은 cin 객체가 표준 입력 장치로 읽어 들인 문자열들을 문자 배열에 어떻게 저장하고 있는지를 보여주고 있다. 문자 배열 name[]에는 첫 번째 단어 "Yoojung"이란 문자열이 저장되었으며, 문자 배열 addr[]에는 두 번째 입력된 단어 "K-city"가 저장되었음을 알 수 있다.

〈예 6.13〉

```
#include <iostream.h>
void main()
{
    char name[21];
    char addr[41];

    cin >> name;    // cin 객체를 이용한 문자열의 입력
    cin >> addr;

    cout << "name[] = " << name << endl;
    cout << "addr[] = " << addr << endl;
}
```

〈실행결과〉

```
Yoojung K-city
name[] = Yoojung
addr[] = K-city
```

2) cin.getline()을 이용한 한 줄의 문자열 입력

두 개의 전달 인수를 갖는 cin.getline() 함수를 이용하면 빈칸이 들어있는 한 줄의 문자열을 입력할 수 있다.

```
cin.getline(name, Size) ;
```

첫 번째 인수에는 입력하고자 하는 문자열을 위한 문자 배열의 이름이 필요하며, 읽어 들일 문자들의 최대 개수는 (Size-1) 개이다. 문자열을 읽는 도중에 개행 문자('\n')를 만나면 개행 문자를 NULL 문자('\0')로 바꾸어 저장한 후 문자열 입력을 끝낸다. 읽어 들이는 문자의 최대 개수가 (Size-1)보다 많을 경우 지정된 문자 배열에 저장되지 않은 나머지 문자들은 그대로 버퍼에 남아있다. 그런데 버퍼에 남아있는 문자들은 다른 문자열 변수를 읽어 들일 때 자동으로 입력되므로 주의를 하여야 한다.

〈예 6.14〉는 40개 이하의 문자가 포함된 한 줄의 문자열을 name으로 읽어 들이고 있으며, 두 번째 줄에 입력된 문자들의 자료 중에서 먼저 10개의 문자가 문자열 변수 secondline에 입력되고 난 후, 나머지 문자들이 remain에 저장되는 예를 표시하고 있다.

〈예 6.14〉

```
#include <iostream.h>
void main()
{
    char name[41];
    char secondline[11];
    char remain[41];

    cout << "최대 40개를 갖는 한 줄의 문자열 입력 : ₩n";
    cin.getline(name, 41);

    cout << "입력된 문자열 name[] = " << name << endl;

    cout << "₩n10개 이상의 문자들을 입력 : ₩n";
    cin.getline(secondline, 11);
    cin.getline(remain, 41);

    cout << "첫 번째 문자열 secondline[] = " << secondline << endl;
    cout << "남은 문자열 remain[] = " << remain << endl;
}
```

<실행결과>

```
최대 40개를 갖는 한 줄의 문자열 입력 :
Simon Singh
입력된 문자열 name[] = Simon Singh


10개 이상의 문자들을 입력 :
Fermat's Last Theorem
첫 번째 문자열 secondline[] = Fermat's L
남은 문자열 remain[] = ast Theorem
```

6.6 배열과 포인터

배열의 이름 그 자체는 이 배열의 첫 번째 요소가 저장되어 있는 메모리 주소인 포인터 상수(pointer constant)이다. 따라서 자료형이 같은 포인터 변수에 배열의 이름을 대입할 수 있다. 그러나 배열의 이름이 포인터 상수이기 때문에 다른 포인터 값을 이 배열의 이름에 대입할 수 없다.

```
int x[5] = {23, 30, 21, 28, 27} ;
int  *px ;
px = x ;              //  배열의 이름 x는 포인터 상수이다.
```

px는 int*형 포인터 변수이다. 따라서 px에는 int형 자료가 저장된 변수의 주소를 대입할 수 있다. int형 배열의 이름인 x는 배열 x[]의 첫 번째 요소인 변수 x[0]가 저장된 주소이므로 int*형 포인터 상수이다. 포인터 변수 px에 배열 x[]의 시작주소인 &x[0]가 대입되었다. 따라서 *px의 값은 23이 된다. 그러나 포인터 상수를 포함한 상수는 주소연산자의 피연산자로 적합하지 않기 때문에 다음 문장은 오류가 발생한다.

```
px = &x ;            // 오류 발생
```

배열 x[ ]의 각 요소들의 주소를 포인터 변수에 직접 대입할 경우에는 다음과 같이 주소연산자를 이용하여야 한다.

```
px = &x[2] ;
```

이제 배열의 한 요소의 주소가 저장된 포인터 변수를 이용하여 배열의 각 요소들을 참조하는 방법을 생각해보자. 배열의 정보를 함수로 전달하게 될 경우 일반적으로 이 배열의 시작 주소를 사용자 정의 함수로 전달하고, 호출된 함수 내에서는 포인터 변수로 이를 받아들인다. 따라서 함수 간 배열의 정보를 전달하는 과정에서 포인터 변수가 아주 중요한 역할을 한다.

〈예 6.15〉는 배열의 이름 x를 포인터 변수 px에 대입하고 이 포인터 변수를 이용하여 배열의 각 요소를 참조하는 예를 표시한 것이다.

〈예 6.15〉

```
#include <iostream.h>
void main()
{
    int  x[5] = {23, 30, 21, 28, 27};    // 배열의 초기화
    int  *px;

    px = x;              // x는 포인터 상수

    for(int i=0; i<5; i++)
        cout << "*(px" << "+" << i<< ") = " << *(px+i) << endl;

    *(px+2) = 33;        // x[2] = 33;

    cout << "(1) x[2] = " << x[2] << endl;   //
    cout << "(2) *px+2 = " << *px+2 << endl;

    px = &x[3];           //  또는 px = x + 3;
    *(px+1) = *(px-2);    // px[4] = px[1];

    cout << "(3) x[1] = " << x[1] << ", x[4] = " << x[4] << endl;
}
```

〈실행결과〉

```
*(px+0) = 23
*(px+1) = 30
*(px+2) = 21
*(px+3) = 28
*(px+4) = 27
(1) x[2] = 33
(2) *px+2 = 25
(3) x[1] = 30, x[4] = 30
```

〈예 6.15〉에서 배열 x[]와 포인터 변수 px의 선언문이 실행된 이후 메모리에 할당된 배열 x[]의 각 요소와 포인터변수 px의 위치는 다음 〈그림 6.8〉과 같다. 여기서 px에는 배열 x[]의 시작주소인 1245036이 저장되어 있지만, 실제로 이 값을 우리가 알 필요가 없기 때문에 배열의 이름인 x를 px에 표시하였다.

	px	px+1	px+2	px+3	px+4
	↓	↓	↓	↓	↓
1245032	1245036	1245040	1245044	1245048	1245052
x	23	30	21	28	27
px	x[0]	x[1]	x[2]	x[3]	x[4]

〈그림 6.8〉 메모리 내의 배열 x[]와 포인터 변수 px

이 때, 다음 문장과 같이 포인터 변수 px와 간접연산자(*)를 이용하여 배열의 임의의 요소의 값을 참조하거나 변경할 수 있다.

```
*(px+2) = 33 ;   //   x[2] = 33 ;
```

식 *(px+2)은 먼저 px+2의 값을 계산하여야 한다. px는 배열 x[]의 시작 주소가 대입되어 있는 int*형 포인터 변수이다. 〈그림 6.8〉을 참조하여 px+2의 값을 구하면 (1245036 + 2*4), 즉, 1245044가 된다. 따라서 *(px+2)는 1245044번지에 있는 int형 자료를 의미한다. 당연히 이 자료는 배열 x[]의 3번째 요소인 x[2]임을 알 수 있다. 그러므로 간접적으로 x[2]에 저장된 값 21이 33으로 변경된다. 반면에 식 (*px+2)는 연산 우선순위에 의하여 (*px)+2로 해석되고, 이는 x[0]+2이다. 따라서 (*px+2)의 값으로 25가 출력된다.

다음으로 포인터 변수 px에 x[3]이 저장되어 있는 주소를 대입해보자.

```
px = &x[3] ;
```

〈그림 6.8〉을 참조하면 이후 연산되는 식 *(px+1)은 x[4]와 같고, *(px-2)는 x[1]과 같다. 따라서 다음 문장은 x[] 배열의 5번째 요소 x[4]에 2번째 요소인 x[1]의 값을 대입하는 연산이 이루어진다.

```
*(px+1) = *(px-2) ;
```

6.7 2차원 배열과 포인터

이차원 배열 dim[ ][ ]과 int*형 포인터 변수 p가 다음과 같이 선언되어 있다고 하자.

```
int  dim[2][3] = { {1, 10, 20}, {2, 15, 25} } ;
int  *p ;
p = dim[0] ;
```

이때 dim[0]는 0행에 대한 int형 일차원 배열의 이름을 의미하고, dim[1]은 1행에 대한 int형 일차원 배열의 이름을 의미한다. 일차원 배열의 이름 자체는 그 배열의 첫 번째 요소가 메모리에 할당받은 주소인 포인터 상수이다. 따라서 dim[0]는 이차원 배열의 요소 dim[0][0]이 할당된 메모리 주소로서 int*형 포인터 상수이며, dim[1]은 이 배열의 요소 dim[1][0]의 주소인 int*형 포인터 상수이다.

포인터 변수 p에 이차원 배열의 첫 번째 행의 이름인 포인터 상수 dim[0]를 대입한 이후, 이차원 배열 dim[][]과 포인터 변수 p가 메모리에 할당된 영역을 그려보면 〈그림 6.9〉와 같을 것이다.

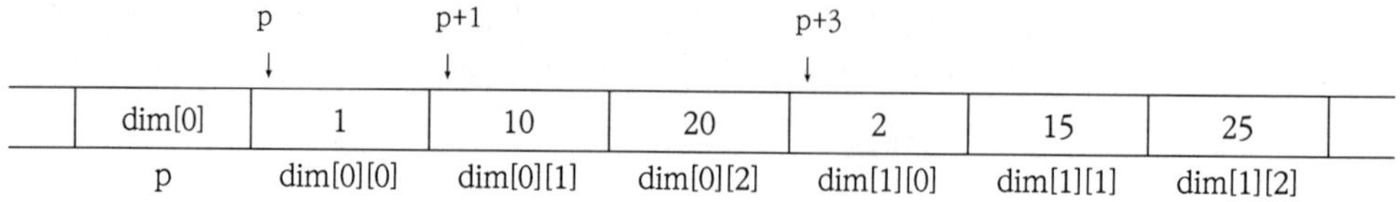

〈그림 6.9〉 이차원 배열 dim[][]와 포인터 변수 p

〈그림 6.9〉에서 알 수 있듯이 dim[0]은 배열의 요소가 dim[0][0], dim[0][1], dim[0][2]인 일차원 배열의 이름이다. 따라서 배열의 첫 요소 dim[0][0]의 메모리 주소인 int*형 포인터 상수 dim[0]을 int*형 포인터 변수 p에 대입할 수 있다. 이후 정수 j에 대하여 (p+j)를 계산하면 변수 dim[0][j]의 주소를 얻을 수 있다. 따라서 정수 j에 대하여 간접연산자를 사용한 *(p+j)는 변수 dim[0][j]와 같다. 예를 들어, *(p+2)의 값을 출력하면 변수 dim[0][2]의 값 20이 출력된다.

정수 j의 값이 3 이상일 경우, 예를 들어 *(p+4)는 dim[0][4]와 같지만, 이차원 배열 dim[][]의 첨자 범위(0행 4열)를 벗어난다. 그러나 이차원 배열이라 하더라도 메모리에는 일차적으로 연속하여 요소들을 할당하기 때문에 dim[0][4]는 실제적으로 1행의 1열의 요소인 dim[1][1]을 뜻한다. 따라서 *(p+4)의 값을 출력하면 변수 dim[1][1]의 값 15가 출력된다.

포인터 상수 dim[0]가 대입되어 있는 포인터 변수 p를 이용하여 이차원 배열의 요소인 dim[i][j]를 참조하기 위하여 간단한 수학식으로부터 다음과 같은 사실을 얻을 수 있다.

*(p +(3*i+j))는 이차원 배열의 요소 dim[i][j]와 같다. (단, i=0,1, j=0,1,2)

다음 〈예 6.16〉은 포인터 상수 dim[0]이 대입된 포인터 변수 p를 이용하여 이차원 배열의 각 요소들을 참조하는 예를 표시하고 있다. 주의할 점은 배열의 요소인 dim[0][2]의 값을 참조하고자 할 때에는 *(p+2)와 같이 반드시 괄호를 사용하여야 한다. 괄호가 생략된 식 *p+2는 연산자 우선순위에 의하여 (*p)+2로 해석되고 이 값은 dim[0][0]+2이다. 마지막으로 포인터 변수 p에 포인터 상수 dim[1]를 대입할 경우 (p+j)의 포인터와 정수의 덧셈 계산 방식에 따라 참조되는 배열의 요소들이 달라지고 있음을 알 수 있다.

<예 6.16>

```
#include <iostream.h>
void main()
{
    int  dim[2][3] = { {1, 10, 20}, {2, 15, 25} } ;
    int  *p ;

    p = dim[0] ;  // 포인터상수 dim[0]를 포인터변수에 대입

    for(int j=0; j<6; j++)
        cout << "dim[" << j << "] = " << *(p+j) << ", ";
    cout << endl;

    for(int i=0; i<2; i++)   // p를 이용한 각 요소의 참조방식
        for(j=0; j<3; j++)
            cout << "dim[" << i << "][" << j << "] = " << *(p+(3*i+j)) << endl;

    cout << "*p+2 = " << *p+2 << endl;

    p = dim[1];    // 포인터상수 dim[1]을 포인터변수에 대입
    *(p-1) = *(p+2);    // dim[0][2] = dim[1][2];

    cout << "dim[0][2] = " << dim[0][2] << endl;
}
```

<실행결과>

```
dim[0] = 1, dim[1] = 10, dim[2] = 20, dim[3] = 2, dim[4] = 15, dim[5] = 25,
dim[0][0] = 1
dim[0][1] = 10
dim[0][2] = 20
dim[1][0] = 2
dim[1][1] = 15
dim[1][2] = 25
*p+2 = 3
dim[0][2] = 25
```

6.8 2차원 배열을 위한 포인터 변수

6.7 절에서 선언했던 다음 이차원 배열 dim[ ][ ]를 다시 한 번 생각해보자.

```
int  dim[2][3] = { {1, 10, 20}, {2, 15, 25} } ;
```

여기서 dim[0]는 이차원 배열의 요소 dim[0][0]의 주소인 int*형 포인터 상수이며, dim[1]은 이 배열의 요소 dim[1][0]의 주소인 int*형 포인터 상수라고 하였다. 두 int*형 포인터 상수 dim[0]와 dim[1]을 하나의 일차원 배열로 간주하면, 배열의 이름인 dim은 이 일차원 배열의 첫 요소이며 포인터 상수인 dim[0]을 가리키는 또 다른 포인터 상수가 된다.

이때, dim의 값과 dim[0]의 값은 둘 다 dim[0][0]의 주소 값을 갖는 똑같은 포인터 상수로 보이지만, 〈예 6.17〉의 실행 결과로부터 두 포인터 상수의 1 증가 값이 다르다는 사실에서 유추할 수 있듯이 두 포인터 상수는 특성이 다르다. 예를 들어, (dim[0]+1)의 포인터 값은 일차원 배열 dim[0]의 두 번째 요소인 dim[0][1]의 주소 값이지만, (dim+1)은 가상의 포인터 배열인 dim[0], dim[1]의 두 번째 요소인 dim[1]과 같다. 따라서 두 포인터 상수 dim[0]과 dim은 같은 주소 값을 가리키지만 정수와의 가감 계산식은 전혀 다른 결과를 얻는다.

〈예 6.17〉

```
#include <iostream.h>
void main()
{
    int  dim[2][3] = { {1, 10, 20}, {2, 15, 25} } ;

    cout << "dim[0] = " << (unsigned) dim[0] << endl;
    cout << "dim[1] = " << (unsigned) dim[1] << endl;
    cout << "dim[0]+1 = " << (unsigned) (dim[0]+1) << endl;
    cout << "dim+1 = " << (unsigned) (dim+1) << endl;
}
```

〈실행결과〉

```
dim[0] = 1245032
dim[1] = 1245044
dim[0]+1 = 1245036
dim+1 = 1245044
```

〈예 6.17〉의 실행 결과와 같이 이차원 배열의 첫 번째 요소 dim[0][0]의 주소인 dim[0]이 1245032라면 dim[0]의 값에 1을 더한 주소 값은 1245036으로 두 번째 요소인 dim[0][1]의 주소 값과 같다. 그러나 (dim+1)의 값은 dim[0]의 값에 일사원 배열인 행의 크기(3열*4바이트=12)를 더하는 것과 같아져 결국 두 번째 행의 시작 주소인 dim[1]의 주소 값이 된다.

dim[0] 또는 dim[1]과 다른 성격의 포인터 상수 dim과 같은 기능을 수행하는 포인터 변수를 다음과 같이 선언할 수 있다.

```
int (*pt)[3] ;     //    괄호 ()가 반드시 필요하다.
```

여기서 포인터 변수 pt는 크기가 3인 int형 일차원 배열 전체를 지칭하는 포인터 변수이다. 〈예 6.16〉에서 선언했던 int*형 포인터 변수 p를 1 증가하면 p에 저장된 주소 값에 int형의 크기(sizeof(int))인 4 바이트가 증가한다. 그러나 식 (pt+1)의 포인터 증가 값은

sizeof(int) * (일차원 배열의 크기)

가 된다. 예를 들어 pt에 주소 값 1245032가 대입되어 있다면, 식 (pt+1)의 주소 값은 12 바이트가 늘어난 1245044가 된다. 그러나 pt는 포인터를 가리키는 포인터로서 작동하기 때문에 *(pt+1)의 결과는 int형 값이 아니라 int*형 포인터가 된다. 따라서 식 **(pt+1)과 같이 간접 연산자를 한 번 더 사용하여야 int형 값을 얻을 수 있다. dim과 같이 열의 크기가 3인 이차원 배열의 이름 등은 이 변수 pt에 대

입할 수 있지만, 크기가 3일지라도 일차원 배열의 이름 등의 포인터 상수는 pt에 대입할 수 없다. 참고로 포인터 변수 pt의 선언문에서 괄호를 없애면 pt는 3개의 int*형 포인터를 요소로 갖는 포인터 배열이 되므로 여기서는 괄호가 반드시 필요하다.

〈예 6.18〉은 2차원 배열을 처리하기 위하여 배열의 이름인 포인터 상수 dim의 특성을 지닌 포인터 변수 pt를 dim의 값으로 초기화하여 선언하고 pt를 이용하여 2차원 배열의 각 요소를 참조하는 몇 가지 예를 표시한 프로그램이다.

〈예 6.18〉

```
#include <iostream.h>
void main()
{
    int dim[2][3] = {{1, 10, 20}, {2, 15, 25}};

    // 다차원 배열을 위한 포인터 변수의 선언과 초기화

    int (*pt)[3] = dim;

    // int  (*ptc)[3] = dim[0];    // 오류 발생 : 서로 다른 성질의 포인터이다.

    cout << "**pt = " << **pt << ",  **(pt+1) = " << **(pt+1) << endl;
    cout << "*(*pt+1) = " << *(*pt+1) << ",  *(*pt+2) = " << *(*pt+2) << endl;
    cout << "*(*(pt+1)+2) = " << *(*(pt+1)+2) << endl;
    cout << "dim[1][2] = " << dim[1][2] << endl;

    pt++;

    cout << "**pt = " << **pt << ",  *(*pt+1) = " << *(*pt+1) << endl;
}
```

〈실행결과〉

```
**pt = 1,   **(pt+1) = 2
*(*pt+1) = 10,  *(*pt+2) = 20
*(*(pt+1)+2) = 25
dim[1][2] = 25
**pt = 2,  *(*pt+1) = 15
```

〈그림 6.10〉은 〈예 6.18〉의 실행 결과를 토대로 메모리에 위치한 이차원 배열 dim[][]와 포인터 변수 pt와의 관계를 도식화한 것이다.

	pt ↓ dim[0]			pt+1 ↓ dim[1]			주소
dim	1	10	20	2	15	25	값
pt	dim[0][0]	dim[0][1]	dim[0][2]	dim[1][0]	dim[1][1]	dim[1][2]	요소

〈그림 6.10〉 이차원 배열 dim[ ][ ]와 포인터 변수 pt

이차원 배열을 위한 포인터 변수 pt는 이미 언급한 바와 같이 배열 dim[][]의 이름인 포인터 dim과 같은 성질을 갖는다. 그러나 pt는 자신의 값을 변경할 수 있는 포인터 변수이지만, dim은 포인터 상수이므로 당연히 자신의 값을 변경할 수 없는 차이점 등이 있다. 또한 pt에 초기화되는 포인터 값으로 pt와 같은 성질을 갖는 포인터 상수 dim은 가능하지만, 성질이 다른 포인터 상수인 dim[0]이나 dim[1]은 pt의 초기화 값으로 사용할 수 없다.

〈예 6.18〉의 결과를 살펴보면 pt는 포인터를 가리키는 포인터이므로 *pt는 포인터이다. 따라서 **pt와 같이 간접연산자를 두 번 연속으로 연산해야 dim[0][0]의 값 1을 얻을 수 있다. 식 (pt+1)의 연산 결과는 pt의 포인터 값에 (3*4) 바이트를 더해야 되므로 dim[1][0]이 저장된 주소를 얻는다. 그러므로 **(pt+1)는 dim[1][0]과 같다.

〈예 6.18〉의 실행 결과를 종합하면 포인터 변수 pt가 dim으로 초기화된 이후 다음과 같은 등식을 얻을 수 있다.

```
dim[i][j]  ≡  *( *(dim + i) + j)        (i = 0, 1 ; j = 0, 1, 2)
           ≡  *( *(pt + i) + j)
```

그러나 pt++; 문장과 같이 pt의 값이 dim[1]을 가리키는 것으로 변경되면 식 *(*pt+1)의 값은 dim[1][1]과 같은 값을 갖는다.

6.9 함수로 일차원 배열의 전달

사용자 정의 함수로 배열 전체를 전달하고자 할 경우 배열의 요소들을 하나씩 인수로 전달하는 방법은 상당히 번거로울 것이다. 그러나 전달 인수로 배열의 이름(배열의 시작 주소)을 사용하면 배열의 모든 요소가 사용자 정의 함수로 전달되는 효과를 볼 수 있다. 또한 배열의 요소들을 하나씩 가인수로 복사하는 것보다 실행 시간이 줄어들며, 기억 장소가 절약된다. 단, 배열의 이름, 즉, 포인터를 전달하는 방식이므로 함수의 선언과 정의 시 전달되는 인수가 포인터임을 알려줘야 한다. 함수의 호출 시에도 배열의 이름, 또는 전달하고자 하는 요소의 주소를 사용하면 된다.

다음 subsum() 함수는 첫 번째 인수로 포인터를 전달받아 이 포인터를 이용하여 참조되는 n개의 자료를 더하고, 더해진 기억장소의 값을 10배 곱하여 변경하는 목적의 함수이다.

"sum.cpp"

```
int subsum(int *p, int n)      // 함수의 정의
{
    int sum = 0;

    for(int i=0; i<n; i++)
    {
        sum += *(p+i);
        *(p+i) *= 10;
    }
    return  sum;
}
```

다음 <예 6.19>는 일차원 배열을 subsum() 함수에 전달하는 예로서, 배열 전부의 합 또는 배열에 들어 있는 요소들 일부분의 합을 구하는 프로그램이다. 사용자 정의 함수 subsum()에서 배열의 요소들의 합을 구한 후, 이 요소들의 값을 10배 곱하여 변경하도록 하고 있다. 먼저 배열의 모든 요소들의 합을 구하기 위하여 배열의 시작 주소인 배열 이름 x를 subsum() 함수로 전달하였다. 이때 배열 x[]의 각 요소들을 참조하여 합을 구하고, 바로 10배의 값으로 변경된다. 두 번째로 함수 subsum()을 호출하기 위해서 포인터 상수 (x+2)가 subsum() 함수로 전달되었다.

(x+2)는 배열 x[]의 3번째 요소인 x[2]를 가리키는 포인터 상수이다.

<예 6.19>

```
#include <iostream.h>
#include "subsum.cpp"

void main()
{
   int i, x[5]={23, 30, 21, 28, 27} ;

   for(i=0; i<5; i++)     // 배열 x[]의 출력
       cout << "x[" << i << "]= " << x[i] << "  ";

   cout << "\n\n첫번째 호출 : 배열 x[]의 모든 요소들의 합 = "
         << subsum(x,5) << endl;

   for(i=0; i<5; i++)    // 첫 번째 함수 호출 후 배열의 요소들이 변경됨.
       cout << "x[" << i << "]= " << x[i] << "  ";

   cout << "\n\n두번째 호출 : x[" << 2 << "]부터 " << 3 << "개의 요소들의 합 = "
         << subsum(x+2, 3) << endl;

   for(i=0; i<5; i++)    // 두 번째 함수 호출 후 배열의 요소 일부가 변경됨.
       cout << "x[" << i << "]= " << x[i] << "  ";
   cout << endl;
}
```

<실행결과>

```
x[0]= 23   x[1]= 30   x[2]= 21   x[3]= 28   x[4]= 27

첫번째 호출 : 배열 x[]의 모든 요소들의 합 = 129
x[0]= 230   x[1]= 300   x[2]= 210   x[3]= 280   x[4]= 270

두번째 호출 : x[2]부터 3개의 요소들의 합 = 760
x[0]= 230   x[1]= 300   x[2]= 2100   x[3]= 2800   x[4]= 2700
```

참고로 사용자 정의 함수 subsum()의 정의에서 가인수로 사용된 p를 다음과 같이 포인터 변수가 아닌 배열의 형식으로 선언해도 된다.

```
int  subsum(int px[], int n)
{
  …
}
```

여기서 배열의 크기는 아무런 의미가 없다. 왜냐하면 가인수 px는 배열의 기능보다 포인터 변수로서의 기능을 수행하기 때문이다. 또한 함수의 정의에서 표시된 식 *(p+i)을 p가 배열의 이름이라고 간주하면, 다음과 같이 p[i]로 표현할 수 있다.

```
sum += p[i] ;
```

<예 6.19>에서 배열의 이름과 합을 구하고자 하는 요소의 개수를 함수 subsum()에 전달하면, 이 함수는 for 루프를 사용하여 배열 요소들의 합을 구하여 반환한다. 또한 더해지는 요소들의 원래의 값을 변경하고 있다. 그러나 대부분의 프로그램은 원데이터의 값이 변경되는 것을 원치 않는다. 즉 함수의 목적이 <예 6.19>와 같이 원래 자료를 변경하는 것이 아니라면 함수의 실행 과정에 자료가 변경되지 않도록 보호해야 한다.

배열의 요소들이 함수로 전달되었을 경우 배열의 값이 변경되지 않도록 하기 위하여 키워드로 const를 사용한다. 즉, const를 사용하면 부주의하게 원래 자료를 변경시키는 실행 오류를 방지할 수 있다. 예를 들어 <예 6.19>에서 subsum() 함수 정의의 머리 부분을 다음과 같이 const를 삽입했을 경우 가인수 p는 const int*형을 가리키고 있다. 이 때, 함수 정의 내에서 p가 가리키고 있는 자료를 변경할 수 없게 된다. 즉, subsum() 함수의 가인수 p를 const int*형으로 선언하면 p를 통한 배열의 참조는 가능하지만 p와 연결된 배열의 요소들을 변경할 수는 없다.

```
int  subsum( const int *p, int n )
{
  ...
  *(p + i) *= 10 ;        //  오류가 발생한다. 즉, 값의 변경이 불가능하다.
  ...
}
```

6.10 함수로 이차원 배열의 전달

다차원 배열을 구성하는 각 요소들은 단독으로 하나의 변수 역할을 하지만, 이 요소들의 메모리 내 저장 위치는 흩어져 있는 것이 아니라 일렬로 계속 이어져 있다. 따라서 다차원 배열을 구성하고 있는 한 요소의 주소를 전달인수로 하여 호출된 함수로 넘겨주면, 이 포인터를 기준으로 다차원 배열의 상대적인 위치를 계산할 수 있으므로 다차원 배열의 모든 요소들을 참조할 수 있다.

다차원 배열의 정보를 함수로 전달하는 포인터의 종류에 따라 사용자 정의 함수의 정의(특히 가인수의 선언)가 달라진다. 예를 들어 〈예 6.9〉에서 선언된 이차원 배열 a[ ][ ]의 자료들을 함수로 전달하는 방법을 생각해 보자.

```
int  a[ROW][COL] = { {1, 10, 20}, {2, 25, 35}, {3, 30, 40} } ;
```

이차원 배열 a[][]의 자료들을 함수에서 어떻게 참조하느냐 하는 것은 앞의 여러 절에서 다루어 온 포인터들을 이용하는 몇 가지 방식에 따른다. 이 절에서 작성된 프로그램들은 이차원 배열 a[][]의 각 행의 두 번째, 세 번째 요소들의 합을 main() 에서 선언된 일차원 배열 rsum[]에 저장하는 사용자 정의 함수를 작성하는 것이다.

6.10.1 이차원 배열의 이름을 전달

이차원 배열의 이름은 일종의 포인터를 가리키는 포인터, 즉, 다중 포인터 상수이다. main() 함수에서 이차원 배열의 이름인 a를 실인수로 하여 사용자 정의 함수 row_sum_1()를 호출하면 이 포인터 상수 a를 가인수로 전달받아야 한다. 이 때 가인수의 선언문이 가장 중요하다. 이 가인수의 이름을 array라고 한다면 실인수 a에 대응되는 적당한 선언은 다음과 같이 이차원 배열의 형태를 갖는 것이다. 이 때 열의 크기를 뜻하는 COL은 반드시 명시하여야 한다. 여기서 const로 가인수를 선언하는 이유는 함수 row_sum_1()에서 원 배열의 값을 변경할 수 없도록 방지하기 위해서이다.

```
const  int  array[ ][COL]
```

가인수를 이차원 배열의 형태로 선언하는 형식보다 가인수 array를 다음과 같이 2차원 배열을 위한 포인터 변수로 선언하는 것이 더 일반적이다. 물론 이 선언에서 괄호와 열의 크기 Col은 필수적이다.

```
const  int  (*array)[COL]
```

<예 6.20>은 함수로 이차원 배열을 전달하기 위하여 이차원 배열의 이름을 전달 인수로 사용하는 예를 표시하고 있다. main() 함수보다 사용자 정의 함수 row_sum_1()이 먼저 정의되어 있으므로 main() 함수 내에서 row_sum_1() 함수의 선언문이 생략되었다. 만일 이 함수의 선언문을 main() 함수 내에 명시해야 된다면 다음 두 문장 중 어느 것이나 사용 가능하다.

```
void row_sum_1 ( const int [][COL],  int [] ) ;
void row_sum_1 ( const int (*)[COL], int * ) ;
```

사용자 정의 함수 row_sum_1()에 전달된 이차원 배열의 각 행의 두 번째 요소와 세 번째 요소의 합을 간접적으로 저장하고자 main() 함수에서 선언된 일차원 배열 rsum[]의 이름인 rsum을 두 번째 전달 인수로 사용하였다.

<예 6.20>

```
#include <iostream.h>
#include <iomanip.h>

const int ROW=3, COL=3;  // 행의 크기:ROW, 열의크기:COL

// 이차원배열의 행의 합을 구하여 일차원배열에 저장하는 함수의 정의

void  row_sum_1(const int (*array)[COL], int *ptr)  // 이차원배열의 이름 전달
 {
    for(int i=0; i<ROW; i++)
       for(int j=1; j<COL; j++)
           *(ptr+i) += *(*(array+i)+j);
 }


void main()
{
    int  a[ROW][COL] = {{1, 10, 20}, {2, 25, 35}, {3, 30, 40}};
    int  rsum[ROW] = {0};

    //  함수의 호출

    row_sum_1(a, rsum);        // 이차원 배열의 이름 a 전달

    //  함수의 호출 후 배열의 출력

    cout << " 행번호 |   Matrix   | a[i][1]+a[i][2]" << endl;
    cout << "-------------------------------------" << endl;

    for(int i=0; i<ROW; i++){
       cout << "    " << i << "     | ";
       for(int j=0; j<COL; j++)
           cout << setw(3) << a[i][j];
       cout << " | " << rsum[i] << endl;
    }
}
```

〈실행결과〉

```
행번호 |   Matrix   | a[i][1]+a[i][2]
------------------------------
  0    |  1 10 20 | 30
  1    |  2 25 35 | 60
  2    |  3 30 40 | 70
```

6.10.2 각 행의 이름을 전달

이차원 배열 a[][]에서 각 행의 이름 a[i](i=0, 1, 2)는 각 행만을 일차원 배열로 간주하면 이 일차원 배열의 이름이 된다. 따라서 a[i]는 행의 첫 요소 a[i][0]의 주소이므로 a[i][0]을 가리키는 포인터 상수이다. 이차원 배열의 요소들 가운데 각 행의 자료만 함수로 전달하고자 할 때 각 행의 이름을 실인수로 하여 사용자 정의 함수를 호출한다. 이때 사용자 정의 함수에서는 이 행의 이름에 대응하는 가인수를 포인터 변수로 선언하거나 일차원 배열의 형식으로 선언한다. 가인수의 선언 형식은 다음 두 형식 중 어느 것이나 상관없지만, 배열의 형식을 사용하더라도 실제로는 포인터 변수로 기능을 하므로 첫 번째 문장의 표현을 많이 사용한다.

```
void row_sum_2(const int *rowarr,  int *ptr )
void row_sum_2(const int rowarr[],  int ptr[] )
```

다음은 이차원 배열의 각 행을 일차원 배열의 형식으로 전달받아 그 요소들의 합을 구하는 row_sum2() 함수를 정의한 것이다.

"row_sum2.cpp"

```
void  row_sum_2(const int *rowarr, int *ptr)
{
    for(int j=1; j<COL; j++)
        *ptr += *(rowarr+j);
}
```

row_sum_2() 함수를 main() 함수 내에서 호출하기 위한 호출 문장은 다음과 같다. 함수의 호출 문장 이외의 변수들의 선언문과 다른 문장들, 그리고 프로그램의 실행 결과는 〈예 6.20〉과 동일하므로 생략한다.

```
for(int i=0; i<ROW; i++)          // 함수 row_sum_2()의 호출
row_sum_2(a[i], rsum+i);          // 각 행의 이름 a[i]를 함수로 전달
```

6.10.3 첫 요소가 저장된 주소를 전달

이차원 배열은 메모리에 일렬로 할당되어 있기 때문에 이차원 배열 a[ ][ ]를 총 ROW*COL 크기의 일차원 배열로 생각할 수 있다. 따라서 첫 요소 a[0][0]의 시작 주소인 a[0]을 함수에 포인터로 넘겨주어 이 포인터를 이용하여 이차원 배열의 각 요소를 참조하면 된다. 6.7 절에서 이차원 배열 a[ ][ ]의 임의의 요소 a[i][j]의 주소가 a[0][0]의 주소로부터 (i*COL+j) 만큼 떨어져 있음을 알 수 있었다.

따라서 a[0][0]의 주소를 뜻하는 포인터 상수 a[0]을 실인수로 사용자 정의 함수에 전달하고, 이에 대응하는 가인수를 int*형 포인터 변수 pt로 선언할 때 다음과 같은 관계를 얻을 수 있다.

```
*(pt +(COL*i+j))는 이차원 배열의 요소 a[i][j]와 같다.
```

다음은 이차원 배열을 하나의 일차원 배열로 간주하여 이차원 배열의 첫 번째 요소의 주소인 a[0]을 전달받아 각 행의 요소들의 합을 구하는 row_sum_3() 함수를 정의한 것이다.

"ow_sum3.cpp"

```
void  row_sum_3(const int *pt, int *ptr)
{
    for(int i=0; i<ROW; i++)
        for(int j=1; j<COL; j++)
                *(ptr+i) += *(pt + (COL*i+j));
}
```

row_sum_3() 함수를 main() 함수 내에서 호출하기 위한 함수의 선언문과 호출 문장은 다음과 같다. 함수의 호출 문장 이외의 변수의 선언문과 다른 문장들, 그리고 실행 결과는 〈예 6.20〉과 동일하므로 생략한다.

```
void  row_sum_3(const int *, int *);  //  사용자 정의 함수의 선언

row_sum_3(a[0], rsum);    //  함수의 호출
```

6.11 메모리 할당과 new, delete 연산자

변수가 선언되면 컴파일 과정에서 메모리에 이 변수가 저장될 영역을 할당받는다. 이 메모리 영역은 변수의 이름에 주소 연산자를 연산함으로서 직접 접근할 수 있다. 이러한 메모리 할당을 정적 메모리 할당(static memory allocation)이라고 한다. 반면에 프로그램의 실행 도중에 필요한 메모리를 확보하는 것을 동적 메모리 할당(dynamic memory allocation)이라고 하는데 이는 C++의 OOP적인 기능으로서 C에서는 malloc() 함수와 free() 함수를 이용하여 필요한 메모리를 할당하였다. C++에서도 malloc() 함수를 사용할 수 있지만 malloc() 함수와 free() 함수의 기능과 대응되는 new 연산자와 delete 연산자를 일반적으로 이용한다.

동적 메모리 할당은 힙(heap)이라고 하는 메모리 영역에서 이루어진다. 힙은 스택(stack)과는 달리 자료를 아래에서 위로 채워나간다. 지역 변수는 이 변수가 선언된 영역(함수 등)을 벗어나면 사용할 수 없지만 프로그램 실행 중에는 언제나 메모리를 차지하고 있다. 반면에 동적 메모리 할당을 사용하면 필요할 때 힙으로부터 메모리를 할당받아 데이터를 처리하고 끝마치면 다른 작업을 위해 돌려놓을 수 있다. 즉, 힙을 사용하면 자료를 보다 유연하게 관리할 수 있는 장점이 있다. 다만 동적 메모리 할당으로 얻어진 힙의 영역은 반드시 포인터를 사용하여 참조하여야 하고, 동적 할당된 변수의 사용이 종료되면 할당을 해제하여야 한다.

C++에서 제공되는 연산자 new는 힙에 하나의 객체(object)를 생성하며, 연산자 delete는 new 연산자로 생성된 객체를 해제한다. 먼저 연산자 new의 일반적인 사용 형식은 다음과 같다.

```
포인터변수  =  new  자료형 ;  // 동적 메모리 할당
```

여기서 new 연산자는 sizeof(자료형) 바이트만큼의 메모리를 힙에 동적 할당함으로써 하나의 객체를 생성한다. 생성되는 객체에 연결되는 포인터 변수는 이전에 선언되어 있어야 한다. 자료형은 기본 자료형 이외에 배열이나 구조체 또는 클래스 등도 사용될 수 있다. 사실 객체를 가리키는 포인터와 일반 변수가 스택에서 차지하는 공간이 거의 비슷하기 때문에 기본 자료형인 하나의 일반 변수를 힙에 할당하는 것은 효과적이지 못하다. 그러나 배열 등의 자료형은 필요로 하는 많은 메모리를 힙에 동적 할당할 수 있으면서 단지 하나의 포인터로 이 요소들을 참조할 수 있으므로 스택 메모리를 절약할 수 있다.

다음은 포인터의 선언과 함께 동적 메모리를 할당받아 이 주소로 포인터 변수를 초기화하는 문장이다.

```
자료형  *포인터변수 = new  자료형 ;
```

delete 연산자는 포인터 변수가 가리키는 힙의 메모리 객체를 해제한다.

```
delete  포인터변수 ;   // 할당된 동적 메모리 해제
```

〈예 6.21〉은 new, delete 연산자를 사용하는 간단한 방법을 보여주고 있다. 먼저 힙에 int형을 위한 공간을 할당받아 이 메모리의 주소를 포인터 변수 pint에 대입한다. pint는 할당받은 int형을 위한 메모리 영역을 가리키고 있으므로 *pint에 1234567을 대입하면 이 값이 동적 메모리 영역에 저장된다.

〈예 6.21〉의 new를 사용한 두 번째 메모리 할당의 예는 먼저 힙에 동적 메모리를 할당받고 동시에 그 주소를 포인터 변수의 초기 값으로 대입하는 문장이다. 또한 괄호를 사용하여 할당된 동적 메모리 영역에 저장되는 자료를 지정한다. 즉, *pd의 초기 값으로 12.345를 지정하였다. 그러나 힙에 배열을 할당하고자 할 경우

에는 할당과 동시에 배열의 값을 초기화할 수 없다.

〈예 6.21〉

```
#include <iostream.h>

void main()
{
    int *pint;

    pint = new int;   // 동적 메모리 할당
    *pint = 1234567;

    cout << "*pint+2 = " << *pint+2 << endl;

    delete  pint;  // 동적 메모리 해제

    double *pdbl = new double (12.345);    // 동적 메모리 할당과 초기화

    cout << "*pdbl = " << *pdbl << endl;

    delete  pdbl;  // 동적 메모리 해제
}
```

〈실행결과〉

```
*pint+2 = 1234569
*pdbl = 12.345
```

사용자 정의 함수에서 배열을 읽고 이 배열의 요소들의 합을 구하여 main() 함수로 반환하는 문제를 생각해보자. 여기서 함수에서 읽어 들이는 배열의 크기는 이 함수를 호출할 때마다 다르다고 하자. 예를 들어, main() 함수에서 이 함수를 호출할 때 실인수로 3을 전달하면 크기가 3인 배열의 요소들을 읽어 그 합을 구하고, 실인수로 5를 전달하면 크기가 5인 배열을 읽어들어야 한다. 이 문제의 배열을 생성할 때 배열의 크기를 지정한다고 하면 이 문제에 적용되는 최대의 크기를 미리 파악하고 있어야 한다. 그러나 프로그램을 컴파일할 때 배열에 대한 공간이 미리

할당되기 때문에 사용되지 않는 요소들은 불필요하게 메모리를 차지하게 된다. 이런 정적 바인딩 때문에 생기는 단점을 해소할 수 있는 방법이 new 연산자를 사용하여 동적 배열을 생성하는 것이다.

배열을 동적 메모리에 할당하면 프로그램 실행 시간에 배열에 대한 공간을 할당받을 수 있으며, 문제의 성격에 따라 배열의 크기를 따로 정할 수 있다. new 연산자를 이용한 배열 생성 방식을 동적 바인딩(dynamic binding)이라고 한다. 동적 배열을 위해 동적 메모리를 할당하고, 그 시작 주소를 포인터에 대입하는 일반적인 형식은 다음과 같다.

```
자료형 *포인터변수 = new 자료형 [배열크기] ;
```

이 문장이 실행되면 [배열크기] 만큼의 일차원 배열을 저장할 수 있는 메모리 영역을 할당하여, 그 영역의 시작주소, 즉, 배열의 첫 번째 요소의 주소를 포인터변수에 대입한다. 이 배열의 각 요소들의 참조는 6.6 절에서 설명했던 배열과 포인터의 관계식을 이용하면 된다.

new를 사용하여 동적 배열을 생성하여 배열을 사용한 이후 이 배열을 해제할 때에는 다음과 같은 형식을 사용해야 한다. 만약 대괄호 []가 생략되면 힙에 할당된 동적 배열의 첫 번째 요소만 해제된다.

```
delete [] 포인터변수 ;
```

〈예 6.22〉는 new를 사용하여 동적 배열을 생성하는 예를 보여주고 있다. 함수 main()에서 사용자 정의 함수 newSum()으로 배열의 크기 n을 전달하면 이 함수에서 크기가 n인 동적 배열을 할당받고 있다.

다음은 main() 함수에 표시된 newSum() 함수의 선언문과 함수 호출의 예를 표시한 것이다.

```
double newSum(int);   // 함수의 선언
cout << "요소가 3개인 배열의 합 = " << newSum(3) << endl;   // 함수의 호출
```

〈예 6.22〉

```
#include <iostream.h>
void main()
{
    double newSum(int);      // 함수의 선언
    double s;

    cout << "요소가 3개인 배열의 합 = " << newSum(3) << endl;   // 함수의 호출

    s = newSum(5);     // 함수의 호출
    cout << "요소가 5개인 배열의 합 = " << s << endl;
}

double newSum(int n)        // 함수의 정의
{
    double  sum=0.;

    double *p = new double [n];   // 동적 배열의 생성

    cout << "n= " << n << endl;

    for(int i=0; i<n; i++)
    {
       cin >> *(p+i);
       sum += *(p+i);
    }

    delete [] p;   // 동적 배열의 해제

    return sum;
}
```

〈실행결과〉

```
n= 3
10.5 11.4 12.3
요소가 3개인 배열의 합 = 34.2
n= 5
2.5  3.6  4.7  5.6  6.4
요소가 5개인 배열의 합 = 22.8
```

행렬(matrix)에 맞는 자료들을 저장하기 위하여 2차원 배열을 선언한다고 하였다. new를 사용하여 동적인 2차원 배열을 힙에 할당할 수 있는데 이 경우에는 6.8 절에서 설명한 2차원 배열을 위한 포인터 변수를 이용한다. 다음은 int형의 2차원 동적

배열을 할당하는 예이다. 먼저 2차원 배열을 위한 포인터 변수 pt를 정의한 후에, new 연산자로 힙에 2행 3열의 이차원 배열(행렬)을 할당한다.

```
int (*pt)[3] ;                    //   행렬 이름을 정의
pt = new int [2][3] ;   //   2행 3열의 행렬 할당
```

위 두 문장을 다음과 같이 한 문장으로 결합할 수 있다.

```
int (*pt)[3] = new int [2][3] ;
```

포인터 변수 pt에 힙에 할당된 2차원 배열의 시작 주소가 대입되므로 6.8 절에서 다루었던 수식들을 응용하면 할당된 메모리에 각 요소들의 값을 저장할 수 있으며, 차후 이들을 적절히 참조할 수 있다.

할당받을 2차원 배열을 해제하고자 할 때는 일차원 배열의 해제와 동일하게 하나의 대괄호와 2차원 배열의 시작 주소값을 지정해주면 된다.

```
delete [] pt ;      //   할당된 배열의 전체 요소들을 해제
```

현재 프로그램을 실행하고 있는 컴퓨터가 많은 메모리를 장착하고 있다고 하더라도 힙의 크기에는 한계가 있다. 따라서 new 연산자를 이용하여 힙에 메모리를 할당받고자 할 때 할당받을 수 있는 메모리가 부족할 경우도 생길 수 있다. 이런 상황, 즉, 메모리 할당이 실패할 경우에는 new 연산자의 연산 결과 연결된 포인터 변수에 0(null pointer)을 대입한다. 따라서 new 연산자를 통해 연결된 포인터 변수의 값이 널 포인터이면 의도하던 메모리 할당이 잘못되었다는 것을 의미한다.

따라서 동적 메모리 할당을 수행하는 과정에서 힙 할당이 성공적인지 알아보는 방법으로 new의 포인터 변수가 널 포인터인지를 조사하는 것이다.

new 연산자를 이용하여 힙 공간에 문자열을 위한 메모리를 다음과 같이 확보할 수 있다. 이 때 힙에 저장된 문자열을 참조하기 위하여 포인터 변수 str를 이용한다.

```
char  *str = new  char [41] ;
```

이렇게 힙에 할당된 메모리 영역에 문자열을 저장하기 위해서는 다음과 같이 문자열을 str에 대입하거나 표준 라이브러리 함수 strcpy()를 이용하여 문자열을 복사한다.

```
str = "Informatics and Statistics" ;
strcpy(str, "Informatics and Statistics") ;
```

그러나 문자열을 처리하기 위하여 다음과 같이 일차원 배열로 선언한 경우에는 문자열을 직접 배열의 이름에 대입할 수 없고 반드시 strcpy() 함수를 이용해야 한다.

```
char name[41];
strcpy(name, "Informatics and Statistics") ;
name = "Informatics and Statistics" ;   // 오류 발생
```

포인터 변수 str에는 문자 'I'가 수록되어 있는 메모리 주소가 할당되어 있다. 즉, 포인터 상수인 name과 달리 포인터 변수 str의 값을 변경시키는 다음과 같은 연산이 가능하다. 그러나 str의 포인터 값을 변경하면 이 문자열의 메모리 영역을 해제할 수 없다. 따라서 처음 할당된 메모리 주소를 따로 저장하여야 한다.

```
str += 5;
str++;
```

〈예 6.23〉은 문자열을 동적 메모리에 할당하는 방법의 한 예를 표시하고 있다. cout 객체에 문자열의 주소를 넘겨주면, 그 주소의 문자부터 시작해서 처음으로 NULL 문자('\0')를 만날 때까지 순차적으로 모든 문자들을 출력한다.

〈예 6.23〉

```
#include <iostream.h>
void main()
{
    void wordPrnt(char *);   // 함수의 선언

    char *str = new char [41];
    char *end = str;   // 할당된 동적 메모리의 해제를 위하여 초기값 저장

    str = "Informatics and Statistics" ;

    cout << "원 문자열 = " << str << endl;

    str += 5;

    cout << "변경된 문자열 = " << str << endl;

    wordPrnt(str);

    delete [] end;   // 동적 메모리 해제
}


void wordPrnt(char *s)   // 함수의 정의
{
    while(*s){
        if(*s != ' ')      // 빈칸 문자가 아니면
            cout << *s;
        else               // 빈칸 문자이면 줄바꿈
            cout << endl;
        s++;               // 포인터의 위치를 1 증가
    }
    cout << endl;
}
```

〈실행결과〉

```
원 문자열 = Informatics and Statistics
변경된 문자열 = matics and Statistics
matics
and
Statistics
```

〈예 6.23〉에 정의되어 있는 사용자 정의 함수 wordPrnt()은 이 함수로 전달된 주소부터 널 문자를 만날 때까지의 문자열에 포함된 단어를 한 줄에 하나씩 출력하는 목적으로 정의되었다. main() 함수에서 변경된 str의 값을 wordPrnt() 함수의 가인수 s로 전달하면 이 함수의 while 문에서 조건식 *s의 값이 거짓이 될 때까지

while 문을 반복 수행한다. *s가 거짓이 되는 경우는 s가 가리키는 문자가 0, 즉, 널 문자일 때이다. 널 문자는 문자열의 끝을 표시하므로 즉, 문자열의 끝에 도달하는 경우 *s가 거짓이 되어 while 문의 수행을 마치고 함수가 종료된다.

6.12 포인터 배열과 포인터를 위한 포인터

포인터 배열이란 요소의 값으로 포인터가 사용되는 배열을 말한다. 따라서 포인터 배열을 선언할 경우에는 배열의 이름 앞에 * 기호를 반드시 붙여 주어야 한다. 예를 들어 다음 문장은 포인터 배열을 선언하는 예이다.

```
int  *pint[2] ;
char *pc[4];
```

포인터 배열 pint[]를 선언하는 문장은 먼저 일차원 배열 pint[]의 두 개의 요소 pint[0], pint[1]을 위한 메모리 영역을 할당할 것이다. 배열 pint[]의 자료형이 int* 형으로 선언되어 있으므로 각 요소 pint[0], pint[1]은 int*형 포인터 변수가 된다. 또한 배열의 이름 pint 자체는 pint[0]이 저장된 주소인 포인터 상수이다.

정리하면 pint가 가리키는 주소에는 int*형 포인터가 저장되지만, pint[0]이 가리키는 주소에는 int형 자료가 저장된다. 따라서 pint와 pint[0]은 서로 기능이 다른 포인터이다.

포인터 배열 pc[]를 선언하는 문장은 4 개의 문자열을 다루기 위한 char*형 포인터 변수 pc[0], pc[1], pc[2], pc[3]을 요소로 하는 배열을 생성한다.

다음은 포인터 배열을 일반 변수 x, y의 주소로 초기화하는 예이다. 즉, pint[0]에는 변수 x의 주소가 대입되고, pint[1]에는 변수 y의 주소가 대입된다.

```
int  x=100, y=200 ;
int  *pint[2] = {&x, &y} ;      // 포인터 배열의 선언과 초기화
```

식 *pint[0]의 값은 어떻게 계산이 될까? 연산자 우선순위에 의하여 이 식은 *(pint[0])으로 해석되므로 pint[0]이 가리키는 기억 장소에 저장된 int형 자료이다.

pint[0]에 x의 주소가 대입되어 있으므로 *pint[0]의 값은 변수 x의 값과 동일하다. 마찬가지로 *pint[1]의 값은 y의 값과 같다.

pint가 배열 pint[]의 이름이므로 pint 자체는 &pint[0]과 같다. 따라서 *pint는 주소가 pint인 메모리에 저장된 값이다. 당연히 이 주소는 포인터 변수 pint[0]이 사용하고 있다. 따라서 *pint의 값은 pint[0]의 값으로 변수 x가 저장된 메모리 주소이다. 이를 정리하면 다음 사실을 알 수 있다. 여기서 기호 ≡은 좌우가 같은 의미 또는 같은 값을 갖는다는 표시이다.

```
*pint[0] ≡ x
*pint ≡ pint[0]
**pint  ≡  *(*pint)  ≡  *pint[0]  ≡  x
```

식 (*pint+1)은 간접연산자가 우선순위가 높기 때문에 (*pint)+1로 해석되고, 이 값은 pint[0]+1이므로 변수 x가 저장된 주소의 다음 번지를 의미한다. 변수 x의 다음 번지에 어떤 값이 저장되어 있는지 확신할 수 없기 때문에 이 식은 사용하기 곤란하다. 반면에 식 *(pint+1)과 같이 간접연산자보다 괄호연산자를 먼저 사용하면, pint가 배열 pint[]의 이름이므로 *(pint+1)은 pint[1]과 같다. 참고로 pint[1]에는 변수 y의 주소가 대입되어 있다. 이를 정리하면 다음과 같다.

```
*pint[1] ≡ y
*(pint+1) ≡ pint[1]
**(pint+1)  ≡  *(*(pint+1))  ≡  *pint[1]  ≡  y
```

포인터 배열과 더불어 포인터를 위한 포인터 변수를 선언할 수 있다. 이와 같이 포인터가 가리키고 있는 기억 장소의 자료가 포인터일 경우 이러한 포인터를 "포인터를 위한 포인터(pointer to pointer)"라고 한다. 앞에 선언된 포인터 배열 pint[]의 이름인 pint는 포인터를 가리키는 포인터 상수이다.

포인터를 위한 포인터변수의 선언은 간접 연산자 기호를 연달아 두 번 붙여 선언한다. 다음 예에서 선언되는 변수 ptp는 포인터를 위한 포인터 변수이다.

```
int **ptp ;
```

이렇게 선언된 ptp에는 일반 변수들을 가리키는 단순한 포인터는 대입될 수 없다. 다음과 같이 포인터를 가리키는 포인터 값이 대입되어야 오류가 발생하지 않는다.

```
ptp = pint ;
```

변수 ptp는 포인터 상수인 pint와는 달리 포인터 변수이므로 다음과 같은 식을 수행할 수 있다. 이 때 ptp의 값은 포인터 배열의 두 번째 요소인 pint[1]의 주소가 된다.

```
ptp++ ;     //  ptp = ptp + 1
```

〈예 6.24〉에 포인터 배열 pint[]와 실인수 pint를 사용자 정의 함수로 전달하였을 때, 이에 대응되는 포인터를 위한 포인터 변수 ptp에 관련된 몇 가지 식을 출력하는 예를 표시하였다.

〈예 6.24〉

```
#include <iostream.h>

void main()
{
    void ptop(int **);     // 함수의 선언

    int  x=100, y=200;
    int  *pint[2] = {&x, &y};    // 포인터 배열의 선언과 초기화

    cout << "x= " << x << ", *pint[0]= " << *pint[0];
    cout << ", **pint= " << **pint << endl;
    cout << "y= " << y << ", *pint[1]= " << *pint[1];
    cout << ", **(pint+1)= " << **(pint+1) << endl;

    ptop(pint);     // 포인트를 위한 포인트를 함수로 전달
}

void ptop(int **ptp)
{
    cout << "**ptp = " << **ptp << ", **(ptp+1) = " << **(ptp+1) << endl;

    ptp++;  // 포인터 연산

    cout << "**ptp = " << **ptp << endl;
}
```

〈실행결과〉

```
x= 100, *pint[0]= 100, **pint= 100
y= 200, *pint[1]= 200, **(pint+1)= 200
**ptp = 100, **(ptp+1) = 200
**ptp = 200
```

6.13 포인터 함수

포인터 함수란 함수의 반환값으로 포인터(메모리 주소)를 반환하는 함수를 말한다. 이를 위해서는 함수의 선언과 정의 시 함수의 자료형과 함수 이름 사이에 * 기호를 붙여 반환되는 자료가 포인터임을 알려 주어야 한다. 대부분의 포인터 함수는 문자열을 반환하는 목적으로 작성된다. 왜냐하면 문자열 자체를 반환할 수는 없으므로 문자열의 시작 주소인 포인터를 함수의 반환값으로 사용하기 때문이다. 문자열의 복사의 기능을 하는 strcpy() 함수 등이 포인터 함수의 좋은 예라 할 수 있다.

다음 사용자 정의 함수 findChar()은 포인터를 반환하는 함수의 예이다.

"findChar.cpp"

```
// 포인터 함수의 정의
char *findChar(char * str, char c)
{
      while ( *str )        // *str의 값이 0(널 문자)이면 while 문 탈출
      {
            if ( *str == c )  // 특정 문자 c를 만나면
                  return  str ;
            str++ ;               // 다음 문자로 포인터 이동
      }
      return  NULL;   // 문자열 내에 특정 문자가 없는 경우 널 포인터 반환
}
```

예를 들어 main() 함수에서 문자열의 이름을 실인수로 함수 findChar()가 호출되면 이에 대응되는 가인수인 포인터 변수 str는 실인수 문자열의 첫 번째 문자를 가리킨다. 이 문자는 *str과 같으며, 실인수 문자열이 널 문자열이 아니라면 *str은 0이 아니다. 따라서 while 문의 조건식이 참이 되어 특정 문자 c와 비교하게 된다. 특

정 문자 c와 *str이 같으면 c가 저장된 기억 장소의 포인터 값 str이 반환되어 함수가 종료된다. 그러나 두 문자가 동일하지 않으면 1 증가된 str의 값이 while 문의 조건식으로 다시 계산되는 순환을 반복한다. 특정 문자가 존재하지 않으면 계속 while 문을 반복 수행하면 결국 str은 문자열의 끝인 널 문자('\0')를 가리키게 되어 *str의 값은 0이 될 것이며 이 때 while 문의 조건식은 거짓이 된다. 문자열의 끝에 도달할 때까지 while 문이 반복 수행되었다는 것은 문자열의 중간에 특정 문자 c가 존재하지 않았다는 의미이다. 따라서 while 문이 종료되면 널 문자에 대응되는 포인터인 널 포인터 (NULL로 표기)를 호출 함수에 반환한다.

〈예 6.25〉은 문자열을 사용자 정의 함수 findChar()로 전달하여 이 문자열 내에 특정 문자가 들어있는지를 탐색하는 프로그램이다. 문자열의 전달은 실제로는 문자열의 시작 주소를 실인수로 전달하면 된다. 두 번째 전달 인수로 전달된 특정 문자가 문자열 내에 존재하면 그 문자가 저장되어 있는 주소를 반환하고, 존재하지 않으면 NULL 포인터를 반환한다.

〈예 6.25〉

```
#include <iostream.h>
#include "findChar.cpp"

const int Size=51;

void main()
{
    char *findChar(char *, char);   // 포인터 함수의 선언
    char *name = new char [Size];
    char *chPointer;
    char ch;

    cout << "최대 " << Size << "개의 문자열 입력 : ";
    cin.getline(name, Size);

    cout << "찾고자 하는 문자 입력 : " ; cin >> ch;

    chPointer = findChar(name, ch);   // 포인터 함수의 호출

    if(chPointer){
       cout << "첫 번째 ₩'" << ch << "₩' 문자부터 문자열 출력 : ";
       cout << chPointer << endl;
       }
    else   // chPointer의 값이 NULL이다.
       cout << "₩'" << ch << "₩' 문자를 발견하지 못함" << endl;

    delete [] name;
}
```

〈실행결과 1〉

```
최대 51개의 문자열 입력 : National University
찾고자 하는 문자 입력 : t
첫 번째 't' 문자부터 문자열 출력 : tional University
```

〈실행결과 2〉

```
최대 51개의 문자열 입력 : National University
찾고자 하는 문자 입력 : b
'b' 문자를 발견하지 못함
```

연습문제

6-1 다음 프로그램의 실행결과를 예측하고 그 이유를 설명하여라.

```
#include <iostream.h>

void main()
{
    double month[12] = {35.7, 20.9, 67.1, 50.1};
    double *pt = month+1;

    cout << "(1) *pt++ = " << *pt++ << endl;
    cout << "(2) (*pt)++ = " << (*pt)++ << endl;
    cout << "(3) *++pt = " << *++pt << endl;
    cout << "(4) ++*pt = " << ++*pt << endl;
}
```

6-2 크기가 20인 int형 일차원 배열을 선언하고, 임의의 정수 값으로 이 배열을 초기화하여라.

(1) 이 배열의 짝수 첨자의 요소들만 출력하고 그 합을 구하는 사용자 정의 함수를 작성하여라.

(2) 이 배열의 3의 배수 첨자의 요소들만 출력하고 그 합을 구하는 사용자 정의 함수를 작성하여라.

(3) 이 배열의 요소들의 합을 구하는 사용자 정의 함수를 작성하여라.

(4) 이 배열의 요소들의 평균을 구하는 사용자 정의 함수를 작성하여라.

(5) 이 배열의 요소들의 분산을 구하는 사용자 정의 함수를 작성하여라. 참고로 n개의 자료 $x_1, x_2, \cdots, x_n$의 분산은 다음과 같이 계산된다.

$$\text{분산} = \frac{1}{n-1}\left(x_1^2 + x_2^2 + \cdots + x_n^2 - \frac{(x_1 + x_2 + \cdots + x_n)^2}{n}\right)$$

(6) 배열의 짝수 첨자 요소들은 2배 곱하고, 홀수 첨자 요소들은 5배 곱하는 함수를 작성 하여라.

(7) 배열의 요소 중에서 가장 큰 값의 첨자를 반환하는 함수를 작성하여라.

(8) 배열의 요소들을 첨자 기준으로 거꾸로 출력하는 rprnt() 함수를 작성하여라. 즉, 19번째 요소가 먼저 출력되고 0번째 요소가 가장 마지막으로 출력된다.

(9) 배열의 요소 중에 특정한 정수가 있는지를 찾는 함수를 작성하여라. 이 배열의 요소 가운데 특정한 정수가 있으면 처음 발견된 그 요소의 첨자를 반환한다. 만약 배열의 요소 중에 찾고자 하는 특정한 정수가 없으면 -1을 반환한다.

(10) 배열의 요소들을 크기순으로 정렬하여 크기가 20인 새로운 일차원 배열에 저장하는 함수를 작성하여라.

6-3 배열의 크기가 10인 두 일차원 배열 a[], b[]를 cin을 이용하여 임의의 값으로 읽어 들어라.

(1) 두 배열을 합쳐 크기가 20인 새로운 일차원 배열 c[]를 만드는 함수를 작성하여라. 즉, c[0]=a[0], c[9]=a[9], c[10]=b[0], c[19]=b[9]와 같은 식으로 배열 c[]를 생성한다.

(2) 두 일차원 배열 a[ ], b[ ]로부터 다음을 만족하는 새로운 일차원 배열 c[ ]를 생성하는 함수를 구하여라.

$$c[i] = a[i] + b[i],\ i=0,\ 1,\cdots,\ 9$$

6-4 크기가 20인 char형 일차원 배열에 영문자를 읽어들어라. 이 배열의 요소가 소문자이면 대문자로, 대문자이면 소문자로 바꾸어 출력하는 함수를 작성하여라.

6-5 3행 2열의 이차원 배열 a[][]의 각 요소들을 다음과 같이 구하여라.

$$a[i][j] = i + j * 5$$

이 이차원 배열을 함수로 전달하여 각 행의 합과 열의 합, 그리고 총합을 덧붙인 4행 3열의 새로운 이차원 배열 b[][]을 생성하는 함수를 작성하여라.

6-6 4행 4열의 이차원 배열을 임의의 값으로 초기화한 이차원 행렬을 a[ ][ ]로 선언하여라. 이때 다음 식을 만족하는 새로운 4행 4열의 이차원 배열 b[ ][ ]를 구하는 함수를 작성하여라.

b[i][j] = a[j][i] (i = 0, 1, 2, 3 ; j = 0, 1, 2, 3)

6-7 10명의 학생에 대한 A, B, C 세 과목의 점수를 읽어 들일 수 있도록 이차원 배열을 선언하여라. 학생별, 그리고 각 과목별로 점수의 합계와 평균을 출력하는 프로그램을 작성하여라.

6-8 숫자만으로 된 한 줄의 자료를 읽어서 이 자료에 각 숫자가 몇 개씩 있는지를 세어 크기가 10인 일차원 배열 num[]에 저장하는 프로그램을 작성하여라. 예를 들어 배열 num[]의 4번째 요소 num[3]에는 데이터 파일에 존재하는 숫자 3의 개수가 대입된다.

6-9 이항분포 B(20, 0.3)에서 크기가 21인 일차원 배열 pXr[]를 선언하여 확률 P(X=r)의 값을 저장하여라. 이를 이용하여 이항분포의 평균을 다음 식을 이용하여 구하는 함수를 작성하여라. (연습문제 5-19 참조)

$$\text{이항분포의 평균} = \sum_{r=0}^{20} r\,P(X=r)$$

6-10 이항분포 B(20, 0.3)의 누적확률분포함수 F(x), x=0, 1, …, 20을 구하여 이를 크기가 21인 일차원 배열 pFr[]에 저장하는 함수를 작성하여라. 단 누적확률분포함수 F(r)는 다음과 같이 정의된다. (연습문제 5-19 참조)

$$F(x) = \sum_{r=0}^{x} P(X=r)$$

6-11 다음과 같이 볼링 경기 10프레임 자료를 크기가 [11][2]인 이차원 배열로 초기화하여 최종 점수를 계산하는 프로그램을 작성하여라.

프레임	1		2		3		4		5		6		7		8		9		10		
점 수	9	0	9	1	10	0	10	0	3	7	9	1	7	2	10	0	5	5	7	3	6

(초구가 10이면 스트라이크를 뜻한다. 또한 각 프레임의 두 수의 합이 10이면 스페어핀이 처리된 프레임을 말한다. 마지막 10 프레임의 경우 최대 2번의 보너스 투구가 있다.)

6-12 크기가 81인 문자 배열에 한 줄의 문자열을 최대 80자까지 입력받자.

(1) 이 문자열 내의 영문 소문자의 개수를 세는 함수를 작성하여라.

(2) 이 문자열 내의 영문자의 개수를 세는 함수를 작성하여라.

(3) 이 문자열 내의 숫자의 개수를 세는 함수를 작성하여라.

(4) 문자열 내의 단어 수를 구하는 함수를 작성하여라.

(5) 이 문자열에서 첫 공백이 저장된 주소를 반환하는 함수를 작성하여라. 문자열 내에 공백이 없으면 NULL 값을 반환하도록 한다.

(6) 문자열에서 처음 n개의 문자를 출력하는 함수를 작성하여라.

(7) 문자열에서 뒤에서 n개의 문자를 출력하는 함수를 작성하여라.

(8) 문자열에서 3번째 단어를 출력하는 함수를 작성하여라.

6-13 문자열 "Study"를 다음과 같이 출력하는 프로그램을 작성하여라.

```
Study
tudyS
udySt
dyStu
yStud
```

6-14 10개의 요소를 갖는 int형 배열 x[]에 자료를 입력받아 오름차순으로 정렬하는 가장 쉬운 방법은 버블(bubble) 정렬방법이다. 다음은 여러 개의 문자열을 정렬하는 sortString() 함수를 사용자 정의한 것이다. 여기서 문자열의 배열 dis[][]는 Num개의 문자열을 다루는 2차원 배열이며, 각 문자열의 크기는 Max로 제한되어 있다.

```
void sortString(char (*str)[Max])
{
   char  *temptr = new char [Max];

   for (int i = 0; i < Num-1; i++)
         for (int j = 0; j < Num-1-i; j++)
             if( strcmp(*(str+j), *(str+j+1)) > 0 )
             {
                   strcpy(temptr, *(str+j));
                   strcpy(*(str+j), *(str+j+1));
                   strcpy(*(str+j+1), temptr);
             }

   delete [] temptr;
}
```

문자열들을 읽어 들이는 함수 scanString()와 문자열을 제대로 읽어 들였는지 확인하기 위한 printString() 함수를 사용자 정의하여 다음 프로그램을 완성하여라.

```
void main()
{
   char dis[Num][Max];

   // 사용자 함수들의 선언
   void scanString(char (*str)[Max]);
   void printString(char (*str)[Max]);
   void sortString(char (*str)[Max]);

   scanString(dis);          // 문자열의 배열 자료 입력

   printString(dis);         // 입력된 원 문자열 자료 출력

   sortString(dis);          // 문자열들을 정렬

   printString(dis);         // 정렬된 문자열 자료 출력
}
```

Chapter

7

C++ Programming

구조체

7.1 구조체의 정의와 선언

개인에 관한 여러 정보들, 예를 들어 이름, 성별, 주소, 일련번호, 급료, 생일 등의 자료는 그 크기나 형태가 서로 다르다. 다른 예로 서점에서 도서 목록을 관리하기 위한 각 도서들의 제목, 저자, 출판사명, 출판년도, 가격 등의 자료들도 모두 자료형이 다를 것이다. 이와 같이 개인의 정보 또는 도서들의 정보들은 각 자료들의 자료형이 서로 다르므로 배열로 처리하지 못한다. 배열은 같은 자료형을 갖는 정보들을 하나의 이름으로 처리하는 것이기 때문이다. 이와 같이 각 요소들의 자료의 자료형이 서로 다른 여러 개의 자료들을 한데 묶어 처리할 필요가 있는데 배열 대신 구조체가 이러한 역할을 수행한다.

구조체(structure)는 서로 다른 자료형을 갖는 변수들을 하나의 이름으로 묶어 배열처럼 하나의 단위로 참조할 수 있도록 구성된 것이다. C++에서 구조체는 9장에서 다루어질 클래스의 기초가 된다.

다음 〈그림 7.1〉은 개인의 정보에 포함되는 몇 가지 변수에 대한 구조체의 한 형태를 그려보았다.

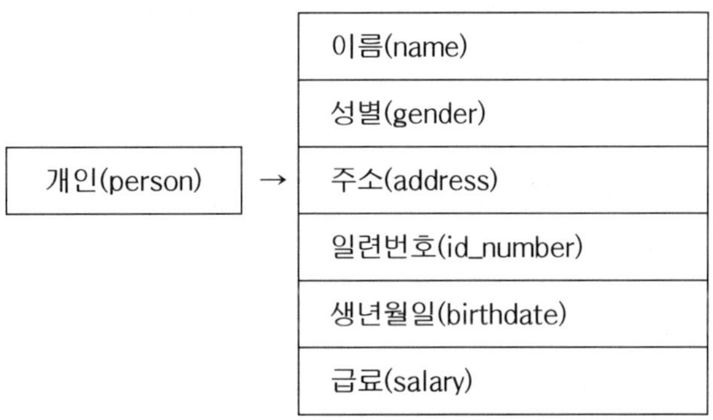

〈그림 7.1〉 개인의 정보에 관한 구조 형태

〈그림 7.1〉의 구조에 대응되는 한 개인의 정보에 대한 실제 자료와 자료형을 표시하면 다음과 〈그림 7.2〉와 같다.

	변수	자료	자료형
	name	"박지성"	string
	gender	'M'	char
개인(person) →	city	"Seoul City"	string
	id_number	1234789	int
	birthdate	"Aug", 12, 1995	struct
	salary	256.8	double

〈그림 7.2〉 개인의 정보를 구성하는 자료의 예와 대응되는 자료형

이와 같은 개인의 정보에 대한 자료를 C++ 프로그램에서 참조하기 위하여 먼저 이 자료에 맞는 구조체 형태를 정의한다. 유도 자료형의 한 형태인 구조체를 정의하기 위하여 키워드 struct를 사용한다. 〈그림 7.2〉과 같은 구조체를 구성하는 각 변수들을 이 구조체의 멤버(member)라고 부르며, 구조체 멤버들은 중괄호 {}를 사용하여 한 단위로 묶는다. 이렇게 묶인 한 단위의 구조체 형식에 이름을 붙일 수 있는데 이 이름을 구조체택(structure tag)이라고 부른다. 구조체택의 이름은 구조체 변수들을 구체적으로 생성할 때 하나의 새로운 자료형으로 사용된다.

다음은 C++ 프로그램에서 개인의 정보를 처리하기 위하여 사용자가 구성한 유도 자료형인 구조체를 정의한 예이다. 여기에서 person은 구조체택의 이름이며, name, gender, city, id_number 그리고 salary 변수는 이 구조체의 멤버가 된다.

```
struct person {    // 구조체택의 이름이 person이다.
    char name[20] ;
    char gender ;
    char city[20] ;
    int id_number ;
    double salary ;
    } ;  // 구조체 정의의 끝을 세미콜론(;)으로 반드시 표시한다.
```

이 구조체가 정의된 이후 int, double 등 여타 다른 변수들의 선언과 같이 person 형의 구조체를 하나의 변수처럼 사용할 수 있다. 예를 들어 다음 선언문에서 변수 x는 int형 변수로, 구조체 변수 jspark는 person형 구조체 변수로 생성된다.

```
int x ;
struct  person  jspark ;
```

이와 같이 구조체 변수 jspark가 선언되면 이 구조체 변수를 위하여 메모리 내에 일련의 기억 공간을 할당한다. 구조체 변수 jspark의 경우에 각 멤버들이 차지하는 총 53 (20+1+20+4+8) 바이트의 메모리 공간이 jspark에 할당된다.

C++에서는 구조체 변수의 선언 시 다음과 같이 키워드 struct를 생략하여 구조체택 이름을 마치 기본 자료형처럼 사용할 수 있다.

```
person  jspark ;   //  구조체 변수 선언 시 키워드 struct 생략할 수 있다.
```

구조체 형식의 정의와 구조체 변수의 선언을 한꺼번에 처리할 수 있다. 그러나 정의와 선언을 따로 분리하는 것이 프로그램의 이해가 쉬울 것이다. 다음은 person 형 구조체 형식의 정의와 구조체 변수 jspark의 선언이 동시에 이루어진다.

```
struct  person {
        char  name[20];
        char  gender;
        char  city[20];
        int  id_number;
        double  salary;
        } jspark;
```

더욱이 구조체 형식의 정의와 구조체 변수의 선언이 동시에 이루어지며, 한 프로그램 내에서 구조체 형식의 정의가 한 번 뿐일 경우, 즉, 구조체택의 이름이 프로그램 종료까지 유일할 경우에는 구조채택의 이름까지 다음 예처럼 생략할 수 있다.

```
struct {  //   구조체의 정의가 유일할 경우에는 구조체택 person 생략가능
 .
 .
 .     //   구조체 구성원의 선언문


} jspark ;
```

구조체 변수의 초기화 형식은 배열의 초기화 형식과 유사하다. 이전 버전인 C에서는 반드시 전역변수 또는 정적변수일 경우에만 초기화를 하도록 하였으나 C++에서는 이러한 제약이 없어졌다.

```
person jspark = {"박지성", 'M', "Seoul City", 1234789, 256.8 };
```

위와 같이 구조체 변수 jspark의 초기화가 이루어 졌을 경우 메모리에 저장된 형태를 그림으로 나타내면 다음 〈그림 7.3〉과 같이 구조체 정의 시에 선언된 순서대로 각 멤버들이 메모리에 배치되고 있다. 괄호 안에 표시된 숫자는 구조체의 각 멤버가 차지하고 있는 메모리 내의 바이트 수를 나타낸다.

	(20)	(1)	(20)	(4)	(8)	
	박지성\0............\0	M	Seoul City\0.....\0	1234789	256.8	

〈그림 7.3〉 구조체 변수 jspark의 메모리 내 저장 형태

구조체 변수 이름은 배열의 이름처럼 포인터의 기능을 갖고 있지 않다. 즉, person형 구조체 jspark가 의미하는 것은 이 구조체의 시작 주소가 아니라 구조체 전체를 대신하는 일종의 단일 변수로서 작용한다. 따라서 이 구조체의 시작주소를 구하고자 할 때는 &jspark처럼 &(주소연산자)를 사용한다.

7.2 구조체 멤버의 참조

구조체의 멤버를 참조하기 위하여 멤버연산자(membership operator)를 사용한다. 멤버연산자는 다음과 같이 마침표(.)를 기호로 사용하며, 연산 우선순위가 2번인 연산자이다.

```
구조체변수이름.구조체멤버변수이름    //    멤버연산자는 마침표(.)를 기호로 사용
```

7.1 절에서 초기화된 구조체 변수 jspark의 각 멤버들은 다음 표와 같이 멤버연산자를 사용하여 접근할 수 있다.

멤버	설명
jspark.name	구조체 변수 jspark의 name 멤버, 문자열
jspark.gender	구조체 변수 jspark의 gender 멤버, char형 변수
jspark.city	구조체 변수 jspark의 city 멤버, 문자열
jspark.id_number	구조체 변수 jspark의 id_number 멤버, int형 변수
jspark.salary	구조체 변수 jspark의 sarary 멤버, double형 변수

배열의 각 요소가 하나의 단일 변수로 행동하는 것처럼 '구조체변수이름.멤버' 역시 완전한 하나의 변수로 작용한다. 예를 들어, 구조체 변수 jspark의 salary 멤버는 double형으로 선언되었기 때문에 jspark.salary는 보통의 double형 변수처럼 사용할 수 있다.

다음 예는 구조체 변수 jspark의 name 멤버와 salary 멤버를 참조하여 출력하는 예를 표시한 것이다.

```
cout << "jspark의 이름 = " << jspark.name << endl;
cout << "jspark의 급료 = " << jspark.salary << endl;
```

<예 7.1>은 구조체 변수 jspark을 선언함과 동시에 초기화하는 방법을 표시한 것이다. 또한 멤버연산자를 이용하여 japark의 모든 멤버들의 값을 출력하는 예를 보여주고 있다.

<예 7.1>

```
#include <iostream.h>

struct  person {          // 구조체택이 person인 구조체 정의
        char  name[20];
        char  gender;
        char  city[20];
        int  id_number;
        double  salary;
} ;


void main()
{
    // 구조체 변수의 선언과 초기화

    person jspark = {"박지성", 'M', "Seoul City", 1234789, 256.8 };

    // 구조체 변수 jspark의 멤버 참조 출력

    cout << "=구조체 변수 jspark의 정보= " << endl;
    cout << " 이름 = " << jspark.name << endl;
    cout << " 성별 = " << jspark.gender << endl;
    cout << " 거주지 = " << jspark.city << endl;
    cout << " 일련번호 = " << jspark.id_number << endl;
    cout << " 급료 = " << jspark.salary << endl;
}
```

<실행결과>

```
=구조체 변수 jspark의 정보=
 이름 = 박지성
 성별 = M
 거주지 = Seoul City
 일련번호 = 1234789
 급료 = 256.8
```

다음과 같이 구조체 변수 oh와 man을 선언하면 초기화를 하지 않았기 때문에 이 구조체 변수 oh와 man의 할당된 메모리 영역에 아직 저장된 자료가 없다.

```
person  oh, man;
```

다음 예는 person형 구조체인 구조체 변수 oh의 name 멤버, 즉, 이름에 대한 문자열을 키보드로부터 한 줄 읽어 들이는 명령문이다. cin.getline()의 기능에 대해서는 6장에서 자세히 설명하였다.

```
cin.getline( oh.name, 20 ) ;
```

구조체 변수 oh의 gender, id_number, salary 멤버들을 차례대로 읽어 들이기 위하여 cin 객체를 다음과 같이 사용하였다.

```
cout << "성별 = "; cin >> oh.gender;
cout << "일련번호 = "; cin >> oh.id_number;
cout << "급료 = "; cin >> oh.salary ;
```

oh.city는 메모리 내에서 구조체 변수 oh의 city 멤버가 시작되는 주소이므로, 문자열 복사 함수 strcpy() 함수를 이용하여 문자열 "Kunsan City"을 oh의 구조체 멤버 oh.city에 복사한다.

```
strcpy(oh.city, "Kunsan City") ;
```

자료형이 같은 변수 x, y에 대하여 식 (y=x;)을 실행하면 변수 y에 x의 값이 복사된다. 구조체택이 같은 두 구조체 변수 man과 oh에 대하여 다음 문장은 man에 oh의 모든 멤버가 일대일로 복사된다.

```
man = oh ;
```

다음 〈예 7.2〉은 지금까지 소개하였던 구조체 변수 oh의 멤버에 값을 읽어 들이는 여러 방법들을 표시하였다. 또한 oh의 모든 멤버의 정보가 man의 멤버들에 일대일로 복사됨을 알아보기 위하여 man의 name 멤버와 salary 멤버의 값을 출력하였다.

〈예 7.2〉

```
#include <iostream.h>
#include <string.h>

struct  person {           // 구조체택이 person인 구조체 정의
          char  name[20];
          char  gender;
          char  city[20];
          int  id_number;
          double  salary;
} ;


void main()
{
    person  oh, man;

    // 구조체 변수 oh의 자료 입력

    cout << "oh의 name 멤버 입력 : ";
    cin.getline( oh.name, 20 ) ;

    cout << "성별 = "; cin >> oh.gender;
    cout << "일련번호 = "; cin >> oh.id_number;
    cout << "급료 = "; cin >> oh.salary ;

    strcpy(oh.city, "Kunsan City") ;

    // 구조체 변수 oh의 멤버 참조 출력

    cout << "₩n=구조체 변수 oh의 정보= " << endl;
    cout << " 이름 = " << oh.name << endl;
    cout << " 성별 = " << oh.gender << endl;
    cout << " 거주지 = " << oh.city << endl;
    cout << " 일련번호 = " << oh.id_number << endl;
    cout << " 급료 = " << oh.salary << endl;

    man = oh ;    // 구조체 변수 oh의 멤버 정보를 man으로 복사

    // 구조체 변수 man의 멤버 참조 출력

    cout << "₩n=구조체 변수 man의 정보= " << endl;
    cout << " 이름 = " << man.name << endl;
    cout << " 급료 = " << man.salary << endl;
}
```

〈실행결과〉

```
oh의 name 멤버 입력 : 오유정
성별 = F
일련번호 = 2111333
급료 = 357.9

=구조체 변수 oh의 정보=
 이름 = 오유정
 성별 = F
 거주지 = Kunsan City
 일련번호 = 2111333
 급료 = 357.9

=구조체 변수 man의 정보=
 이름 = 오유정
 급료 = 357.9
```

참고로 식 oh.city[3]의 연산은 연산자의 결합방향에 의하여 멤버연산자가 연산자 []보다 먼저 계산된다. oh.city 자체는 이 문자열의 시작 주소이며, (oh.city)[3]은 이 문자열의 4번째 요소인 char형 변수이다. 따라서 다음 cout 문의 실행 결과는 문자열 oh.city의 4번째 문자 's'가 출력될 것이다.

```
cout << oh.city[3] ;
```

구조체 변수를 다른 구조체 변수에 대입할 수 있지만, 다음과 같이 구조체 변수 man에 구조체 변수의 선언 시 표기하는 초기화 형식을 그대로 사용할 수 없다. 즉, 다음과 같이 실행하면 syntax error가 발생한다. 즉, 구조체 변수를 선언할 때에만 초기화 자료의 대입이 허용된다.

```
man = {"오유정", 'F', "Kunsan City", 2111333, 357.9 };
//   error : syntax error
```

7.3 구조체의 배열과 중첩

7.3.1 구조체 배열

많은 사람들의 정보를 저장하기 위하여 그 수만큼 구조체 변수 이름을 따로 정한다는 것은 쉽지 않기 때문에 구조체 배열(array of structure)을 선언할 수 있다. 다음과 같이 구조체 배열 man[]을 선언하면 최대 100명까지 인사 정보들을 관리할 수 있다. 즉, 다음 선언문으로 man[0]에서 man[99]까지 총 100개의 person형 구조체 변수들을 얻을 수 있다.

```
person man[100] ;
```

다음은 3명의 정보를 저장하기 위하여 구조체 배열을 선언하고 이들을 초기화하는 방법을 표시한 것이다.

```
person  man[] = {
                {"박지성", 'M', "Seoul City", 1234789, 256.8},
                {"오유정", 'F', "Kunsan City", 2111333, 357.9},
                {"김선수", 'M', "Pusan City", 1073916, 241.6}
        };
```

구조체 배열 man[]을 선언한 이후 다음과 같이 각 배열의 요소들을 구조체 변수로 참조할 수 있다.

```
for(int i=0; i<3; i++)
    cout << man[i].name;
```

식 man[i].name은 연산자 우선순위와 결합방향에 의거하여 (man[i]).name으로 해석된다. 이는 구조체 배열 man[]의 첫 번째 요소인 구조체 변수 man[i]의 name 멤버를 참조하라는 것이다.

다음 예는 구조체 배열 man[]의 세 번째 요소인 man[2]의 city 멤버의 네 번째 문자 man[2].city[3]인 'a'가 출력된다.

```
cout  <<  man[2].city[3] << endl;
```

참고로 구조체 배열의 이름인 man은 이 배열의 첫 번째 요소인 구조체 변수 man[0]의 첫 번째 멤버인 name 멤버가 시작하는 메모리의 주소를 뜻하는 포인터 상수이다. 따라서 man+1은 이 배열의 두 번째 구조체 변수 man[1]의 시작 주소이며, man+2는 세 빈째 구조체 변수 man[2]가 할당된 메모리의 시작 주소이다.

〈예 7.3〉

```
#include <iostream.h>
#include <iomanip.h>

struct  person {            // 구조체택이 person인 구조체 정의
        char  name[20];
        char  gender;
        char  city[20];
        int  id_number;
        double  salary;
} ;



void main()
{
    person  man[] = {   {"박지성", 'M', "Seoul City", 1234789, 256.8},
                        {"오유정", 'F', "Kunsan City", 2111333, 357.9},
                        {"김선수", 'M', "Pusan City", 1073916, 241.6}
                    };

    cout << " 이름  :   거주지    :  급료 " << endl;
    cout << "----------------------------" << endl;
    for(int i=0; i<3; i++)
        cout << man[i].name << " :" << setw(12) << man[i].city << " : "
             << man[i].salary << endl;
    cout << "----------------------------" << endl;

    cout << "man[2].city[3] = " << man[2].city[3] << endl;
}
```

〈실행결과〉

```
 이름  :   거주지    :  급료
----------------------------
박지성 :  Seoul City : 256.8
오유정 : Kunsan City : 357.9
김선수 :  Pusan city : 241.6
----------------------------
man[2].city[3] = a
```

7.3.2 구조체의 중첩

한 구조체의 멤버로서 다른 구조체를 사용할 수 있다. 7.1 절에서 소개된 한 개인의 정보에 생년월일의 자료를 첨가해 보자. 여기서 생년월일의 정보는 다음과 같은 구조체로 이루어있다고 하자.

```
struct date {
    char month[5];
    int day;
    int year;
};
```

7.1 절에서 정의한 person형 구조체의 정의에 이 구조체를 멤버로 삽입해보자.

```
struct person_2 { // 중첩된 구조체 person_2의 정의
     char name[20] ;
     char gender ;
     char city[20] ;
     int id_number ;
     struct date birthdate;    // 중첩된 구조체 안의 구조체
     double salary ;
     };
```

person_2형 구조체의 birthdate 멤버는 자료형이 struct date로 정의된 구조체이다. 이와 같이 한 구조체 멤버의 자료형으로 구조체를 취하는 구조체를 중첩된 구조체(nested structrue)라고 한다. 즉, person_2형 구조체는 그 멤버로 date형 구조체가 중첩되어 있으므로 struct person_2는 중첩된 구조체라 할 수 있다.

다음은 중첩된 구조체인 person_2형의 구조체 변수 kim을 선언하고, 이를 초기화하는 방법을 표시한 것이다. 구조체 변수 kim의 초기화 블록 내에 구조체 변수 birthdate의 초기화를 위해 중괄호를 한 번 더 사용하여 구별하였으나 초기화되는 자료가 멤버의 순서와 일치하면 중괄호가 없어도 된다.

```
person_2 kim = { "김경미", 'F', "Seoul City", 2010016,
                 { "Mar.", 12, 1965 }, 150.9  };
```

중첩된 구조체의 멤버를 참조하는 방법은 멤버연산자를 연속해서 나열하면 된다. 예를 들어 kim의 멤버인 구조체 birthdate의 month 멤버를 참조하는 방법은 다음과 같다.

```
cout << kim.birthdate.month ;
```

다음 〈그림 7.4〉는 중첩된 구조체 변수 kim이 초기화가 이루어진 이후 kim의 각 멤버들의 값이 메모리 내에 저장된 모습을 그린 것이다.

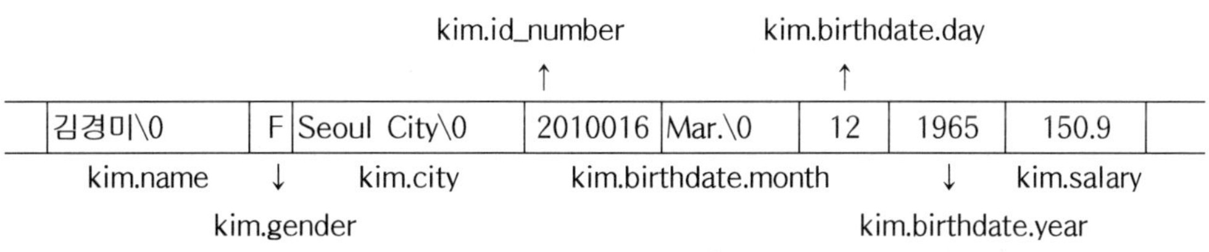

〈그림 7.4〉 중첩된 구조체 변수 kim이 할당된 메모리 내부 모습

7.4 구조체의 포인터

구조체도 하나의 자료형이므로 메모리에 구조체가 저장된 주소를 저장할 수 있는 포인터 변수를 정의할 수 있다. 구조체의 위치를 가리킬 수 있는 포인터를 구조체의 포인터라고 하며, 구조체의 포인터는 함수를 통한 구조체 자료의 전달에 있어서 매우 중요한 역할을 한다. 또한 데이터베이스의 기본 개념인 tree, list등 특수한 자료 표현을 구조체 포인터를 이용하여 해결할 수 있다.

7.4.1 구조체 포인터의 선언

구조체 포인터 선언은 다음과 같은 형식을 따른다. 선언이 이루어진 이후 포인터 변수 ps에는 person_2형 구조체가 저장된 시작 주소를 대입할 수 있다. 즉, ps는 person_2형 구조체를 가리키는 포인터 변수이다.

```
person_2    *ps ;
```

다음 예와 같이 구조체 포인터의 선언과 동시에 구조체 포인터를 초기화 할 수도 있다. 물론 이 문장 이전에 7.3.2 절에서 표시된 person_2형 중첩 구조체가 정의되어 있고, 구조체 변수 kim이 〈그림 7.4〉와 같이 선언되어 있다고 하자

```
person_2   *ps = &kim ;      // 구조체 포인터 변수 ps의 초기화
```

배열의 이름과 달리 구조체 이름 kim 자체가 뜻하는 것이 구조체의 시작 주소가 아니다. 따라서 kim의 시작 주소가 ps의 초기화 값으로 대입될 때는 kim 앞에 반드시 주소 연산자(&)를 붙여 주어야 한다.

7.4.2 구조체 포인터 변수를 이용한 구조체 멤버의 참조

두 가지 방식으로 구조체 포인터에 저장되어 있는 주소의 구조체에 대하여 이 구조체의 멤버를 참조할 수 있다. 첫 번째로 가장 많이 쓰이는 방법은 다음 예와 같

이 간접멤버연산자(indirect membership operator, ->)를 이용하는 것이다. 간접멤버연산자 기호는 뺄셈 부호와 부등호 부호를 연달아 붙여 쓴다.

```
cout << ps -> name;   //  ->이 간접멤버연산자이다.
cout << ps -> city ;
cout << ps -> salary ;
```

위 예는 포인터 ps가 가리키는 구조체 kim의 name 멤버인 kim.name의 문자열과 city 멤버인 kim.city 문자열, 그리고 salary 멤비인 kim.salary의 값을 출력하라는 것이다. 다시 말해 "ps->"와 "kim."이 같은 결과를 얻는다. 정리하면 구조체 변수 자신의 멤버를 참조할 때에는 "." 연산자를 사용하고, 구조체 포인터 변수로 구조체 멤버를 참조할 경우에는 "->" 연산자를 사용한다.

구조체 멤버를 참조하는 두 번째 방법은 간접연산자(*)를 이용하는 것이다. 포인터변수 ps에 구조체 kim의 시작주소가 초기화되어 있다면 *ps는 ps가 가리키는 값, 즉 구조체 변수 kim 자체를 의미한다. 따라서 다음과 같이 구조체 멤버를 참조하는 데에 kim대신 간접연산자를 이용한 *ps를 사용한다. 이 때 C++의 연산자 우선순위 규칙 때문에 반드시 괄호가 있어야 한다.

```
cout  <<  (*ps).salary ;   // 반드시 괄호가 필요하다.
```

다음 예는 구조체 변수 kim의 멤버인 birthdate 구조체 멤버들을 포인터 변수ps를 이용하여 접근하는 방법을 나타낸 것이다.

```
cout  <<  ps -> birthdate.month ;
cout  <<  (*ps).birthdate.day ;
```

다음 <예 7.4>는 구조체 변수 kim의 주소로 초기화되어 있는 구조체 포인터 변수 ps를 이용하여 kim의 멤버들을 참조하는 몇 가지 예를 보여주고 있다.

<예 7.4>

```
#include <iostream.h>

struct date {          // 구조체 date
     char month[5];
     int day;
     int year;
};

struct person_2 {      // 중첩된 구조체 person_2의 정의
      char name[20] ;
      char gender ;
      char city[20] ;
      int id_number ;
      struct date birthdate;    // 구조체 안의 구조체 멤버
      double salary ;
};



void main()
{
    person_2 kim = { "김경미", 'F', "Seoul City", 2010016,
                    { "Mar.", 12, 1965 }, 150.9  };

    person_2 * ps = &kim;  // 구조체 포인터 변수의 선언과 초기화

    cout << "ps->name = " << ps->name << endl;
    cout << "ps->city = " << ps->city << endl;
    cout << "ps->id_number = " << ps->id_number << endl;

    cout << "(*ps).gender = " << (*ps).gender << endl;
    cout << "(*ps).salary = " << (*ps).salary << endl;

    cout << "ps->date.month = " << ps->birthdate.month << endl;
    cout << "(*ps).date.day = " << (*ps).birthdate.day << endl;
}
```

<실행결과>

```
ps->name = 김경미
ps->city = Seoul City
ps->id_number = 2010016
(*ps).gender = F
(*ps).salary = 150.9
ps->date.month = Mar.
(*ps).date.day = 12
```

7.5 구조체의 멤버 함수

다음 형식은 구조체의 정의 부분에서 멤버함수를 선언하고, 별도로 멤버함수를 정의한 것이다. 구조체 정의 외부에서 멤버함수를 정의할 경우에는 함수의 이름 앞에 이 함수가 선언된 구조체택 이름과 전역식별연산자(::)를 연달아 붙여 특정 구조체의 멤버함수임을 표시한다.

```
struct person_3 { // 멤버함수가 포함된 person_3 구조체의 정의
     char name[20] ;
     char gender ;
     char city[20] ;
     int id_number ;
     double salary ;
     void prnt(char *);    // 멤버함수의 선언
     };

void person_3 :: prnt(char *str)  // person_3 구조체의 멤버함수의 정의
{
  cout << "+++ 구조체 <" << str << "> 멤버 출력 +++" << endl<<endl;
  cout << "이름    |성별|거주지       |일련번호 |급료 " << endl;
  cout << "==========================================" << endl;
  cout << name << " |" << gender << "   |" << city << " |"
       << id_number << "  |" << salary << endl;
}
```

구조체의 멤버함수를 참조하는 방법은 다른 구조체 변수의 멤버를 참조하는 것과 유사하다. 예를 들어, person_3형 구조체 변수 han을 선언하였을 때, 멤버함수 prnt()의 참조 방법은 다음과 같다.

```
person_3  han = {"한성실", 'F', "Inchon City", 2000123, 500.5};
han.prnt("han");     // 멤버함수의 참조
```

다음 〈예 7.5〉는 멤버함수 prnt()를 정의하는 일반적인 방법을 표시하였다. prnt() 함수의 정의 내에서 person_3형 구조체의 다른 멤버들을 특별한 연산자의 도움 없이 바로 참조하고 있음을 알 수 있다. 참고로 구조체의 멤버 함수를 선언하면서 멤버 함수의 정의를 구조체의 정의에 포함하여 서술할 수 있다. 물론 이 경우에는 전역식별연산자(::)가 필요 없다.

〈예 7.5〉

```
#include <iostream.h>

struct person_3 {    // 멤버함수가 포함된 person_3 구조체의 정의
      char name[20] ;
      char gender ;
      char city[20] ;
      int id_number ;
      double salary ;
      void prnt(char *);    // 멤버함수의 선언
      };

void person_3 :: prnt(char *str)  // person_3 구조체의 멤버함수의 정의
{
   cout << "+++ 구조체 <" << str << "> 멤버 출력 +++" << endl<<endl;
   cout << "이름   |성별|거주지      |일련번호 |급료 " << endl;
   cout << "=========================================" << endl;
   cout << name << " |" << gender << "   |" << city << " |"
        << id_number << "  |" << salary << endl;
}

void main()
{
    person_3  han = {"한성실", 'F', "Inchon City", 2000123, 500.5};

    han.prnt("han");    // 멤버함수의 참조
}
```

〈실행결과〉

```
+++ 구조체 <han> 멤버 출력 +++

이름   |성별|거주지      |일련번호 |급료
=========================================
한성실 |F   |Inchon City |2000123  |500.5
```

7.6 함수와 구조체

여러 자료들을 한 데 모아 처리할 수 있는 구조체는 사용자 정의 함수로 값에 의한 전달 방식을 사용할 수 있다. 또한 구조체를 전달받은 함수는 반환값으로 구조체를 그대로 반환할 수 있다. 그러나 구조체를 값에 의해 함수로 전달하는 것은 때로는 부적합할 수 있다. 왜냐하면 구조체의 자료가 많을 경우 구조체를 함수로의 가인수로 복사하는 데에 시간이 걸리며, 또한 스택 넘침 오류 등이 발생할 가능성이 있기 때문이다. 따라서 구조체 자체가 아닌 구조체의 주소를 함수로 전달하고 호출된 함수 내에서는 구조체 포인터를 이용하여 전달된 구조체의 자료에 접근하는 방법을 일반적으로 사용한다. 그밖에 C++에서는 8 장에서 다루어질 참조지에 의한 전달 방법을 제시하고 있다.

7.6.1 구조체 변수의 전달

구조체 변수를 사용자 정의 함수에 전달하는 방법은 별도의 작업 없이 그냥 구조체의 이름을 전달하면 된다. 다음 예는 함수로 값에 의해 구조체를 전달함으로써 복사된 구조체의 멤버들을 출력하는 printStruct() 함수의 정의를 표시하고 있다.

“printStruct.cpp"

```
void printStruct(person man)  // person형 구조체 전달받음
{
  cout << "\n이름    |성별|거주지        |일련번호 |급료 " << endl;
  cout << "==========================================" << endl;
  cout << man.name << " |" << man.gender << "    |" << man.city
       << " | " << man.id_number << " | " << man.salary << endl;
}
```

다음 <예 7.6>은 사용자 정의 함수 printStruct()를 선언하고 구조체 배열의 각 요소 man[0]와 man[2]의 멤버들을 출력하는 프로그램이다. man+2는 man[2]의 주소이므로 간접연산자를 사용하여 배열의 요소 man[2]를 함수로 전달하였다. 사용자 정의 함수 printStruct()에서 person 형 구조체를 참조하기 때문에 프로그램에서는

함수의 정의보다 구조체의 정의가 먼저 기술되어야 한다. 참고로 사용자 정의 함수는 main() 함수보다 먼저 기술되어 있기 때문에 실제로는 함수의 선언문이 생략되어도 된다.

〈예 7.6〉

```
#include <iostream.h>

struct person {          //person 구조체 정의
      char name[20] ;
      char gender ;
      char city[20] ;
      int id_number ;
      double salary ;
      };

#include "printStruct.cpp"

void main()
{
    void printStruct(person);  //  함수의 선언(여기서는 생략해도 된다)

    person  man[] = {      // 구조체 배열
           {"박지성", 'M', "Seoul City ", 1234789, 256.8},
           {"오유정", 'F', "Kunsan City", 2111333, 357.9},
           {"김선수", 'M', "Pusan City ", 1073916, 241.6}
     };

    printStruct(man[0]);   //  함수의 호출 : 값에 의한 전달
    printStruct(*(man+2));
}
```

〈실행결과〉

```
이름   |성별|거주지      |일련번호 |급료
=============================================
박지성 |M   |Seoul City | 1234789 | 256.8

이름   |성별|거주지      |일련번호 |급료
=============================================
김선수 |M   |Pusan City | 1073916 | 241.6
```

7.6.2 구조체 주소의 전달

구조체를 값에 의해 전달하면 함수로 전달되는 구조체 자료들을 복사하여 저장할 기억 공간이 필요하다. 반면에 구조체의 주소만 함수에 전달한다면 시간과 공간을 절약할 수 있다. 구조체는 보통의 변수와 같이 작동되므로 구조체의 주소를 얻기 위하여 주소연산자(&)를 사용한다. 구조체의 주소가 전달된 사용자 정의 함수 내에서는 구조체 포인터를 이용하여 전달된 구조체를 참조하여야 하므로 간접멤버연산자(->)가 필요하다.

다음은 salary 멤버의 값을 10% 증액하여 새롭게 값을 경신하는 사용자 정의 함수 updateStruct()의 정의를 표시하고 있다. 이 함수에서는 person형 구조체를 가리키는 person*형 포인터를 가인수 매개변수로 선언하고 있다.

```
void updateStruct(person *pts)    // 함수의 정의
{
    pts->salary *= 1.1;
}
```

다음은 updateStruct() 함수를 선언하고 구조체 변수의 주소를 이 함수의 가인수로 전달하도록 함수의 호출을 표시한 것이다. 구조체 배열의 이름인 man은 이 구조체의 첫 요소인 man[0]이 저장된 시작주소이다. 따라서 실인수로 사용한 man+1의 값은 구조체 배열의 두 번째 요소인 man[1]이 할당된 메모리 주소이다. 따라서 이 함수가 호출되면 man[1].salary의 값이 10% 증액될 것이다.

```
void  updateStruct(person *);    //  함수의 선언
    updateStruct(man+1);      // 함수의 호출 : 구조체 주소의 전달
```

다음 <예 7.7>은 구조체를 함수로 전달하는 두 가지 방법에 대한 main() 함수를 작성한 것이다. 실행 결과에서 알 수 있듯이 함수의 호출 전 salary 멤버의 값 357.9가 함수의 호출 후 393.69로 변경되고 있으나 다른 멤버들의 값은 변함이 없다.

〈예 7.7〉

```
#include <iostream.h>

struct person {          //person 구조체 정의
      char name[20] ;
      char gender ;
      char city[20] ;
      int id_number ;
      double salary ;
      };

#include "printStruct.cpp"

void main()
{
    void updateStruct(person *);   // 함수의 선언

    person  man[] = {     // 구조체 배열
            {"박지성", 'M', "Seoul City ", 1234789, 256.8},
            {"오유정", 'F', "Kunsan City", 2111333, 357.9},
            {"김선수", 'M', "Pusan City ", 1073916, 241.6}
     };

    updateStruct(man+1);  // 함수의 호출 : 주소에 의한 전달

    printStruct(man[1]);   //  함수의 호출 : 값에 의한 전달
}

void updateStruct(person *pts)
{
    pts->salary *= 1.1;
}
```

〈실행결과〉

```
이름    |성별|거주지        |일련번호 |급료
=============================================
오유정 |F    |Kunsan City | 2111333 | 393.69
```

7.7 자기 참조 구조체

자기참조 구조체(self-referential structure)는 중첩 구조체의 특수한 경우이다. 이는 자기 자신과 동일한 구조체형을 가리킬 수 있는 구조체 포인터를 하나의 멤버로

갖는다. 자기참조 구조체는 선형 리스트(list)나 트리(tree) 구조 등을 갖는 데이터베이스를 구축하는 데에 유용하게 사용된다.

다음 예는 선형 리스트를 구축하기 위하여 자기참조 구조체를 정의한 간단한 예이다. linear형 구조체는 자기 자신과 동일한 구조체를 가리킬 수 있는 구조체 포인터 변수 next를 멤버로 갖고 있다.

```
struct  linear      //  자기참조 구조체
{
      int  num ;
      linear  *next ;
} ;
```

linear형 구조체를 이용하여 다음 문제를 처리해 나가는 프로그램을 작성해보자.

> "서로 다른 정수들을 입력받아서 크기순으로 연결하는 선형 리스트 구조를 생성한다. 단 정수의 입력은 999로 종료한다. 선형 리스트 구조의 생성이 완료된 이후, 새로운 정수가 입력되면 이 자료가 기존의 자료들에 있는지 검색한다. 새로운 자료가 기존의 자료와 일치하면 프로그램을 종료하고 일치하는 자료가 존재하지 않으면 새로운 자료를 순차적인 구조에 맞게 이 선형 리스트 구조에 삽입한다. 마지막으로 새롭게 갱신된 선형 리스트의 자료들을 차례대로 출력한다."

7.7.1 자료의 입력

자기참조 구조체를 설명하기 위하여 제시된 위 문제는 main() 함수와 여러 개의 사용자 정의 함수를 작성함으로써 해결될 것이다. 먼저 main() 함수에서 선형 리스트가 완성되었을 경우 가장 작은 정수를 가리키는 머릿돌의 역할로 linear형 구조체 포인터 변수 root를 선언해야 된다. 자료의 입력이 시작되기 전에는 root가 가리키는 기억 장소가 없으므로 널 포인터(NULL)로 초기화될 것이다.

```
linear   *root  =  NULL ;
```

정수들의 자료가 입력되면 이 자료를 포함한 linear형 구조체가 저장될 기억 장소를 할당받아야 된다. 이를 위하여 new 연산자를 이용한 동적 구조체를 생성하며, 첫 자료의 시작 주소가 처음으로 root 변수에 대입된다.

다음에 표시된 scanlist() 함수는 구조체 자료를 읽어 들이는 목적으로 작성되었다. 여기서는 읽어 들이고자 하는 구조체의 자료가 int형 num 멤버의 값이다. 또한 자료를 읽어 들임과 동시에 선형 리스트 구조를 구축하기 위하여 list() 함수를 호출한다.

```
// 선형 리스트의 자료들을 읽어 들임

linear  *scanlist(linear *pts)
{
   linear *list(linear *, int);

   int  n;

   cout << "=== 정수 자료의 입력 : 입력 종료는 999 ===" << endl;

   cin >> n;
```

```
   while (n != 999)
   {
      pts = list(pts, n);  // list 구조의 생성
      cin >> n;
   }
   return pts;
}
```

main() 함수에서 scanlist() 함수를 호출하는 문장은 다음과 같다. scanlist() 함수의 실행이 완료되면 linear형 구조체 포인터 변수 root에는 입력된 정수들 중에서 가장 작은 정수가 저장된 구조체의 시작 주소가 대입된다.

```
root = scanlist(root) ;
```

7.7.2 선형 리스트 구축

다음은 선형 리스트의 구조를 구축하기 위하여 작성된 list() 함수이다. list() 함수는 입력되는 정수 자료가 기존의 리스트 중에서 최솟값이 되지 않을 경우 각 노드(node)를 검색, 적절한 순서로 삽입되기 위하여 자기 호출 방식을 따르고 있다.

```
linear *list(linear *ps, int n)     // 선형 리스트의 작성
{
   linear *temp;

   if (ps == NULL) {
      ps = new linear;        // 처음 자료에 메모리 할당
      ps->num = n;
      ps->next = NULL;
   }
```

```
   else if(ps->num > n) {  // 새로운 자료가 가장 작은 값일 경우
      temp = ps;
      ps = new linear;
      ps->num = n;
      ps->next = temp;
   }
   else
      ps->next = list(ps->next, n);  // 새로운 자료가 중간 사이값일 경우

   return ps;
}
```

7.7.3 선형 리스트의 출력

선형 리스트 구조로 구축된 자료들을 출력하기 위하여 다음과 같이 printlist() 함수를 작성하였다. 이미 선형 리스트 구조로 자료들이 정렬되어 있기 때문에 가장 최솟값의 정수가 있는 구조체(root가 가리키는 구조체)의 멤버부터 출력이 이루어진다. 이 구조체의 next 멤버에는 두 번째로 작은 정수가 연결되어 있으므로 자기 호출 방법으로 구조체의 자료들을 출력하면 된다.

```
// 정렬된 선형 리스트의 출력

 void  printlist(linear *pts)
{
   if(pts) {
      cout << pts->num << "  ";
      printlist(pts->next);
   }
   else
      cout << endl;
}
```

7.7.4 추가 자료의 입력과 삽입

기존 선형 리스트 자료 구조가 구축된 이후 새로운 자료를 읽어 들여 이 자료를 기존의 자료들과 순차적이 되도록 삽입하는 과정은 다음 newInsert() 함수에 표시되어 있다.

newInsert() 함수를 살펴보면 새로운 자료를 기존 선형 리스트 구조에 삽입하는 과정을 크게 세 가지로 나눠볼 수 있다. 먼저 root가 가리키는 가장 작은 정수를 멤버로 하는 구조체(노드)부터 새로운 자료와 비교할 때, 새로운 자료가 처음으로 작게 되는 노드가 나타날 경우이다. 이 경우 새로운 자료가 중간에 삽입되어야 하므로 new 연산자를 이용하여 새로운 자료에 대한 메모리를 할당받고, 기존의 노드 간 연결 고리를 끊어 새로운 연결 고리를 생성한다. (newInsert() 함수의 else if 블록)

새로운 자료가 현재 pts가 가리키는 구조체의 자료보다 클 경우에는 연결 고리를 계속 추적하여야 한다. 즉 자기 호출 방법을 이용하여 newInsert() 함수를 계속 호출할 수 있도록 한다. (newInsert() 함수의 else 블럭내의 else 문)

마지막으로 기존의 모든 노드에 있는 자료들보다 클 경우에는 선형 리스트 구조의 마지막 노드로 연결되어야 한다. 이때에도 새로운 자료의 구조체가 저장될 메모리를 할당받고 기존 리스트 구조의 마지막 노드로 연결 고리를 만드는 작업을 수행한다. (newInsert() 함수의 else 블럭내의 if 블록)

```
// 새로운 자료를 기존의 자료군에 삽입

linear *newInsert(linear *pts, int newdata)
{
    linear  *temp;
```

```
    if(pts->num == newdata)
        cout << "현재 입력된 자료와 동일한 자료가 이미 존재함.\n";

    else if(pts->num > newdata) {   // 선형 리스트의 중간으로 삽입
        temp = pts;
        pts = new linear;
        pts->num = newdata;
        pts->next = temp;
        }

    else {
        if(pts->next == NULL) {   // 선형 리스트의 끝에 도달
            pts->next = new linear;
            pts->next->num = newdata;
            pts->next->next = NULL;
            }
        else    // 삽입될 위치를 탐색중
            pts->next = newInsert(pts->next, newdata);
        }

    return pts;
}
```

7.7.5 프로그램의 실행

다음 〈예 7.8〉은 선형 리스트 구조의 구축을 위한 linear형 구조체의 정의와 main() 함수를 표시한 것이다. main() 함수에서 선형 리스트 구조의 시발점이 되는 linear형 구조체 포인터 변수 root를 NULL로 초기화하여 선언하였으며, 자료들을 읽어 들이는 scanlist() 함수, 출력을 위한 printlist() 함수, 그리고 새롭게 읽어 들인 자료 newdata를 기존의 선형 리스트에 적절하게 삽입하기 위한 newInsert() 함수 등을 차례대로 호출하였다. 마지막으로 새로운 자료의 입력으로 경신된 선형 리스트 구조를 printlist() 함수를 이용하여 출력하였다.

〈예 7.8〉에는 linear 구조체의 정의와 main() 함수만을 표시하였으며, 이미 앞에서 정의했던 여러 함수들은 main() 함수와 다른 파일("linearList.cpp")에 저장하였기 때문에 #include 문을 이용하여 main() 함수 이전에 삽입하였다.

〈예 7.8〉

```
#include <iostream.h>

struct  linear   // 자기참조 구조체
 {
     int  num;
     linear *next;
 };

#include "linearList.cpp"
```

```
void main()
{
    linear *root = NULL;   // root는 가장 작은 정수를 가리킨다.
    int newdata;

    root = scanlist(root);  // 자료의 입력과 선형 리스트 작성

    cout << "₩n*** 처음으로 정렬된 선형 리스트의 출력 ***" << endl;
    printlist(root);

    cout << "₩n*** 새로운 자료의 입력 ***" << endl;
    cout << "자료 = "; cin >> newdata;

    root = newInsert(root, newdata);  // 새로운 자료의 삽입

    cout << "₩n*** 새롭게 경신된 선형 리스트의 출력 ***" << endl;
    printlist(root);
}
```

〈실행결과〉

```
=== 정수 자료의 입력 : 입력 종료는 999 ===
10  32  89  43  22  97  15  999

*** 처음으로 정렬된 선형 리스트의 출력 ***
10  15  22  32  43  89  97

*** 새로운 자료의 입력 ***
자료 = 50

*** 새롭게 경신된 선형 리스트의 출력 ***
10  15  22  32  43  50  89  97
```

연습문제

7-1 복소수를 정의하는 다음과 같은 complex형 구조체가 있다.

```
struct complex {
        double real ;
        double imaginary ;
} ;
```

이 때 두 복소수를 더하는 addcomplex() 함수를 작성하여라. 참고로 두 복소수 $a+bi$와 $c+di$가 있을 때 두 복소수의 합은 $(a+c)+(b+d)i$이다.

7-2 연습문제 7-1의 복소수 구조체를 이용하여 두 복소수의 곱을 구하는 multiplecomplex() 함수를 작성하여라. 참고로 두 복소수 $a+bi$와 $c+di$곱은 $(ac-bd)+(ad+bc)i$ 이다.

7-3 연습문제 7-1의 복소수 구조체를 이용하여 두 복소수의 나눗셈 연산을 수행하는 dividecomplex() 함수를 작성하여라. 참고로 복소수 $a+bi$를 $c+di$으로 나눈 나눗셈은 $\dfrac{(ac+bd)+(bc-ad)i}{a^2+b^2}$이다.

7-4 double형 두 변수를 멤버로 갖는 구조체를 정의하여라. 이때, 이 구조체의 멤버 함수로 두 멤버의 합과 곱을 구하는 함수들을 포함시켜라. main() 함수에서 구조체 변수를 선언하고 적당한 값으로 이 변수를 초기화하여라. 마지막으로 이 구조체 변수의 멤버들의 최종값을 출력하여라.

7-5 7.7 절에서 표시된 선형 리스트 구조가 구축된 이후에 새로운 자료가 입력되

었을 경우 이 자료가 기존의 리스트에 중복이 되면 해당 자료를 선형 리스트 구조에 삭제한다고 하자. 이 삭제 작업을 수행하는 deletelist() 함수를 작성하여라. 단, deletelist() 함수의 원형은 다음과 같다.

```
linear  *deletelist(linear *, int) ;
```

Chapter

8

C++ Programming

참조자의 활용

8.1 참조자

C++는 참조자(reference)라는 새로운 유도 자료형을 추가하였다. 참조자란 이미 정의되어 있는 변수에 대한 별도의 명칭(별명)이다. 명칭만 다를 뿐 기존의 대응되는 변수와 메모리를 공유한다. 따라서 기존의 대응 변수의 값이 변경되면 참조자 변수의 값도 자동 변경된다. 역으로 참조자 변수의 값을 변경하면 이 참조자 변수에 대응되는 기존 변수의 값도 자동적으로 변경된다. 참조자 변수의 선언은 선언되는 자료형 다음에 & 기호를 붙임으로써 참조자 변수임을 나타낸다. 여기서 &는 주소연산자가 아니라 형 식별자의 기능을 하고 있다. 참조자 변수를 선언할 때에는 반드시 기존의 대응 변수를 지정하여 참조자 변수를 초기화하여야 한다.

```
자료형 &  참조자변수 = 대응변수 ;
```

다음 예는 int형 변수 x에 대응되는 참조자 변수 ref_x의 선언을 표시한 것이다.

```
int  x = 100 ;
int & ref_x = x ;
```

이때 참조자 변수가 기존의 대응변수 x로 일단 초기화되면 이를 계속 고수하여야 하며, 대응변수 x의 자료형과 참조자변수 ref_x의 자료형이 반드시 일치해야 한다. 만일 참조자 변수의 선언문에서 ref_x의 자료형과 다른 자료형(예를 들어 double형)의 변수를 대응변수로 초기화하면 다음과 같이 오류가 발생한다.

```
error : 'initializing' : cannot convert from 'double' to 'int &'
```

다음 문장을 실행하면 참조자 변수 ref_x의 값이 y의 값으로 변경되며, 따라서 자동적으로 변수 x의 값이 변경된다.

```
int  y = 5000 ;
ref_x = y ;
```

<예 8.1>의 실행 결과에서 int형 변수 x의 주소와 이에 대응되는 참조자 변수 ref_x의 주소가 0x0012FF7C로 같음을 알 수 있다. 따라서 참조자 변수 ref_x의 값을 변경시키면 자동적으로 x의 값도 변경된다.

<예 8.1>

```
#include <iostream.h>

void main()
{
    int   x=100, y=300;

    int & ref_x = x;  // x에 대응되는 참조자 변수

    cout << "ref_x= " << ref_x << endl;
    cout << "x의 주소= " << &x << ", ref_x의 주소= " << &ref_x << endl;

    ref_x = y;

    cout << "x= " << x << ", ref_x= " << ref_x << endl;
}
```

<실행결과>

```
ref_x= 100
x의 주소= 0x0012FF7C, ref_x의 주소= 0x0012FF7C
x= 300, ref_x= 300
```

기본 단일 자료형에 대응하는 참조자는 큰 의미를 둘 수 없지만, 구조체나 클래스 등 자료가 집합적인 사용자 유도 자료형을 사용자 정의 함수로 전달하고자 할 경우 함수로의 아주 괜찮은 전달 방법을 제공한다. 구조체에 대해 참조자를 선언하는 방법은 기본적인 변수에 대해 참조자를 선언하는 방법과 동일하다.

다음 <예 8.2>는 person형 구조체 변수 jspark에 대응되는 참조자 ref_jsp를 선언하는 예를 표시하고 있다. 또한 참조자변수 ref_jsp를 이용하여 jspark 구조체 변수의 멤버들을 출력하고 있다.

〈예 8.2〉

```
#include <iostream.h>

struct person {          //person 구조체 정의
      char name[20] ;
      char gender ;
      char city[20] ;
      int id_number ;
      double salary ;
      };

#include "printStruct.cpp"

void main()
{
    person  jspark = {"박지성", 'M', "Seoul City ", 1234789, 256.8} ;

    person & ref_jsp = jspark;   // 구조체에 대응되는 참조자 변수 선언

    // 참조자 변수 ref_jsp를 이용하여 구조체 자료(멤버)들을 출력

    printStruct(ref_jsp);   //  함수의 호출 : 값에 의한 전달
}
```

〈실행결과〉

```
이름    |성별|거주지        |일련번호 |급료
============================================
박지성 |M    |Seoul City   | 1234789 | 256.8
```

8.2 참조자와 함수

참조자 변수는 대응 변수와 같은 기억 장소를 공유하기 때문에 함수의 매개변수로 사용된다. 이와 같은 전달 방식을 참조에 의한 전달이라고 한다. 함수로의 값에 의한 전달은 함수로 전달된 변수의 원본 대신 복사본을 사용하기 때문에 함수 내에서 복사본의 값을 변경하더라도 원본에는 영향을 주지 않았다. 하지만 참조에 의한 전달 방식을 사용하면 함수 내에서 매개 변수로 전달된 자료의 원본을 직접 참조할 수 있다. 이는 포인터를 이용하는 함수 전달 방법과 유사하다.

그러나 참조자 변수와 포인터 변수의 차이점은 분명히 있다. 참조자 변수는 대응 변수와 같은 기억 장소를 공유하는 것이고, 포인터 변수는 대응 변수의 주소를 값으로 취한다. 참조자 변수는 같은 기억 장소를 공유하는 변수이므로 대응 변수와 동일하게 처리된다. 반면에 포인터 변수는 다소 복잡한 포인터의 처리 방식을 따르게 된다.

구조체나 클래스 등 복합적인 자료들을 함수로 넘겨줄 경우 참조에 의한 전달 방식을 사용하면 인수 전달 속도를 높일 수 있으므로 함수의 매개 변수로 참조자를 자주 사용한다. 그러나 가인수로서 역할을 하는 참조자 변수의 데이터형이 실인수의 데이터형과 다르면 오류가 발생함으로 유의해야 한다.

사용자 정의 함수로 구조체 변수 이름 자체를 전달하는 방법은 구조체의 자료가 많을 경우 스택 넘침 오류(Stack Overflow)가 발생할 소지가 있으므로 좋지 않다고 설명한 바 있다. 따라서 이 문제를 해결하기 위하여 구조체 포인터를 전달하는 방법을 주로 이용하는데 이 역할을 참조자 변수가 대신할 수 있다. 많은 자료를 가진 자료형을 함수 전달에 있어서 참조자 변수를 이용하면 빠른 실행 속도와 스택의 넘침과 같은 오류를 방지할 수 있는 장점이 있기 때문이다.

다음 사용자 정의 함수 reference()는 구조체 변수의 자료를 입력하기 위하여 참조에 의한 전달 방식으로 인수를 전달받고 있다. 여기서 가인수는 참조자 구조체 변수로 선언되고 있다.

```
void reference(person & alias)
{
    cout << "이름(name) = ";
    cin.getline(alias.name, 20);

    cout << "성별(gender) = ";   cin >> alias.gender;
}
```

〈예 8.3〉은 구조체 변수의 멤버들의 값을 입력받기 위하여 사용자 정의 함수로 구조체를 전달하는 참조에 의한 전달 방식과 주소에 의한 전달 방식의 두 가지 예를 표시한 것이다.

〈예 8.3〉

```
#include <iostream.h>
#include <string.h>

struct person {          //person 구조체 정의
      char name[20] ;
      char gender ;
      char city[20] ;
      int id_number ;
      double salary ;
      };

#include "printStruct.cpp"

//  사용자 정의 함수들의 선언문

void reference(person &);  // 가인수가 참조자 변수
void pointer(person *);   // 가인수가 포인터 변수

void main()
{
    person shin;

    reference(shin);  // 호출 방식은 값에 의한 전달과 같다.

    pointer(&shin);  // 구조체의 주소를 전달

    printStruct(shin);
}

void reference(person & alias)
{
    cout << "이름(name) = ";
    cin.getline(alias.name, 20);

    cout << "성별(gender) = ";  cin >> alias.gender;
}

void pointer(person * pts)
{
    strcpy(pts->city, "Jhunju City");
    pts->id_number = 2100111;
    pts->salary = 990.0;
}
```

〈실행결과〉

```
이름(name) = 신지애
성별(gender) = F

이름    |성별|거주지        |일련번호 |급료
=========================================
신지애 |F    |Jhunju City | 2100111 | 990
```

사용자 정의 함수가 호출되고 그 함수의 실행이 종료될 때, 함수값으로 참조자를 반환할 수 있다. 구조체 변수이거나 클래스 등을 반환하고자 할 때 참조자를 반환값으로 사용하면 빠른 복귀 속도를 얻을 수 있다. 함수의 반환값으로 참조자를 반환하고자 할 때에는 함수의 정의에서 참조자임을 나타내주는 & 기호를 함수이름 앞에 표시하면 된다.

```
자료형 & 함수명 (인수1, 인수2, …)    // 반환값이 참조자
{
        .
        .
        .

   return  참조자변수 ;  // 참조자 변수를 반환
}
```

〈예 8.4〉에서 refer() 함수는 참조자 변수를 전달 인수로 하여 구조체 자료를 넘겨받아 이 구조체 변수의 멤버들의 값을 출력한 후, 이 함수에 전달된 참조자를 반환한다. main() 함수에서 refer() 함수를 호출하는 첫 번째 호출은 구조체 변수 oh를 이 함수에 참조에 의한 방식으로 전달하여 구조체 변수 oh의 멤버들을 출력하고 있다. 다음과 같이 refer() 함수를 호출하면 먼저 구조체 변수 kim의 모든 멤버들을 refer() 함수에서 출력하고 마지막으로 참조자 변수를 반환하게 된다.

```
refer(kim) = jsp ;
```

refer() 함수에서 반환하는 참조자 변수는 구조체 변수 kim과 같은 영역을 공유하므로 함수 호출이 끝난 직후 구조체 변수 kim의 영역에 구조체 변수 jsp(자료)를 대입하는 문장이 실행된다.

```
refer(kim) = jsp ;
```

〈예 8.4〉

```
#include <iostream.h>
#include <string.h>

struct person {          //person 구조체 정의
      char name[20] ;
      char gender ;
      char city[20] ;
      int id_number ;
      double salary ;
      };

#include "printStruct.cpp"

// 사용자 정의 함수의 선언문
person & refer(person &);   // 가인수가 참조자 변수


void main()
{
    person oh = {"오유정", 'F', "Kunsan City", 2111333, 357.9};
    person kim = {"김선수", 'M', "Pusan City ", 1073916, 241.6};
    person jsp = {"박지성", 'M', "Seoul City ", 1234789, 256.8};

    refer(oh);

    refer(kim) = jsp;

    cout << "\n *** main() 함수에서의 출력 ***" << endl;

    printStruct(kim);
}

person & refer(person & alias)
{
    cout << "\n *** refer() 함수에서의 출력 ***" << endl;

    printStruct(alias);

    return  alias;  // 참조자변수를 반환
}
```

<실행결과>

```
 *** refer() 함수에서의 출력 ***

이름   |성별|거주지       |일련번호 |급료
===========================================
오유정 |F   |Kunsan City | 2111333 | 357.9

 *** refer() 함수에서의 출력 ***

이름   |성별|거주지       |일련번호 |급료
===========================================
김선수 |M   |Pusan City  | 1073916 | 241.6

 *** refer() 함수에서의 출력 ***

이름   |성별|거주지       |일련번호 |급료
===========================================
박지성 |M   |Seoul City  | 1234789 | 256.8
```

8.3 간단한 연산자 다중 정의

5.5 절에서 함수의 다중 정의를 다루었다. 이 절에서는 구조체와 관련되어 간단하게 다룰 수 있는 연산자 다중정의를 설명할 것이다. 이미 연산자 다중 정의를 우리는 사용하고 있다. 예를 들어, 다음 두 문장에서 사용하고 있는 기호 *은 이항 연산자인 곱셈연산자이면서 단항 연산자인 간접연산자의 기능을 담당하고 있다.

```
x = 2 * y ;
*ptx = 100 ;
```

앞에서 표시된 두 문장에서 사용된 연산자 *는 같은 기호를 사용하고 있지만 C++ 컴파일러는 정확히 연산자의 기능에 맞도록 연산을 수행한다. 즉, C++는 피연산자들의 자료형 등 필요한 정보를 탐지하여 다중 정의된 연산자 중에서 적절한 연산자를 수행한다.

구조체의 자료형을 사용하는 예를 바탕으로 연산자 다중 정의를 살펴보자. C++에서 복소수를 다루기 위한 complex 구조체가 존재하지만, 연산자 다중 정의를 위하여 다음과 같이 MyComplex형 구조체를 새롭게 정의하자.

```
struct  MyComplex
{
        double  real ;
        double  imag ;
};
```

이제 두 복소수 3.3+4.2i, -2.5+3.6i를 표현할 수 있는 두 구조체 변수 z1, z2를 선언하자.

```
MyComplex z1 = {3.3, 4.2} ;
MyComplex z2 = {-2.5, 3.6} ;
```

수학에서 실제 계산하는 방식으로 두 복소수의 덧셈 연산을 표시하면 다음과 같다.

```
(3.3 + 4.2i) + 0.5 = (3.8 + 4.2i)
(3.3 + 4.2i) + (-2.5 + 3.6i) = (0.8 + 7.8i)
```

복소수를 위한 두 구조체 변수 z1, z2를 이용하여 복소수의 덧셈 연산을 프로그램에서 실행 연산문으로 표현하면 다음과 같다. 여기서 z는 새로운 MyComplex형 구조체 변수라고 하자.

```
z = z1 + 0.5 ;
z = z1 + z2 ;
```

그러나 위 두 문장은 수행할 수 없다. C++는 int형, double형 등과 같은 기본 자료형들 간의 덧셈 연산은 알고 있지만, 구조체 자료와 일반 수치, 또는 구조체 간의 덧셈은 도저히 이해하지 못하는 연산이기 때문이다. 복소수 (3.3+4.2i)에 0.5를 더하는 연산은 복소수의 실수부 3.3에 0.5를 더하는 것이다. 즉, 연산 결과는 복소수 (3.8+4.2i)가 얻어져야 한다. 이러한 연산을 위하여 사용자 정의 함수를 작성할 수 있다.

먼저 MyComplex 구조체 변수의 출력을 위하여 printComplex() 함수를 정의해 보자. MyComplex형은 복소수들의 연산을 위한 구조체이므로 이 구조체 변수의 출력은 ()+()i의 형태로 출력하도록 한다. 단지 출력을 위한 함수이므로 참조자 변수를 사용하면서 원본 자료가 변경될 수 없도록 키워드 const를 지정하였다.

"printComplex.cpp"

```
// 복소수의 출력
void  printComplex(const MyComplex & cmplx)
{
   cout << "(" << cmplx.real << ") + ("
               << cmplx.imag << ")i" << endl;
}
```

다음 〈예 8.5〉에 표시된 사용자 정의 함수 addnum()은 복소수와 실수치를 더하여 얻어진 복소수를 main() 함수로 반환하고 있다. addnum() 함수로 구조체 변수의 전달은 참조자를 사용하고 있지만, 반환값은 참조자가 아니라 구조체 자료 자체를 반환하고 있다. 〈예 8.5〉에서는 다음과 같은 방법으로 addnum() 함수를 호출한다.

```
z  =  addnum(z1, 0.5) ;
```

〈예 8.5〉

```
#include <iostream.h>

struct  MyComplex        // 복소수를 위한 구조체 정의
{
       double  real ;
       double  imag ;
};

#include "printComplex.cpp"

// 복소수와 실수의 합을 연산

MyComplex addnum(const MyComplex & cmplx,  const double r)
{
    MyComplex  tmpz;

    tmpz.real = cmplx.real + r;
    tmpz.imag = cmplx.imag;

    return tmpz;
}


void main()
{
    MyComplex  z1 = {3.3, 4.2};
    MyComplex  z;

    cout << "복소수 z1= ";
    printComplex(z1);

    z = addnum(z1, 0.5);

    cout << "복소수 z1+0.5= ";
    printComplex(z);
}
```

〈실행결과〉

```
복소수 z1= (3.3)+(4.2)i
복소수 z1+0.5= (3.8)+(4.2)i
```

C++에서 함수를 이용하여 구조체들 간의 연산을 하면 함수를 이해하기가 어려울 뿐만 아니라, 실행 속도를 떨어뜨릴 수 있는 단점이 있다. 이에 대하여 C++는 연산자 다중정의라는 방법을 이용하여 기존의 연산자와 함께 우리가 필요로 하는 연산자를 새롭게 정의할 수 있도록 해준다.

C++의 연산자 다중 정의를 위하여 연산기호 앞에 operator라는 키워드를 사용한 일종의 함수를 작성해야 한다. 연산자 다중 정의에 작성되는 함수 정의의 형식은 다음과 같다.

```
자료형  operator  연산기호 (가인수1, 가인수2, … )
{
      연산자 다중정의를 위한 명령문(들) ;
      return  반환값 ;
}
```

여기서 자료형은 연산자 다중 정의의 실행 결과 언어진 반환값의 자료형이다. 예를 들어 operator+() 함수가 정의되고 나면 연산 기호 +가 가인수의 자료 형태를 갖는 자료에 연산자로 적용될 때 이 함수가 실행된다. 이 때 피 연산자들이 자동으로 operator+() 함수에 실인수로 전달된다. 다음은 <예 8.5>의 addnum() 함수대신 연산자 다중 정의를 사용하여 구조체와 일반 수치의 합을 계산하는 operator+() 함수를 표시한 것이다.

```
MyComplex operator+(const MyComplex & cmplx, const double r)
{
   MyComplex  tmpz;


   tmpz.real = cmplx.real + r;
   tmpz.imag = cmplx.imag;
   return tmpz;
}
```

연산자 다중정의의 예를 알아보려면 〈예 8.5〉의 사용자 정의 함수 addnum()을 operator+() 함수로 대치하고 main() 내의 함수 호출 부분을 다음으로 바꿔주면 된다.

```
z = z1 + 0.5 ;
```

이 문장에서 연산자 +의 왼쪽에 기본 자료형이 아닌 구조체 변수가 나타날 때 C++는 자동적으로 operator+()를 호출한다. 이때 연산자 +의 왼쪽 자료인 z1의 값이 operator+() 연산자의 첫 번째 가인수인 z1에 대응되는 참조자 cmplx로 전달되며, 연산자 +의 오른쪽 자료인 실수값 0.5는 두 번째 가인수 r로 복사된다. 이 식의 실행 결과 얻어지는 반환값은 MyComplex형 구조체 변수가 반환된다. 따라서 다음과 같이 여러 번의 실수치 덧셈을 할 수 있다. 이때는 z1+0.5의 결과가 구조체이므로 이에 3.2를 더하는 연산을 위하여 한번 더 operator+() 함수가 호출될 것이다.

```
z = z1 + 0.5 + 3.2 ;
```

반면에 연산자 +의 양쪽에 놓여 있는 MyComplex형 구조체와 double형 자료를 교환하면 자동적으로 전달되는 실인수들의 자료형이 맞지 않으므로 "binary '+' : no operator defined which takes a left-hand operand of type 'const double' (or there is no acceptable conversion)"이란 문구의 오류가 발생한다. 즉, 앞에서 정의된 +의 연산자 다중 정의만으로는 다음 문장을 실행할 수 없다.

```
z = 0.5 + z1 ;
```

이를 해결하기 위해서는 두 인수를 바꾼 또 다른 operator+() 함수를 다중정의하면 된다. 8.4 절에서는 operator+() 함수의 또 다른 다중 정의를 하는 대신 키워드 friend를 이용하여 이를 해결할 것이다.

〈예 8.6〉

```
#include <iostream.h>

struct  MyComplex        // 복소수를 위한 구조체 정의
{
       double  real ;
       double  imag ;
};

#include "printComplex.cpp"

// 복소수와 실수의 합을 연산하는 연산자 다중정의

MyComplex operator+(const MyComplex & cmplx,  const double r)
{
    MyComplex  tmpz;

    tmpz.real = cmplx.real + r;
    tmpz.imag = cmplx.imag;

    return tmpz;
}


void main()
{
    MyComplex  z1 = {3.3, 4.2};
    MyComplex  z;

    cout << "복소수 z1= ";
    printComplex(z1);

    z = z1 + 0.5;   // 연산자의 다중정의 자동 호출

    cout << "복소수 z1+0.5= ";
    printComplex(z);

    cout << "복소수 z1+0.5+3.2= ";
    printComplex(z1+0.5+3.2);
}
```

〈실행결과〉

```
복소수 z1= (3.3)+(4.2)i
복소수 z1+0.5= (3.8)+(4.2)i
복소수 z1+0.5+3.2= (7)+(4.2)i
```

다음으로 두 복소수의 합을 연산하는 연산자 다중정의를 생각해보자. 구조체로 표현된 복소수들의 합은 두 복소수들의 실수부와 허수부끼리의 합으로 계산된다. 따라서 구조체+구조체 형식을 취하게 되는데 구조체끼리의 덧셈 연산이 정의되어 있지 않으므로 연산자 다중정의를 사용해야 한다.

다음은 구조체끼리의 덧셈 연산을 가능케 하도록 operator+() 함수를 정의함으로써 연산자 +를 다중 정의한 것이다. operator+() 함수는 두 개의 가인수(구조체 변수에 대응되는 참조자)가 필요하며, 이 함수의 연산 결과 얻어진 구조체를 반환한다. 〈예 8.6〉의 operator+() 함수와 마찬가지로 구조체+구조체 연산이 발생하면 자동적으로 operator+() 함수가 실행된다. 〈예 8.6〉의 operator() 함수와 동시에 정의되어 있어도 + 연산자에 연결된 피연산자들의 자료형에 맞도록 함수가 자동 호출된다.

```
// 복소수와 복소수의 합을 연산을 위한 operator+() 함수

MyComplex operator + (const MyComplex & z1, const MyComplex & z2)
{
    MyComplex  tmpz;

    tmpz.real = z1.real + z2.real;
    tmpz.imag = z1.imag + z2.imag;

    return tmpz;
}
```

다음 문장과 같이 연산자 +의 피연산자에 구조체 변수가 나타날 때 C++는 자동적으로 operator+()를 호출한다. 이 식의 실행 결과 반환값으로 MyComplex형 구조체 변수가 반환된다.

```
z  =  z1  +  z2 ;   // + 연산자의 연산결과 반환된 구조체 변수가 z에 대입
```

〈예 8.7〉

```
#include <iostream.h>

struct  MyComplex        // 복소수를 위한 구조체 정의
{
       double  real ;
       double  imag ;
};

#include "printComplex.cpp"

// 복소수와 복소수의 합을 연산을 위한 operator+() 함수

MyComplex operator + (const MyComplex & z1, const MyComplex & z2)
{
    MyComplex  tmpz;

    tmpz.real = z1.real + z2.real;
    tmpz.imag = z1.imag + z2.imag;

    return tmpz;
}


void main()
{
    MyComplex  z1 = {3.3, 4.2}, z2 = {-2.5, 3.6};
    MyComplex  z;

    cout << "복소수 z1= ";
    printComplex(z1);

    cout << "복소수 z2= ";
    printComplex(z2);

    z = z1 + z2;    // 연산자 다중정의

    cout << "복소수 z1+z2= ";
    printComplex(z);
}
```

〈실행결과〉

```
복소수 z1= (3.3)+(4.2)i
복소수 z2= (-2.5)+(3.6)i
복소수 z1+z2= (0.8)+(7.8)i
```

연산자를 다중 정의하여 사용하기 위해서는 몇 가지 주의할 사항이 있다. 첫째, C++에 정의되어 있는 연산자만 다중 정의할 수 있다. 즉, 사용자가 임의로 만든 기호를 연산자로 다중 정의할 수 없다. 그러나 C++에 존재하는 연산자 중에서도 멤버연산자(.), 전역식별연산자(::), 그리고 3항연산자(?:)는 연산자 다중 정의할 수 없다. 둘째, 피연산자가 유도형 자료형인 구조체, 클래스 등에 한하여 연산자 다중 정의를 함으로써 연산자가 작업하는 방법을 변경할 수 있다. 즉, int와 char 같이 내장된 기본 자료형에 대하여 기존의 연산자가 작업하는 방법을 변경해서는 안 된다. 마지막으로 C++가 허용하는 구문 형식을 따라야 한다. 따라서 C++의 연산자들에 대한 우선순위나 본연의 기능을 바꿀 수 없다.

연습문제

8-1 MyComplex형 구조체로 표현되는 두 복소수의 곱을 연산하는 연산자 다중 정의 함수 operator*()를 작성하여라.

8-2 MyComplex형 구조체로 표현되는 두 복소수의 나눗셈을 연산하는 연산자 다중 정의 함수 operator/()를 작성하여라.

8-3 MyComplex형 구조체로 표현되는 복소수와 실수의 곱을 연산하는 다중정의 함수 operator*()를 MyComplex형 구조체의 멤버 함수로 작성하여라.

8-4 MyComplex형 구조체로 표현되는 복소수의 출력을 위하여 연산자 <<를 다중 정의하여라. 예를 들어 다음 문장을 실행하면 복소수 z가 a + bi 형태로 출력된다.

```
z  << ;
```

8-5 MyComplex형 구조체로 표현되는 복소수의 절댓값을 구하기 위하여 연산자 ~를 다중 정의하여라. 예를 들어 다음 문장을 실행하면 복소수 z의 절대값을 얻을 수 있다.

```
cout  <<  ~ z ;
```

8-6 복소수 구조체 z에 대하여 z++연산을 실행하면 복소수 z의 실수부와 허수부를 각각 1 증가하는 연산이 이루어지도록 ++연산자를 다중정의 하여라.

Chapter

9

C++ Programming

C++ 객체 지향 프로그래밍 개요

9.1 객체 지향의 개념

OOP(Object-Oriented Programming) 기술은 기존의 구조적 프로그래밍(SP; Structured Programming)의 단점인 재사용 문제를 해결함으로써 생산성 문제를 해결하기 위한 효과적인 방법으로 제안되었으며, 그 이유는 객체지향 기술이 하드웨어처럼 재사용이 편리하며, 독립적인 소프트웨어의 개발 및 활용을 가능하게 하기 때문이다. 이는 사람들의 사고와 유사한 방식을 구현에 반영하는 방식으로 주어진 문제를 분석, 설계, 구현하기 때문이다.

객체지향 기술의 가장 근본적인 개념은 해결하고자 하는 문제 영역을 그 안에 존재하는 여러 객체들이 서로 정보를 주고받는다고 보는 것이다. 이는 인간의 사회생활과 유사한 방식이다. 예를 들어, 인사 관리 자동화 문제를 예로 삼아보자. 이 안에서 관여하는 대상은 사람, 교수, 교직원, 학부 학생, 대학원생 등을 고려 할 수 있다. 이것이 객체 지향 분석 및 설계의 첫 단계이다. 즉, 문제 영역 안에 있는 대상이나 객체(object)들이 무엇인가를 추출하고 그들의 역할(behavior)과 상호 관계(association, inheritance)를 규명하는 일인데 이것이 우리의 일상적인 사고방식이며 OOP의 근본이 되는 정보들이다.

소프트웨어공학적인 측면에서 보면, 기존의 구조적 방법의 시각으로는 "하나의 프로그램은 필요한 자료 구조와 이 자료 구조 위에 수행되는 함수(function)들의 집합"이다. 이 관점의 문제는 연관이 많은 자료와 함수들도 별도의 독립된 것처럼 정의되고 취급되기 때문에, 전역 변수(global variable)와 연관된 함수들은 다른 함수들과 함께 정의되어 있어 이들 간의 연관 관계를 잘 표현하지 못하고 있다.

반면에 객체지향 시각에서는 하나의 프로그램은 여러 개의 객체(object)들의 집합으로 구성되며, 각 객체에서는 주어진 문제에서 연관된 자료구조와 함수들을 포함하고 있으며, 각 객체들 간의 상호관계 및 특성을 규명한다.

[표 9.1] 구조적인 방법과 객체지향 방법의 차이

구조적인 방법	프로그램 = 자료구조 + 함수들
객체지향 방법	프로그램 = 객체 + 객체 객체 = 자료구조 + 함수들

C++가 다른 언어들보다 뛰어난 것은 클래스를 기반으로 하는 객체지향 프로그래밍(OOP) 언어라는 점이다. 초기의 개발 목적이 클래스를 통한 OOP 구문을 갖도록 했다는 C++는 클래스와 같이 속성과 행위를 모두 포함하는 추상 데이터형(Abstract Data Type; ADT)을 정의할 수 있다. 즉, 클래스는 데이터 추상화를 사용자 정의 데이터형으로 바꿀 수 있는 C++의 강력한 도구이다. 더구나 클래스는 데이터를 표현하는 속성과 데이터를 처리하는 행위를 하나의 패키지로 묶을 수 있다. 클래스라고 하는 껍질로 싸여져 있는 자료(data)와 이를 요리할 수 있는 메소드(method)들은 클래스 밖에서 쉽게 접근이 불가능하다. 클래스 변수인 객체만이 이들로의 접근이 가능하다. 이것이 OOP의 특징인 캡슐화(Encapsulation)와 정보 은폐(Information Hiding)의 개념이다. 데이터를 클래스 안으로 캡슐화함으로써 파생되는 정보 은폐는 우리가 직접 쉽게 접근 못하는 불편함이 따르지만, 이것은 은폐된 데이터가 표현되는 방식을 따로 신경 쓰지 않아도 된다는 것에 비할 바가 못 된다.

OOP의 또 다른 중요한 개념 중의 하나로 상속(inheritance)이 있다. C++에서는 기반 클래스(부모 클래스)라고 하는 클래스로부터 다른 유도 클래스(자식 클래스)를 유도할 수 있으며, 유도 클래스에서는 기반 클래스가 갖고 있던 은폐 정보들에 쉽게 접근할 수 있다. 이 개념이 상속이다. 유도 클래스는 기반 클래스의 멤버들을 상속받음으로써 기존의 코드를 재활용할 수 있다. 클래스의 상속 관계는 계층적이기 때문에 자식 클래스로부터 또 다른 유도클래스를 유도할 수 있다. 또한 자식 클래스는 두 개의 부모 클래스로부터 정보들을 상속받도록 계층관계를 설정할 수 있다.

OOP의 특징적인 개념으로 다형성(Polymorphism)을 들 수 있다. 이미 우리는 다형성의 특징을 함수의 다중정의로부터 이해하고 있다. 다형적 함수는 함수를 실행하는 행위의 책임을 지역화시킨다. 예를 들어 하나의 함수가 정의되어 있을 때 이 함수가 아직 준비 안된 어떤 기능을 추가한다고 하자. C에서는 기존의 함수의 코드를 수정하여 재작성하여야 한다. 그러나 C++에서는 이름이 같은 또 다른 함수를 새로 만들면 된다. 기존의 코드를 수정하여 새로운 기능을 추가하는 것보다 아예 새로 작성하는 것이 더 편할 것이다. OOP의 다형성은 바로 이런 것이다. C++의 다형성은 함수의 다중정의를 확장하여 연산자의 다중정의도 가능케 한다.

한마디로 OOP의 개념을 정리하면 객체지향 프로그래밍이란 클래스로 대표되는 추상 데이터형에 대한 캡슐화와 정보 은폐 수단의 제공, 상속을 통한 기존 코드의 재사용, 그리고 함수와 연산자의 다중정의에서 얻을 수 잇는 다형성이라 말할 수 있다. 이를 통해 얻을 수 있는 OOP의 장단점은 다음과 같다. 장점으로서는 생산성 향상, 자연적인 모델링, 재사용, 유지보수 용이성 등을 들 수 있으며, 단점으로는 실행속도의 저하를 들 수 있다.

장점을 부연설명하면 다음과 같다. 첫째, 잘 설계된 클래스들(소프트웨어 부품)을 재사용하여 소프트웨어를 조립 생산함으로써 생산성이 증가한다. 둘째, 객체지향 방법에서 객체, 클래스, 상속, 다형성 등의 개념은 우리의 일상생활에서 사고하는 방식을 프로그래밍 언어로 그대로 표현할 수 있게 해주기 때문에 효율적으로 프로그램을 개발하도록 도와준다. 셋째, 첫째 장점과 밀접한 관련을 가지는 특성으로 OOP는 코드 재사용을 극대화해준다. 상속 개념을 통해 한 프로그램 내에서 서브클래스들이 슈퍼 클래스의 속성을 표현한 코드를 재사용하며, 새 프로그램 개발시 기본 프로그램이 가지고 있는 클래스 상속 구조에서 많은 클래스들을 소프트웨어 부품으로 재사용할 수 있다. 넷째, 기존의 기능을 수정하거나 새로운 기능을 추가하기에 용이하다. 기존 기능을 수정시 함수를 새롭게 바꾸더라도 캡슐화와 그 함수의 세부 정보가 은폐되어 있어 주변에 미치는 영향을 최소화한다. 새 객체의 클래스를 추가할 때에는 상속을 통해 기존의 기능을 활용하고 존재하지 않은 새로운 속성만 추가하므로 매우 경제적이다. 유일한 단점은 실행 속도가 저하된다는 것이다. Smalltalk, C++ 등 객체지향 언어로 구현된 응용 프로그램은 Fortran, C 등 기존 구조적 언어로 구현된 것에 비해 실행 속도가 늦다는 것이다. 이러한 현상은 시스템이 객체 단위로 표현되고 이들 간의 메시지 교환을 통해 실행되는 특성에 기인하는 것이다. 하지만 이 문제는 하드웨어 발전에 의해 보완될 수 있는 단점이라고 할 수 있다. 또한 언어의 보완을 통해 꾸준히 개선될 수 있는 문제라고 할 수 있다.

9.2 객체(object)

객체란 하나의 소프트웨어 모듈이다. 따라서 자료 구조와 이를 바탕으로 수행되는 함수들을 가지고 있다. 처리하고자 하는 데이터를 속성(attribute) 또는 데이터 멤버(data member) 등으로 부르며, 함수를 행동(behavior), 연산(operation), 멤버 함수(member function), 메소드(method) 등으로 부른다.

```
class POINT
{
        int xPosition;
        int yPosition;
        ColorType color;
        public:
                ...
                void move (int x, int y);
                void setColor (ColorType z);
                ...
}
```

위의 예는 스크린 상의 점을 정의하는 C++ 코드이며, 여기서 xPosition, yPosition, color의 3개의 변수는 점의 상태를 기록하며, 이는 함수 move, setColor 함수에 의해 정해진다. 즉, 객체는 단순한 변수만 가지는 것이 아니라 그 객체가 무엇을 할 수 있는가가 함께 정의되어 있다. 하나의 객체는 어떤 자료구조와 필요한 함수들을 캡슐화하여 가지고 있다. 객체는 주어진 문제 영역 안의 이떤 사물이나 대상을 표현하고 있다. 객체는 유사 객체들의 모임인 클래스를 선언함으로써 생성된다.

```
POINT myPoint, yourPoint;
myPoint.move(2,3);
yourPoint.move(3,4);
```

이는 POINT 클래스에 속하는 구체적인 객체들(myPoint, yourPoint)을 생성하고 이의 멤버 함수를 호출하는 방법을 나타낸다. 두 개의 객체는 서로 분리된 2개의 객체이며, 같은 클래스형이라는 공통점이 있다.

9.2.1 객체 치환

하나의 객체는 같은 클래스형의 다른 객체에 치환될 수 있다. 대입 기호(=)가 사용된다.

〈예 9.1〉

```
#include <iostream.h>
class DATE {
        public:
                DATE(int = 2010, int = 1, int =1);      // 생성자 함수
                void SetDay(int, int, int);
                void FullDayPrint();
                void DatePrint();
        private:
                int year;
                int month;
                int day;
};

DATE::DATE(int i, int j, int k) // 생성자 함수 정의
{
        SetDay(i, j, k);
}

void DATE::SetDay(int i, int j, int k)
{
        year = (i > 1997 && i < 2010) ? i : 1997;
          // 1997보다 크고 2010보다 작으면 i 값을, 그렇지 않으면 1997로 설정
        month = (j >=1 && j < 13) ? j : 1;
        if (j == 2)
                day = (k >== 1 && k < 29) ? k : 1;
        else
                day = (k >= 1 && k < 32) ? k : 1;
}

void DATE::FullDayPrint()
{
        cout << "Year ==>" << year << "Month ==>" << month
      << "Day ==> << day;
```

```
}

void DATE::DatePrint()
{
        cout << year << "/" << month < "/" << day << endl;
}

main()
{
        DATE date1, date2;
        date1.SetDay(2010,9,1);
        date1.DatePrint();
        date2.DatePrint();  // date2에 초기값이 없기 때문에, 디폴트값이 설정됨.
        date2 = date1;  // 객체 치환
        date2.DatePrint();
}
```

〈실행결과〉

```
2010/9/1
2010/1/1
2010/9/1
```

date2 = date1;의 효과는 다음과 같지만, year, month, day는 private(전용)이기 때문에 아래와 같이 사용할 수는 없다.

```
date2.year = date1.year;
date2.month =date1.month;
date2.day = date1.day;
```

여기서, 객체의 치환은 단순히 객체의 값만을 치환한 것이지 두 객체는 별개의 객체이다. 따라서 객체치환 이후에 date1의 값을 변경시켜도 date2에는 영향을 미치지 못한다.

9.2.2 매개변수로 사용되는 객체

함수의 매개변수 객체를 전달하고, 반환값으로 객체를 전달받을 수 있다. 이때 객체들은 'call by value'의 표준개념을 이용하여 함수들에 전달된다. 우선 함수의 원형(prototype)을 선언할 때 해당 클래스형으로 선언해야 한다.

```
int sub1(DATE man)
{
        cout << "-- Parameter Passing Using Object --" << endl;
        man.DatePrint();
        man.SetDay(2010,9,1);
        man.DatePrint();
}

main()
{
        DATE woman;
        woman.DatePrint();
        sub1(woman);
        woman.DatePrint();
}
```

〈예상결과〉

```
2010/1/1    // woman객체의 디폴트 초기값 표시
-- Parameter Passing Using Object --
2010/1/1
2010/9/1
2010/1/1
```

세 번째 행은 객체 man의 함수에 의해 출력된다. 이때 man은 main() 함수에서 선언한 객체 woman이 데이터 값을 매개변수를 통해 전달 받은 값을 유지한다. man은 sub1() 함수에서 SetDay() 함수를 이용해 값을 변경하여 출력한다(2010/9/1). 하지만 마지막 행의 결과에서, sub1() 함수가 종료된 후 main() 함수에서 woman 객체의 값은 변경하지 않았음을 알수 있다. 이는 C++에서 기본적으로 값에 의한 호출(call by value)을 사용하기 때문이다.

위와 반대로 함수의 반환값으로 객체를 반환할 수도 있다. 우선 함수 원형을 해당 객체의 클래스로 선언하고, 정상적인 return 문을 사용하여 반환하면 된다.

```
int func1(); char *func2(); DATE func3();
```

func1() 함수는 정수형 값을, func2() 함수는 문자형의 포인터(char *)를, func3() 함수는 DATE형의 객체를 반환값으로 반환한다고 선언한 것이다.

```
DATE func3();  // DATE 형의 객체를 반환하는 함수

main()
{
        DATE tiger;
        cout << "-- Before Call --" << endl;
        tiger.DatePrint();
        tiger = func3();
        cout << "-- After Call --" << endl;
        tiger.DatePrint();
        return 0;
}

DATE func3()
{
        DATE lion(2010,9,1);
        cout << "-- In func3() --" << endl;
        lion.DatePrint();
        return lion;     // return 문을 사용하여 반환
}
```

〈실행결과〉

```
-- Before Call --
2010/1/1;                    // 디폴트 초기값 출력
-- In func3() --
```

```
2010/9/1              // func3() 함수의 lion.DatePrint()의 결과
-- After Call --
2010/9/1   // tiger.DatePrint() 결과, tiger는 lion 객체 값을 제대로 전달 받음
```

주의할 점은 함수로부터 객체를 반환할 때 C++에서는 임시 객체를 사용한다는 것이다. 이는 함수에서 반환값을 저장하기 위해 사용하고, 이 객체가 함수에서 반환되는 실질적인 객체가 된다. 이는 반환할 때 자동으로 생성되고, 반환 후 자동 소멸된다. 이 객체의 소멸은 예기치 못한 부작용을 일으킬 수 있다. 함수에 의해 반환되는 객체가 malloc() 함수를 사용하여 동적으로 할당된 기억장소를 가지고 있고, 해당 객체의 소멸자 함수는 free() 함수 등을 사용하여 기억 장소를 자동 반환하는 경우를 가정하자. 이 경우 객체를 반환받은 곳에서 아직 객체를 사용하지 않았음에도 불구하고, 임시 객체는 객체를 반환한 후에 자동으로 소멸되기 때문에 임시 객체의 소멸자 함수가 동적으로 할당받은 기억 장소를 자동으로 반환하게 된다. 따라서 반환받은 객체를 제대로 사용하지 못하게 된다. 이러한 문제들은 치환 연산자를 중복하고, 복사 생성자를 정의하여 해결하는 방법이 있다.

9.2.3 객체의 배열

C++에서는 객체들의 배열을 사용할 수 있다. 이는 일반 변수의 배열 또는 구조체의 배열과 동일하다.

```
main()
{
        DATE snow[3];
        int i;
        for (i=0; j<=3; i++)
                snow[i].SetDay(2010,9,i+1)
        for (i=0; i<3; i++)
                snow[i].DatePrint();
        return 0;
}
```

<예상 결과>

```
2010/9/1
2010/9/2
2010/9/3
```

위 예의 SetDay() 함수의 매개변수를 통해 초기값으로 설정하였지만, 다음과 같이 할 수도 있다.

```
DATE rain[3] = { DATE(2010,1,1), DATE(2010,1,2), DATE(2010,1,3) };
```

다차원 배열도 선언할 수 있다. 예를 들어 다음과 같이 6개의 객체들을 2차원 배열로 선언할 수 있다.

```
DATE rainbow[3][2];
```

초기화 방법은 다음과 같이 할 수 있다(rainbow[0][0], rainbow[0][1], ... rainbow[2][0], rainbow[2][1]).

```
DATE rainbow[3][2] = {
        DATE(2010,9,1), DATE(2010,9,2), DATE(2010,9,3),
        DATE(2010,9,4), DATE(2010,9,5), DATE(2010,9,6)
}
```

9.2.4 객체 포인터

일반 변수에 대한 포인터처럼 객체에 대한 포인터 사용도 가능하다. 또한 포인터 변수에 적용되는 여러 가지 사실들을 객체 포인터로 구현할 수 있다. 특정 클래스의 객체들의 각 멤버들에 대한 접근을 일반 객체인 경우는 도트 연산자(.)를 사용했지만, 포인터형으로 선언된 객체의 경우에는 화살표 연산자(->)를 사용한다. 이는 C

에서 구조체에 대한 포인터 선언과 같다.

C어의 구조체 정의와 클래스 DATE 정의를 비교해 보고, 구조체 변수들의 데이터 멤버의 접근과 객체에서의 멤버 함수 접근에 대해 설명한다.

```
struct TIME
{
        int hour; int minute; int second;
};
struct TIME t1, t2[4], *t3;
DATE d1, d2[4], *d3;
```

t1.hour = 12;	t2[0].hour = 12;	t3->hour = 12;
t1.minute = 10;	t2[0].minute = 10;	t3->minute = 10;
t1.second - 10;	t2[0].second = 12;	t3->second = 10;
d1.SetDate(2010,9,1);	d2[0].SetDate(2010,9,1);	d3->SetDate(2010,9,1);
d1.DatePrint();	d2[0].DatePrint();	d3->DatePrint();

구조체 변수 t1과 객체 d1은 데이터 멤버 또는 멤버 함수를 접근하기 위해 도트 연산자(.)를 사용한다. 구조체 배열 변수 t2와 객체 배열 d2도 도트 연산자를 사용한다. 구조체 포인터 변수 t3와 객체에 대한 포인터 변수 d3는 화살표 연산자(->)를 사용한다.

참고로 객체에서는 데이터 멤버들에 아래와 같이 직접 접근할 수 없다. 왜냐하면 멤버 함수를 통해서만 접근하도록 함으로써 정보 은폐의 개념을 구현할 수 있기 때문이다.

```
d1.year = 2010;          // 허용되지 않음
d2[1].month = 10;        // 허용되지 않음
d3->day = 10;            // 허용되지 않음
```

먼저 일반적인 포인터 표기법을 사용하여 객체 포인터를 선언하면 다음과 같다.

```
My3Complex  *pz ;        // 객체 포인터 선언
```

만일 객체 z가 이미 생성된 클래스 객체일 경우 객체 포인터 pz에 먼저 z의 주소를 대입했다면, pz에 간접멤버연산자(->)를 연산함으로써 객체 z의 공용 멤버에 접근할 수 있다.

```
pz = &z ;
pz->printComplex() ;          // pz가 가리키는 객체 출력
```

또한 pz가 가리키는 객체를 얻기 위하여 간접연산자를 pz에 적용할 수 있다. this 포인터의 경우에 this 포인터가 가리키는 객체를 얻기 위해서 (*this)란 표현을 사용하고 있다(16 장 참고)! 따라서 다음 문장도 pz가 가리키는 클래스 객체의 printComplex() 멤버 함수를 정확히 호출한다.

```
(*pz).printComplex() ;          // 반드시 괄호가 필요
```

다음 문장은 new 연산자(14 장 참고)를 이용하여 힙 메모리에 My3Complex 클래스 객체를 저장한 후 그 시작 주소를 pz에 넘겨준다.

```
My3Complex  *p1  =  new  My3Complex ;     // 디폴트 생성자 호출
```

이때 new에 의하여 할당된 힙 메모리에는 My3Complex클래스의 디폴트 생성자가 호출됨으로써 생성되는 객체가 저장된다. 그러나 다음 문장은 전달 인수가 3개인 생성자 함수가 호출된다. 그리고 이때 생성된 클래스 객체가 new에 의한 힙 메모리에 저장되며 그 시작 주소를 객체 포인터 p2에 대입된다.

```
My3Complex  *pz  =  new  My3Complex( 1.5, -1.5, "Conj.z" ) ;
```

마지막으로 다음 문장은 new와 복사 생성자 My3Complex(const My3Complex &) 함수로 객체를 생성하여 힙 메모리에 저장하고 그 시작 주소로 객체 포인터를 초기화한다.

```
My3Complex  *p3  =  new  My3Complex(z) ;  // 복사 생성자 호출
```

객체 포인터를 선언하는 다양한 방법과 객체 포인터를 통한 객체의 참조 방법을 <예 9.2>에 표시하였다.

<예 9.2>

```
#include <iostream.h>
#include <string.h>

class My3Complex {
   private:           // 데이터 멤버의 선언
      char * name;     // 복소수의 이름인 문자열 포인터
      double  real, imag;
      static  unsigned  countObject;   //  static 멤버
   public:            // 멤버 함수의 선언
      My3Complex(double, double, char *);  // 생성자 함수
      My3Complex();          // 디폴트 생성자 함수
      My3Complex(const My3Complex &);       //  복사 생성자
      ~My3Complex();   // 소멸자 함수
      void  printComplex();
      My3Complex & operator=(const My3Complex &);  // = 연산자 다중정의
};

 // 생성자 함수의 다중정의

My3Complex::My3Complex(double Re, double Im, char *s = "z")
{
      name = new char[ strlen(s)+1 ];  // 문자열 저장을 위한 동적 메모리
      strcpy(name, s);
      real = Re;
      imag = Im;
```

```
        My3Complex::countObject++;    // static 멤버의 참조, 객체 생성

        cout << "지금까지 " << My3Complex::countObject
              << " 개의 객체가 생성됨\n";
}

My3Complex::My3Complex()
{
        name = new char[ strlen("z")+1 ];    // 디폴트 문자열 저장
        strcpy(name, "z");
        real = imag = 0;

        My3Complex::countObject++;    // static 멤버의 참조, 객체 생성

        cout << "지금까지 " << My3Complex::countObject
              << " 개의 객체가 생성됨\n";
}

// 복사 생성자

My3Complex::My3Complex(const My3Complex & v)
{
        name = new char[ strlen(v.name)+1 ];    // 디폴트 문자열 저장
        strcpy(name, v.name);
        real = v.real;
        imag = v.imag;
        My3Complex::countObject++;    // static 멤버의 참조, 객체 생성
}

        cout << "지금까지 " << My3Complex::countObject
              << " 개의 객체가 생성됨\n";

// 소멸자 함수의 정의

My3Complex::~My3Complex()
```

```
{
      My3Complex::countObject--;   // static 멤버의 참조, 객체 소멸
      delete [] name;             //  힙 메모리 해제
}

// 객체 출력을 위한 멤버 함수

void  My3Complex::printComplex()
{
      cout << "Complex number " << name << " = (" << real
            << ") + (" << imag << ")i\n";
}

// 객체를 위한 = 연산자 다중정의 함수

My3Complex & My3Complex::operator=(const My3Complex & v)
{
      delete [] name;   // (*this) 객체의 name 문자열 해제
      name = new char[ strlen(v.name) + 1 ]; // 새로운 메모리 확보
      strcpy(name, v.name);  // 문자열 복사
      real = v.real;
      imag = v.imag;
      return (*this);   // 새롭게 복사된 객체 반환
}

// static 멤버의 초기화
unsigned My3Complex::countObject = 0;

void main()
{
   My3Complex z(1.5, 1.5), w(-1.5, -1.5, "-z");  // 객체의 생성
   My3Complex *pz;         // 객체 포인터 선언

   pz = &z;
   pz->printComplex();   // (*pz).printComplex(); 와 같다.
```

```
    My3Complex *pw = &w;  // w를 가리키는 객체 포인터 변수 선언
    w.printComplex();

    My3Complex *p1 = new My3Complex;   // 디폴트 생성자 호출
    (*p1).printComplex();

    My3Complex *p2 = new My3Complex(1.5, -1.5, "Conj.z");  //생성자 호출
    p2->printComplex();

    My3Complex *p3 = new My3Complex(z);   // 복사 생성자 호출
    p3->printComplex();
}
```

〈실행결과〉

```
지금까지 1 개의 객체가 생성됨
지금까지 2 개의 객체가 생성됨
Complex number z = (1.5) + (1.5)i
Complex number -z = (-1.5) + (-1.5)i
지금까지 3 개의 객체가 생성됨
Complex number z = (0) + (0)i
지금까지 4 개의 객체가 생성됨
Complex number Conj.z = (1.5) + (-1.5)i
지금까지 5 개의 객체가 생성됨
Complex number z = (1.5) + (1.5)i
```

9.3 캡슐화(Encapsulation)

객체는 자료 부분과 함수가 캡슐화되어 있다. 우리의 일상생활에서도 어떤 정보와 이와 관련된 작업은 서로 연관되어 있다고 볼 수 있다. 대학교에서 학생이란 객

체에는 학생 정보(이름, 주소, 학번, 수강과목 등)를 처리하기 위해 필요한 작업(학점 계산, 주소 변경, 수강 신청 등)들이 묶여 있다고 생각하는 것이 자연스런 사고방식이라 할 수 있다. 이렇게 연관된 사항들을 하나로 묶는 것을 캡슐화라 한다.

이의 의미는 프로그램 분석 및 설계자가 주어진 문제를, 자료나 함수 등 세부사항들은 차후 단계에서 정의하고 객체라는 덩어리 단위로 문제에 대해 사고하게 하는 추상화의 수단을 제공하는데 있다.

9.4 정보 은폐(Information Hiding)

캡슐화 그 자체는 캡슐 속에 있는 정보가 보이지 않도록 은폐하도록 보장하지는 않는다. 투명한 캡슐 안에 있는 알약이 외부에서는 보이는 것과도 같다.

정보 은폐란 캡슐 안에 싸여진 정보를 외부에 감추는 것을 의미한다. 자료 구조와 함수에 사용된 알고리즘 등을 외부에서 직접 접근하지 못하도록 하고 캡슐 안에 있는 함수들만 접근하게 한다. 객체는 캡슐화와 정보 은폐의 원리를 실제의 프로그래밍 언어에서 실현한 것이다.

객체 간의 정보 교환은 어떻게 일어나는가? 각 객체는 외부에 공개하고자 하는 일련의 정보를 '퍼블릭 인터페이스'로 정의해 외부의 객체들이 이를 통해 그 객체와 정보를 교환하도록 한다. 인터페이스는 그 객체가 '무슨 일을 할 수 있다. 혹은 이 정보는 공개할 수 있다.'라고 외부에 선언하는 것이다. C++에서는 '공용(public)'란에 들어간 항목들만 외부에 공개된다.

앞서 정의한 POINT 객체 정의를 보면 move, setColor 함수들이 퍼블릭 인터페이스이며, 이것이 외부에 보여져 불리어질 수 있는 함수들이며 각 함수가 가지고 있는 코드나 알고리즘까지 보여지는 것은 아니다. 한 함수가 외부에 보여지는 부분을 시그너처(Signature)라고 하며, 하나의 시그너처는 함수 이름, 입력 매개변수, 출력 매개변수로 구성되어 있다.

캡슐화와 정보 은폐의 이점은, 우선 객체 내부의 은폐된 자료구조가 변하더라도 주변 객체들에게 영향을 주지 않는다. 어떤 변수의 구조를 array 구조에서 list 구조로 바꾸더라도 프로그램의 다른 부분에 전혀 영향을 주지 않는다. 또한 알고리즘을 바꾸더라도 마찬가지이다. 예를 들어, Sorting 알고리즘을 바꾸더라도 외부에는 어떤 영향을 주지 않는다. 이러한 장점을 유지보수 용이성 혹은 확장성이라 한다. 이렇게 캡슐화와 정보 은폐는 재사용이 가능하고 유지보수가 용이한 소프트웨어 모듈 개발에 필수적인 원칙이며, 객체란 바로 이런 원칙들에 의해 생성되는 소프트웨어 모듈을 의미한다.

9.5 메시지(Message)

메시지 교환은 객체들 사이에 정보 교환을 위한 유일한 수단이다. 하나의 객체지향 프로그램은 메시지 교환을 하며 통신하는 여러 객체들로 이루어진다고 정의할 수 있다. 이 메시지에서는 메시지 수신 객체, 수신 객체가 수행해야 할 함수 이름, 함수 실행시 요구되는 인자들(arguments)이 포함되어 있다.

```
myPoint.move (10, 15);
```

여기서, myPoint는 수신 객체이며, 부호 . 은 move 라는 메시지가 myPoint 객체에게로 전해진다는 메시지 전달의 표현이다. 10, 15는 move 함수가 실행시 필요한 인자들이다.

9.6 클래스

예를 들어, 자동차는 다양한 형태들이 존재한다. 각 객체에서는 어떤 종류나 유형이 있는데 각각의 자동차는 별개의 객체이지만 역시 크게 보면 자동차 유형에 속한다. 이러한 객체의 유형을 객체타입(object type) 혹은 객체 클래스(object class)라고 한다. 반대로 한 클래스에 속하는 각각의 객체를 그 클래스의 인스턴스(instance) 혹은 그냥 객체라고 한다. 예를 들어, 자동차 제조 회사는 트럭, 버스, 승용차 등 많은 자동차를 생산하는데, 승용차라는 클래스에 해당되는 많은 승용차들 즉, 인스턴스들을 제조한다. 또 다른 예로 어떤 직원은 직원 클래스에 속하는 하나의 인스턴스라고 한다.

```
class Employee
{
          char* name;    //private으로 간주
          positionType position;
          int salary;
          ...
          public:
                    pomote ( ...
                    increaseSalary ( ...
                    changePhoneNumber ( ...
                    ...
}
```

위 클래스 예에 따르면 각각의 객체들이 가져야 될 속성(name, position, salary, phonenumber)과 함수들(promote, increaseSalary, changePhoneNumber)을 규정하고 있으며, 프로그램 수행시 이 클래스에 근거해서 각각의 객체(인스턴스)를 생성시켜 동작하게 한다. 이때 인스턴스를 생성시키는 작업을 instantiation이라 하며 C++에서는 다음과 같이 표현한다.

```
Employee YoungHee ();
또는
Employee* YoungHee = new Employee ();
```

전에 알아본 struct 구조체의 개념보다 더 추상화된 데이터형을 우리가 사용할 수 있는 사용자 정의 데이터형으로 바꾸어 주는 C++의 도구가 클래스이다. 즉, 클래스가 정의된 이후 클래스 변수라고 하는 객체를 생성할 수 있는 새로운 추상 데이터형(Abstract Data Type; ADT)이 만들어진다. 키워드 int, float 등과 같이 내장 데이터형으로 선언된 변수도 객체라고 말할 수 있다. 그런데 이런 내장 데이터형인 경우는 변수의 저장에 필요한 메모리의 크기라든지 이 변수를 사용하여 수행할 수 있는 연산 등에 관한 정보가 컴파일러에 영구적으로 기록되어 있다. 따라서 프로그램의 어디에서든지 내장 데이터형의 변수를 선언할 수 있다. 그러나 우리가 struct]

나 class 등으로 정의한 추상 데이터형의 객체는 이 추상 데이터형이 선언된 프로그램의 영역에서만 유효하다.

복소수의 실수부와 허수부를 멤버로 하는 추상 데이터형인 MyComplex 구조체가 있다고 할때, 이를 선언함으로써 C++에서는 이후 MyComplex 선언이 유효한 프로그램의 영역 내에서는 MyComplex를 int와 float처럼 하나의 데이터형으로 인식한다. 즉, MyComplex구조체 변수는 다음과 같이 정의된다.

```
MyComplex  z;
```

내장 데이터형 int로 변수를 선언할 경우에는 int가 무엇인지 C++에게 알려줄 필요가 없다. 그러나 MyComplex 데이터형은 내장 데이터형이 아니므로 위 문장이 실행되기 전에 반드시 추상 데이터형 MyComplex를 정의함으로써 C++에게 MyComplex가 무엇을 뜻하는지 알려주어야 한다. C++에서 struct보다 더 안정성과 효율성이 뛰어난 추상 데이터형으로서의 클래스(class) 정의는 일반적으로 다음과 같은 형식을 따른다.

```
class  클래스명
{
        private :   // 클래스 정의의 디폴트로서 생략 가능
                전용 멤버의 선언문;

        public :    // 클래스 외부에서 접근 가능
                공용 멤버의 선언문;
};
```

private: 이후에 선언되는 전용 멤버의 선언문에는 일반적으로 클래스의 외부에서 접근할 수 없는, 즉, OOP의 기본 개념 중의 하나인 정보 은폐가 필요한 데이터 멤버(data member)들이 선언된다. 반면에 public: 이후에 선언된 공용 멤버들은 클래스의 외부에서 접근 가능하기 때문에 클래스와 외부간의 인터페이스를 구성하고 있는 멤버 함수(member function)들이 주를 이룬다.

class의 멤버들은 디폴트가 전용(private)이기 때문에 private:을 생략해도 된다. 참고로 struct으로 선언된 구조체의 멤버들은 클래스와 반대로 디폴트가 공용이다.

class의 디폴트가 private이므로 struct를 선호하는 사용자에게는 불편한 제한으로 보일 수도 있다. 그러나 클래스 멤버의 자유로운 접근을 억제함으로써 확실하게 자료를 보호할 수 있다는 OOP의 특징이 struct보다 클래스를 선호하게 된다.

다음 예는 복소수를 나타내는 구조체 MyComplex를 클래스로 정의한 것이다.

```
class  MyComplex  {
        public:
                double real;
                double imag;
};
```

여기서, 두 데이터 멤버 real과 imag는 공용 멤버로 선언되어 있기 때문에 main() 함수에서 이 멤버들에 접근이 가능하다.

〈예 9.3〉은 MyComplex 클래스를 위와 같이 선언하고 main()에서 이를 사용하는 예를 표시한 것이다.

〈예 9.3〉

```
#include <iostream.h>

class MyComplex {
   public:
      double  real;
      double  imag;
};

void main()
{
   MyComplex  z;

   z.real = -1.5;
   z.imag = 2.3;

   cout << "z = (" << z.real << ") + (" << z.imag << ")i\n"; // 멤버 참조
}
```

〈실행결과〉

```
z = (-1.5) + (2.3)i
```

〈예 9.3〉의 출력 결과는 main() 함수 내에서 MyComplex 클래스 변수 z가 선언되고 나서 MyComplex의 real과 imag 멤버들에 접근이 가능함을 보여주고 있다. 이는 두 멤버가 public으로 선언되었기에 가능한 것이다. 만약 두 데이터 멤버가 private으로 선언되어 은폐되어 있다면 〈예 9.3〉의 main() 함수와 똑같이 실행하더라도 오류 메시지가 발생한다.

9.6.1 접근성(private, public, protected)

클래스는 자료와 연산을 묶어서 정의한 것이며, 이 클래스로 선언된 변수를 객체라고 할 수 있다. 따라서 클래스는 종래의 언어에서 말하는 자료형과 유사하지만, 그 자료에 적용되는 프로그램이 추가되었다는 점이 다르다. 클래스 안에 정의된 연산, 즉, 프로그램을 메소드(method)라고 한다.

클래스는 크게 private, public, protected의 3 부분으로 나누어 자료와 메소드를 보호하기 위해 정의한다. private 부분에서는 정의된 객체 내에서만 접근이 가능하다. 따라서 다른 객체나 후손 객체나 main()에서 접근이 불가능하다. public 부분에서는 그 객체의 외부에서도 접근이 가능하다. protected 부분에서는 객체 내부와 후손 객체에서만 접근이 가능하다. 따라서 다른 객체와 main() 에서는 접근이 불가능하다.

접근 지정자들이 사용되는 순서는 정해진 것이 없고, 여러 번 반복되어 사용되는 것도 가능하다. 어떠한 접근 지정자도 정의되지 않은 경우에는 디폴트로 private 으로 간주 된다. 각각의 지정자 다음에는 콜론(:)이 사용된다.

```
class sort
{
        private:
                int age[100];
        protected:
                void reset(int n);
```

```
            int count;
    public:
            sort(int);
            void bubble(int n);
            void input(int n);
            void print(int n);
            ~sort();
};
```

예에서 age[]는 sort 클래스에서만 사용가능하며, reset(), count는 sort 클래스와 후손 객체에서는 사용가능하지만 다른 객체에서는 접근이 불가능하다. sort(), bubble(), input(), print() 메소드는 다른 객체들이나 main()에서 사용이 가능하다.

9.6.2 추상 클래스(abstract class)

클래스 중에는 인스턴스를 만드는 목적이 아니라, 서브클래스들의 공통된 특성을 추출하여 추상 클래스(abstract class, virtual class)를 만들어 낸다. 추상 클래스는 서브클래스들의 공통 자료구조(변수)들을 정의하고 함수 중에는 완전히 구현하지 않고 시그너처만 정의한 것들이 있다. 이를 추상 함수(abstract function)라고 부르며, 후에 서브클래스를 정의할 때에 완전히 구현된다.

예를 들어, '프린터' 클래스는 프린터의 상태를 나타내는 변수(속도 등)를 가지고 있으며, 함수로는 'print()'를 고려할 수 있으나 프린터마다(도트 프린터, 레이저 프린터, 잉크젯 프린터 등) 프린트 방법이 다르므로 '프린터' 추상 클래스에는 print() 함수를 완전히 구현할 수 없다. 따라서 추상 함수의 Signature만 가지고 있게 된다. 이렇게 완전 클래스들간의 공통된 특성만 지정하고 있으므로 인스턴스를 만드는 것이 무의미하다. 이는 문제를 모델링하는데 유용하게 사용될 수 있다.

9.6.3 클래스 멤버 함수

클래스 멤버 함수의 정의는 함수 머리문, 함수 몸체, 반환 자료형, 인수들로 구성된다. 어느 클래스에 소속하는지를 나타내기 위해 범위 연산자(::)를 사용한다.

```
void sort::print(int n)
{
        cout << "\n Number of data = " << n << "\n";
        for (int i=0; i<n; i++)
                cout << age[i] << " ";
}
```

위 예에서, void sort::print(int n)은 sort 클래스의 print() 멤버 함수를 의미하며, 반환 자료형은 없으며, 인수는 정수 하나임을 의미한다. age[]의 내용을 모두 인쇄하는 print() 멤버 함수를 보여 주고 있다. sort 클래스에서 print() 멤버 함수는 sort 클래스 안에서 public으로 선언되어 있으므로 다른 객체나 후손 객체 그리고 main()에서 호출할 수 있으며, private으로 선언된 자료들에 접근할 수 있으므로 age[]의 내용을 인쇄할 수 있다.

9.6.4 생성자 함수와 소멸자 함수

sort 클래스에서 public에는 sort 클래스와 동일한 이름의 sort() 함수가 선언되어 있다. 이는 객체가 생성될 때 즉시 실행되기 때문에 생성자라고 한다. 마찬가지로 클래스와 동일한 이름의 ~sort() 함수가 선언되어 있으며 이는 프로그램 종료시 마지막으로 실행되는 함수이다.

생성자는 주로 객체를 생성하고 보관하는 일을 하고, 소멸자는 객체를 소멸시키는 등의 메모리 할당과 해제에 주로 이용된다. sort 클래스는 메모리를 할당하거나 해제하는 일이 없으므로 단순히 종료 메시지를 출력하는 내용으로 다음과 같이 사용된다. 이것은 생성자와 소멸자를 기동하는 main() 함수를 포함하고 있다.

```
void sort::sort(int n)  // 생성자 멤버 함수
{
        cout << "Number of data = " << n << "\n";
        for (int i=0; i<n; i++)
                age[i] = -1;
                cout << "Hello, age[] is initialized.";
}
```

```
void sort::~sort(void)  // 소멸자 멤버 함수
{
        cout << "\nGoodbye, program is terminated.";
}

void main(void)
{
        sort obj(10);   // 생성자에게 인수 10을 전달한다.
        obj.print(10);
}
```

<실행결과>

```
Number of data = 10
Hello, age[] is initialized.
Number of data = 10
-1 -1 -1 -1 -1 -1 -1 -1 -1 -1
Goodbye, program is terminated.
```

9.6.5 내포 클래스(nested class)

임의의 클래스를 정의할 때 그 내부에 다른 클래스를 정의할 수 있다.

```
class classA {
        class classB {
                int b;
        };
public:
        class classC {
                int c;
        };
}
```

classB, classC의 유효범위는 classA의 내부로 한정된다. 이와 같이 클래스 정의 내부에 다른 클래스를 정의하는 것을 내포 클래스라고 부른다. 이는 다음과 같이 클래스의 멤버가 다른 클래스의 객체인 경우와는 다르다.

```
class classA {
        classB bbb;
public
        classC ccc;
}
```

내포 클래스는 한정된 범위에서만 사용하려는 클래스를 정의할 때 유효하다. 멤버가 되는 클래스가 범용적으로 사용된다면 보통 클래스로서 별도로 정의하려 사용하지만, 멤버가 되는 클래스에 일반성이 없고 임의의 클래스로서만 의미를 갖는 특수한 경우에 한해 이를 정의한다. 전역적인 이름의 증가를 제한시키게 되어 클래스명의 충돌을 줄일 수 있다.

위의 내포 클래스를 정의한 경우 아래 왼쪽과 같이 선언할 수 없다. 오른쪽과 같이 클래스 한정자를 붙여주어야 한다. 하지만 bbb의 선언은 비공개 멤버이므로 오류가 발생한다.

void funC()
{
        classB bbb;
        classC ccc;
}
	void funC()
	{
	        classA::classB bbb;
	        classA::classC ccc;
	}

9.7 상속

중요한 객체지향 개념으로 상속(Inheritance)이라는 것이 있다. 클래스를 좀더 세분화하여 분류할 수 있는데 이를 서브클래스(subclass)라고 한다. 예를 들어, 비행체라는 클래스는 서브클래스로 새, 헬리콥터, 비행기 등등을 고려할 수 있으며, 이 또한 그 하부에 각각의 서브클래스를 둘 수 있다. 비행체라는 슈퍼클래스는 모든 날

수 있는 객체들이 가지고 있는 공통 특성들(최고 고도, 비행 속도, 날개 수 등)을 가지며, 새는 추가로 평균 수명 등의 특성을, 헬리콥터와 비행기는 최대 탑재 무게, 엔진 수 등의 특성을 고유로 가질 수 있다.

서브클래스들은 슈퍼클래스가 가지고 있는 모든 특성들을 가지고 있으며, 서브클래스들은 추가적인 속성을 가진다. 객체지향 프로그래밍에서 상속은 새 클래스를 정의할 때 모든 것을 처음부터 다 정의하는 것이 아니고, 이미 존재하는 유사한 클래스를 바탕으로 하여 필요한 속성만 추가하여 정의하는 경제적인 방법을 의미한다. 또한 특성을 수정하거나 추가시 슈퍼클래스의 정의만 고치면 그 서브클래스들은 변경된 속성을 자동으로 상속받게 되므로 매우 편리하다. 위 그림은 클래스들간의 상속 관계를 트리 구조로 나타낸 '클래스 상속 구조(class inheritance hierarchy)' 라고 한다. 이러한 상속 개념은 우리가 문제를 분류하는 방법과 유사한 방식이라 할 수 있다.

일반적으로 하나의 서브클래스는 하나의 슈퍼클래스를 가지나 문제에 따라서는 복수의 슈퍼 클래스들을 가 질수 있다. 이를 다중상속이라고 하는데 일부의 객체지향 언어에서만 지원하고 있다. 예를 들어, 고래는 포유류, 어류의 2개의 슈퍼클래스를 가질 수 있다. 포유류의 속성과 어류의 속성을 상속받기 때문이다.

〈예 9.4〉와 같이 C++에서는 한 클래스가 다른 클래스의 자료와 메소드를 상속받고 싶을 때는 하위 클래스에서 상위 클래스를 지정한다. 하위 클래스가 상위 클래스의 자료와 메소드를 상속받음으로써 다른 클래스에서도 자료와 메소드를 공유할 수 있다. 이를 통해 재사용을 적용할 수 있다. upper 클래스에서는 정수 a가 private으로 선언되었으므로 upper에서만 사용가능하고, 정수 i는 protected로 선언되었으므로 후손 객체인 middle, sub 클래스에서도 사용가능하다. assign() 메소드는 public으로 선언되었으므로 후손 객체와 main()을 포함한 다른 객체에서도 사용가능하다.

〈예 9.4〉

```
#include <iostream.h>
class upper {
        private:
                int a;     // a는 upper 클래스에서만 사용가능
```

```
        protected:
                int i;
        public:
                void assign(int p) {  // assign()은 다른 객체에서도 사용가능
                        i = ++p;
                        cout << " i = " << i;
                }
};

class middle : upper {
        int j;                  // j는 private으로 간주됨
        public:
                void assign(int p) {
                        j = ++p;
                        cout << " j = " << j;
                        upper::assign(p);
                        // upper 클래스의 assign() 메소드 실행
                }
};

class sub : public upper {// public이므로 public::assign() 사용
        int k;
        public:
                void display(int p) {
                        k = ++p;
                        cout << " k = " << k;
                }
};

void main(void)
{
        upper up;                       // upper의 객체 up을 선언
        up.assign(3);           // upper의 assign() 메소드 호출
        middle mi;
        mi.assign(4);
```

```
            sub su;
            su.display(5);
            su.assign(6);
}
```

<실행결과>

```
i = 4 j = 5 i = 6 k = 6 i = 7
```

middle, sub는 upper 클래스를 같이 상속하였지만, sub에서는 upper를 public으로 선언하였기 때문에 upper의 assign()을 사용할 수 있으나 public을 생략하면 사용할 수 없다. su 클래스에는 assign() 메소드가 선언되어 있지 않지만, sub가 upper를 public으로 선언하였기 때문에 assign() 메소드의 실행이 가능하다.

9.8 다형성(Polymorphism)

객체 지향 프로그램의 중요한 특징으로 하나의 함수 이름이나 심벌이 여러 목적으로 사용될 수 있는 다형성을 들 수 있다. 복수의 클래스가 하나의 메시지에 대해 각 클래스의 고유한 방법으로 응답할 수 있는 능력을 의미한다. 즉, 다른 클래스들이 같은 이름의 함수를 각각 가지고 있어 하나의 메시지에 대해 각각 다른 방법으로 그 메시지에 반응할 수 있는 것을 의미한다.

예를 들어, print() 함수는 인쇄함수 이지만 무엇(텍스트 파일, 고유 형식의 문서 편집기에서의 파일, 그래픽 포함 파일 등)을 인쇄하느냐에 따라 그 인쇄 방법이 각각 다르다.

void print(char *str, int i);
void print(int n, int j);
void print(double a, int i);
void print(long k, int i);
	print("Tomato", 5);
	print(11, 12);
	print(11.2233, 12)
	print(112233L, 12);

하지만 다음과 같이 매개 변수가 동일한 경우에는 다형성이 허용되지 않는다.

```
int change(int i, char *a);  char change(int i, char *a);
```

이 두 함수는 이름도 같고, 매개변수도 같지만 반환값만 다르기 때문에 다형성이 허용되지 않는다.

9.9 가상 함수(virtual function)

다형성에서 여러 개의 동일한 이름의 함수가 있을 때 매개변수의 값에 따라서 적합한 함수를 호출하게 된다. 그러나 일반적인 컴파일러의 경우에는 사용될 함수가 컴파일시에 결정되기 때문에 실행시의 매개변수 값에 따라서 적합한 함수를 선택하여 실행하는 것이 불가능하다. 그러나 프로그램 실행시에 함수를 연결(link)하는 경우에는 다형성 기능이 가능하다. 함수가 컴파일시에 연결되는 것을 조기 바인딩(early binding)이라 하고, 함수가 실행시에 연결되는 것을 지연 바인딩(late binding)이라고 한다. 전통적인 언어에서는 주로 조기 바인딩을 지원하지만, C++와 같은 객체지향 언어에서는 둘 다 지원한다.

다음 프로그램에서 print() 함수가 다형성을 반영하고 있으며, 하위 객체의 주소를 상위 객체인 parent에 기억시킨 다음에 parent의 print() 함수를 실행시킴으로써 실제로는 sub 클래스의 print() 함수를 실행시키는 것이다.

〈예 9.5〉

```
#include <iostream.h>
class upper {
        public:
                [virtual] void print() { //virtual 키워드는 지연 바인딩 지원을
의미
                        cout << "Upper class is executed. ";
```

```
                    }
};

class sub : upper {    // upper 클래스를 계승
          public:
                    void print() {
                    cout << "Sub class is executed. ";
                    }
};

void main(void)
{
          upper probj;       // 상위 클래스의 객체
          sub sobj;          // 하위 클래스의 객체
          upper* parent;  // parent는 upper 클래스의 주소를 기억하는 포인터변수
          sub* child;        // child는 sub 클래스의 주소를 기억하는 포인터변수
          child = &sobj;  // child에 하위 객체의 주소를 기억
          parent = (upper *) child; // 하위 객체 주소를 상위 객체 parent에 기억
          parent->print();      // 하위 객체의 print() 함수를 실행
}
```

〈실행결과〉

```
Upper class is executed.
```

이것은 상위 클래스가 실행된 것이므로 프로그래머가 의도한 것이 아니다. 왜 하위 클래스의 주소를 상위 클래스에 기억시켰는데도 상위 클래스의 print()가 실행되지 않았을까? 그 이유는 조기 바인딩에 있다. 이 프로그램은 조기 바인딩을 지원하기 때문에 이미 컴파일시에 상위 클래스의 print()가 연결되어 있다. 따라서, 함수의 주소를 바꾸어도 실제로는 바뀌지 않는 것이다.

프로그램 실행 중에 하위 클래스의 print() 함수로 주소를 바꾸기 위해서는 지연 바인딩을 의미하는 가상 함수 기법을 이용해야 한다. 즉, 상위 클래스의 void print() 함수 선언문 앞에 virtual 예약어를 기재하면 지연 바인딩을 지원하게 되어 하위 클래스의 print() 함수가 실행되어 "Sub class is executed."가 출력된다.

9.10 연산자 다중정의(operator overloading)

연산자 다중정의란 연산자의 의미를 재정의하여 복잡한 연산 기능들을 간단하게 사용하게 하는 기법이다. 예를 들어, +연산자에서 그 범위는 정수나 실수에 국한된다. 만약 복소수에 대한 적절한 연산자가 없기 때문에 애를 먹게 될 것이다. 또한 그래픽에서 어떤 점의 좌표를 관리하려면 x, y 좌표 2개 값을 함께 연산하는 경우가 발생한다. 이러한 경우에 다중정의 기법을 이용하면 쉽게 해결될 것이다. 다음 프로그램에서 2차원의 점의 좌표를 연산하는 연산자를 재정의하기로 한다. x, y를 정수로 선언하고 +, -, = 연산을 재정의하는 클래스를 살펴보자.

```
class Point {
        int x, y;
        public:
                Point operator+(Point p);     // + 연산자 재정의
                Point operator-(Point p);     // - 연산자 재정의
                Point operator=(Point p);     // = 연산자 재정의
                void Dispaly(void);           // 점을 출력
                void SetPoint(int ix, int iy); // 점의 좌표를 초기화함
};
```

Display() 함수는 점의 x, y 좌표를 출력하는 함수이며, SetPoint() 함수는 초기에 점의 좌표를 지정하는 함수이다. 즉, 점의 좌표를 SetPoint()로 초기화한 다음에 재정의하는 연산자 +, -, =를 실행한 다음에 Display()로 연산 결과를 확인하는 프로그램을 작성한다.

〈예 9.6〉

```
Point Point::operator+(Point p)
{  // 매개변수의 점의 좌표를 x, y의 좌표에 덧셈한 결과를 반환한다.
        Point t;
        t.x = x + p.x;
        t.y = y + p.y;
        return t;
}
```

```
Point Point::operator-(Point p)
{  // x, y 좌표에서 매개변수의 점의 좌표를 뺀 결과를 반환한다.
        Point t;
        t.x = x - p.x;
        t.y = y - p.y;
        return t;
}

Point Point::operator=(Point p)
{  // 매개변수의 점의 좌표를 x, y에 대입한다.
        Point t;
        x = p.x;
        y = p.y;
        return *this;
}

void Point::Display()
{  // x, y 좌표를 출력한다.
        cout << x << ",";
        cout << y << "\n";
}

void Point::SetPoint(int ix, int iy)
{  // x, y 값을 초기화한다.
        x = ix;
        y = iy;
}

void main(void)
{
        Point p1, p2, p3;       // Point 클래스의 객체 p1, p2, p3를 생성
        p1.SetPoint(1,2);       // p1의 값을 1, 2로 초기화
        p1.Display();           // p1의 값을 출력
        p2.SetPoint(3,4);
```

```
        p2.Display();
        p3 = p1 + p2;
        p3.Display();
        p3 = p2 - p1;
        p3.Display();
        p3 = p1;
        p3.Display();
}
```

〈실행결과〉

```
1,2
3,4
4,6
2,2
1,2
```

여기서, main() 함수에서 + 연산자는 2개의 좌표를 더하는 새로운 연산자 함수로서 클래스 Point에서 Point operator+(Point p); 으로 정의되었다. -, = 연산자도 마찬가지이다.

9.11 입출력과 파일

Basic, Fortran, Cobol, Pascal 등의 언어에서는 언어 자체 내에서 입출력 기능을 포함하고 있기 때문에 read, write, input, print와 같은 명령어들이 예약어 목록에 있다. 하지만 C에서는 언어 자체에서 포함하지 않고 라이브러리 함수로 제공하고 있다. 그 이유는 사용자에게 더 많은 이식성을 제공함으로써 하드웨어에 적합한 자유로운 권한을 부여하는데 그 목적이 있다. C++에서는 C의 기능을 포함하고 있으므로 C의 stdio.h에 정의되어 있는 입출력 함수들을 사용할 수 있다. C++에서는 표준 클래스 라이브러리로서 iostream.h, fstream.h 헤더 파일에 입출력을 제공하는 클래스들을 제공하고 있다.

9.11.1 스트림과 버퍼

C++에서는 입출력을 바이트 스트림으로 간주한다. 입력시에는 프로그램이 입력 스트림에서 바이트들을 읽어 들이고, 출력시에는 바이트들을 출력 스트림으로 보낸다. 입력은 자판이나 디스크의 파일이나 다른 프로그램의 출력으로부터 올 수 있으며, 출력은 디스플레이나 디스크 파일이나 다른 프로그램의 입력으로 지정할 수 있다. 대량의 파일을 스트림으로 바이트 단위로 읽고 쓰는 것은 매우 비효율적이기 때문에 버퍼를 많이 사용한다. 이는 메모리와 하드디스크 사이의 처리 속도 차이를 완충시켜 주는 역할을 한다. 하드 디스크에서는 섹터 혹은 물리 블록 단위인 512/1024 바이트 단위로 자료를 익고 쓰는데 반해, C++의 스크림 입출력 방식에서는 한 바이트씩 처리하기 때문에 버퍼를 사용할 필요가 있다. 버퍼가 있는 자판 입력의 경우에는 리턴 키를 누를 때에 입력 버퍼를 배출하며, 버퍼가 있는 화면에서는 새줄(newline) 문자가 전송될 때 출력 버퍼를 배출한다. 버퍼와 스트림을 지원하기 위해 iostream.h 헤더 파일은 다음과 같은 4가지 클래스들을 지원하고 있다.

[표 9.2] iostream.h가 지원하는 클래스

ios 클래스	바이너리 파일이(바이너리 스트림)나 텍스트 파일(텍스트 스트림)을 읽고 쓰고 개방하는 등의 접근하기 위한 스트림의 기능을 제공하고 있으며 버퍼(streambuf 객체 포인터)도 지원한다.
streambuf 클래스	ios 클래스의 유도 클래스로서 입출력 버퍼를 관리한다.
ostream 클래스	출력을 지원하기 위해 ios 클래스에서 유도된 출력 지원 클래스이다. 표준 출력 장치와 대응되는 cout을 지원한다.
istream 클래스	입력을 지원하기 위해 ios 클래스에서 유도된 입력 지원 클래스이다. 표준 입력 장치와 대응되는 cin을 지원한다.
iostream 클래스	입출력을 지원하기 위해서 ostream, istream 클래스로부터 다중 상속된 유도 클래스로서 입출력 지원 클래스이다. cin, cout을 모두 지원한다.

9.11.2 ostream의 cout.write() 메소드

ostream 클래스는 cout 객체에서 wirte() 메소드르 지원한다. 이는 전체 스트링을 지원하는데 다음의 원형을 갖는다.

```
ostream & write(const char *, int)
```

write()의 첫 번째 인수는 출력할 스트링의 주소이고, 두 번째 인수는 출력할 스트링의 길이다.

〈예 9.7〉

```
#include <iostream.h>
#include <string.h>
void main(void)
{
        char *text1 = "Koreana";
        char *text2 = "Americana";
        int len = strlen(text1);
        for (int i=0; i<=len; i++) {  // 문자열의 길이를 1씩 증가하면서 출력
                cout.write(text1, i);
                cout << "\n";
        };
        cout.write(text1, len+strlen(text2));  // 문자열의 길이를 초과해 출력
}
```

〈실행결과〉

```
K
Ko
Kor
Kore
Korea
Korean
Koreana
KoreanaAmerican
```

마지막 부분에서는 text1의 문자열의 길이를 초과하여 출력한다. text1 다음에 text2의 문자열이 있어서 text2를 출력하였으나 다른 언어에서는 오류에 속하는 부분을 C언와 C++에서는 모든 책임을 프로그래머에게 맡기고 자유를 부여한 것이다.

9.11.3 istream의 cin.get() 메소드

istream 클래스는 cin 객체에서 get() 메소드를 지원한다. 다음의 원형을 갖는다.

```
istream & get(char &)
istream & get(void)
```

get() 메소드는 char 인수가 있든 없든 다음 문자가 공백이거나 탭이거나 새 줄이거나 무관하게 다음 문자를 입력받는다. get(char &) 메소드는 입력문자를 인수로 반환하고, get(void)는 반환값으로 입력 문자를 처리한다. 이들 차이는 다음과 같다.

char ch;
cin.get(ch);
while (ch != '\n')
{
        cout << ch;
        cin.get(ch);
};
	char ch;
	cin >> ch;
	while (ch != 'e')
	{
	        cout << ch;
	        cin >> ch;
	};

〈실행결과〉 abcde↵ abcde	**〈실행결과〉** abcdefg abcde

cin.get(ch)는 공백이나 탭, 새줄 등을 모두 입력받는다. ch가 반환 키인지를 검사하여 루프를 종료한다. cin 〉〉 ch 에서는 공백을 뛰어 넘고 반환 키를 받지 않기 때문에 'e'가 입력될 때까지만 루프를 실행한다.

<table>
<tr>
<td>

```
char ch;
ch = cin.get(ch);
while (ch != '\n')
{
        cout << ch;
        ch = cin.get(ch);
};
```

</td>
<td>

```
char ch1, ch2, ch3;
cin.get(ch1).get(ch2) >> ch3;
cout << " ch1 = " << ch1;
cout << " ch2 = " << ch2;
cout << " ch3 = " << ch3;
```

</td>
</tr>
<tr>
<td>

〈실행결과〉

abcd
abcd

</td>
<td>

〈실행결과〉

ch1 = a ch2 = b ch3 =c

</td>
</tr>
</table>

cin.get(ch1)은 첫 번째 입력을 ch1에 전달하고, cin.get(ch2)를 실행하여 입력을 ch2에 전달하고, 다시 cin 〉〉 ch3 를 실행하여 입력을 ch3에 기억시킨다. 즉, cin.get(ch1); cin.get(ch2); cin 〉〉 ch3; 의 3개의 문장을 실행하는 것이다.

```
char name[10];
cin.read(name, 10);
cout << name;
```

〈실행결과〉

```
12345678901234
1234567890
```

cin.read(name, 10); 은 표준 입력 장치로부터 10바이트를 읽어서 name에 기억시킨다. 여기서도 cin.get().get()과 마찬가지로 cin.read().read()가 적용된다.

연습문제

9-1 다음 선언은 정확하게 컴파일되지 않는다. 잘못된 점을 설명하여라.

```
struct brother {
        char name[20];
        int age;
        struct sister sib;
} a;
struct sister {
        char name[20];
        int age;
        struct brother sib;
} a;
```

9-2 클래스의 생성자와 소멸자 멤버 함수는 각각 언제 실행되며 주로 사용되는 목적은 무엇인가?

9-3 클래스의 생성자와 소멸자가 유도된 클래스에서 생성될 때와 소멸될 때는 어떤 순서로 호출되는가?

9-4 지연 바인딩과 조기 바인딩의 차이점을 설명하고, C++에서 지연 바인딩을 실행하는 방법을 설명하시오.

9-5 cin >> ch 와 cin.get(ch) 의 차이점과, ch = cin.get() 과 cin.get(ch1).get(ch2) >> ch3 의 차이점을 설명하시오.

9-6 다음과 같은 클래스 선언을 사용해서, 10개의 원소를 갖는 배열을 생성하고, ch라는 원소를 a부터 j까지의 값으로 초기화하여라. 그리고 실제로 배열이 이 값을 가지고 있는지 확인하는 프로그램을 작성하시오.

```
#include <iostream.h>
class letters {
        char ch;
public
        letters(char c) { ch = c; }
        char get_ch {return ch; }
};
```

9-7 C++의 클래스와 C의 구조체와의 차이점을 설명하시오.

9-8 아래 예에서 잘못된 부분을 수정하시오.

(1) 다음의 함수 원형은 클래스 DATE에서 선언되었음을 가정한다.

```
void ~DATE(int);
```

(2) 다음은 클래스 DATE의 부분적 정의이다.

```
class DATE {
        public:
                // function prototypes
        private:
                int hour =0;
                int minute = 0;
                int second =0;
};
```

(3) 다음 원형이 Employee 클래스에 정의되어 있다.

```
int Employee (const char*, const char*)
```

9-9 어떤 정수 y의 배수 중에서 다른 어떤 수 x에 가장 가까우면서 x보다 큰 수를 구하는 식은 다음과 같다.

next = i + j - i%j

다음 i, j 값에 대해 next 값을 구하는 프로그램을 작성하여라.

(365, 7), (12.258, 23), (996, 4)

9-10 다음 함수 원형에서 무엇이 잘못되었는가 설명하여라.

```
char *b(char *p, int n=0, char *q);
```

Chapter

10

C++ Programming

인라인 함수

C++에서는 매우 짧은 함수들은 호출하지 않고 필요한 부분에 실제로 삽입하여 사용할 수 있다. C의 매개 변수를 갖는 매크로 기능과 유사하다. 이러한 함수를 인라인 함수(inline function)라고 한다. 이의 장점은 함수를 호출하고 값을 반환하는데 걸리는 시간을 단축할 수 있다는 것이다. 하지만 프로그램의 크기가 커진다는 단점도 있다. 따라서 짧은 함수만을 사용하는 것이 일반적이다. 이 함수를 정의할 때 키워드 inline을 앞에 붙여 정의한다.

〈예 10.1〉

```
#include <iostream.h>
inline int max(int m, int n)
{
        return m > n ? m : n;
}
main()
{
        cout << max(100, 200) << endl;
        cout << "Maximum Value : " << max(45, 60) << endl;
}
```

C++ 컴파일러는 실제로 다음과 같이 확장하여 처리한다.

```
#include <iostream.h>
main()
{
        cout << (100 > 200 ? 100 : 200) endl;
        cout << "Maximum Value : " << (45 > 60 ? 45 : 60) << endl;
}
```

일반 함수들은 호출되기 전에 함수의 원형만을 정의하면 되지만 인라인 함수는 호출되기 전에 선언되어야 한다. 따라서 main() 함수보다 인라인 함수가 먼저 선언되어야 한다.

매개 변수를 가진 매크로보다 인라인 함수를 사용하면 짧은 함수를 인라인으로 확장하기 위한 좀더 구조적인 방법을 제공받을 수 있다. 매크로 확장이 올바르게 수행되도록 부수적인 괄호를 사용해야 한다. 부수적인 괄호를 잘못 사용하거나 또는 사용하지 않으면 매크로 확장이 안되는 경우가 발생한다. 그러나 인라인 함수를 사용하면 이러한 단점을 제거할 수 있다.

하지만 C++에서 인라인 함수를 사용하는데 제약점들이 있다. 예를 들어, 어떤 C++ 컴파일러에서는 static 변수, switch문 또는 goto문을 사용하지 못하게 하는 경우도 있고, 인라인 함수의 순환적(recursive) 호출을 허용하지 않는 경우도 있다. 각 컴파일러 매뉴얼을 참조하기 바란다.

10.1 자동 인라인 함수

클래스를 정의할 때 멤버 함수의 정의가 짧으면, 멤버 함수의 선언과 정의를 분리하지 않고 클래스 선언부 내에서 멤버 함수를 정의할 수 있다. 이렇게 하면 멤버 함수는 가능한 경우에 자동으로 인라인 함수가 된다. 멤버 함수를 인라인 함수로 만들기 위해서는 멤버 함수를 클래스 내부에서 선언하면 되고, inline 키워드는 사용하지 않는다. 클래스 선언부에서 정의된 멤버 함수가 인라인 함수가 될 수 없으면 자동으로 보통의 함수가 된다.

```
#include <iostream.h>
#include <string.h>

class traffic {
        char name[20];  // 교통수단 이름
        int speed;          // 최대 속도
        int price;          // 가격
public:
        traffic (char *i, int j, int k);
        int get_price();
        void show_name();
        friend traffic cost(traffic a, traffic b);     // 프렌드 함수 cost
```

```
};

traffic::traffic(char *i, int j, int k)
{
        strcpy(name, i);
        speed = j;
        price = k;
}

int traffic::get_price()
{
        return price;
}

void traffic::show_name()
{
        cout << name;
}

traffic cost(traffic a, traffic b)
{
        if (a.price >= b.price)
                return b;
        else
                return a;
}
```

아래 예는 위의 예의 traffic의 멤버 함수들을 자동 인라인 함수로 정의한 것이다.

```
#include <iostream.h>

class Ntraffic {
        char name[20];  // 교통수단 이름
        int speed;              // 최대 속도
```

```
        int price;                  // 가격
public:
        Ntraffic (char *i, int j, int k);
        int get_price() {return price;} ;   // 인라인 함수로 정의
        void show_name() {cout << name;} ;  // 인라인 함수로 정의
        friend traffic cost(traffic a, traffic b);     // 프렌드 함수 cost
};

Ntraffic::Nraffic(char *i, int j, int k)
{
        strcpy(name, i);
        speed = j;
        price = k;
}

Ntraffic::cost(traffic a, traffic b)
{
        if (a.price >= b.price)
                return b;
        else
                return a;
}
```

연습문제

10-1 다음 프로그램의 모든 멤버 함수가 자동으로 인라인 되도록 수정하여라.

```
#include <iostream.h>

class animal {
        int n, m;
public
        animal (int x, int y);
        void show();
};

animal::animal(int x, int y)
{
        n=x;
        m=y;
}

void anmimal::show()
{
        cout << n << " " << m << "\n";
}

main()
{
        animal cat(10, 20);
        cat.show();
        retrurn();
}
```

10-2 자동 인라인 함수를 사용하도록 다음 클래스를 수정하여라.

```
#include <iostream.h>
#include <cstring.h>
#include <cstdlib.h>

calss strype {
        char *p;
        int len;
public:
        strtype(char *ptr);
        ~strtype();
        void show();
};

strype::strtype(char *ptr)
{
        len = strlen(ptr);
        p = (char *) malloc(len+1);
        if (!p) {
                cout << "Allocation error\n";
                exit(1);
        }
        strcpy(p, ptr);
}

strtype::~strtype()
{
        cout << "Freeing p\n";
        free(p);
}

void strtype::show()
{
        cout << p << " - length: " << len;
        cout << "\n";
```

```
}

int main()
{
        strtype s1("This is a test."), s2("I like C++.");
        s1.show();
        s2.show();
        return 0;
}
```

Chapter

11

C++ Programming

클래스 멤버 함수

클래스의 데이터 멤버는 이를 은폐하기 위하여 private:으로 선언하고, 외부와의 인터페이스를 위한 멤버 함수는 주로 public:으로 선언한다고 하였다. C++의 특징인 OOP의 목적이 프로그램을 이해하기 쉽고 유지 보수하기 쉽도록 하는 것이다. 따라서 클래스는 멤버 함수를 통하여 정적인 자료에 동적인 행위를 추가할 수 있도록 도와준다.

멤버 함수는 메소드(method)라고도 불리우며, 클래스 밖의 프로그램의 다른 부분에서 클래스 안의 은폐된 데이터 멤버에 접근하는 것을 통제한다. 예를 들어 다음 예에 표시된 바와 같이 클래스 밖에서는 오로지 두 멤버 함수 init()과 printComplex()를 통하여서만 데이터 멤버들의 초기화와 출력을 가능케 한다. 즉, main()에서는 클래스의 데이터 멤버들에 직접 초기화나 접근 등의 행위가 어렵지만, 멤버 함수들을 통해서 데이터 멤버들에 어떤 행위를 수행케 할 수 있다.

〈예 11.1〉

```
#include <iostream.h>

class MyComplex {
  private:                    // 데이터 멤버의 선언
      double  real;
      double  imag;

  public:                      // 멤버 함수의 정의
      void  init()
      {
          real = -1.5;
          imag = 0.7;
      }
      void  printComplex()
      {
          cout << "Complex number = (" << real << ") +
                  (" << imag << ")i\n";
      }
};
```

```
void main()
{
   MyComplex  z;  // 클래스 변수의 선언 (객체 생성)

   z.init();           // 멤버 함수는 참조 가능
   z.printComplex();
}
```

〈실행결과〉

```
Complex number = (-1.5) + (0.7)i
```

예에서 두 멤버 함수의 정의가 클래스의 정의 내에 완전히 포함되어 있다. 물론 멤버 함수의 정의는 구조체 멤버 함수를 정의하는 것과 유사하다. 대부분의 경우 클래스의 정의 부분을 간결화하기 위하여 클래스의 정의부분에는 멤버 함수의 원형 선언문만을 표시하고 멤버 함수의 본체는 클래스 밖에서 정의한다. 그러나 클래스 밖에 본체를 정의할 경우에 이 멤버 함수가 어느 클래스에 속하는 지를 나타내야 한다. 이를 위해 다음 예와 같이 전역 식별연산자(::)를 클래스 이름과 멤버 함수 이름 사이에 사용한다.

```
void  MyComplex::init()      //   :: 는 전역 식별연산자
```

이러한 표현은 MyComplex 클래스의 멤버 함수인 init() 함수를 정의한다는 의미이다. 또한 init() 메소드는 MyComplex 클래스의 멤버 함수이기 때문에 init() 함수의 몸체에서 MyComplex 클래스의 전용 멤버들에 접근할 수 있다. 〈예 11.2〉는 〈예 11.1〉에서 클래스 내에 정의된 멤버 함수들을 클래스 밖에서 정의가 이루어지도록 수정한 것이다.

<예 11.2>

```
#include <iostream.h>

class MyComplex {
   private:                    // 데이터 멤버의 선언
      double  real;
      double  imag;
   public:                      // 멤버 함수의 선언
      void  init();
      void  printComplex();
};

// 멤버 함수의 정의

void  MyComplex::init()
{
      real = -1.5;
      imag = 0.7;
}
void  MyComplex::printComplex()
{
      cout << "Complex number = (" << real << ") +
                  (" << imag << ")i\n";
}

void main()
{
   MyComplex  z;  // 클래스 변수의 선언 (객체 생성)
   z.init();           // 멤버 함수 참조 가능
   z.printComplex();
}
```

멤버 함수는 함수의 반환값을 설정하여 쉽게 main() 함수에 값을 반환할 수 있다. <예 11.3>은 <예 11.2>의 클래스에 absComplex() 함수를 MyComplex 클래스

의 멤버 함수로서 추가한 것이다. main() 함수로는 init() 함수를 실행함으로써 초기화된 클래스 변수, 즉, 복소수 z의 절대값이 반환될 것이다. 또한 〈예 11.3〉에서는 〈예 11.2〉의 init() 함수를 수정하여 두 실수부, 허수부의 값을 외부에서 읽어 들이도록 하고 있다.

〈예 11.3〉

```
#include <iostream.h>
#include <math.h>

class MyComplex {
   private:          // 데이터 멤버의 선언
      double  real;
      double  imag;
   public:                    // 멤버 함수의 선언
      void  init();
      void  printComplex();
      double absComplex();
};

void  MyComplex::init()
{
      cin >> real;
      cin >> imag;
}

void  MyComplex::printComplex()
{
      cout << "Complex number = (" << real << ")+(" << imag << ")i\n";
}

double MyComplex::absComplex()
{
      return  sqrt(real*real + imag*imag);
}

void main()
```

```
{
    MyComplex  z;  // 클래스 변수의 선언 (객체 생성)

    z.init();          // 멤버 함수 참조
    z.printComplex();

    cout << "|z| = " << z.absComplex() << "\n";
}
```

<실행결과>

```
1.5  -1.5
Complex number = (1.5) + (-1.5)i
|z| = 2.12132
```

클래스가 정의될 때 클래스의 내부에서 정의된 모든 멤버 함수들은 인라인(inline) 함수이다. 멤버 함수의 몸체가 클래스 외부에서 정의될 경우에 함수의 헤더가 inline으로 시작되면 그 함수는 인라인 함수로 설정된다. 인라인 함수를 사용하면 클래스에 효율성을 개선할 수 있다. 그러나 일반적으로 짧은 길이의 멤버 함수에 인라인을 사용한다. <예 11.3>의 absComplex() 함수는 단지 return문만으로 작성되었으므로 이 멤버 함수의 실행이 효율적이 되도록 하기 위하여 다음 예와 같이 멤버 함수 이름 앞에 inline 키워드를 삽입한다.

```
inline  double  MyComplex::absComplex()     // inline 멤버 함수
{
        return  sqrt ( real * real + imag * imag );
}
```

<예 11.3>에 표시되어 있는 init() 멤버 함수는 이 함수가 호출되었을 경우에 외부로부터 사용자 입력을 통하여 두 값을 읽어 들여 클래스의 두 데이터 멤버를 초기화한다.

main() 함수로부터 자료를 전달받아 MyComplex 클래스의 두 은폐 데이터 멤버들을 초기화하도록 할 수 있다. 〈예 11.4〉의 프로그램은 클래스의 데이터 멤버들을 초기화하기 위하여 main() 함수로부터 값을 전달받는 멤버 함수 initFromMain()을 초기화 멤버 함수로 하는 MyComplex 클래스를 표시하고 있다. initFromMain() 함수가 init() 함수와 다른 차이점은 매개변수를 이용하여 main() 함수로부터 직접 값을 전달받는다는 것이다.

〈예 11.4〉

```
#include <iostream.h>
#include <math.h>

class MyComplex {
   private:                    // 데이터 멤버의 선언
      double   real;
      double   imag;

   public:                     // 멤버 함수의 선언
      void   init();
      void   initFromMain(double, double);
      void   printComplex();
      double absComplex();
};

// 멤버 함수들의 정의

void   MyComplex::init()
{
      cin >> real;
      cin >> imag;
}

void   MyComplex::initFromMain(double Re, double Im)
{
```

```
        real = Re;
        imag = Im;
 }
void  MyComplex::printComplex()
 {
    cout << "Complex number = (" << real << ") + (" << imag <<
")i\n";
 }

 double MyComplex::absComplex()
 {
        return  sqrt(real*real + imag*imag);
 }

 void main()
 {
    MyComplex  z, w;                  // 클래스 변수의 선언

    z.init();                        // 사용자 입력으로 객체를 초기화
    z.printComplex();
    cout << "|z| = " << z.absComplex() << "\n";

    w.initFromMain(1.0, 1.5);        // main() 으로부터 객체를 초기화
    w.printComplex();
    cout << "|w| = " << w.absComplex() << "\n";
 }
```

〈실행결과〉

```
-1.0 1.5
Complex number = (-1) + (1.5)i
|z| = 1.802776
Complex number = (1) + (1.5)i
|w| = 1.802776
```

그러나 다음 예와 같이 클래스가 정의되는 부분에서 클래스의 데이터 멤버들을 초기화할 수는 없다. 그 이유는 클래스가 정의는 되지만 클래스 변수가 선언되어 객체가 실제로 생성되기 전에는 데이터가 저장될 기억 장소를 확보하지 않기 때문이다.

```
class  MyComplex  {
        private:
            real  =  1.0 ;      //   객체가 생성되지 않았기 때문에 초기화 불가능
            imag = -1.5 ;
};
```

연습문제

11-1 〔그림 7.1〕에 주어진 형태의 자료에 맞도록 Person 클래스를 정의하고 다음 질문에 답하여라.

(1) Person 클래스의 데이터 멤버들을 외부에서 초기화하는 멤버 함수를 추가하여라.

(2) Person 클래스의 데이터 멤버 이름, 성별, 주소를 출력하는 멤버 함수를 작성하여라.

11-2 두 Person 클래스의 급료를 비교하여 급료의 액수가 작은 클래스 객체를 반환하는 멤버 함수를 작성하여라.

11-3 두 Person 클래스의 급료의 합을 반환하는 멤버 함수를 작성하여라.

11-4 stack 클래스를 정의하여라(hints; stack을 사용하기 위한 연산, push(), pop() 함수를 멤버 함수로 사용하시오).

11-5 length, width 속성의 디폴트값을 1로 가지는 Rectangle 클래스를 작성하라. 사각형의 둘레와 넓이를 계산하는 perimeter, area 멤버 함수를 작성하라. 또한 length, width 속성에 대한 set 함수와 get 함수를 작성하라. set 함수는 두 값이 부동 소수 0.0에서 20.0 사이인지 검사한다.

11-6 40개의 요소를 갖는 배열을 사용하여 40자리의 정수를 저장할 수 있는 HugeInteger 클래스를 작성하여라. input, output, add, substratct 멤버 함수를 작성한다.

Chapter

12

C++ Programming

클래스의 형 변환

연산이 이루어지고 있는 두 피연산자의 데이터형이 서로 다를 경우 순위가 높은 데이터형으로 한쪽 피연산자의 데이터형이 자동 변환된다. 또한 대입연산자(=)의 오른쪽 피연산자가 왼쪽 피연산자(주로 변수)에 대입될 경우에도 우측 피연산자의 데이터형이 좌측 피연산자의 데이터형으로 자동 변환되어 대입된다. 물론 자동 변환되는 과정에서 데이터의 정확성이 상실될 수도 있다.

```
int  pi  =  3.14 ; //  pi에는 정수 3이 저장 (데이터 정확성 상실)
```

그러나 두 피연산자가 서로 호환되지 않을 경우에는 자동 변환되지 않는다. 예를 들어 다음 문장에서 대입 연산자의 왼쪽은 포인터 변수인데 반하여 오른쪽 피연산자는 정수이므로 두 피연산자의 데이터형은 서로 호환될 수 없다. 따라서 이 문장은 오류가 발생한다.

```
int *pi  =  100 ; //  오류 발생
```

여기서 생기는 오류 발생을 해결하기 위해서는 다음 예와 같이 형 변환연산자를 사용하여 오른쪽 피연산자를 강제로 왼쪽 피연산자의 데이터형에 맞도록 형 변환해야 한다.

```
int *pi  =  (int*) 100 ;                    //  int*형으로 100을 형 변환
```

이제 클래스 객체에 이 객체가 아닌 다른 데이터형의 자료가 대입되는 경우를 생각해보자.

```
MyComplex  v  =  5. ;
```

이 문장은 객체 v를 생성하면서 하나의 전달 인수를 갖는 생성자 함수를 자동 호출한다. 즉, 객체를 이 객체와 다른 데이터형인 double형 값으로 초기화하기 위해 생성자 함수 MyComplex(double)를 자동적으로 호출한다.

double형 값을 MyComplex 객체에 대입하는 다음 문장이 실행될 때도 똑같은 생성자 함수 MyComplex(double)이 호출된다. 즉, 객체가 아닌 double형의 자료가 객체에 대입될 때 자동으로 객체로의 형 변환이 일어나는 것처럼 작동된다.

```
MyComplex  z ;            // 인수가 없는 생성자 함수 호출하여 객체 초기화
z  =  1.5 ;               // 인수가 한 개인 생성자 MyComplex(double) 호출
```

만약 여기서 z에 대입되는 자료가 double형이 아니라 int형이라면 먼저 int형을 double형으로 자동 변환한 후, 변환된 double형 자료를 MyComplex형의 값으로 변환한다.

```
z  =  2 ;          // int형 자료 2를 double형 자료 2.0으로 변환한 후 객체로 변환
```

물론 MyComplex 클래스의 생성자 함수로 MyComplex(unsigned)이 정의되어 있으면 곤란하다. C++는 int형 2를 double형과 unsigned형 중 어느 데이터형으로 변환할 지 난감하기 때문이다.

이 밖에 생성자 MyComplex(double) 함수를 호출하여 자동변환이 이루어지는 상황이 또 있다. 그것은 사용자 정의 함수의 전달 인수가 MyComplex 객체인데도 전달값으로 double형 자료를 넘겨주거나, 반대로 그 함수의 반환값이 MyComplex 객체이어야 하는데 함수에서 double형 값을 반환할 때 객체의 자동 변환이 발생한다.

예를 들어 MyComplex 클래스의 멤버 함수인 printComplex(char *) 함수를 호출함으로써 자동 변환되어 전달된 객체를 출력하는 printObject() 함수를 다음과 같이 정의하자. 물론 printObject() 함수는 MyComplex 클래스 멤버 함수가 아니다.

```
void  printObject( const MyComplex & v,  char *name )
{
        v.printComplex( name ) ;
}
```

이제 printObject() 함수를 다음과 같이 호출하자.

```
printObject(-1.5, "-1.5");   // 객체대신 double형 자료 전달
```

여기서, printObject() 함수로의 첫번째 전달 인수가 객체가 되어야 하는데 double형 자료 -1.5가 객체 v로 전달된다. 즉, 객체에 double형 자료를 입력하는 꼴이 되므로 자동적으로 형 변환이 일어난다.

다음 예는 이상과 같이 double형 자료를 MyComplex 객체로 형 변환하는 몇 가지 예(객체의 초기화, 객체에 double형 자료 대입, 객체 대신 double형 자료를 전달)를 표시하고 있다.

〈예 12.1〉

```
#include <iostream.h>
#include <math.h>

class MyComplex {
   private:          // 데이터 멤버의 선언
      double  real;
      double  imag;

   public:                    // 멤버 함수의 선언
      MyComplex(double, double);  // 생성자 함수
      MyComplex(double);       // 인수가 하나인 생성자 함수
      MyComplex();                    // 인수가 없는 생성자 함수
      ~MyComplex() {};                // 소멸자 함수
      void  printComplex(char *);
};

 // 생성자 함수의 다중정의

inline MyComplex::MyComplex(double Re, double Im)
{
      real = Re;
      imag = Im;
}
```

```
inline MyComplex::MyComplex(double Re)
{
        real = Re;
        imag = 0;
}

inline MyComplex::MyComplex()
{
        real = imag = 0.;
}

void  MyComplex::printComplex(char *name)
{
        cout << "Complex number " << name << " = (" << real
           << ") + (" << imag << ")i\n";
}

// 사용자 정의 함수 : 객체 출력

void printObject(const MyComplex & v, char *name)
{
    v.printComplex(name);
}

void main()
{
    MyComplex z = -1.5;      // 객체의 초기화
    z.printComplex("z");
    z = 1.5;                     // double형 자료를 객체에 대입
    z.printComplex("z");
    z = 2;                       // int형 자료를 객체에 대입
    z.printComplex("z");   // 객체를 전달하는 대신 함수로 double형 자료 전달
    printObject(-1.5, "-1.5");
}
```

〈실행결과〉

```
Complex number z = (-1.5) + (0)i
Complex number z = (1.5) + (0)i
Complex number z = (2) + (0)i
Complex number -1.5 = (-1.5) + (0)i
```

지금까지는 double형 자료를 객체로 변환하였다. 물론 double형으로 자동 변환할 수 있는 모든 데이터형은 객체로 변환이 가능하다. 반대로 객체를 하나의 double형으로 변환할 수 있을까? double형 자료를 객체로 변환할 경우에는 생성자 함수 MyComplex

(double)를 사용하였다. 반대의 경우에는 이 함수를 사용할 수 없다. 이때에는 특별히 예약어 operator로 시작하는 변환 함수를 사용한다.

변환함수의 원형에 대한 형식은 다음과 같다. 물론 이 함수도 클래스의 멤버이어야 한다.

```
operator  데이터형 () ;     // 객체를 다른 데이터형으로의 변환 함수
```

여기서, 데이터형은 객체가 변환하고 싶은 데이터형을 의미한다. 예를 들어 객체를 double형으로 변환시키고자 한다면 다음과 같이 변환함수를 선언하면 된다.

```
operator double () ;          // 객체를  double형으로 변환
```

변환 함수는 이 함수로 전달되는 인자가 없으며, 객체를 특정한 데이터형으로 변환하는 것을 이미 표시하였기 때문에 시작에 반환 데이터형을 명시하지 않는다.

다음 예는 MyComplex 객체를 double형으론 변환하는 변환함수를 작성한 것이다. 여기서는 MyComplex 객체의 전용 멤버 real과 imag를 합한 값으로 형 변환하고 있다.

```
MyComplex::operator double ()
{
        return  ( real + imag ) ;
}
```

이제 main() 함수에서 다음과 같은 문장이 성공적으로 수행된다.

```
MyComplex  z( 1.5, 2.9 ) ;
double  sum = z ;    //  변환 함수의 암시적 사용
```

여기서 표시된 객체 z를 double형 sum에 대입될 경우 C++는 암시적으로 double형의 형에 맞는 변환 함수를 자동으로 호출한다. 즉, double형으로 변환하는 변환 함수와 더불어 int 형으로 변환하는 변환 함수가 다음과 같이 추가된다고 하더라도 C++는 문제가 되지 않는다.

```
operator  int ()
{
    return  ( (int)real + (int)imag ) ;
}
```

그러나 앞의 두 변환 함수가 존재할 때 다음 문장을 실행시키면 오류가 발생한다.

```
long  longsum = z ;                    //  오류 발생
```

이는 객체 z를 어떤 데이터형으로 변환해야 할 지 컴파일러가 선택할 수 없기 때문이다. 변환함수가 한 개일 경우에는 무조건 객체를 한 개뿐인 변환 함수의 데이터형으로 일단 변환한 후 다시 이 자료를 long형으로 변환하여 longsum에 저장한다. 그러나 변환 함수가 둘 이상일 때에는 오류가 발생하므로 변환 함수를 암시적으로 사용하면 안 된다. 모호함 때문에 생기는 오류 발생을 해결하기 위하여 다음과 같

이 두 가지 방법의 어느 형식으로든지 객체 변환을 명시적으로 실행하면 된다.

```
long  longsum1  =  double (z) ;
long  longsum2  =  (int) z ;
```

다음 〈예 12.2〉에 두 변환함수를 MyComplex 클래스의 멤버 함수로 추가하였다. 또한 지금까지 설명했던 실행문들을 main() 함수에 표시하였다.

〈예 12.2〉

```
#include <iostream.h>
#include <math.h>

class MyComplex {
   private:                      // 데이터 멤버의 선언
      double  real;
      double  imag;
   public:                       // 멤버 함수의 선언
      MyComplex(double, double);      // 생성자 함수
      MyComplex(double);  // 인수가 하나인 생성자 함수
      MyComplex();                    // 인수가 없는 생성자 함수
      ~MyComplex() {};                // 소멸자 함수

      void  printComplex(char *);
      operator double();              // 변환함수의 선언
      operator int();                 // 객체를 int형으로 변환
};

void  MyComplex::printComplex(char *name)
{
      cout << "Complex number " << name << " = (" << real << ")
           + (" << imag << ")i\n";
}
```

```
// 객체를 double형으로 변환하는 변환함수의 정의

MyComplex::operator double()
{
      return  (real + imag);
}

// 객체를 int형으로 변환하는 변환함수의 정의

MyComplex::operator int()
{
      return  ((int)real + (int)imag);
}

void main()
{
   MyComplex z(-1.5, 2.9);              // 객체의 초기화
   z.printComplex("z");

   double sum = z;                      // 객체를 double형으로 변환
   cout << "Real + Imag = " << sum << "\n";

   int  intsum = z;           // 객체를 int형으로 변환
   cout << "(int)Real + (int)Imag = " << intsum << "\n";
   //  long longsum = z;   // 오류 발생

   long longsum1 = double (z);
   long longsum2 = (int) z;
   cout << "longsum1 = " << longsum1 << ",  longsum2 = "
                << longsum2 << "\n";
}
```

〈실행결과〉

```
Complex number z = (-1.5) + (2.9)i
Real + Imag = 1.4
(int)Real + (int)Imag = 1
longsum1 = 1,  longsum2 = 1
```

Chapter

13

C++ Programming

생성자와 소멸자 함수

13.1 초기화

int나 double과 같은 일반적인 기본 데이터형으로 변수를 선언할 경우 다음 예와 같이 선언과 동시에 초기화가 가능하다.

```
double realnumber = 3.14 ;
```

또한 struct로 선언된 구조체 변수도 다음과 같이 초기화가 가능하였다.

```
MyComplex z1 = { 3.3, 4.2 } ;      // z1은 MyComplex형 구조체 변수
```

그러나 z1가 MyComplex 클래스 변수라면 위 문장처럼 초기화가 불가능하다. 왜냐하면 private 부분에 선언된 데이터 멤버(data member)들은 main()에서 직접 접근할 수 없기 때문이다. 따라서 초기화를 위한 초기화 멤버 함수가 필요하였다.

C++는 객체를 생성함과 동시에 객체의 데이터 멤버들을 정의하고 초기화할 수 있는 방법을 제공한다. 클래스 생성자(constructor)라고 하는 특별한 멤버 함수가 그것이다. 생성자 함수는 다른 멤버 함수들과 조금 다른 차이점이 있다. 먼저 생성자 함수의 이름은 클래스의 이름과 같아야 한다. 그리고 생성자 함수는 반환값을 리턴하지 않으며, 그렇다고 특별히 void와 같은 데이터형을 표시하지도 않는다.

다음은 MyComplex 클래스의 생성자 함수를 정의한 예이다. 여기서, 생성자 함수가 main() 함수로부터 값을 전달받아 클래스의 전용 데이터 멤버들을 초기화하고 있다. 이 함수는 초기화 멤버 함수의 기능을 대신하는 것이다.

```
MyComplex(double Re, double Im) // 생성자 함수의 정의
{
        real = Re ;
        imag = Im ;
}
```

다음은 클래스 변수를 선언하여 하나의 객체를 생성하는 형식을 표시한 것이다. 프로그램에서 다음과 같이 객체를 선언하면 암시적으로 생성자를 자동 호출하여 클래스 변수의 선언에서 주어진 인수들의 값이 생성자 함수로 전달된다. 일반적으로 생성자 함수에서는 이들을 전달받아 적절히 클래스 객체를 초기화시킨다.

```
클래스명   클래스변수명( 인수1, 인수2, … ) ;   //  인수를 가진 클래스 객체의 생성
```

예를 들어 앞에서 정의한 MyComplex 클래스의 생성자 함수를 자동으로 호출하는 암시적인 표현 방법은 다음과 같다.

```
MyComplex  z( 1.5,  1.5 ) ;            //  생성자를 암시적으로 호출
```

그러나 생성자 함수의 이름을 직접 명시하는 호출 방법도 있다. 생성자 함수의 이름은 클래스의 이름과 같으므로 다음 예와 같이 생성자 함수의 이름을 직접 명시한다.

```
MyComplex  w  =  MyComplex( -1.5,  1.5 ) ;  //  생성자를 명시적으로 호출
```

13.1.1 생성자 함수

C에서 변수의 값을 초기화하는 것과 같이 객체들의 초기값을 정의하는 방법이 필요하다. 이를 위해 멤버 함수 중에 특별한 의미와 역할을 수행하는 멤버 함수가 있다. 이를 생성자 함수(constructor function)라고 한다. 이는 클래스의 이름과 같은 이름을 가지며 객체가 생성될 때 자동으로 호출된다. 생성자 함수의 역할은 객체들이 생성될때 데이터 멤버들의 값을 초기화하는 것이다.

```
class DATE {
        public:
```

```
                DATE(); // 생성자 함수
                ~DATE();            // 소멸자 함수
                void SetDay(int, int, int);
                void FullDayPrint();
                void DatePrint();
        private:
                int year;
                int month;
                int day;
};

DATE::DATE()
{
        year = 1997; month = 1; day =1;
        cout << "DATE initialized" << endl;
}
```

C++에서 생성자 함수들은 반환값을 복귀할 수 없기 때문에 반환형을 지정하지 않았다. "DATE initialized"라는 메시지는 생성자 함수가 제대로 생성되었음을 확인하기 위해 사용한다. 일반적으로는 메시지를 출력하지 않고, 필요한 데이터 멤버들만 초기화한다. 또한 생성자 함수는 반환값이 없다.

특정 객체의 생성자 함수는 객체가 선언되어 생성될 때 자동으로 호출된다. 일반 구조적 프로그래밍 언어에서는 변수 선언문을 실행문으로 고려하지 않지만, C++에서는 객체를 선언하는 선언문이 실행문의 일종으로 실행된다.

일반 변수들도 전역 변수, 정적 변수, 지역 변수들로 구분되듯이, 객체들도 전역 객체와 정적 객체, 지역 객체들로 구분된다. 같은 클래스형의 생성자 함수인 경우에도 전역 객체나 정적 객체들에 대해서는 생성자 함수가 한번만 호출된다. 하지만 지역 객체의 경우에는 객체가 선언될 때마다 생성자 함수가 호출된다.

13.1.2 소멸자 함수

생성자 함수의 반대가 소멸자 함수(destructor function)이다. 이는 객체가 소멸되는 시점에서 자동으로 호출된다. 시점은 전역 객체의 경우 프로그램이 종료되는 시점이며, 지역 객체인 경우는 그 객체가 속한 함수 또는 서브루틴이 종료되는 시점이다. 이의 기능은 객체가 동적으로 할당하여 사용하던 기억 장소들이 있다면 시스템에 반환하거나, 이전에 열었던 파일이 있다면 닫는 작업 등을 수행한다.

함수의 형태는 생성자 함수와 같이 클래스의 이름과 같은 이름을 사용하고, 구별하기 위해 ~(틸드) 기호를 붙인다. 마찬가지로 반환값을 갖지 않는다.

```
DATE::~DATE()
{
        cout << "DATE destroyed" << endl;
}
```

현재까지는 아직 객체가 생성된 적이 없기 때문에 소멸자 함수가 사용되지 않은 상태이다.

<예 13.1>

```
#include <iostream.h>
#include <string.h>
#include <stlib.h>

class sample {
        char *name;
        public:
                sample();
                ~sample();
                void set_name(char *input);
};

sample::sample() {
        name = '\0';
}
```

```
sample::~sample() {
        if (name) free(name);
}
void::set_name(char *input) {
        name = (char *)malloc(strlen(input));
        if (~name) exit(1);
        strcpy(name, input);
}

main()
{
        char tmp[100];
        sample green;
        cin >> tmp;
        green.set_name(tmp);
        return 0;
}
```

위 프로그램은 출력 결과는 없다. 키보드로부터 입력된 문자열을 sample 클래스형인 객체 green의 데이터 name에 복사하는 작업을 수행한다. set_name() 함수에서는 매개변수를 통해 전달받은 문자열을 저장하기 위해 문자열 길이만큼의 기억 공간을 malloc() 함수를 이용하여 동적으로 할당받아 사용한다. 따라서 green이 소멸될때는 기억 공간을 반환하여야 한다(~sample() 함수의 free() 함수).

13.2 매개변수를 갖는 생성자 함수의 호출

위의 예에서는 생성자 함수에 매개변수 없이 함수 내에서 정해진 값으로 초기화하였지만, 매개변수를 통해 초기화값을 전달하는 경우를 생각해 본다.

```
class DATE {
```

```
        public:
                DATE(int i; int j; int k);      // 생성자 함수
                ~DATE();                                // 소멸자 함수
                void SetDay(int, int, int);
                void FullDayPrint();
                void DatePrint();
        private:
                int year;
                int month;
                int day;
};

DATE::DATE(int i; int j; int k)         // 생성자 함수 정의
{
        year = i; month = j; day = k; // i,j,k 변수는 year,month,day를 초기화
        cout << "DATE initialized" << endl;
}

main()
{
        DATE tiger(2010, 8, 11); // tiger는 year, month, day 를 각각 초기화
        tiger.DatePrint();
        retrun 0;
}
```

<실행결과>

```
DATE initialized    // 생성자 함수의 메시지
2010/8/11           // tiger.DatePrint() 함수의 예상치
DATE destroyed      // 소멸자 함수의 메시지
```

13.3 디폴트 매개 변수를 사용하는 생성자 함수

```
class DATE {
        public:
                DATE(int = 2010; int = 1; int 1);        // 생성자 함수
                ~DATE();                                  // 소멸자 함수
                void SetDay(int, int, int);
                void FullDayPrint();
                void DatePrint();
        private:
                int year;
                int month;
                int day;
};

DATE::DATE(int i; int j; int k)          // 생성자 함수 정의
{
        SetDay(i, j, k);
        cout << "DATE initialized" << endl;
}

main()
{
        DATE boy, girl(2000,40), tiger(2010, 8, 11);
        tiger.DatePrint();
        boy.DatePrint();
        girl.DatePrint();

        retrun 0;
}
```

〈실행결과〉

```
DATE initialized  // 객체(boy) 생성 시점에서 생성자 함수에 의한 메시지
DATE initialized  // 객체(girl) 생성 시점에서 생성자 함수에 의한 메시지
```

```
DATE initialized   // 객체(tiger) 생성 시점에서 생성자 함수에 의한 메시지
2010/8/11          // tiger 객체의 값을 SetDay() 함수가 설정한 결과
2010/1/1           // boy 객체는 매개변수값이 없기 때문에 디폴트값 표시
2000/1/1
DATE destroyed     // 소멸되는 순서에 따라(tiger → boy → girl)
DATE destroyed     // 소멸자 함수(~DATE())에 의한 메시지 출력
DATE destroyed
```

girl.DatePrint()의 결과는, girl 객체는 매개변수 값에 의해 year는 2000, month는 40으로 전달되었으나 40이란 값은 무의미하므로 SetDay() 함수에 의해 1로 설정되며, day 값은 주어지지 않았기 때문에 디폴트값(1)으로 설정된 결과이다.

13.4 프로그램 예제

위 예제들을 기반으로 완전한 프로그램의 예를 보면 다음과 같다.

〈예 13.2〉

```
#include <iostream.h>
class DATE {
        public:
                DATE(int = 0, int = 2010, int = 1, int =1);   // 생성자 함수
                ~DATE();                                      // 소멸자 함수
                void SetDay(int, int, int);
                void FullDayPrint();
                void DatePrint();
        private:
                int year;
                int month;
                int day;
                int turn;  // flag 변수
};

DATE::DATE(int value, int i, int j, int k) // 생성자 함수 정의
```

```
{
        turn = value;  // turn은 객체 생성 순서를 표시하기 위해 도입
        SetDay(i, j, k);
        cout << "Object : " << turn << "initialized" << endl;
}

DATE::~DATE()                  // 소멸자 함수 정의
{
        cout << "Object : " << turn << "destroyed" << endl;
}

void DATE::SetDay(int i, int j, int k)
{
        year = (i > 1997 && i < 2010) ? i : 1997;
        month = (j >=1 && j < 13) ? j : 1;
        if (j == 2)
                day = (k >== 1 && k < 29) ? k : 1;
        else
                day = (k >= 1 && k < 32) ? k : 1;
}

void DATE::FullDayPrint()
{
        cout << "Year ==>" << year << "Month ==>" << month
      << "Day ==> << day;
}

void DATE::DatePrint()
{
        cout << year << "/" << month < "/" << day << endl;
}

DATE first(1, 1998, 3, 1), second(2, 1997, 9, 1);
                               // 전역 객체; 첫 생성자 함수 호출
int sub();
```

```
main()
{
        DATE third(3), fourth(4, 2010, 8, 31);
                        // 객체가 생성되면서 생성자 함수 호출

        third.DatePrint();
        third.DatePrint();
        third.SetDay(2010, 9, 1);
        third.DatePrint();
        fourth.DatePrint();
        sub();   // 함수 호출
}

sub()
{
        DATE fifth(5), sixth(6);

        fifth.DatePrint();
        sixth.DatePrint();
        return 0;
}
```

<실행결과>

```
Object : 1 initialized
Object : 2 initialized
Object : 3 initialized
Object : 4 initialized
2010/1/1
2010/1/1
2010/1/1
2010/8/31
Object : 5 initialized
Object : 6 initialized
```

```
2010/1/1
2010/1/1
Object : 6 destroyed
Object : 5 destroyed
Object : 4 destroyed
Object : 3 destroyed
Object : 2 destroyed
Object : 1 destroyed
```

생성자 함수 호출 순서는 first(전역 객체 생성 시점) → second(전역 객체 생성 시점) → third(main() 함수 내의 객체 생성 시점) → fourth(main() 함수 내의 객체 생성 시점) → fifth(main() 함수 내에서 sub() 함수 호출되어 객체 생성 시점) → sixth(main() 함수 내에서 sub() 함수 호출되어 객체 생성 시점)의 순서이다.

소멸자 함수 호출 순서는 sixth(sub() 함수 종료 시점) → fifth(sub() 함수 종료 시점) → fourth(main() 함수 종료 시점) → third(main() 함수 종료 시점) → second(프로그램 종료 시점) → first(프로그램 종료 시점)의 순서이다.

다음 예는 생성자 함수 MyComplex()를 호출하는 두 방식으로 객체를 초기화하는 방법을 표시하고 있다.

〈예 13.3〉

```
#include <iostream.h>
 #include <math.h>

 class MyComplex {
    private:          // 데이터 멤버의 선언
       double  real;
       double  imag;

    public:           // 멤버 함수의 선언
       MyComplex(double, double);     // 생성자 함수의 원형
```

```
        void  printComplex();
        double absComplex();
};

 MyComplex::MyComplex(double Re, double Im)
{
        real = Re;
        imag = Im;
}

void  MyComplex::printComplex()
{
        cout << "Complex number = (" << real << ") +
               (" << imag << ")i\n";
}

double MyComplex::absComplex()
{
        return  sqrt(real*real + imag*imag);
}

void main()
{
    // 클래스 변수의 선언과 초기화
    MyComplex z(1.5, 1.5);        // 암시적인 생성자 호출


    z.printComplex();
    cout << "|z| = " << z.absComplex() << "\n";

    MyComplex w = MyComplex(-1.5, 1.5);     // 명시적인 생성자 호출
    w.printComplex();
    cout << "|w| = " << w.absComplex() << "\n";
}
```

〈실행결과〉

```
Complex number = (1.5) + (1.5)i
|z| = 2.12132
Complex number = (-1.5) + (1.5)i
|w| = 2.12132
```

실제로 C++는 클래스 변수가 선언되어 객체를 생성할 경우에 언제나 생성자 함수를 호출한다. 그러나 두 객체 z, w가 생성될 때 클래스의 생성자 멤버 함수가 정의되어 있지 않았지만 오류가 발생하지 않았다. 이는 컴파일러가 MyComplex 클래스에 대하여 다음과 같은 생성자를 디폴트로 제공해주기 때문이다.

```
MyComplex() { } //   디폴트 생성자
```

즉, 다음 문장은 암시적으로 디폴트 생성자를 호출한다. 물론 이 생성자는 생성되는 객체에 아무런 일도 수행하지 않을 것이다.

```
MyComplex  z ;
```

그러나 사용자가 생성자 함수를 한번 정의하면 컴파일러는 더 이상 디폴트 생성자를 제공하지 않기 때문에 사용자가 정의한 생성자 함수의 형식에 맞도록 암시적이거나 명시적으로 생성자를 호출하여 객체를 생성해야 한다. 따라서 〈예 13.3〉에 표시된 바와 같은 생성자 함수를 정의한 이후 MyComplex 클래스 변수 v를 다음 예처럼 선언하면 오류가 발생한다.

```
MyComplex  v ;  // 생성자 함수를 암시적으로 호출할 수 없다.
```

객체 v를 생성하고자 할 때 발생하는 오류는 이미 설명한 두 가지 방법으로 초기화를 명기하면 해결될 것이다. 그러나 초기화가 주어지지 않을 경우에도 다른 해결 방법이 있다. 첫 번째 방법은 디폴트 전달인수를 취하는 것이다. 다음은 〈예 13.3〉에서 설명한 생성자 함수에 디폴트 전달인수를 적용한 예이다. 생성자 함수의 정의에 디폴트 전달 인수를 지정하면 전달되는 인수가 주어지지 않을 경우 자동으로 디폴트 전달 인수의 값이 대입된다.

```
MyComplex( double Re = 0., double Im = 0. )     // 디폴트 전달 인수
{
        real  =  Re ;
        imag  =  Im ;
}
```

또 다른 해결 방법은 함수의 다중정의를 응용하여 또 다른 생성자 멤버 함수를 다중정의하는 것이다. 〈예 13.4〉는 두 개의 생성자 함수를 갖는 MyComplex 클래스를 정의하고 있다.

〈예 13.4〉

```
#include <iostream.h>
#include <math.h>

class MyComplex {
   private:               // 데이터 멤버의 선언
      double  real;
      double  imag;
   public:                // 멤버 함수의 선언
      MyComplex(double, double);  // 인수가 둘인 생성자 함수
      MyComplex();                // 인수가 없는 생성자 함수
      void  printComplex();
      double absComplex();
};

 // 생성자 함수의 다중정의

MyComplex::MyComplex(double Re, double Im)
{
      real = Re;
      imag = Im;
}
```

```
MyComplex::MyComplex()
{
        real = imag = 0.;
}

void  MyComplex::printComplex()
{
        cout << "Complex number = (" << real << ") + (" << imag << ")i\n";
}

double MyComplex::absComplex()
{
        return  sqrt(real*real + imag*imag);
}

void main()
{
    // 클래스 변수의 선언과 초기화
    MyComplex z(1.5, 1.5);   //  암시적으로 인수가 둘인 생성자 호출
    z.printComplex();
    cout << "|z| = " << z.absComplex() << "\n";

    MyComplex w;             //  암시적으로 인수가 없는 생성자 호출
    w.printComplex();
    cout << "|w| = " << w.absComplex() << "\n";
}
```

〈실행결과〉

```
Complex number = (1.5) + (1.5)i
|z| = 2.12132
Complex number = (0) + (0)i
|w| = 0
```

생성자 함수에 아무런 값도 넘겨주지 않는 클래스 변수 w의 선언문이 실행되면 객체 w에는 내부적으로 복소수 0+0i가 저장되게 된다. 그런데 w를 생성하는 선언문에 다음 예와 클래스 변수 이름 뒤에 같이 빈 괄호를 사용하면 MyComplex 클래스 객체를 반환하는 함수의 원형을 설명하는 선언문이 된다. 그러나 그런 함수는 존재하지 않기 때문에 당연히 오류가 발생한다. 따라서 두 은폐 데이터 멤버 real과 imag가 0으로 초기화되는 MyComplex 객체를 생성하고자 할 경우에는 클래스 변수이름 다음에 빈 괄호를 붙이지 말아야 한다.

```
MyComplex  w() ; //  w를 함수로 인식하므로 오류 발생
```

클래스 객체가 생성된 이후 프로그램이나 이 객체가 생성된 블록이 종료되면 컴파일러는 자동으로 클래스 소멸자(destructor) 함수를 호출한다. 객체를 생성하여 생성자 함수가 실행되면 프로그램은 객체가 더 이상 필요 없을 때까지 객체의 모든 정보들을 메모리에 보존한다. 소멸자 함수는 객체가 생성되어 사용되어온 객체의 정보들을 메모리에서 깨끗이 없애주는 역할을 한다.

〈예 13.5〉에 소멸자 함수를 공용 멤버 함수로 추가한 클래스 MyComplex의 정의를 표시한 프로그램이다. 〈예 13.4〉와 똑같은 부분은 대부분 생략하였다.

〈예 13.5〉

```
#include <iostream.h>
#include <math.h>

class MyComplex {
   private:           // 데이터 멤버의 선언
      double  real;
      double  imag;
   public:            // 멤버 함수의 선언
      MyComplex(double, double);      // 생성자 함수
      MyComplex();                    // 인수가 없는 생성자 함수
      ~MyComplex();                   // 소멸자 함수
      void  printComplex();
      double absComplex();
```

```
};

 // 생성자 함수의 다중정의는 생략함.

 // 소멸자 함수의 정의

MyComplex::~MyComplex()
{
      cout << "\n** 객체의 소멸 **\n";
}

 // printComplex() 멤버 함수의 정의와 absComplex() 멤버 함수의 정의는 생략함.


void main()
{
   // 클래스 변수의 선언과 초기화
   MyComplex z(1.5, 1.5);      // 암시적인 생성자 호출

   z.printComplex();
   cout << "|z| = " << z.absComplex() << "\n";

   MyComplex w;               // w(0.,0.)으로 초기화되는 생성자 호출

   w.printComplex();
   cout << "|w| = " << w.absComplex() << "\n";
}
```

〈실행결과〉

```
Complex number = (1.5) + (1.5)i
|z| = 2.12132
Complex number = (0) + (0)i
|w| = 0

** 객체의 소멸 **

** 객체의 소멸 **
```

위 결과를 보면 소멸자 함수가 두 번 연속 실행됨을 알 수 있다. 그 이유는 프로그램이 끝나는 순간 두 객체 각각에 대하여 소멸자 함수가 자동으로 두 번 호출되었기 때문이다. 두 객체 z, w는 프로그램이 끝나기 직전까지 계속 메모리에 존속하다가 소멸자 함수가 호출되면서 객체들의 정보가 지워지게 된다.

참고로 생성된 객체를 new 연산자를 사용하여 힙 메모리에 저장하였을 경우에는 delete 연산자로 객체가 저장된 힙 메모리를 해제하는 순간 소멸자 멤버 함수가 자동 호출된다. new 연산자, delete 연산자에 대한 자세한 사항은 다음 장으로 잠시 미룬다.

객체를 생성한 후 이를 초기화하고자 할 경우에는 객체 이름 다음의 괄호 안에 초기화되는 값들을 적어 주었다. 그런데 초기화를 위하여 생성자 함수로 전달되는 인자가 특별히 한 개일 경우에는 대입연산자를 사용하여 값의 객체를 초기화할 수 있다. 예를 들어 전달인자가 한 개인 생성자 함수를 하나 더 다중정의했다고 하자. 그러면 다음 클래스 변수 v의 선언은 특수한 형식이지만 올바르게 초기화가 이루어진다. 여기서, 객체 v는 허수부가 0인 실수 5.를 의미한다.

```
MyComplex  v = 5. ;            // 하나의 전달인자를 갖는 생성자 호출
```

복잡한 자료 구조를 갖는 구조체의 자료 처리에 일반적으로 new 연산자를 사용하여 힙 메모리에 자료를 저장하는 동적 구조체를 이용한다고 하였다. 클래스의 경우에도 동적인 객체를 힙 메모리에 생성할 수 있다. 다음 예는 new 연산자를 사용하여 힙에 동적 객체를 생성하고 이를 초기화하는 방법을 표시하고 있다.

```
MyComplex *pz = new MyComplex( 1.5,  1.5 ) ;
```

다음 예에서는 하나의 전달 인자만을 갖는 생성자 함수를 MyComplex 클래스에 다중정의하였다. 또한 이 생성자 함수를 호출하는 객체를 생성하는 예를 보여주고 있다. 그리고 new 연산자를 사용하여 힙 메모리에 자료를 저장하는 동적 객체를 생성하는 예도 함께 표시하였다. 〈예 13.4〉와 같은 코드는 생략한다.

<예 13.6>

```
#include <iostream.h>
#include <math.h>

class MyComplex {
   private:          // 데이터 멤버의 선언
      double  real;
      double  imag;
   public:                      // 멤버 함수의 선언
      MyComplex(double, double);    // 생성자 함수
      MyComplex(double);   // 인수가 한 개인 생성자 함수
      MyComplex();              // 인수가 없는 생성자 함수
      ~MyComplex();          // 소멸자 함수

      void  printComplex();
      double absComplex();
};

 // 생성자 함수의 다중정의

MyComplex::MyComplex(double Re, double Im)
{
      real = Re;
      imag = Im;
}

MyComplex::MyComplex(double Re)
{
      real = Re;
      imag = 0.;
}

MyComplex::MyComplex()
{
      real = imag = 0.;
```

```
}

 // 소멸자 함수의 정의는 생략함.
 // 두 멤버 함수의 정의도 생략함.

void main()
{
   // 클래스 변수의 선언과 초기화
   MyComplex v = 5.;        // 전달인자가 한 개인 생성자 호출
   v.printComplex();
   cout << "|v| = " << v.absComplex() << "\n";

   MyComplex *pz = new MyComplex(1.5, 1.5);   // 동적 객체의 생성

   pz->printComplex();
   cout << "|*pz| = " << pz->absComplex() << "\n";

   delete  pz;      //  힙 메모리가 제거되는 순간 소멸사 호출
}
```

〈실행결과〉

```
Complex number = (5) + (0)i
|v| = 5
Complex number = (1.5) + (1.5)i
|*pz| = 2.12132

** 객체의 소멸 **

** 객체의 소멸 **
```

13.5 상속에 의한 생성자, 소멸자 함수

객체 내부의 멤버 함수로는 생성자 함수(객체 생성시 실행)와 소멸자 함수(객체 소멸시 실행)가 있다. 이러한 함수가 없다면 모든 객체는 프로그램 시작시(컴파일시) 생성되므로 프로그램 종료 때까지 정적으로 남아 있는다. 지연 바인딩이 지원되고 가상 함수가 실행되기 위해서는 이들 함수가 필요하다.

다음 예제는 3단계의 상속 구조(upper → middle → sub)의 생성자 함수, 소멸자 함수 실행 예를 보여주고 있다. main() 함수에서 클래스 sub를 생성하면 즉시 생성자 함수가 실행되고 프로그램이 종료되면 소멸자 함수가 실행된다.

〈예 13.7〉

```
#include <iostream.h>
class upper {
        public:
                upper(void) { cout << "Create upper class" << "\n"; }
                ~upper(void) { cout << "Perish upper class" << "\n"; }
};

class middle : upper {
        public:
                middle(void) { cout << "Create middle class" << "\n"; }
                ~middle(void) { cout << "Perish middle class" << "\n"; }
};

class sub : middle {
        public:
                sub(void) { cout << "Create sub class" << "\n"; }
                ~sub(void) { cout << "Perish sub class" << "\n"; }
};

void main(void)
{
        sub obj; // obj 객체가 생성되면 생성자가 실행
}
```

〈실행결과〉

```
Create upper class
Create middle class
Create sub class
Perish sub cass
Perish middle class
Perish upper class
```

실행 순서는 main()에서 obj 객체가 sub 클래스로 생성되면 즉시 sub() 생성자를 기동하지만, 상위 클래스인 middle의 middle() 생성자를 먼저 기동시키고, middle()은 자신의 상위 클래스의 생성자인 upper()를 먼저 기동시킨다. 반면에 프로그램 종료시 하위 클래스의 소멸자부터 기동된다. 따라서 생성자 함수는 상위 클래스부터 실행되고, 소멸자 함수는 하위 클래스부터 실행된다.

연습문제

13-1 연습문제 11-1에서 정의한 Person 클래스에 대한 다음 질문에 답하여라.

(1) Person 클래스 변수를 선언하여 객체를 생성할 때 급료만을 따로 초기화 하는 생성자 함수를 작성하여라.

(2) Person 클래스 객체를 생성할 때 이름과 급료를 인수로 전달하여 초기화 되는 생성자 함수를 작성하여라.

13-2 3 개의 double 실수를 매개변수로 받은 생성자 함수를 사용하는 average 클래스를 작성하시오(hints; 세 변수는 각각 점수를 의미하며, 클래스에서 평균값을 구한 후 double 실수형 변수에 점수를 저장하시오. 아울러 평균 점수를 출력하는 average_print() 함수를 포함하시오).

13-3 Time 클래스 정의가 다음 두 생성자를 모두 포함할 수 있는가? 그렇지 않다면 이유를 설명하여라.

```
Time(int h=0, int m=0, int s=0);
Time();
```

13-4 생성자나 소멸자에 void 타입일지라도 반환 타입을 지정하게 되면 어떤 일이 발생하는가?

13-5 다음 단락의 생성자에서 무엇이 잘못되었는가?

```
class sample {
        double a, b, c;
public:
        double sample();
};
```

Chapter

14

C++ Programming

new와 delete 연산자

이 장에서는 클래스 멤버를 위하여 동적 메모리(힙 메모리)를 할당하는 방법과 클래스 객체에 포인터를 사용하는 간단한 방법을 다루어본다. C에서는 동적으로 기억장소를 할당받기 위해 malloc() 함수를 사용하고, 반환하기 위해 free() 함수를 사용한다. C++에서는 이를 위해 malloc(), free() 함수 이외에도 더 편리한 방법이 있다. new 연산자는 malloc() 함수와 같이 동적으로 기억장소를 할당하기 위해 사용하고, delete 연산자는 free() 함수와 같이 기억장소를 반납한다.

클래스 객체의 자료들을 위하여 동적 메모리가 필요한 이유는 배열이나 구조체 자료가 동적 메모리를 필요로 하는 경우와 같다. 실제로는 일부 밖에 쓰이지 않는 자료의 저장을 위해 처음부터 메모리를 낭비할 것이 아니라 프로그램이 실행되는 동안 필요한 양의 메모리만을 할당하도록 new 연산자를 사용한다. 다시 말해 클래스 객체가 사용할 메모리의 크기를 컴파일 과정에서 결정하지 않고 클래스 객체가 생성되는 실행 과정에서 이를 결정하도록 한다. 그러나 클래스 생성자에서 new를 사용하면 다른 문제가 발생한다. 이를 해결하기 위해서는 클래스 소멸자를 문제 해결에 맞도록 새롭게 정의하거나, 또 다른 클래스 멤버 함수(메소드)를 새롭게 정의하여야 한다.

```
'변수형 이름' * '변수명' ;
```

이는 포인터형 변수 선언문이다. 여기서, '변수형 이름'은 정수형, 실수형, 구조체 이름, 클래스명 등이 될수 있으며, '변수명'은 '변수형 이름'의 형태의 데이터를 저장하고 있는 기억장소를 가리키는 포인터형 변수이다. C에서는 malloc(), sizeof 연산자를 이용하여 동적으로 아래와 같이 기억장소를 할당한다.

```
'변수명' = ( '변수형 이름' *)malloc(sizeof '변수형 이름' );
```

malloc() 함수는 void * 형의 포인터를 반환하지만 C에서는 왼쪽의 형으로 자동 변환해 준다. C++에서는 형 지정자 연산자(cast operator)를 명시해야 한다. 이러한 문장은 new 연산자를 사용해 간단히 기술할 수 있다.

```
'변수명'  = new '변수형 이름 '
```

new 연산자는 자동으로 적절한 크기의 기억장소를 할당하여 그 포인터를 반환한다. new 연산자가 적절한 크기의 기억 공간을 할당받을수 없는 경우에 NULL(0) 포인터를 반환한다. 기억공간을 반환하기 위해서는 delete 연산자를 사용한다 (delete '변수명';)

```
main()
{
        int *tiger;
        DATE *lion;
        traffic *sonata;

        tiger = new int;
        lion = new DATE;
        traffic = new traffic;

        delete tiger;
        delete lion;
        delete sonata;

        return 0;
}
```

변수 tiger는 정수형 포인터를 가리킨다. new 연산자에 의해 동적으로 기억 장소를 할당받고, delete 연산자에 의해 반납한다. 클래스 DATE형의 포인터 객체 lion과 클래스 traffic형의 포인터 객체 sonata도 new 연산자를 이용해서 동적으로 할당받고, delete 연산자로 반환한다. new 연산자를 이용하여 동적으로 할당된 객체에 초기값을 설정할 수 있다.

```
float *tiger = new float(3.1415);
```

위의 변수 선언은 실수형 포인터 변수 tiger에게 동적으로 기억 공간을 할당하고 초기값으로 3.1415를 지정한다.

〈예 14.1〉

```
main()
{
        int *lover;
        lover = new int[5];
                        //정수형 포인터 변수에 정수형 데이터 5개를 갖는 배
열로 사용
        if (!lover) {
                cout << "Allocation Error" << endl;
                return 1;
        }

        int x;
        for (x=0; x<5; x++) lover[x] = x;
        int y;
        cout << "-- Value of Array Items --" << endl;
        for (y=0; y<5; y++)
                cout << "lover[" << y << "]" << lover[y] << endl;
        delete [] lover;  // 동적으로 할당된 기억장소 반환
        return 0;
}
```

〈실행결과〉

```
-- Value of Array Items --
lover[0] 0
lover[1] 1
lover[2] 2
lover[3] 3
lover[4] 4
```

다른 예를 보기로 한다. 아래의 name 변수는 복소수의 이름을 의미하는 문자열 포인터 변수로 사용될 것이다.

```
class  My3Complex  {
        private:
                char  *name ;      // 문자열 포인터
                double  real,  imag ;
                static  unsigned  countObject ;
        public:  // 멤버 함수들은 생략
                :
        };
```

<예 14.2>는 생성자 함수에 new를 사용하여 객체의 멤버를 동적 메모리에 할당하는 방법을 표시하고 있다. 그리고 delete를 사용하여 소멸자 함수에서 동적 메모리에 할당된 메모리를 해제하고 있다. 이는 소멸자 함수에 delete 문을 사용하면 이 객체가 소멸될 때 new에 의해 할당되었던 객체 멤버의 동적 메모리를 자동으로 해제할 수 있기 때문이다.

<예 14.2>

```
#include <iostream.h>
#include <string.h>

class My3Complex {
   private:          // 데이터 멤버의 선언
      char  * name;    // 복소수의 이름인 문자열 포인터
      double  real, imag;
      static  unsigned  countObject;   //  static 멤버

   public:           // 멤버 함수의 선언
      My3Complex(double, double, char *);  // 생성자 함수
      My3Complex();              // 디폴트 생성자 함수
      ~My3Complex();          // 소멸자 함수
```

```
    void  printComplex();
};

// 생성자 함수의 다중정의

My3Complex::My3Complex(double Re, double Im, char *s)
{
    name = new char[ strlen(s)+1 ];  // 문자열 저장을 위한 동적 메모리
    strcpy(name, s);
    real = Re;
    imag = Im;
    My3Complex::countObject++;    // static 멤버의 참조, 객체 생성

    cout << "지금까지 " << My3Complex::countObject
         << " 개의 객체가 생성됨\n";
}

My3Complex::My3Complex()
{
    name = new char[ strlen("z")+1 ];    // 디폴트 문자열 저장
    strcpy(name, "z");
    real = imag = 0;
    My3Complex::countObject++;    // static 멤버의 참조, 객체 생성

    cout << "지금까지 " << My3Complex::countObject
         << " 개의 객체가 생성됨\n";
}

// 소멸자 함수의 정의

My3Complex::~My3Complex()
{
    My3Complex::countObject--;    // static 멤버의 참조, 객체 소멸
    delete [] name;

    cout << My3Complex::countObject << " 개의 객체가 남음\n";
```

```
}

// 객체 출력을 위한 멤버 함수

void  My3Complex::printComplex()
{
        cout << "Complex number " << name << " = (" << real
              << ") + (" << imag << ")i\n";
}

// static 멤버의 초기화

unsigned My3Complex::countObject = 0;

//

void main()
{
    void forStaticMember();  // 함수의 선언

    My3Complex z1(1.5, 1.5, "z1");  // 객체의 생성
    z1.printComplex();

    forStaticMember();   // 함수의 호출

    My3Complex z[3] = { My3Complex(1.0, 1.0, "z[0]"),
                        My3Complex(-1.0, 1.0, "z[1]"),
                        My3Complex(-1.0, -1.0, "z[2]")
                      };    // 객체 배열
    for(int i=0; i < 3; i++)
          z[i].printComplex();
}

// 함수의 정의

void forStaticMember()
```

```
{
    My3Complex z(2.2, -3.3, "local_z");  // 지역 객체의 생성

    z.printComplex();
}
```

〈실행결과〉

```
지금까지 1 개의 객체가 생성됨
Complex number z1 = (1.5) + (1.5)i
지금까지 2 개의 객체가 생성됨
Complex number local_z = (2.2) + (-3.3)i
1 개의 객체가 남음
지금까지 2 개의 객체가 생성됨
지금까지 3 개의 객체가 생성됨
지금까지 4 개의 객체가 생성됨
Complex number z[0] = (1) + (1)i
Complex number z[1] = (-1) + (1)i
Complex number z[2] = (-1) + (-1)i
3 개의 객체가 남음
2 개의 객체가 남음
1 개의 객체가 남음
0 개의 객체가 남음
```

main() 함수에서 세 개의 생성자 함수를 초기화함으로써 객체 배열 z[]을 생성할 수 있음을 보여주고 있다. 물론 이때 생성된 객체의 이름은 일반 배열과 마찬가지로 z[0], z[1], z[2]로 사용된다. 마지막으로 forStaticMember() 함수 내에서 생성된 지역 객체는 이 함수의 실행이 끝나는 순간 소멸되지만 main()에서 생성된 객체들은 프로그램이 종료되는 순간에 소멸됨을 실행 결과로부터 알 수 있다.

이 예는 정상적으로 작동하고 있다. 그러나 main() 함수에 다음과 같이 객체가 초기화되는 두 문장을 실행하면 객체는 정상적으로 생성되지만 객체의 소멸이 이상한 현상을 보인다.

```
My3Complex  z1( 1.5, 1.5, "z1" ) ;
My3Complex  z2( z1 ) ;     // z1으로 초기화되는 객체 z2를 생성
My3Complex  z3 = z1 ;      // z1으로 초기화되는 객체 z3를 생성
```

즉, z1으로 초기화되는 객체 z2, z3를 얻기 위함이 목적이다. 다음은 위 예가 실행되었을 경우 얻어지는 결과이다.

```
지금까지 1 개의 객체가 생성됨
Complex number z1 = (1.5) + (1.5)i
Complex number z1 = (1.5) + (1.5)i
Complex number z1 = (1.5) + (1.5)i
0 개의 객체가 남음
65535 개의 객체가 남음
65534 개의 객체가 남음
Null pointer assignment
```

여기서, 우리는 객체가 3개 생성된 것처럼 생각했지만 실제로는 1개(객체 z1) 밖에 생성되지 않았음을 알 수 있다. 이러한 결과가 생긴 원인은 복사 생성자 때문이다. 디폴트 복사 생성자는 위와 같이 기존의 객체로 다른 객체를 초기화하는 과정에 자동으로 실행된다. 디폴트 복사 생성자는 정적 멤버(static 멤버)는 개개의 객체에 속한 멤버가 아니므로 복사하지 않지만 나머지 멤버들은 일대일로 복사하는 일을 수행한다. 여기서, 우리의 문제점을 해결할 수 있는 실마리를 얻을 수 있다. 생성자 함수에서는 countObject 값을 객체가 생성될 때마다 1 증가해주지만, 자동으로 실행되는 디폴트 복사 생성자는 이 작업을 하지 않고 있다는 사실이다. 그러므로 객체가 소멸되면서 countObject 값이 0보다 작아져 65535, 65534가 출력된다(정적 변수 countObject는 unsigned int형으로 선언되었다).

따라서 이 작업을 정확히 수행할 수 있는 새로운 복사 생성자를 정의해주면 된다. 디폴트 복사 생성자의 원형에 대한 형식이 다음과 같기 때문에 우리가 정의하는 복사 생성자도 이와 똑같은 원형을 사용하면 될 것이다.

```
My3Complex( const My3Complex & )  // My3Complex 클래스의 복사 생성자 원형
```

다음 〈예 14.3〉은 countObject의 값을 갱신시키면서 디폴트 복사 생성자의 기능을 수행하도록 작성된 새로운 복사 생성자와 이를 시험하기 위한 main() 함수를 작성한 것이다. 〈예 14.2〉와 일치하는 My3Complex 클래스의 나머지 정의는 생략하였다.

〈예 14.3〉

```
// My3Complex의 정의는 생략
// 복사 생성자

My3Complex::My3Complex(const My3Complex & v)
{
        name = new char[ strlen(v.name)+1 ];    // 디폴트 문자열 저장
        strcpy(name, v.name);
        real = v.real;
        imag = v.imag;

        My3Complex::countObject++;    // static 멤버의 참조, 객체 생성

        cout << "지금까지 " << My3Complex::countObject
              << " 개의 객체가 생성됨\n";
}

// 기타 멤버 함수 생략

// static 멤버의 초기화

unsigned My3Complex::countObject = 0;

//

void main()
{
    void copyMember(My3Complex);  // 함수의 선언
```

```
    My3Complex z1(1.5, 1.5, "z1"); // 객체의 생성
    z1.printComplex();

    copyMember(z1);   // 함수의 호출

    My3Complex z2(z1);
    z2.printComplex();

    My3Complex z3 = z1;
    z3.printComplex();
}

// copyMember() 함수의 정의

void copyMember(My3Complex z)            //  복사 생성자 호출
{
    cout << "copyMember : ";
    z.printComplex();
}
```

〈실행결과〉

```
지금까지 1 개의 객체가 생성됨
Complex number z1 = (1.5) + (1.5)i
지금까지 2 개의 객체가 생성됨
copyMember : Complex number z1 = (1.5) + (1.5)i
1 개의 객체가 남음
지금까지 2 개의 객체가 생성됨
Complex number z1 = (1.5) + (1.5)i
지금까지 3 개의 객체가 생성됨
Complex number z1 = (1.5) + (1.5)i
2 개의 객체가 남음
1 개의 객체가 남음
0 개의 객체가 남음
```

copyMember() 함수의 호출에서 일어난 상황과 같이 함수 호출시 값에 의해 객체를 객체에 전달할 경우에도 자동적으로 디폴트 복사 생성자를 호출한다. 그러나 참조자를 전달할 경우에는 디폴트 복사 생성자를 호출하지 않을 것이다. 이때는 임시 객체를 생성하기 위하여 생성자를 호출하지 않으므로 시간과 메모리 공간이 절약된다. 여러분이 직접 참조자를 전달하는 copyMember() 함수를 변경하여 그 결과를 살펴보기 바란다.

복사 생성자의 문제점을 해결하더라도 My3Complex 클래스 객체에 대한 다음 문장을 실행할 때 또 다른 문제점을 발견할 수 있다. 물론 이 문제를 해결하지 않아도 복사 생성자의 경우와 마찬가지로 프로그램의 실행에는 큰 영향을 주지 않는다.

```
z = w = z1 ;      // 다중정의된 내장 대입 연산자 함수 호출
```

C++는 대입연산자가 클래스에 사용되는 것을 허용하기 위하여 클래스 객체에 대하여 대입연산자(=)를 이미 다중정의하였다. 예를 들어 My3Complex 객체 사이의 대입 연산을 위한 다중정의된 대입연산자 함수 operator=()의 원형은 다음과 같다.

```
My3Complex & My3Complex::operator=( const My3Complex & ) ;
```

여기서, operator=() 함수는 객체에 대한 참조자로 전달 인수로 받아들이며, 이 함수의 반환값도 객체에 대한 참조자이다. operator=() 함수는 객체들간의 대입 연산이 이루어질 때 호출될 것이며, 그 기능은 복사 생성자와 마찬가지로 두 객체의 멤버끼리의 대입 연산을 수행한다.

z=z1; 의 연산은 이미 두 개의 객체를 생성한 이후이기 때문에 이 연산에는 클래스 생성자, 소멸자 함수가 관련되지 않는 것처럼 보인다. 그러나 동적 메모리를 사용하는 name 멤버가 생성자에서 new에 의해서 메모리를 할당받고, 소멸자 함수에서 이를 해제한다. 여기에 사소한 문제점이 발생한다.

먼저 main()에서 z=z1; 의 문장을 실행하면 다음과 같은 결과를 얻는다. 무엇이 문제인지를 시각적으로 파악하기 위하여 소멸자 함수에 name 멤버에 할당된 힙 메모리를 해제하기 전에 다음 문장을 추가하였다.

```
cout << "문자열 " << name << "의 동적 메모리 지움\n" ;
```

〈실행결과〉

```
지금까지 1 개의 객체가 생성됨
지금까지 2 개의 객체가 생성됨
Complex number nameMember = (1.5) + (1.5)i
Complex number nameMember = (1.5) + (1.5)i
문자열 nameMember의 동적 메모리 지움
1 개의 객체가 남음
문자열 複Member의 동적 메모리 지움
0 개의 객체가 남음
Null pointer assignment
```

여기서 얻어진 실행 결과를 보면 두 번째로 생성된 객체 z에 기존의 객체 z1을 대입하는 연산은 별 무리 없이 실행되고 있다. 예를 들어 대입 연산이 실행된 이후 z.name이 가리키고 있는 힙 메모리 주소와 z1.name이 가리키고 있는 주소가 같아진다. 그러나 프로그램이 종료되면서 생성된 객체들을 제거하는데 객체 z가 먼저 제거되면서 z의 name 멤버가 가리키는 주소의 문자열을 소멸할 것이다. 이후 객체 z1을 제거할 시간에 이미 소멸된 z1.name의 문자열을 한 번 더 소멸하려 한다. 앞의 실행 결과에서 얻어진 이상한 결과는 이 과정에서 생겨난 것이다.

이를 해결하기 위해서는 아래에 표시된 연산자 다중정의 함수 operator=()를 우리가 새로 정의하여야 한다. 〈예 14.3〉의 경우와 마찬가지로 여기서도 〈예 14.2〉와 달라진 operator=()함수, 소멸자, 그리고 main() 함수위주로 표시하였다.

〈예 14.4〉

```
// <예 10.15>에서 정의된 My3Complex의 정의 참조
```

```
// 객체를 위한 operater = () 함수 정의

My3Complex & My3Complex::operator=(const My3Complex & v)
{


      delete [] name;   // (*this) 객체의 name 문자열 해제
      name = new char[ strlen(v.name) + 1 ];  // 새로운 메모리 확보
      strcpy(name, v.name);  // 문자열 복사

      real = v.real;
      imag = v.imag;

      return (*this);   // 새롭게 복사된 객체 반환
}

 // 생성자 함수의 다중정의

My3Complex::My3Complex(double Re, double Im, char *s)
{
      name = new char[ strlen(s)+1 ];  // 문자열 저장을 위한 동적 메모리
      strcpy(name, s);
      real = Re;
      imag = Im;

      My3Complex::countObject++;       // static 멤버의 참조, 객체 생성

      cout << "지금까지 " << My3Complex::countObject
            << " 개의 객체가 생성됨\n";
}

My3Complex::My3Complex()
{
      name = new char[ strlen("z")+1 ];            // 디폴트 문자열 저장
```

```
        strcpy(name, "z");
        real = imag = 0;

        My3Complex::countObject++;      // static 멤버의 참조, 객체 생성

        cout << "지금까지 " << My3Complex::countObject
             << " 개의 객체가 생성됨\n";
}

// 복사 생성자

My3Complex::My3Complex(const My3Complex & v)
{
        name = new char[ strlen(v.name)+1 ];   // 디폴트 문자열 저장
        strcpy(name, v.name);
        real = v.real;
        imag = v.imag;

        My3Complex::countObject++;      // static 멤버의 참조, 객체 생성

        cout << "지금까지 " << My3Complex::countObject
             << " 개의 객체가 생성됨\n";

}

// 소멸자 함수의 정의

My3Complex::~My3Complex()
{
        My3Complex::countObject--;      // static 멤버의 참조, 객체 소멸

        cout << "문자열 " << name << "의 동적 메모리 지움\n" ;
        delete [] name;

        cout << My3Complex::countObject << " 개의 객체가 남음\n";
```

```
}

// 객체 출력을 위한 멤버 함수

void  My3Complex::printComplex()
{
        cout << "Complex number " << name << " = (" << real
                << ") + (" << imag << ")i\n";
}

// static 멤버의 초기화

unsigned My3Complex::countObject = 0;

//
void main()
{
    My3Complex z1(1.5, 1.5, "nameMember"), z, w;  // 객체의 생성
    z1.printComplex();

    z = z1;
    z.printComplex();

    z  =  w  =  z1 ;
    w.printComplex();
}
```

<실행결과>

```
지금까지 1 개의 객체가 생성됨
지금까지 2 개의 객체가 생성됨
지금까지 3 개의 객체가 생성됨
Complex number nameMember = (1.5) + (1.5)i
Complex number nameMember = (1.5) + (1.5)i
```

```
Complex number nameMember = (1.5) + (1.5)i
문자열 nameMember의 동적 메모리 지움
2 개의 객체가 남음
문자열 nameMember의 동적 메모리 지움
1 개의 객체가 남음
문자열 nameMember의 동적 메모리 지움
0 개의 객체가 남음
```

〈예 14.4〉의 main() 함수에서 표시된 다음 문장도 새롭게 연산자 다중정의함수 operator=()를 사용하면 문제없이 실행된다.

```
z = w = z1 ;
```

참고로 이 문장을 함수 호출 방식으로 표현하면 다음과 같다.

```
z.operator=( w.operator=( z1 ) ) ;
```

연습문제

14-1 학생의 학번, 이름, 학과, 전화번호를 포함하는 Tel이라는 클래스를 만들어라. new를 사용하여 이 클래스의 객체를 동적으로 할당하고, 자신의 이름과 전화번호를 이 객체 내 해당 필드에 저장하시오.

14-2 new를 사용하여 다음 코드를 바꾸시오.

```
char *p;
p = (char *)malloc(100)
```

14-3 아래의 예에서 잘못된 것을 수정하시오.

```
char *string;
string = new char[20];
free(string);
```

14-4 new를 사용하여 float, long, char를 동적으로 할당하는 프로그램을 작성하여라. 이들 동적 변수에 값을 지정하고 그 값을 출력하라. 또한 delete를 사용하여 할당된 메모리를 해제하라.

14-5 사람의 이름과 전화번호를 포함하는 클래스를 작성하라. new를 사용하여 이 클래스의 객체를 동적으로 할당하고, 이 객체 내의 필드에 자신의 이름과 전화번호를 저장하라.

Chapter 15

C++ Programming

static 멤버와 static 멤버 함수

15.1 정적 멤버

일반적으로 클래스의 데이터 멤버는 각 인스턴스마다 서로 상이한 값을 가진다. 하지만 경우에 따라서 임의의 클래스에 속한 모든 객체에 공통 데이터가 필요한 경우가 있다. 예를 들어, 클래스에 속한 객체의 개수를 카운트하거나 클래스의 성질을 나타내는 변수가 이에 해당한다.

이와 유사한 경우가 C의 global 변수이다, 하지만 외부 변수로 이와 같이 선언해서 사용하면 어디서나 접근이 가능하게 되므로 객체지향 개념에 위배된다. 이와 같은 경우 객체지향 프로그래밍에서는 각 인스턴스들이 공통적으로 접근가능하게 하는 변수, 즉, 클래스 변수를 선언해서 사용한다.

이를 C++에서는 클래스 선언시 변수에 static 키워드를 붙여서 선언한다. 이를 '정적 멤버'라고 부른다. 정적 멤버에 대한 초기화는 외부 변수와 같이 클래스 정의 외부에서 이루어진다. 정적 멤버 선언시 클래스명을 선두에 붙이므로 이름이 충돌되는 경우는 없다. 따라서 정적 데이터 멤버는 프로그램 내부에서 한 번만 초기화 되도록 할 수 있다.

```
class Base {
        static int mem;
public:
        ...
};

int Base::mem = 0;  // 정적 멤버의 초기화
```

static으로 선언된 정적변수는 auto로 선언된 자동변수와는 달리 컴파일 시간에 정의되고, 실행 시간동안 이 변수가 변경되면 블록(함수)이 끝나더라도 이 프로그램이 종료할 때까지 변수의 값을 유지한다. 클래스변수인 객체를 생성할 경우에도 static으로 선언하여 객체의 변경된 값을 계속 유지할 수 있다.

```
static MyComplex  z( 1.5, -1.5 ) ;    // 정적 객체 생성
```

<예 15.1>은 정적 객체를 생성하고 이 객체의 값을 변경하는 forStatic() 함수를 main() 함수 뒤에 표시하였다.

<예 15.1>

```
#include <iostream.h>
#include <math.h>


class MyComplex {
   private:          // 데이터 멤버의 선언
      double  real;
      double  imag;

   public:                       // 멤버 함수의 선언
      MyComplex(double, double);    // 생성자 함수
      MyComplex(double);            // 인수가 하나인 생성자 함수
      MyComplex();                  // 인수가 없는 생성자 함수
      ~MyComplex() {};               // 소멸자 함수

      void  printComplex(char *);
      double & realPart() { return real; }       // 함수의 반환값이 참조자
      double & imagPart() { return imag; }
};

 // 생성자 함수의 다중정의는 생략

void  MyComplex::printComplex(char *name)
{
      cout << "Complex number " << name << " = (" << real
            << ") + (" << imag << ")i\n";
}

void main()
{
```

```
    void forStatic();  // 함수의 선언

    for(int i=0; i < 3; i++)
        forStatic();   // 함수의 호출
}

// forStatic() 함수의 정의

void forStatic()
{
    static MyComplex z(1.5, -1.5);      // 정적 객체의 초기화

    z.printComplex("z");

    z.realPart() *= 2.;
    z.imagPart() *= 2.;
}
```

〈실행결과〉

```
Complex number z = (1.5) + (-1.5)i
Complex number z = (3) + (-3)i
Complex number z = (6) + (-6)i
```

실행결과를 보면 객체 z의 전용 멤버들이 모두 static으로 선언될 때와 똑같이 사용되고 있음을 알 수 있다. 만일 forStatic() 함수에서 생성된 객체 z가 static으로 선언되지 않았다면, forStatic() 함수가 호출될 때마다 (1.5, -1.5)로 재 초기화된다. 즉, 객체 z의 출력 결과가 모두 똑같을 것이다. 여러분들이 직접 키워드 static을 지우고 실행시켜 그 결과를 확인해보기 바란다.

이제 클래스의 데이터 멤버들의 일부 데이터 멤버를 static으로 선언해보자. static 데이터 멤버는 여러 클래스 객체가 생성된다고 할 때 생성된 클래스의 통계량 등

을 구하는데 자주 사용된다. 먼저 MyComplex 클래스에 static 데이터 멤버 countObject 를 추가한 My2Complex 클래스를 다음과 같이 정의해보자.

```
class My2Complex  {
        private:
                double  real,  imag ;
                static  unsigned  countObject ;        // 초기화 불가능
        public:
                My2Complex( double, double ) ;        // 생성자
                My2Complex() ;                        // 디폴트 생성자
                ~My2Complex();                        // 소멸자
                void  printComplex( char * ) ;        // 멤버 함수
        };
```

여기서, 다음과 같이 세 개의 클래스 객체를 생성해보자.

```
My2Complex  z1,  z2,  z3 ;
```

이때 C++는 MyComplex 클래스 객체를 생성할 때와 조금 다르게 객체들을 생성한다. 세 개의 My2Complex 객체 z1, z2 그리고 z3의 데이터 멤버 real과 imag는 각각 따로 메모리에 할당하지만, static으로 선언된 countObject 데이터 멤버는 오로지 하나의 개체만을 메모리에 할당한다. 이렇게 static으로 선언된 정적 전용 멤버는 어느 객체에도 속하지 않으며, 단지 하나의 클래스에 속한 데이터 멤버이다. 따라서 이 static 멤버를 초기화하거나 참조하기 위해서는 클래스의 이름과 전역 식별 연산자(::)를 이용하여야 한다.

```
unsigned  My2Complex::countObject  =  0 ;    // static 멤버의 초기화
```

static 멤버를 전용 멤버로 선언할 경우에는 반드시 멤버 함수를 통하여 이에 접근하여야 하고, 공용 멤버로 선언했으면 쉽게 이 static 멤버로 접근 가능하다.

〈예 15.2〉의 프로그램은 생성자 멤버 함수를 이용하여 객체가 생성될 때마다 객체의 개수를 출력한다. 재미있는 사실은 소멸자 멤버 함수가 자동 호출될 때마다 (객체가 소멸될 때 자동으로 소멸자 멤버 함수가 호출된다) 생성된 객체가 줄기 때문에 static 멤버의 값을 1 감소해줘야 한다는 것이다.

〈예 15.2〉

```
#include <iostream.h>

class My2Complex {
   private:           // 데이터 멤버의 선언
      double  real, imag;
      static  unsigned  countObject;    //  static 멤버

   public:            // 멤버 함수의 선언
      My2Complex(double, double);  // 생성자 함수
      My2Complex();              // 인수가 없는 생성자 함수
      ~My2Complex();          // 소멸자 함수
      void  printComplex(char *);
};

 // 생성자 함수의 다중정의

My2Complex::My2Complex(double Re, double Im)
{
      real = Re;
      imag = Im;
      My2Complex::countObject++;   // static 멤버의 참조, 객체 생성

      cout << "지금까지 " << My2Complex::countObject
```

```
            << " 개의 객체가 생성됨\n";
}

My2Complex::My2Complex()
{
      real = imag = 0;
      My2Complex::countObject++;   // static 멤버의 참조, 객체 생성

      cout << "지금까지 " << My2Complex::countObject
            << " 개의 객체가 생성됨\n";
}

// 소멸자 함수의 정의

My2Complex::~My2Complex()
{
      My2Complex::countObject--;   // static 멤버의 참조, 객체 소멸
}
// 객체 출력을 위한 멤버 함수

void  My2Complex::printComplex(char *name)
{
      cout << "Complex number " << name << " = (" << real
            << ") + (" << imag << ")i\n";
}

// static 멤버의 초기화

unsigned My2Complex::countObject = 0;

//

void main()
{
```

```
    void forStaticMember();  // 함수의 선언

    My2Complex z1(1.5, 1.5);  // 객체의 생성
    z1.printComplex("z1");

    My2Complex z2;
    z2.printComplex("z2");

    for(int i=0; i < 2; i++)
        forStaticMember();    // 함수의 호출
}

// forStaticMember() 함수의 정의

void forStaticMember()
{
    My2Complex z(2.2, -3.3);  // 지역 객체의 생성

    z.printComplex("z");
}
```

〈실행결과〉

```
지금까지 1 개의 객체가 생성됨
Complex number z1 = (1.5) + (1.5)i
지금까지 2 개의 객체가 생성됨
Complex number z2 = (0) + (0)i
지금까지 3 개의 객체가 생성됨
Complex number z = (2.2) + (-3.3)i
지금까지 3 개의 객체가 생성됨
Complex number z = (2.2) + (-3.3)i
```

실행 결과를 보면 객체가 생성되면서 호출한 생성자 함수에서 static 멤버 countObject를 1 증가시키며, forStaticMember() 함수를 호출할 때마다 객체가 생성되고 소멸되는 작업이 반복됨을 알 수 있다.

15.2 정적 멤버 함수

C++에서는 멤버 함수에 대해서도 static 선언을 할 수 있다. 이를 정적 멤버 함수라고 한다. 정적 멤버 함수를 이용하는 경우에는 수신측 객체는 불필요하다. 따라서 정적 멤버 함수는 정적 데이터에만 접근이 가능하다. static으로 선언되지 않은 데이터는 본래 수신측 객체가 가지고 있기 때문이다.

```
static void function() { ... }
```

```
class Base {
        static int mem;
public:
        Base() { ...; mem++; );
        ~Base() { ...; mem--; };
        Count() { cout << "현재 생성되어 있는 객체이 수 =  " << mem; };
        ...
};

int Base::mem = 0;  // 정적 멤버의 초기화
```

현재 생성되어 이용 중인 인스턴스의 개수를 카운트하기 위해 정적 멤버 변수를 이용하고 있다.

```
class Directory {
```

```
        static int ErrorCode;
        DIR dir;
public:
        Directory(char *, int &error = ErrorCode);
        ~Directory();
        ...
};

int Directory::ErrorCode;

Directory::Directory(char *path, int &error)
{
        dir = opendir(path);
        error = dir ? 0 : 1;
}

int err;
Directory src("\usr\src", err);
Directory dot(".");
...
if(err)
        cout << "error: cannot open.\n";
```

위는 임시 기억용 변수로서 정적 멤버 변수를 이용하는 예이며, 처리를 단순화하기 위해 클래스 내부에 dummy 변수를 사용하려는 경우가 있다. 이는 한 개 있으면 충분하므로 정적 멤버 변수로 선언하면 메모리를 절약할 수 있다.

오류의 유무를 조사하기 위해 생성자의 인수로서 두 번째 인수를 지정해도 좋고 (src), 지정하지 않아도 좋도록(dot) 정의하고자 한다. 이를 위해 Directory의 생성자에서는 생략시 해석을 이용하고 있다. 어떤 경우라도 오류 코드를 되돌려주는 장소가 항상 존재한다면 프로그램의 논리는 간단하게 된다. 따라서 생략시에는 내부에서 dummy 변수로써 ErrorCode를 준비하도록 정의하였다. 이런 경우 ErrorCode의 영역은 인스턴스마다 준비할 필요는 없다. 클래스에 대해서 한 개씩만 준비해두면 충분하므로, 여기서는 정적 멤버 변수로서 정의한다.

연습문제

15-1 다음 예에서 잘못된 것을 수정하시오.

```
class animal {
public:
        animal(float n=1) { sum = n; }
        int getsum() const {return ++sum; }
        static int getcount()
        {
                cout << "Sum is" << sum << "\n";
                return count;
        }
private:
        int sum;
        static int count;
};
```

15-2 SavingsAccount 클래스를 작성하라. 각 예금주의 annualInterestRate를 static 데이터 멤버로 선언하라. 클래스의 각 멤버에는 예금주의 현재 잔고를 나타내는 private 데이터 멤버인 savingsBalance가 포함된다. 멤버 함수를 제공하여 balance와 annualInterestRate를 곱한 뒤 12로 나누어 월 이자를 계산하라. 이 이자는 savingsBalance에 더해져야 한다. static annualInterestRate에 새로운 값을 설정할 수 있는 static 멤버 함수 modifyInterestRate 함수를 제공하라. SavingsAccount 클래스를 테스트할 수 있는 프로그램을 작성하라. 두 개의 savingsAccount 객체, saver1과 saver2를 생성하여 각각의 잔고를 2000.00, 3000.00으로 한다. annualInterestRate는 3%로 하라. 그리고 월 이자를 계산하여 각 예금주의 잔고를 출력하라. 또한 annualInterestRate를 4%fh 하여 다음 달의 이자를 계산하고 각 예금주의 새로운 잔고를 출력하라.

Chapter 16

C++ Programming

this 포인터

이 장에서는 같은 클래스에서 생성된 객체들 중에 한 객체가 같은 클래스에서 생성된 다른 객체의 데이터 멤버 또는 멤버 함수를 접근하고자 할 때 어떻게 하는지 설명하고자 한다. C++에서는 생성된 각 객체들에 대하여 자기 자신의 포인터를 유지한다. 이러한 포인터를 'this 포인터'라고 한다. 이는 자기 자신의 멤버들을 참조하는 경우에는 묵시적으로 사용되지만 명시적으로도 사용된다.

```
void DATE::SetDay(int i, int j, int k)
{
        year = (i >= 1997 && i < 2011) ? i : 1997;
        month = (j >= 1 && j < 13) ? j : 1;
        if (j == 2)
                day = (k >== 1 && k < 29) ? k : 1;
        else
                day = (k >= 1 && k < 32) ? k : 1;
}
```

위의 예에서는 this 포인터가 묵시적으로 사용되고 있으며, 아래의 경우는 명시적으로 사용하도록 수정한 것이다.

```
void DATE::SetDay(int i, int j, int k)
{
        this->year = (i >= 1997 && i < 2010) ? i : 1997;
        this->month = (j >= 1 && j < 13) ? j : 1;
        if (j == 2)
                this->day = (k >== 1 && k < 29) ? k : 1;
        else
                this->day = (k >= 1 && k < 32) ? k : 1;
}
```

```
DATE date1(2010, 3, 1, 1);
```

위와 같이 함수를 호출할 경우, 객체 date1이 생성되는 시점에서 생성자 함수에 의해 SetDay() 멤버 함수가 호출된다. 이 시점에서 this 포인터는 SetDay() 함수를 호출한 객체 자신인 date1이 된다. 이와 같이 this 포인터를 사용하지 않는 것이 편하지만, this 포인터는 연산자 다중정의와 특정 멤버 함수에서 자신을 호출한 객체의 포인터를 초기화할 때 매우 중요하다.

전에 구조체와 관련된 간단한 연산자 다중정의를 다루었다. 특히 두 개의 구조체 자료들을 피연산자로 하는 연산자를 새롭게 정의할 때 this라고 하는 구조체 포인터가 연산자 앞의 구조체 자료를 가리킨다고 하였다. 즉, 연산자 왼쪽 피연산자에 해당하는 구조체의 주소가 연산자 다중정의 함수내의 this로 전달된다. C++의 클래스에 있어서도 this 포인터가 존재하는 것이다. 클래스의 멤버 함수가 한 객체에 의해 호출되면 멤버 함수는 그 객체에만 적용된다. 예를 들어 11 장의 init() 멤버 함수를 객체 z가 생성된 이후 다음과 같이 호출하였다.

```
z.init() ;
```

이 문장이 실행되면 객체 z의 은폐된 멤버 real과 imag의 초기화가 자동으로 이루어질 것이다. 어떻게 다른 객체의 전용 멤버들에게는 적용하지 않고 객체 z에만 적용되는가? 그 해답은 C++가 원시 프로그램을 컴파일하는 과정에서 찾을 수 있다. C++는 컴파일 과정에 위 예를 다음과 같이 변경한다.

```
init(&z) ;          //   &는 주소연산자
```

그런데 클래스 정의 내에 정의된 init() 함수는 전달인자가 없다. 따라서 오류가 발생해야 되지만 정상적으로 실행이 이루어졌다. 왜냐하면 C++가 컴파일 하는 과정에서 호출 문장 z.init();을 init(&z);으로 변형함과 동시에 init() 함수의 원형도 다음과 같이 바꾸기 때문이다. 즉, 객체 z의 주소가 this에 대입된다. 물론 이와 같은 일련의 작업들을 우리가 기억할 필요는 없다.

```
void init( MyComplex *this ) ;          // 객체를 가리키는 this 포인터
```

this 포인터가 사용되는 또 다른 예를 살펴보자. 두 MyComplex 객체를 비교하여 둘 중 더 큰 객체에 대한 참조자를 반환하는 문제를 생각해보자. 이때 MyComplex 객체는 하나의 복소수를 의미하므로 두 객체의 대소 비교는 복소수의 절댓값으로 하도록 하자. 먼저 두 객체의 비교를 위한 MyComplex 클래스의 멤버 함수를 maxComplex() 라고 하면, 두 객체 z, w의 정보(데이터 멤버)를 이 멤버 함수로 넘겨주어야 한다. maxComplex() 멤버 함수로 두 객체를 넘겨주는 방법은 하나의 객체(z)는 암시적으로 이 함수에 넘겨주고, 나머지 객체(w)는 전달 인자로서 명시적으로 넘겨주면 될 것이다.

```
u = z.maxComplex(w) ;
```

물론 C++는 컴파일 과정에서 위 문장을 다음과 같이 변형할 것이다.

```
u = maxComplex(&z, w);    // z의 주소가 함수로 this 포인터에 전달되도록 변형
```

전달 인수로 명시된 객체 w는 함수 사이의 전달 능률을 높이기 위하여 참조자를 이용하여 전달될 것이다. 두 객체를 비교한 이후 이 멤버 함수 maxComplex()는 두 객체 중 크기가 큰 객체를 참조자로 반환하도록 하자. 역시 그것이 더 능률적이다.

다음은 두 객체를 비교하는 멤버 함수 maxComplex()의 원형을 표시한 것이다.

```
MyComplex & maxComplex( MyComplex & v ) ;
```

이 멤버 함수는 C++에 의하여 다음과 같이 자체적으로 변형이 된다.

```
MyComplex & maxComplex( MyComplex *this, MyComplex & v ) ; // 변형된 함수
```

즉, 객체 z의 주소가 멤버 함수내에서는 this 포인터로 전달되며, 객체 w는 참조

자에 호출에 의하여 객체 w가 객체 v로 전달된다. 또 이 함수의 실행결과로서 얻어진 MyComplex 클래스 객체의 참조자가 main() 함수에 반환된다.

<예 16.1>은 두 객체를 비교하여 얻어진 최대 객체를 반환하는 maxComplex() 멤버 함수를 클래스에 추가하고, 이를 호출하는 main() 함수를 표시한 프로그램이다.

<예 16.1>

```
#include <iostream.h>
#include <math.h>

 class MyComplex {
    private:           // 데이터 멤버의 선언
        double  real;
        double  imag;
    public:                        // 멤버 함수의 선언
        MyComplex(double, double);       // 생성자 함수
        MyComplex();                     // 인수가 없는 생성자 함수
        ~MyComplex();          // 소멸자 함수
        void  printComplex(char *);
        double absComplex();
        MyComplex & maxComplex(MyComplex &);  // 두 객체 비교를 위한 멤버 함
수
 };

  // 생성자 함수의 다중정의는 생략함.
  // 소멸자 함수의 정의는 생략함.
  // printComplex(char *name)의 정의는 생략함.
  // double MyComplex::absComplex()의 정의는 생략함.
  //  두 객체의 비교를 위한 멤버 함수의 정의

 MyComplex & MyComplex::maxComplex(MyComplex & v)
 {
       if(absComplex() < v.absComplex())
             return v;
       else
```

```
            return (*this);
}

void main()
{
    // 클래스 변수의 선언과 초기화
    MyComplex z(1.5, 1.5);
    MyComplex w(-1.5, 1.0);
    MyComplex u;

    z.printComplex("z");
    w.printComplex("w");

    u = z.maxComplex(w);     // 두 객체 z, w의 절댓값 비교
    u.printComplex("u");
}
```

〈실행결과〉

```
Complex number z = (1.5) + (1.5)i
Complex number w = (-1.5) + (1)i
Complex number u = (1.5) + (1.5)i

** 객체의 소멸 **

** 객체의 소멸 **

** 객체의 소멸 **
```

maxComplex() 함수를 정의한 함수 본체에 있는 두 객체의 비교를 위해 사용된 if 문에 표시된 absComplex는 this->absComplex()의 축약된 형태이다. 즉, 암시적으로 전달된 (컴파일 과정에서 첫 번째의 전달 인수로 자동 삽입되는) 객체의 절대값을 구하기 위해 this 포인터가 사용된다. 또한 this가 가리키는 객체의 절댓값이 명시적으로 전달된 객체의 절댓값보다 클 경우에 this가 가리키는 객체를 반환하기 위

하여 (*this)의 표현이 사용된다. 왜냐하면 포인터에 간접연산자 *를 연산한 결과는 그 포인터가 가리키는 값을 의미하기 때문이다.

maxComplex() 함수가 지역적이지만 전달 받은 두 정보가 포인터와 참조자이며, 또한 이 함수의 반환값이 참조자이므로 main()내에서 이 함수가 반환하는 객체의 정보를 정확히 인식할 수 있다. 즉, 반환되는 결과가 v라면 w의 객체가 된다. 반면에 (*this)가 반환되는 결과였다면 this포인터가 가리키는 z 객체가 z.maxComplex(w)의 결과가 된다. 객체 z와 w는 main() 내에 존재하는 객체들이기 때문에 아무런 문제없이 우리가 의도한 바와 같이 함수의 실행이 이루어진다.

연습문제

16-1 다음 프로그램의 클래스 멤버에 대한 참조를 명시적으로 this 포인터를 사용한 참조로 바꾸어라.

```
#include <iostream.h>
class myclass {
        int a, b;
public:
        myclass(int n, int m) { a =n; b=m; }
        int add() { return a+b; }
        void show();
};

void myclass::show()
{
        int t;
        t = add();
        cout << t << "\n";
}

int main()
{
        myclass ob(10, 14);
        ob.show();
        return 0;
}
```

Chapter

17

C++ Programming

연산자 다중정의

연산자 다중정의는 C++의 특징 중의 하나인 다형성(polymorphism)을 설명하는 하나의 좋은 예이다. 연산자 다중정의는 연산자의 개념을 확장함으로써 기존의 C++의 연산자에 다중적인 의미를 갖게 하는 것이다. 우리는 이미 구조체 자료들을 연산하는 몇 가지 연산자 다중정의에 대하여 알고 있다.

이 장에서는 전에 정의했던 MyComplex 클래스 객체들 간의 연산을 위하여 연산자 다중정의를 살펴보자. 예를 들어 + 연산자를 사용하여 두 개의 객체(실은 복소수)를 더할 수 있다. 실제로 컴파일러는 피연산자의 개수와 데이터형을 살피고 나서 내장되어 있는 연산을 수행할 것인지, 아니면 다중정의된 연산을 수행할 것인지를 결정한다. 따라서 우리는 연산의 목적에 맞도록 연산자 다중정의를 제대로 정의하기만 하면 된다. 이것이 C++가 추구하는 OOP의 특징이다. 구조체 자료들에 적용되는 연산자 다중정의와 마찬가지로 C++는 연산자와 실제 원하는 연산자를 결합하여 다음과 같은 연산자 다중정의 함수를 만들어야 한다.

```
operator  op ( 전달인수들 ) //  op는 다중정의 가능한 연산자 기호
```

여기서, op는 다중정의될 연산자의 기호이다. 단 op는 C++에서 이미 지정되어 있는 연산자 기호만을 쓸 수 있다. 예를 들어 두 객체의 덧셈을 위한 연산자 다중정의 함수의 이름은 operator+()가 된다. 그러나 기존의 C++ 연산자가 아닌 $ 기호를 사용한 operator$()를 연산자 다중정의 함수로 정의할 수는 없다.

먼저 두 복소수의 덧셈을 위하여 operator+() 함수를 정의하면 다음 예와 같다.

```
MyComplex  operator+( const  MyComplex  &  v )
{
        MyComplex  sum ;  // 임시 객체의 생성

        sum.real  =  real  +  v.real ;
        sum.imag  =  imag  +  v.imag ;

        return  sum ;
}
```

여기서 정의되는 operator+() 함수는 함수 수행 능률(실행 시간이든지 메모리의 절약)을 높이기 위하여 참조자를 넘겨받는다. 즉, 이 함수로 전달된 객체의 대용 이름이 v가 된다. 이때 전달되는 main()의 객체가 함수의 실행과정에 값이 바뀌면 안 되므로 const형으로 선언하였다. operator+() 함수의 실행 결과 MyComplex 클래스 sum을 main()으로 반환한다. 이때도 참조자로 반환하는 것이 보다 능률적일 것 같지만, 이 경우에는 참조자를 반환할 수 없다. 왜냐하면 반환되는 객체 sum은 함수 내에서 생성된 지역 변수로서 operator+()의 실행이 종료되어 프로그램의 실행 포인터가 main()으로 넘어가면 더 이상 존재하지 않기 때문이다.

반환되는 객체의 자료가 많을 경우에 스택 넘침(stack overflow)과 같은 오류가 발생할 여지가 있으면 객체 sum의 기억클래스를 static으로 지정한 후 sum의 값을 참조자로 반환하는 것이 좋다. 정적 자료의 경우에는 함수가 종료되더라도 계속 메모리에 그 자료가 존속하기 때문에 참조자로의 반환이 가능하다.

operator+() 함수를 사용하여 두 복소수(객체)를 더하는 함수 호출 방법은 다음과 같다.

```
u = z + w ;    // 복소수를 더하는 수식과 동일하다.
```

이 문장이 실행되면 컴파일러는 + 연산자의 두 피연산자가 객체이므로 내장된 기본 덧셈 연산을 실행하지 않는다. 대신에 함수 호출 문법에 맞추어 연산자 다중정의 함수 operator+()를 다음과 같이 호출한다. 물론 우리 사용자도 다음과 같은 표현을 사용해도 된다. 그러나 앞에서 표현한 덧셈 방식이 더 간결하지 않은가!

```
u = z.operator+(w) ;
```

위 방식은 기존에 설명한 maxComplex() 멤버 함수를 호출하는 방식과 똑같다. 따라서 객체 w가 참조자로서 operator+() 함수의 객체 v로 전달되며, 객체 z는 암시적으로 그 주소가 포인터 this로 전달된다. 따라서 operator+() 함수에서는 this 포인터가 객체 z를 가리키게 된다. this 포인터를 사용한 this->real이란 표현은 객체 z의 real 데이터 멤버를 나타내며, 이때 this->를 생략할 수 있기 때문에 간단히

real로 표현한다.

〈예 17.1〉은 두 객체 z, w를 더하는 연산자 다중정의 함수 operator+()를 클래스에 추가한 프로그램이다.

〈예 17.1〉

```
#include <iostream.h>
#include <math.h>

class MyComplex {
   private:          // 데이터 멤버의 선언
      double  real;
      double  imag;
   public:                        // 멤버 함수의 선언
      MyComplex(double, double);      // 생성자 함수
      MyComplex();                              // 인수가 없는 생성자 함수
      ~MyComplex() {};                // 소멸자 함수의 정의

      void  printComplex(char *);
      double absComplex();
      MyComplex operator+(const MyComplex &);  // +연산자 다중정의 함수
};

 // 생성자 함수의 다중정의

MyComplex::MyComplex(double Re, double Im)
{
      real = Re;
      imag = Im;
}

MyComplex::MyComplex()
{
      real = imag = 0.;
}
```

```
void  MyComplex::printComplex(char *name)
{
      cout << "Complex number " << name << " = (" << real << ")
                  + (" << imag << ")i\n";
}

double MyComplex::absComplex()
{
      return  sqrt(real*real + imag*imag);
}

// + 연산자 다중정의 함수의 정의

MyComplex  MyComplex::operator+(const MyComplex & v)
{
     MyComplex  sum;
     sum.real = real + v.real;
     sum.imag = imag + v.imag;
     return sum;
}

void main()
{  // 클래스 변수의 선언과 초기화
   MyComplex z(1.5, 1.5);
   MyComplex w(-1.5, 1.0);
   MyComplex u;
   z.printComplex("z");
   w.printComplex("w");
   u = z + w;        // + 연산자 다중정의 함수 호출
   u.printComplex("u = z+w");
}
```

〈실행결과〉

```
Complex number z = (1.5) + (1.5)i
Complex number w = (-1.5) + (1)i
Complex number u = z+w = (0) + (2.5)i
```

다음으로 두 객체를 빼는 연산을 위하여 연산자 다중정의 함수 operator-() 함수를 작성해보자. 이 함수는 operator+() 함수와 비슷하기 때문에 자세한 설명은 생략한다.

```
MyComplex  operator-(const MyComplex & v)
{
        MyComplex  diff ;
        diff.real  =  real  -  v.real ;
        diff.imag  =  imag  -  v.imag ;
        return  diff ;
}
```

뺄셈연산자(-)는 부호연산자와 부호를 같이 사용한다. 이항 연산자로서의 뺄셈연산자는 두 변수를 뺄셈하는 의미로 연산에 관여하며, 단항 연산자로서의 부호 연산자는 피연산자의 부호를 바꾸어주는 연산을 한다.

만약 복소수의 부호를 바꿔주는 연산을 수행하기 위하여 연산자 다중정의를 하여야 한다면 뺄셈을 위한 연산 기호(-)를 다시 지정하는 것이 자연스러울 것이다. 즉, 이미 정의된 operator-() 함수와 같은 이름을 갖는 연산자 다중정의 함수를 더 정의하여야 한다. 이것을 다중정의된 연산자의 다중정의라고 한다.

부호연산자와 비슷한 기능을 수행할 operator-() 함수의 정의는 다음과 같다.

```
MyComplex operator-()
{
        MyComplex  s ;
        s.real  =  -real ;
        s.imag  =  -imag ;
        return  s;
}
```

다음 예는 다중정의된 두 연산자 함수 operator-()를 작성하여 〈예 17.1〉의 MyComplex 클래스에 추가한 프로그램이다. 〈예 17.1〉과 공통인 멤버 함수는 생략하였다.

〈예 17.2〉

```
#include <iostream.h>
#include <math.h>

class MyComplex {
   private:         // 데이터 멤버의 선언
      double  real;
      double  imag;
   public:                    // 멤버 함수의 선언
      MyComplex(double, double);      // 생성자 함수
      MyComplex();                    // 인수가 없는 생성자 함수
      ~MyComplex() {};                // 소멸자 함수

      void  printComplex(char *);
      double absComplex();
      MyComplex operator+(const MyComplex &);   // + 연산자 다중정의
      MyComplex operator-(const MyComplex &);   // - 연산자 다중정의
      MyComplex operator-();   // 또 다른 - 연산자 다중정의
};

// 생성자 함수의 다중정의는 생략함.
// void  MyComplex::printComplex(char *name)의 정의 생략
// double MyComplex::absComplex()의 정의 생략
// + 연산자 다중정의는 생략
// 인수가 하나인 - 연산자 다중정의

MyComplex  MyComplex::operator-(const MyComplex & v)
{
     MyComplex  diff;
     diff.real = real - v.real;
     diff.imag = imag - v.imag;
     return diff;
}

// 인수가 없는 - 연산자 다중정의
MyComplex  MyComplex::operator-()
{
```

```
        MyComplex  s;
        s.real = -real;
        s.imag = -imag;
        return s;
}

void main()
{  // 클래스 변수의 선언과 초기화
    MyComplex z1(1.5, 1.5);
    MyComplex z2(-1.5, 1.0);
    MyComplex z3(1.2, 1.2);
    MyComplex u;
    z1.printComplex("z1");
    z2.printComplex("z2");
    z3.printComplex("z3");
    cout << "\n";
    u = z1 - z2;    // 인수가 하나인 - 연산자 다중정의 함수 호출
    u.printComplex("u = z1-z2");
    cout << "\n";
    u = -z1;                    // 인수가 없는 - 연산자 다중정의 함수 호출
    u.printComplex("-z1");
    cout << "\n";
    u = z1 + z2 - z3 ;         // - 연산자 다중정의 함수 호출
    u.printComplex("u = z1+z2-z3");
}
```

〈실행결과〉

```
Complex number z1 = (1.5) + (1.5)i
Complex number z2 = (-1.5) + (1)i
Complex number z3 = (1.2) + (1.2)i

Complex number u = z1-z2 = (3) + (0.5)i

Complex number -z1 = (-1.5) + (-1.5)i

Complex number u = z1+z2-z3 = (-1.2) + (1.3)i
```

여기서, 두 가지 흥미로운 사실을 발견할 수 있다. 첫째는 복소수의 음수값을 계산하기 위한 operator-() 함수의 내부이다. 실제로 이 함수는 다음 형식으로 main()에서 호출되었다.

```
u = -z1;
```

연산자 함수 operator-()로 전달되는 객체 z1이 연산자 뒤에 있는데 z1이 암시적으로 함수에 전달되고 있다. 그 이유는 부호연산자(-)가 단항 연산자이기 때문이다. 즉, 어느 연산자를 다중정의하든지 연산자보다 먼저 계산되는 피연산자가 암시적으로 함수에 전달된다는 것이다. 이는 연산자의 고유한 결합 규칙에 위배되게 연산자 다중정의를 할 수 없다는 의미이다. 둘째는 main() 함수 내에서 다음 문장의 실행 결과이다.

```
u = z1 + z2 - z3 ;
```

연산자를 다중정의하였다고 하더라도 연산자의 우선 순위를 바꾸어서는 안 된다는 제약 조건이 있다. 따라서 위 문장의 실행은 먼저 + 연산자가 먼저 우선 순위를 갖는다. 그런데 두 피연산자가 객체이므로 C++는 다중정의된 operator+() 함수를 호출하여 z1+z2의 연산을 수행하고 그 결과를 객체로 반환한다. 다음으로 - 연산을 수행해야 되는데 + 연산의 결과로 얻어진 객체와 객체 z3와의 뺄셈을 위하여 함수 원형에 명시적으로 한 개의 전달인수가 있는 operator-() 함수가 호출된다. 마지막으로 이때 얻어진 객체를 객체 u에 대입하게 된다.

연습문제

17-1 본 장에서 정의한 My3Complex 클래스에 대하여 다음을 수행하여 이 클래스를 개선하여라.

(1) 두 복소수의 덧셈은 물론 + 연산자를 다중정의하여 두 객체의 문자열들을 하나로 이을 수 있도록 하여라.

(2) * 연산자를 다중정의하여 두 복소수의 곱을 연산하는 연산자 다중정의 함수 operator*()을 작성하여라.

(3) (2)의 operator*()을 다중정의하여 실수*복소수의 연산이 가능하도록 하여라.

(4) / 연산자를 다중정의하여 두 복소수의 나눗셈을 연산하는 operator/() 함수를 작성하여라.

(5) 복소수 a+bi의 복소공액은 a-bi로 정의된다. 클래스 객체 z가 존재할 때 이 클래스의 복소공액을 구하는 conjComplex() 멤버 함수를 정의하여라.

(6) My3Complex 클래스의 name 문자열의 모든 영문자를 대문자로 바꿔주는 nameUpper() 멤버 함수를 작성하여라.

17-2 문자열을 뒤집는 함수를 작성하여라. 이 함수가 한 개, 혹은 두 개의 문자열을 처리할 수 있게 함수를 다중정의하라. 한 개의 문자열로 호출되면 문자열을 뒤집어서 그 문자열에 넣어서 반환하고, 두 개의 경우 문자열들을 뒤집은 후 두 번째 인수의 문자열에 넣어서 반환한다.

17-3 두 개의 값 중 큰 값을 반환하는 max() 함수를 작성하여라. 이 함수가 인수로서 문자, 정수, 실수 모두 가질 수 있도록 함수를 다중정의 하여라.

17-4 C++에서 다중정의가 가능한 연산자를 열거하고 각각의 연산자에 대해 가장 적합한 연산이라 생각되는 연산을 열거하라.

17-5 함수 호출 연산자 ()를 다중정의하는 좋은 예는 2차원 배열 첨자를 사용하는 것이다. 객체의 배열에 대해 chessBoard[row][column] 이라고 표기하는 대신 chessBoard[row, column]과 같이 사용할 수 있도록 함수 호출 연산자를 다중정의하여라.

17-6 다음 Complex 클래스를 생각해보자. 이는 복소수는 realPart + imaginary Part*i 형태로 나타낼 수 있다.

(1) 다중정의된 〉〉와 〈〈 연산자를 이용해서 복소수의 입력, 출력이 가능하도록 클래스르 수정하여라(print 함수를 클래스에서 제거해도 된다).

(2) 두 복소소의 곱셈을 가능하게 하는 곱셈 연산자를 다중정의하여라.

(3) 복소수를 비교할 수 있는 ==와 != 연산자를 다중정의하여라.

```
// complex1.h
// Complex 클래스 정의
#define COMPLEX1_H
class Complex {
public:
        Complex(double=0.0, double=0.0);
        Complex operator+(const Complex &) const;
        Complex operator-(const Complex &) const;
        void print() const;

private:
        double real;
        double imaginary;
};
```

```
// Complex 클래스 멤버 함수
#include <iostream.h>
#include "complex1.h"
Complex::Complex(double realPart, double imaginaryPart)
        : real(realPart), imaginary(imaginaryPart)
{
```

```
}

Complex Complex::operator+(const Complex &operand2) const
{
          return Complex(real + operand2.real, imaginary
                    + operand2.imaginary);
}

Complex Complex::operator-(const Complex &operand2) const
{
          return Complex(real - operand2.real, imaginary
                    - operand2.imaginary);
}

void Complex::print() const
{
          cout << '(' << real << ", " << imaginary << ')';
}
```

```
// Complex 클래스 검사 프로그램
#include <iostream.h>
#include "complex1.h"

int main()
{
          Complex x;
          Complex y(4.3, 8.2);
          Complex z(3.3, 1.1);

          cout << "x: ";
          x.print();
          cout << "\ny: ";
          y.print();
          cout << "\nz: ";
```

```
        z.print();

        x = y + z;
        cout << "\n\nx = y + z:\n";
        x.print();
        cout << " = ";
        y.print();
        cout << " + ";
        z.print();

        x = y - z;
        cout << "\n\nx = y - z:\n";
        x.print();
        cout << " = ";
        y.print();
        cout << " - ";
        z.print();
        cout << endl;

        return 0;
}
```

Chapter

18

C++ Programming

상속

18.1 상속과 유도 클래스

OOP의 주요 특징 중의 하나가 상속(inheritance)이다. 상속을 통해 어떤 프로그램의 일부가 다른 프로그램에 사용됨으로써 이전의 것에서 새로운 것을 만들 수 있도록 하는 것이다. 특히 클래스 상속을 통하여 기존의 클래스를 확장하고 수정할 수 있다. 즉, 기반 클래스(base class)라고 하는 이전의 클래스의 멤버들을 상속하여 새로운 유도 클래스(derived class)를 만들 수 있다. 이와 같이 기존의 한 클래스로부터 다른 클래스를 상속하는 과정을 유도된다(derived)라고 말한다.

기반 클래스로부터 유도 클래스가 새롭게 만들어지므로 기반 클래스를 부모 클래스(parent class), 유도 클래스를 자식 클래스(child class)라고 부르기도 한다. 한 부모 밑에 여러 자식들이 있을 수 있으므로 하나의 기반 클래스로부터 여러 개의 유도 클래스가 부모의 멤버들을 상속받을 수 있다. 기반 클래스로부터 유도된 유도 클래스도 자신의 자식 클래스를 유도할 수 있다. 이와 같이 마치 족보처럼 기반 클래스와 이로부터 유도된 모든 유도 클래스의 집합을 상속 계층(inheritance hierarchy)이라고 한다.

부모 클래스가 오직 한 개일 경우 단일 상속(single inheritance)이라고 하고, 둘 이상일 경우에는 다중 상속(multiple inheritance)이라고 한다. 다중 상속으로 클래스를 작성하면 복잡함 때문에 혼란을 더 부채질 할 우려가 있다는 주장이 있으며, 단일 상속만으로도 대부분의 문제를 프로그래밍할 수 있기 때문에 이 책에서는 다중 상속의 구체적인 설명을 생략한다. 그러나 지금까지 모든 프로그램에 삽입된 iostream.h 헤더 파일에 포함된 입력과 출력 스트림 클래스는 다중 상속을 통하여 새로운 종류의 클래스를 유도하기 위하여 결합되고 있다.

클래스 상속이 만족스러운 이유는 자료의 변경이 쉽다는 것이다. 왜냐하면 부모 클래스를 변경하면 이로부터 유도된 모든 유도 클래스도 자동 변경되기 때문이다.

클래스의 상속을 설명하기 위해 이전 장들에서 다루어 왔던 복소수를 의미하는 클래스를 다음과 같이 재정의한다. 여기서 정의되는 BaseComplex 클래스가 기반 클래스의 역할을 할 것이다.

```
class  BaseComplex
{
        protected:
                double  real.imag ;
        public:
                BaseComplex() ;             // 디폴트 생성자
                ~BaseComplex() ;  // 소멸자
                //기타 멤버 함수 생략
} ;
```

BaseComplex 클래스의 정의에 키워드 protected가 추가되었다. protected로 선언된 보호 멤버는 private으로 선언된 전용 멤버와 같이 멤버 함수에 의해서만 접근할 수 있다. 그러나 이 클래스로부터 유도된 유도클래스의 멤버는 기반 클래스의 전용 멤버에는 직접 접근할 수 없지만, 보호 멤버에는 직접 접근할 수 있다. 즉, 유도 클래스는 공용 멤버 함수(메소드)를 정의한 후, 이를 통하여 기반 클래스의 보호 데이터 멤버를 변경할 수 있다.

다음 De1Complex 클래스는 앞에서 표시한 BaseComplex 클래스로부터 유도된 유도 클래스이다. 여기서, derived의 앞의 두 글자만으로 클래스를 명명하였다.

```
class  De1Complex : BaseComplex  // 유도 클래스의 정의
 {
        protected:
           char * name;
        public:
           De1Complex();  // 유도 클래스 De1Complex 클래스의 디폴트 생성자
           ~De1Complex(); // 소멸자
        // 기타 유도 클래스의 공용 멤버는 생략함
};
```

클래스 De1Complex의 정의로부터 몇 가지 사실을 알 수 있다. 먼저 클래스의 이름 De1Complex 뒤에 콜론(:)을 붙이고 바로 부모 클래스의 이름이 표시된다.

즉, De1Complex 클래스는 기반 클래스 BaseComplex 클래스로부터 유도된 유도 클래스임을 나타내는 것이다. 둘째, De1Complex 클래스의 protected 멤버 name은 기반 클래스에 없는 멤버이다. 그러나 기반 클래스의 보호 멤버와 공용 멤버는 유도 클래스 De1Complex에 상속된다. 즉, De1Complex의 정의에 real과 imag 멤버를 표시하지 않았지만 real과 imag는 De1Complex의 데이터 멤버로 자동 추가된다. 그 외 기반 클래스의 공용 멤버 함수들도 유도 클래스로 상속된다. 셋째, 기반 클래스의 생성자, 소멸자 함수는 유도 클래스로 상속되지 않는다. 왜냐하면 그들의 이름은 클래스의 이름과 일치하여야 하기 때문이다.

〈예 18.1〉은 앞에서 정의한 기반 클래스 BaseComplex와 유도 클래스 De1Complex 클래스를 간단히 표시한 것이다.

〈예 18.1〉

```
// 기반 클래스의 정의
class BaseComplex
{
	protected:
		double  real, imag;
	public:
		BaseComplex();                    // 디폴트 생성자
		BaseComplex(double, double);   // 생성자
		~BaseComplex() { };      // 소멸자

		void printComplex(char *);          // 멤버 함수
		double & realPart() { return real; }
		double & imagPart() { return imag; }
};

inline BaseComplex::BaseComplex()
{
	real = imag = 0.;
}
```

```
inline BaseComplex::BaseComplex(double Re, double Im)
{
        real = Re;
        imag = Im;
}

void BaseComplex::printComplex(char *s = "z")     // 디폴트 전달인자
{
      cout << "Complex number " << s << " = (" << real
            << ") + (" << imag << ")i\n";
}

//  유도클래스의 정의

class De1Complex : BaseComplex
{
        protected:
              char *name;
        public:
              De1Complex(double, double, char *);          // 유도클래스 생성자
              ~De1Complex();                               // 유도클래스 소멸자
              void printDe1Complex();
};

De1Complex::De1Complex(double Re=0., double Im=0.,
          char *s = "derived")
{
      real = Re;
      imag = Im;
      name = new char[ strlen(s) + 1 ];
      strcpy(name, s);
}

De1Complex::~De1Complex()
{
```

```
    delete [] name; }

void De1Complex::printDe1Complex()
{
    (*this).printComplex(name);
}
```

18.2 유도 클래스 상속 명시자

〈예 18.1〉의 유도 클래스 De1Complex의 정의 머리 부분을 다음과 같이 세 가지 방법으로 표시하여 상속되는 멤버들의 억세스를 명시할 수 있다.

```
class De1Complex : private BaseComplex    //   디폴트
{
        ...
} ;
```

또는,

```
class De1Complex : protected BaseComplex
{
        ...
} ;
```

마지막으로

```
class De1Complex : public BaseComplex
{
        ...
} ;
```

유도 클래스가 기반 클래스 이름 앞에 private 키워드를 통하여 상속되면 기반 클래스의 모든 보호 멤버(protected member)와 공용 멤버(public member)는 유도 클래스의 전용 멤버가 된다. 이 키워드는 디폴트이기 때문에 생략해도 된다. 따라서 상속된 real imag 멤버를 main()에서 바로 참조할 수 없다. 또한 기반 클래스에서 상속된 공용 멤버 realPart() 멤버 함수 역시 De1Complex 클래스의 전용 멤버이기 때문에 main() 함수 내에서 접근 불가이다. 다음 예에서 z가 De1Complex 클래스 객체라고 하더라도 두 문장 모두 오류가 발생한다.

```
cout  <<  "z.real ="  <<  z.real ;                // 오류 발생
cout  <<  "z.realPart()="  << z.realPart() ;      // 오류발생
```

그러나 De1Complex 클래스의 공용 멤버 함수인 printDe1Complex() 함수를 호출함으로써 객체 z의 내용을 출력할 수 있다.

```
z.printDe1Complex() ;
```

여기서, printDe1Complex() 함수는 객체를 출력하기 위한 함수이다. 기반 클래스의 공용 멤버인 printComplex() 함수가 상속되지만 이 메소드는 유도 클래스에서는 전용 멤버가 되기 때문에 main() 함수에서 접근할 수 없다. 하지만 De1Complex 클래스의 공용 멤버 함수에서는 전용 멤버에 접근 가능하기 때문에 printDe1Complex() 함수를 통하여 기반 클래스의 printComplex() 메소드에 접근할 수 있다.

〈예 18.2〉는 명시자가 private일 경우 유도 클래스 객체를 생성하여 이를 출력하는 간단한 예를 표시한 것이다. 여기서는 〈예 18.1〉의 내용은 생략하고 main() 함수만 표시하였다.

〈예 18.2〉

```
// 명시자를 private으로 하여 유도 클래스 정의

void main()
{
```

```
        De1Complex dz(-1.5, -1.5, "-z");

//      cout << z.real;                 // 오류 발생
//      cout << z.realPart();           // 접근 불가

        dz.printDe1Complex();
}
```

〈실행결과〉

```
Complex number -z = (-1.5) + (-1.5)i
```

상속받는 명시자가 protected일 경우에는 기반 클래스의 보호 멤버들과 공용 멤버들이 유도 클래스의 보호 멤버로 상속된다. 따라서 클래스 밖의 main()에서는 이들을 직접 접근할 수 없지만. 이 유도 클래스에서 유도된 또 다른 유도 클래스에서는 이 멤버들에 접근이 가능할 것이다. 클래스 자체만을 보면 private으로 선언된 전용 멤버나 protected로 선언된 보호 멤버 둘 다 공용 멤버 함수를 이용하여 접근되어야 한다. 즉, De1Complex 클래스의 다른 유도 클래스가 존재하지 않을 경우에는 명시자를 private으로 명시하는 것과 같다.

마지막으로 명시자를 public으로 명시하는 경우에는 앞의 두 명시자처럼 모든 멤버들이 유도 클래스에서 똑같은 종류의 멤버로 상속되지 않는다. 이때는 기반 클래스의 보호 멤버들은 유도 클래스의 보호 멤버로, 기반 클래스의 공용 멤버는 유도 클래스의 공용 멤버로 상속받는다. 즉, 명시자를 public으로 명시한다고 해서 기반클래스의 보호 멤버까지 유도 클래스의 공용 멤버로 상속되지 않는다.

예를 들어, 다음에 표시된 객체 z는 BaseComplex 클래스로부터 public으로 명시되어 유도된 De1Complex 클래스의 변수라고 할 때, 다음 문장은 오류가 발생한다. 왜냐하면 BaseComplex 클래스의 보호 멤버 real은 De1Complex 클래스에서도 보호 멤버이기 때문이다.

```
cout << z.real ; // 오류 발생
```

그러나 BaseComplex 클래스의 공용 멤버 함수들은 De1Complex 클래스의 공용 멤버로 상속되므로 다음 문장은 성공적으로 수행된다.

```
cout  << z.realPart() ;
z.printComplex( "public z" ) ;
```

다음 <예 18.3>은 실제로 위의 문장들을 확인해보기 위하여 작성된 main() 함수를 표시한 것이다. 앞으로 모든 예에서 유도 클래스의 명시자는 public으로 명시된 것으로 간주하자.

<예 18.3>

```
// 명시자를 public으로 하여 유도 클래스 정의

void main()
{
     De1Complex z(-1.5, -1.5, "-z");
//   cout << z.real << endl;   // 접근 불가능

     cout << "z.realPart() = " << z.realPart() << endl;
     z.printComplex("public z");
     z.printDe1Complex();
}
```

<실행결과>

```
z.realPart() = -1.5
Complex number public z = (-1.5) + (-1.5)i
Complex number -z = (-1.5) + (-1.5)i
```

18.3 유도 클래스 구현

기반 클래스 BaseComplex로부터 De1Complex를 유도할 때 BaseComplex 클래스 객체는 프로그램이 De1Complex 클래스를 유도하기 전에 먼저 생성된다. 즉, BaseComplex 클래스의 생성자 함수가 먼저 호출되고, 유도 클래스의 생성자가 호출된다. De1Complex 객체를 생성한 이후에는 기반 클래스 생성자 함수는 더 이상 호출되지 않는다. 따라서 유도 클래스의 생성자 함수를 호출하는 순간에는 이미 기반 클래스의 데이터 멤버들이 설정되어 있다고 가정할 수 있다.

다음은 〈예 18.1〉에 표시된 De1Complex 클래스의 생성자 함수의 원형이다. 이 생성자 함수에 전달되는 인수가 없을 경우에는 이 생성자의 원형에 주어진 디폴트 전달 인수가 그것들을 대신할 것이다.

```
De1Complex( double Re = 0., double Im = 0., char *s = "derived" ) ;
```

main()에서 이 생성자 함수를 호출하는, 즉, De1Complex 객체를 생성하는 방법은 다음과 같다.

```
De1Complex z( -1.5,  -1.5,  "-z" ), w( 1.5, 1,5 ), v ; // 3개의 객체 생성
```

De1Complex 클래스 객체를 생성하기 직전에 이것의 부모 클래스인 BaseComplex의 생성자 함수를 호출한다고 하였다. 우리가 지금 다루고 있는 BaseComplex 클래스에는 두 개의 생성자 함수가 다중정의되어 있다. 그렇다면 De1Complex 생성자 함수가 호출되기 전에 기반클래스의 어떤 생성자 함수가 호출될 것인가? 이 문제에서는 전달 인수를 갖고 있지 않은 디폴트 생성자 함수가 호출된다. 우리가 원하는 기반 클래스의 생성자 함수를 특별히 지정하고 싶다면 다음 형식으로 유도 클래스의 생성자 함수를 작성한다.

```
De1Complex::De1Complex( double Re = 0., char *s = "derived" )
        : BaseComplex( Re, Im )  // 전달 인자가 두 개인 기반 클래스 생성자 호출
```

이 생성자 함수 De1Complex()가 호출되면 먼저 기반 클래스 BaseComplex의 생성자 함수 BaseComplex(double, double)가 호출되어 실행된다. 이때 부모 클래스의 real과 imag 멤버에 Re와 Im의 값이 전달되어 기반 클래스 객체를 생성(이때 생성되는 객체를 임시 부모 클래스라고 한다.)하고, 이어서 이 클래스의 보호 멤버들과 공용 멤버들을 De1Complex 클래스의 멤버로 유도함과 동시에 앞에 정의한 De1Complex 클래스 생성자 함수의 본체를 실행한다. 따라서 부모 클래스에서 유도된 보호 멤버 real과 imag에는 이미 Re과 Im 값으로 초기화되어 있다. 즉, 〈예 18.1〉에서 De1Complex 클래스의 생성자 함수의 본체에 표시된 real과 imag에 대한 대입문이 더 이상 필요치 않다.

〈예 18.4〉는 부모 클래스인 BaseComplex 객체 parent를 생성하고 출력하는 main() 함수만을 표시한 프로그램이다. 또한 BaseComplex 클래스로 유도된 세 개의 유도 클래스 객체를 출력하는 예를 함께 표시하였다.

〈예 18.4〉

```
// 유도 클래스의 정의

class De1Complex : public BaseComplex
{
        protected:
                char *name;

        public:
                De1Complex(double, double, char *);  // 생성자
                ~De1Complex();   // 소멸자
                void printDe1Complex();
};

De1Complex::De1Complex(double Re=0., double Im=0.,
            char *s = "derived")
                : BaseComplex(Re, Im)
{
      name = new char[ strlen(s) + 1 ];
      strcpy(name, s);
}
```

```
De1Complex::~De1Complex()
{
    delete [] name;
}

void De1Complex::printDe1Complex()
{
    printComplex(name);
}

void main()
{
    BaseComplex parent(1.0, -1.0);    // 기반클래스 생성
    parent.printComplex("parent");
    cout << "parent.real = " << parent.realPart() << endl;
    De1Complex son(-1.5, -1.5, "son"), z(1.5, 1.5), w; //유도클래스 생성
    son.printDe1Complex();
    cout << "son.real = " << son.realPart() << endl;
    z.printDe1Complex();
    w.printComplex("null z");
}
```

이 예의 결과로부터 다시 한 번 요약하면 유도 클래스 객체가 생성될 수 있는 유일한 방법은 자식의 부모 클래스를 먼저 생성하는 것이다. 즉, 자신의 임시 부모 클래스를 생성하기 위하여 자신의 생성자 함수를 반드시 호출하여야 한다. 〈예 18.1〉에 표시된 기반 클래스 BaseComplex의 정의를 〈예 18.4〉에서는 생략하겠다.

〈실행결과〉

```
Complex number parent = (1) + (-1)i
parent.real = 1
Complex number son = (-1.5) + (-1.5)i
son.real = -1.5
Complex number derived = (1.5) + (1.5)i
Complex number null z = (0) + (0)i
```

〈예 18.4〉의 실행 결과를 보면 부모 클래스의 모든 공용 멤버들이 이 클래스에서 유도된 자식 클래스의 공용 멤버가 되고 있다. 따라서 이 공용 멤버 함수 realPart(), imagPart(), printComplex() 들을 통하여 자식 클래스의 데이터 멤버들을 참조할 수 있다. 상속의 개념에 따라 이들 함수를 자식 클래스에서 상속받으면 된다. 똑 같은 코드를 자식 클래스의 멤버 함수로 재작성할 필요가 없는 것이다. 이것이 OOP의 상속의 특징이다.

이제 다음과 같은 재미있는 연산을 실행해보자. 이것은 부모클래스 객체 parent를 먼저 생성한 다음 이 객체를 자식 클래스 w에 대입하는 연산으로서 서로 성격이 다른 객체로서 초기화(또는 대입)이 가능할 것인가?

```
BaseComplex   parent( 1.0, -1.0 ) ;    // 부모 클래스 객체 생성
De1Complex   w  =  parent ;                        // parent 객체로 초기화
```

물론 〈예 18.4〉에서 정의된 두 클래스(기반, 유도)의 정의만으로는 두 번째 연산이 불가능하다. 그러나 De1Complex 클래스의 또 다른 생성자 함수를 다음과 같이 부모 클래스로 초기화되도록 다중정의 해준다면 가능하다.

```
De1Complex( const  BaseComplex  &  bz ) : BaseComplex(bz)
{
        name  =  NULL ;
}
```

이 생성자 함수를 De1Complex 클래스의 정의에 추가한 이후, 만일 De1Complex 객체가 BaseComplex 객체로 초기화될 때 먼저 전달 인수인 객체 bz를 초기값으로 하는 임시 부모 클래스 객체를 생성한다. 이들의 자료들을 자식 클래스로 상속하기 때문에 상속받는 데이터 멤버들의 값은 처음에 초기화되는 부모 클래스 객체의 데이터 멤버들로 대입된다. 자식 클래스만의 멤버 name에는 생성자 함수 본체에서 NULL 포인터 값으로 설정한다. 이때 NULL은 아무 것도 가리키지 않는 포인터를 의미한다.

다음과 같은 문장도 유효하다. 이것을 형 격상이라고 하며 암시적인 형 변환이 허용된다.

```
BaseComplex  *pson  = &son ;        // 형 격상
```

여기서, 객체 son은 자식 클래스인 De1Complex 클래스 변수로 생성된 객체이다. 여기서, BaseComplex 객체 포인터 pson를 이용하여 son 객체를 생성하는 과정에서 먼저 생성된 임시 BaseComplex 객체를 참조할 수 있다.

```
cout  <<  pson->realPart()  <<  endl ;
cout  <<  (*pson).imagPart()  <<  endl ;
```

그러나 De1Complex 클래스의 name 멤버를 출력하기 위한 namePart() 함수를 객체 포인터 pson이 참조할 수 없다. 왜냐하면 namePart() 함수는 BaseComplex 클래스의 멤버가 아니기 때문이다.

```
cout  <<  pson->namePart()  <<  endl ;        // 오류 발생
```

형 격상과 반대의 경우를 생각해보자. 즉, 다음과 같은 객체 포인터의 선언이 가능할 것인가? 이런 경우를 형 격하라고 부른다. 여기서, parent는 BaseComplex 객체이다.

```
De1Complex  *pparent  =  &parent ;//  오류 발생
```

일단 위 문장은 오류가 발생한다. 이때에는 다음과 같이 명시적인 형 변환을 우리가 해주어야 한다.

```
De1Complex  *pparent = (De1Complex *) &parent ;      // 형 격하
```

<예 18.5>에 지금까지 설명한 부모클래스 객체로 초기화되는 자식 클래스 객체 생성에 대한 예를 한꺼번에 표시하였다. 또한 형 격상과 형 격상에 관련된 객체 포인터의 쓰임을 예시하였다. 앞의 예들과 중복되는 부분들은 생략한다.

<예 18.5>

```
void main()
{
    BaseComplex parent(1.0, -1.0);   // 기반클래스 생성
    parent.printComplex("parent");

    De1Complex son(-1.5, 1.5, "son"), w = parent;   // 유도클래스 생성

    son.printDe1Complex();
    w.printComplex("w");     // 기반클래스로 초기화된 객체의 출력

    // 객체 포인터 사용
    BaseComplex *pson = &son;   // 형 격상

    cout << "pson->realPart() = " << pson->realPart() << endl;
    cout << "(*pson).imagPart() = " << (*pson).imagPart() << endl;
//  cout << "pson->namePart() = " << pson->namePart() << endl;

    De1Complex *pparent = (De1Complex *) &parent;   // 형 격하

    cout << "pparent->realPart() = " << pparent->realPart() << endl;
    cout << "(*pparent).imagPart() = " << (*pparent).imagPart() << endl;

    if(pparent->namePart() == NULL)
        cout << "No assign to name member!\n";
    else
        cout << "pparent->namePart() = " << pparent->namePart() << endl;
}
```

〈실행결과〉

```
Complex number parent = (1) + (-1)i
Complex number son = (-1.5) + (1.5)i
Complex number w = (1) + (-1)i
pson->realPart() = -1.5
(*pson).imagPart() = 1.5
pparent->realPart() = 1
(*pparent).imagPart() = -1
No assign to name member!
```

〈예 18.5〉의 if-else문에 표시된 namePart() 함수는 다음과 같이 inline으로 정의된 De1Complex 클래스의 공용 멤버 함수이다.

```
char  *namePart()  { return name ; }  // De1Complex 클래스 멤버 함수
```

끝으로 유도 클래스의 소멸자 함수에 대하여 간략히 알아보자. 유도 클래스인 자식 클래스의 소멸자 함수는 특별한 작업을 수행하지 않는 한 작성할 필요가 없다. 당연히 소멸자 함수를 만들지 않으면 C++는 디폴트 소멸자 함수를 호출할 것이다. De1Complex 클래스의 경우에는 name 멤버를 위해 힙 메모리를 할당받았기 때문에 De1Complex 객체가 소멸될 때 name과 관련된 힙 메모리를 해제해줘야 한다. 따라서 이 작업을 위해 다음과 같은 소멸자 함수를 작성했었다.

```
~De1Complex()
{
        delete [] name ;
}
```

프로그램이 종료되면 그 동안 생성됐던 객체들이 소멸된다. 이때 생성자가 호출된 것과 반대의 순서로 소멸자가 호출된다. 다시 말해 상속의 경우 유도 클래스 객체가 먼저 소멸되고, 나중에 기반 클래스 객체가 소멸된다.

18.4 유도 클래스의 유도 클래스

이 절에서는 BaseComplex 클래스에서 유도된 De1Complex 클래스를 기반 클래스로 하여 또 다른 De2Complex 클래스를 유도해보자. De2Complex 클래스를 정의하기 전에 먼저 복소수를 표현하는 두 방법에 대하여 알아보자. 지금까지는 복소수를 표현하는데 있어서 이차 평면의 한 점과 일대일 대응 관계를 이루는 직좌표 형식으로 표현하였다. 예를 들어 복소수 z=a+bi는 이차 평면의 한 점 (a, b)와 일대일 대응된다.

복소수를 표현하는 두 번째 방법으로 극 형식을 사용한다. 극 형식은 복소수를 나타내는 이차 평면상의 한 점의 위치를 원점으로부터의 거리와 방향으로 나타내는 방법이다. 직좌표 형식으로 표현되는 복소수 z=a+bi는 다음과 같이 극 형식으로 표현할 수 있다.

$$z = r(\cos\theta + i\sin\theta), \quad \mathrm{r} = \sqrt{\mathrm{a}^2 + \mathrm{b}^2}, \theta = \arctan(\mathrm{b/a})$$

따라서 r, θ가 주어지면 a, b를 구할 수 있으며, 반대로 a, b가 주어지면 위 공식에 의거하여 r, θ도 구할 수 있다.

이제 De1Complex 클래스를 기반 클래스로 하여 여기서 유도되는 De2Complex 클래스를 정의해보자. De2Complex 클래스에는 보호 멤버로 r과 θ가 추가될 것이다. 또한 부모 클래스인 De1Complex를 적절히 생성하도록 작성하기만 하면 된다. 즉, BaseComplex 클래스의 생성을 신경 쓰지 않아도 된다는 것이다.

다음은 자식 클래스 De1Complex 클래스에서 유도되는 손자 클래스 De2Complex 클래스의 정의 부분을 포함한 세 개의 클래스 정의를 한꺼번에 표시한 것이다.

〈예 18.6〉

```
// 기반 클래스의 정의
```

```
class BaseComplex
{
      protected:
              double  real, imag;

      public:
              BaseComplex();    // 디폴트 생성자
              BaseComplex(double, double);   // 생성자
              ~BaseComplex() { };   // 소멸자

              void printComplex(char *);   // 멤버 함수
              double & realPart() { return real; }
              double & imagPart() { return imag; }
};

inline BaseComplex::BaseComplex()
{
      real = imag = 0.;
}

inline BaseComplex::BaseComplex(double Re, double Im)
{
      real = Re;
      imag = Im;
}

void BaseComplex::printComplex(char *s = "z")  // 디폴트 전달인자
{
     cout << "Complex number " << s << " = (" << real
            << ") + (" << imag << ")i\n";
}


//  유도 클래스의 정의
```

```
class De1Complex : public BaseComplex
{
	protected:
		char *name;

	public:
		De1Complex(double, double, char *);  // 생성자
		// 부모 클래스 객체로 초기화되는 자식 클래스 객체의 생성자
		De1Complex(const BaseComplex &);
		~De1Complex();   // 소멸자
		void printDe1Complex();
		char *namePart() { return name; }
};

De1Complex::De1Complex(double Re=0., double Im=0.,
		char *s = "derived") : BaseComplex(Re, Im)
{
	name = new char[ strlen(s) + 1 ];
	strcpy(name, s);
}

// 부모 클래스 객체로 초기화되는 자식 클래스 객체의 생성자
De1Complex::De1Complex(const BaseComplex & bz) : BaseComplex(bz)
{
	name = new char[ strlen("NULL") + 1 ];
	strcpy(name, "NULL");
}

De1Complex::~De1Complex()
{
	delete [] name;
}

void De1Complex::printDe1Complex()
```

```
{
    printComplex(name);
}

// 유도 클래스의 유도 클래스 정의

class De2Complex : public De1Complex
{
    protected:
        double  r, theta;

    public:
        De2Complex(double, double, char *);  // 생성자
        // 부모 클래스 객체로 초기화되는 자식 클래스 객체의 생성자
        De2Complex(const De1Complex &);
        void printDe2Complex();
};

De2Complex::De2Complex(double R=0., double T=0., char *s="null")
        : De1Complex(R*cos(T), R*sin(T), s), r(R), theta(T)
{ }

// 부모 클래스 객체로 초기화되는 자식 클래스 객체의 생성자
De2Complex::De2Complex(const De1Complex & bz) : De1Complex(bz) { }

void De2Complex::printDe2Complex()
{
    cout << "Complex (Polar) " << name << " = " << r
         << "(cos(" << theta << ") + isin(" << theta << "))\n";
}
```

먼저 De2Complex 클래스의 보호 멤버로 double형 데이터 멤버 r과 theta가 선언되어 있다. 그리고 두 개의 클래스 생성자 함수가 정의되어 있다. 전달 인자가 세 개인 생성자 함수는 r, theta, name 변수에 값을 할당하는 문법으로 생성자 초기화

리스트를 사용하고 있다. 생성자 초기화 리스트는 대입 연산자에 의한 대입문의 역할을 한다. 즉, 생성자 초기화 리스트의 r(R), theta(T)이란 표현은 De2Complex 생성자 본체에서 다음 두 문장을 수행하는 것과 같다.

```
r = R ; theta = T ;
```

인자가 한 개인 생성자 함수는 De2Complex 객체가 부모 클래스 De1Complex 객체로 초기화되거나 대입되는 경우에 호출된다.

다음 〈그림 18.1〉은 세 클래스가 갖고 있는 데이터 멤버와 멤버 함수를 함께 표시한 것이다. 각 클래스의 생성자 함수와 소멸자 함수는 생략하겠다.

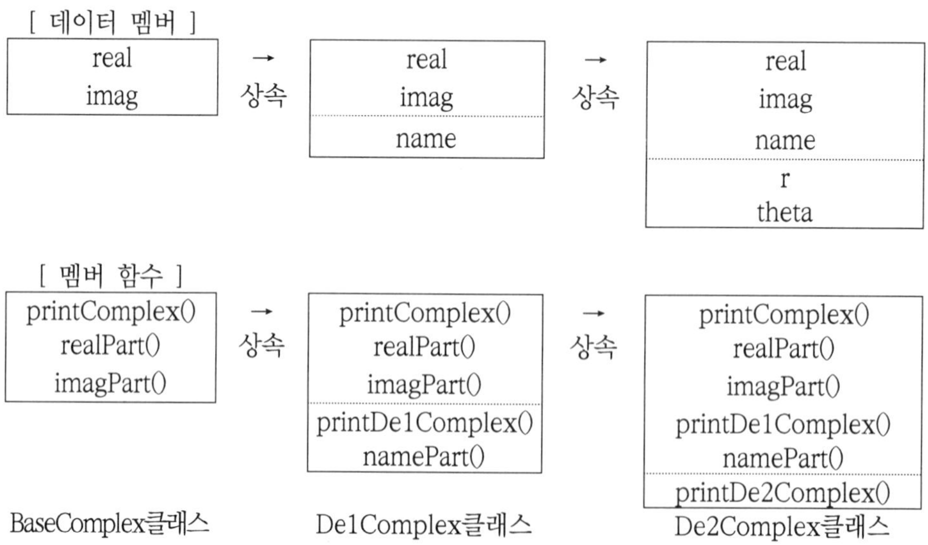

〈그림 18.1〉 세 클래스의 상속관계

〈그림 18.1〉을 보면 De2Complex 클래스의 멤버 함수로 세 종류의 객체 출력 함수가 속해있다. De2Complex 객체의 출력을 복소수 극 형식으로 출력하기 위하여 이 멤버 함수 이름을 printDe2Complex()로 정하였다. 그런데 만일 이 이름을

부모 클래스의 함수 이름과 같게 하면 부모 클래스의 멤버 함수는 자식 클래스에 상속되지 않는다.

〈예 18.7〉의 main() 함수는 이미 정의된 세 클래스로부터 얻어질 수 있는 몇 가지 사실들을 확인해보는 프로그램이다. 실행 결과로 알 수 있듯이 De2Complex 클래스는 부모 클래스로부터 대부분의 메소드들을 상속받기 때문에 몇 가지 기능만 추가하더라도 많은 것을 얻을 수 있다. 이와 같이 상속을 통해 프로그래밍 생산성을 크게 향상시킬 수 있다.

〈예 18.7〉

```
#include <iostream.h>
#include <string.h>
#include <math.h>

void main()
{
    BaseComplex parent(1.0, -1.0);   // 기반클래스 생성
    parent.printComplex("parent");
    cout << "\n";

    De1Complex son(-1.5, 1.5, "son");   // 유도클래스 생성
    son.printDe1Complex();
    cout << "\n";

    // 유도클래스의 유도클래스 객체 생성
    De2Complex grand(3., M_PI, "grand");   // M_PI : 원주율 상수

    grand.printDe2Complex();
    cout << "grand.realPart() = " << grand.realPart() << endl;
    cout << "grand.imagPart() = " << grand.imagPart() << endl;

    grand.printDe1Complex();  // 부모 클래스의 메소드
```

```
        grand.printComplex();       // 조부모 클래스의 메소드
        cout << "\n";

        // 기반클래스로 초기화된 객체의 출력
        De2Complex w = parent, v = son;

        w.printComplex("w");
        v.printComplex("v");
}
```

<실행결과>

```
Complex number parent = (1) + (-1)i

Complex number son = (-1.5) + (1.5)i

Complex (Polar) grand = 3(cos(3.141593) + isin(3.141593))
grand.realPart() = -3
grand.imagPart() = 3.673819e-16
Complex number grand = (-3) + (3.673819e-16)i
Complex number z = (-3) + (3.673819e-16)i

Complex number w = (1) + (-1)i
Complex number v = (-1.5) + (1.5)i
```

18.5 가상 멤버 함수

main() 함수에서 다른 함수를 호출하는 경우 C++ 프로그램을 컴파일하는 과정에서 다른 데이터와 프로그램이 실행되어 main()이 함수를 특정 순서로 설정한다. 함수를 호출하면 미리 설정된 이 함수의 상대적인 위치에 해당하는 메모리를 로드하여

함수를 실행한다. 이와 같이 호출할 함수를 프로그램을 컴파일하면서 결정하는 전략을 조기 바인딩(early binding) 또는 정적 바인딩(static binding)이라고 한다. C++는 지연 바인딩(late binding) 또는 동적 바인딩(dynamic binding)이라고 하는 또 다른 바인딩을 제공한다. 이 바인딩은 컴파일할 때는 함수를 호출한다는 암시만 주고, 프로그램의 주어진 지점에서 그 책임을 프로그램에게 넘겨 실행 시간에 호출할 함수를 결정하게 하는 것이다.

먼저 왜 동적 바인딩을 사용하여야 하는지 알아보자. 18.4 절에서 얻어진 세 개의 클래스 객체의 출력을 위하여 서로 다른 멤버 함수를 정의하였다. 그러나 클래스 객체의 출력을 위하여 똑같은 이름으로 멤버 함수를 정할 수 있다. 이 경우에는 같은 이름을 갖는 부모클래스의 멤버 함수는 상속되지 않는다.

다음은 18.4 절에서 정의된 하나의 클래스 군(class family)을 구성하는 세 클래스의 객체 출력 멤버들을 같은 이름(printComplex() 함수)으로 재정의한 것이다. 함수의 다중정의에 의하여 이름은 같지만 전달 인수들의 개수나 데이터형이 다르면 같은 함수로 인식하지 않는다.

〈예 18.8〉

```
 // 기반 클래스의 정의

class BaseComplex
{
        protected:
                double   real, imag;

        public:
                BaseComplex();      // 디폴트 생성자
                BaseComplex(double, double);    // 생성자
                ~BaseComplex() { };    // 소멸자
```

```
            void printComplex(char *);   // 멤버 함수
            double & realPart() { return real; }
            double & imagPart() { return imag; }
};

inline BaseComplex::BaseComplex()
{
      real = imag = 0.;
}

inline BaseComplex::BaseComplex(double Re, double Im)
{
      real = Re;
      imag = Im;
}

// BaseComplex 클래스의 멤버 함수

void BaseComplex::printComplex(char *s = "BaseNull")  // 디폴트 전달인자
{
     cout << "Complex number " << s << " = (" << real
           << ") + (" << imag << ")i\n";
}

//  유도클래스의 정의

class De1Complex : public BaseComplex
{
      protected:
            char *name;

      public:
```

```
        De1Complex(double, double, char *);  // 생성자
        // 부모 클래스 객체로 초기화되는 자식 클래스 객체의 생성자
        De1Complex(const BaseComplex &);
        ~De1Complex();   // 소멸자
        void printComplex();
        char *namePart() { return name; }
};

De1Complex::De1Complex(double Re=0., double Im=0., char *s = "De1Null")
        : BaseComplex(Re, Im)
{
    name = new char[ strlen(s) + 1 ];
    strcpy(name, s);
}

// 부모 클래스 객체로 초기화되는 자식 클래스 객체의 생성자
 De1Complex::De1Complex(const BaseComplex & bz) : BaseComplex(bz)
{
    name = new char[ strlen("De1Null") + 1 ];
    strcpy(name, "De1Null");
}

De1Complex::~De1Complex()
{
    delete [] name;
}

// De1Complex 클래스의 멤버 함수

void De1Complex::printComplex()
{
    cout << "Complex (Rect) " << name << " = (" << real
```

```
            << ") + (" << imag << ")i\n";
}

 // 유도클래스의 유도클래스 정의

class De2Complex : public De1Complex
{
      protected:
            double  r, theta;

      public:
            De2Complex(double, double, char *);  // 생성자
            // 부모 클래스 객체로 초기화되는 자식 클래스 객체의 생성자
            De2Complex(const De1Complex &);
            void printComplex();
};

De2Complex::De2Complex(double R=0., double T=0., char *s="null")
            : De1Complex(R*cos(T), R*sin(T), s), r(R), theta(T)
{ }
// 부모 클래스 객체로 초기화되는 자식 클래스 객체의 생성자
De2Complex::De2Complex(const De1Complex & bz) : De1Complex(bz) { }

// De2Complex 클래스의 멤버 함수

void De2Complex::printComplex()
{
      cout << "Complex (Polar) " << name << " = " << r
            << "(cos(" << theta << ") + isin(" << theta << "))\n";
}
void main()
{
```

```
    BaseComplex parent(1.0, -1.0);    // 기반클래스 생성
    parent.printComplex();
    cout << "\n";

    De1Complex son(-1.5, 1.5, "son");    // 유도클래스 생성
    son.printComplex();
    cout << "\n";

    // 유도클래스의 유도클래스 객체 생성
    De2Complex grand(3., M_PI, "grand");    // M_PI : 원주율 상수
    grand.printComplex();
}
```

다음 <예 18.8>은 BaseComplex 클래스를 기반 클래스로 하는 객체 군을 생성하고 이들을 출력하는 예들을 표시한 것이다. 실행 결과는 우리가 예상한 바에 따라 함수 이름은 같지만 각 클래스에 속한 멤버 함수를 각각 호출하고 있음을 보여주고 있다.

<실행결과>

```
Complex num. (Base) = (1) + (-1)i

Complex (Rect) son = (-1.5) + (1.5)i

Complex (Polar) grand = 3(cos(3.141593) + isin(3.141593))
```

18.3 절에서 형 격상이라고 하는 암시적인 형 변환이 허용된다고 하였다. 따라서 <예 18.9>에 표시되어 있는 BaseComplex 클래스 객체 포인터에 자식 클래스 객체들의 주소를 대입할 수 있다. 이제 객체 포인터 배열의 각 요소들이 가리키는 각 객체들을 출력해보면 다음과 같은 실행 결과를 얻을 것이다.

〈예 18.9〉

```
void main()
{
    BaseComplex *pbase[3];   // 객체 포인터 배열

    // 서로 다른 클래스의 세 객체 생성

    BaseComplex base(1.0, -1.0);
    De1Complex  de1(-1.5, 1.5, "son");
    De2Complex  de2(3., M_PI, "grand");

    // 객체 포인터 배열에 각 클래스 객체의 주소 대입

    pbase[0] = &base;
    pbase[1] = &de1;
    pbase[2] = &de2;

    for(int i=0; i < 3; i++)
        pbase[i]->printComplex();      // 어느 멤버 함수 호출?
}
```

〈실행결과〉

```
Complex num. (Base) = (1) + (-1)i
Complex num. (Base) = (-1.5) + (1.5)i
Complex num. (Base) = (-3) + (3.673819e-16)i
```

〈예 18.9〉의 실행결과가 만족스러운가? 그렇지 않을 것이다. for문 실행 과정에서 printComplex() 함수를 호출한다. 그러나 객체 포인터 배열 pbase[]의 요소 전부가 기반 클래스로 선언되었기 때문에 이 포인터들이 가리키는 멤버 함수는 기반 클래스 BaseComplex 클래스의 printComplex() 멤버 함수이다. 함수 호출이 초기에 바인딩 되어 있기 때문이다.

객체 포인터의 문제에 있어서 초기 바인딩이 아닌 지연 바인딩(동적 바인딩) 전략을 세울 수 있는 방법이 가상 멤버 함수를 사용하는 것이다. 이것은 기반 클래스 정의에서 멤버 함수 원형의 앞에 키워드 virtual를 넣어 C++에게 알려주면 그만이다. 더구나 키워드 virtual은 기반 클래스에서 다음과 같이 한번만 사용하면 된다.

```
virtual  void  printComplex() ;          // 가상 멤버 함수
```

위와 같이 virtual이란 키워드를 기반 클래스 BaseComplex에서 간단히 추가하면 다음과 같이 〈예 18.9〉와는 전혀 다른 결과를 얻는다.

```
Complex num. (Base) = (1) + (-1)i
Complex (Rect) son = (-1.5) + (1.5)i
Complex (Polar) grand = 3(cos(3.141593) + isin(3.141593))
```

그러나 만약 손자 클래스 De2Complex 클래스의 데이터 멤버(r, theta)를 은폐하고자 하는 목적으로 기반 클래스 BaseComplex의 printComplex() 멤버 함수를 대신 호출하여 출력함으로써 자체의 데이터 멤버를 보호할 수 있다.

이는 지금까지 설명한 가상화(virtualization)를 무시하는 것으로 전역 식별연산자와 기반 클래스의 이름을 지정해주면 된다.

```
pbase[2]->BaseComplex::printComplex ;          // 기반 클래스의 멤버 사용
```

가상 멤버 함수를 사용하면 메모리가 더 필요하며, 함수를 호출할 때 몇 단계를 더 거치므로 실행 속도가 늦어진다. 따라서 가상 멤버 함수의 조금 덜 효율적인 특성 때문에 기반 클래스의 모든 멤버 함수들을 디폴트로 가상 멤버 함수로 정하지 않는 이유이다. 생성자 함수는 가상 함수로 만들 수 없지만 소멸자 함수는 가상 함수로 적절히 만들 수 있다.

기반 클래스의 가상 멤버 함수가 본체가 없이 작성될 때, 그것을 C++에서는 순수 가상 함수라고 하며 일반적으로 다음과 같은 형식을 취한다.

```
virtual  void  printObject()  = 0 ;      // 순수 가상 함수
```

클래스 정의 부분이 순수 가상 함수를 포함할 경우에는 그 클래스의 객체를 생성할 수 없다. 이 클래스는 다른 클래스를 유도하는 기반 클래스로의 역할만 수행한다. 순수 가상 함수를 가진 기반 클래스는 추상적이며 여기서 유도된 다른 유도 클래스의 모형이 되지만 쉽게 표현될 수 없는 클래스이기 때문에 추상 기반 클래스(Abstract Base Class; ABC)라고 한다.

연습문제

18-1 연습문제 9-1에서 정의된 Person 클래스를 다음 문제에 따라 갱신하여라.

(1) 두 Person 클래스 객체 oh1, oh2의 급료를 더하여 새로운 객체 oh에 대입하는 연산 다중정의 함수 operator()를 Person 클래스 멤버로 추가하여라.

(2) 세금이 급료의 r%라고 할 때 급료에서 세금을 뺀 pureIncom을 데이터 멤버로 갖는 Person 클래스의 유도 클래스 Person2 클래스를 정의하여라.

(3) Person 클래스와 Person2 클래스를 출력할 수 있는 동일한 멤버 함수를 각각 작성하여라.

(4) Person2 클래스 객체를 주민등록번호로 변환하는 operator 변환함수를 작성하여라.

18-2 유도 클래스의 객체가 같은 유도 클래스의 또 다른 객체에 대입될때, 기본 클래스와 관련 데이터들이 복사되는가? 이를 알아보기 위해 다음 두 클래스를 사용하여 프로그램을 작성하여라.

```
class base {
        int a;
public:
        void load_a(int n) { a = n; }
        int get_a() { return a; }
};

class derived: public base {
        int b;
public:
        void load_b(int n) { b = n; }
        int get_b() { return b; }
};
```

Chapter

19

C++ Programming

프렌드 클래스와 예외

클래스의 전용 멤버를 접근하기 위해서는 반드시 멤버 함수를 통해야 하지만 멤버 함수를 통하지 않고 클래스의 전용 멤버를 접근해야 할 필요가 있다. C++에서는 이를 위해 프렌드 함수(friend function)를 제공한다. 프렌드 함수는 클래스의 멤버 함수가 아니면서 클래스의 전용 멤버들을 접근할 수 있다.

19.1 전용 멤버의 참조

클래스의 공용 멤버는 구조체의 멤버를 참조하는 것처럼 클래스 밖에서 참조할 수 있었지만, 클래스의 private: 이후 선언된 전용 멤버들은 클래스 외부에서 참조가 불가능하였다. 예를 들어 MyComplex 클래스의 공용 멤버 함수 printComplex()는 main() 함수 내에서 선언된 객체 z를 통하여 다음과 같이 참조할 수 있다.

```
z.printComplex("z") ;
```

하지만 MyComplex 클래스의 전용 멤버인 real과 imag 데이터 멤버들은 main() 함수에서 다음과 같은 방법으로 참조한다면 오류가 발생한다.

```
z.real  =  1.0 ;
z.imag  =  -1.5 ;
```

일반적인 방법은 아니지만 참조자를 반환하는 공용 멤버 함수를 클래스에 추가함으로써 main() 함수 내에서 클래스의 전용 멤버를 참조할 수 있다. 〈예 19.1〉에 표시된 realPart(), imagPart() 함수가 위와 같은 목적을 해결해 주는 공용 멤버 함수들이다.

〈예 19.1〉

```
#include <iostream.h>
#include <math.h>
```

```
class MyComplex {
   private:          // 데이터 멤버의 선언
      double  real;
      double  imag;
   public:           // 멤버 함수의 선언
      MyComplex(double, double);   // 생성자 함수
      MyComplex();                       // 인수가 없는 생성자 함수
      ~MyComplex() {};               // 소멸자 함수
      void    printComplex(char *);// 두 함수의 반환값이 참조자

     // 두 함수의 반환값이 참조자

      double & realPart() { return real; }
      double & imagPart() { return imag; }
};

// 생성자 함수의 다중정의는 생략
// MyComplex::MyComplex(double Re, double Im)의 정의 생략
// MyComplex::MyComplex()의 정의 생략
// void  MyComplex::printComplex(char *name)의 정의 생략

void main()
{
   // 클래스 변수의 선언과 초기화
   MyComplex z(1.5, 1.5);

   z.printComplex("z");
   cout << "\n";

   z.realPart() = 1.0;            // z.real = 1.0; 의 효과
   z.imagPart() = -1.5;        // z.imag = -1.5; 의 효과

   z.printComplex("z");
}
```

〈실행결과〉

```
Complex number z = (1.5) + (1.5)i

Complex number z = (1) + (-1.5)i
```

realPart() 함수가 호출되면 이 함수에 암시적으로 전달된 클래스 객체(z)의 주소가 은밀한 포인터 this에 할당된다. 또한 this가 가리키는 객체의 real 멤버가 this->real 이지만 멤버 함수 realPart()내에서는 이를 축약하여 간단히 real로 나타낸다. 따라서 realPart() 함수의 반환값은 real 멤버에 대응하는 참조자 변수가 된다.

만약 realPart() 함수가 참조자가 아닌 단순히 값만을 반환하도록 다음과 같이 정의된다고 하자.

```
double realPart() { return real ; }    // 참조자를 의미하는 & 탈락
```

이때 main() 함수 내에서 다음 문장과 같이 이 멤버 함수를 호출하면 오류가 발생한다. 왜냐하면 z.realPart() 함수의 반환값은 상수 1.5가 되는데 여기에 1.0이란 상수값을 대입할 수 없기 때문이다.

```
z.realPart() = 1.0 ;        // 오류 발생 : 1.5 = 1.0 ; 이므로.
```

19.2 프렌드를 이용한 전용 멤버 참조

이 절에서는 클래스의 전용 멤버들을 클래스 외부에서 특별하게 참조할 수 있는 방법을 소개한다. 이는 클래스의 은폐 자료들인 전용 멤버들을 클래스 밖의 특별한 부분에서 접근을 해야 될 필요가 있지만, 클래스가 갖고 있는 전용화의 특성을 포기하지 않으면서 수행되어야 한다.

프렌드 함수는 멤버 함수가 아닌 일반 함수로 정의해야 한다. 그러나 임의의 클래스의 프렌드가 되기 위해서는 클래스의 정의에서 어떠한 함수를 프렌드로 지정할

것인지를 표기해야 한다. 이를 위해 클래스의 정의에서 자신의 클래스와 프렌드 관계를 유지할 프렌드 함수의 원형을 정의해야 한다. 클래스 내에 프렌드 함수를 정의하기 위해 friend라는 키워드를 사용한다.

<예 19.2>

```
#include <iostream.h>
#include <string.h>

class traffic {
        char name[20];  // 교통수단 이름
        int speed;          // 최대 속도
        int price;          // 가격
public:
        traffic (char *i, int j, int k);
        int get_price();
        void show_name();
        friend traffic cost(traffic a, traffic b);    // 프렌드 함수 cost
};

traffic::traffic(char *i, int j, int k)
{
        strcpy(name, i);
        speed = j;
        price = k;
}

int traffic::get_price()
{
        return price;
}

void traffic::show_name()
{
        cout << name;
```

```
}

traffic cost(traffic a, traffic b)
          // 객체 a와 b를 매개변수로 받아들여, 비공개 price를
          // 직접 접근하여 가격 비교하여 싼 객체를 반환
{
          if (a.price >= b.price)
                    return b;
          else
                    return a;
}

main()
{
          traffic car, sonata("sonata", 200, 2000), k5("k5", 210, 2100);
          car = cost(sonata, k5);
          cout << "Lower Price Car ==>" << car.show_name() <<
                    " : " << car.get_price()
       << endl;
          retrun 0;
}
```

<실행결과>

```
Lower Price Car ==> sonata : 2000
```

생성자 함수 또는 멤버 함수는 클래스 이름과 범위 지정 연산자를 사용하여 선언하였다. 그러나 cost() 프렌드 함수는 일반 함수의 정의와 동일하게 정의한다.

```
friend traffic cost(traffic a, traffic b);
          -friend; 프렌드 함수임을 나타내는 키워드
          -traffic; 반환값이 클래스 traffic 형이라는 것을 명시.
          -cost; 프렌드 함수 이름
          -traffic, traffic; 매개변수가 클래스 traffic 형임을 정의
```

프렌드 함수는 특정 객체에 속하지 않는다. 이는 sonata.get_price() 함수와 같이 일반 멤버 함수들과 비교된다. 즉, 객체명과 도트 연산자를 사용하는 것과 비교된다. 또한 프렌드 함수는 특정 객체에 속하지 않기 때문에 이 함수의 호출도 일반 함수의 호출과 같이 사용한다. 또한 프렌드 함수는 상속되지 않는다. 즉, 기본 클래스가 프렌드 함수를 포함하고 있을 때 그 프렌드 함수는 파생 클래스의 프렌드 함수가 아니다. 그리고 프렌드 함수는 다른 클래스형들 사이에서도 프렌드가 될 수 있다. 즉, sonata, k5가 서로 다른 클래스형이라 할지라도 cost() 함수를 사용할 수 있다.

또다른 구체적인 예를 들어 보기로 한다. 먼저 main() 함수에서 〈예 19.1〉에서 정의한 MyComplex 클래스의 전용 멤버들인 real과 imag를 구조체 멤버나 공용 멤버와 같은 형식으로 참조가 가능하도록 하자. 이를 해결하기 위해서는 먼저 main() 함수를 MyComplex 클래스의 프렌드(friend) 함수로 명시해줘야 한다.

클래스의 프렌드 함수는 보통 public: 다음에 friend로 시작하는 함수의 원형(prototype)을 표시한다. 그러나 이 프렌드 함수는 클래스의 멤버 함수가 아니라 완전히 클래스 영역 밖에 있는 함수이다. 따라서 main() 함수가 MyComplex 클래스의 프렌드 함수로 명시되더라도 main 이름 앞에 클래스의 멤버임을 밝히는 MyComplex::가 붙지 않는다.

다음은 main() 함수를 MyComplex 클래스의 프렌드로 선언하는 MyComplex 클래스의 정의를 표시한 것이다.

〈예 19.3〉

```
class MyComplex {
   private:           // 데이터 멤버의 선언
      double  real;
      double  imag;

   public:           // 멤버 함수의 선언
      MyComplex(double, double);      // 생성자 함수
       MyComplex();                              // 인수가 없는 생성자 함수
```

```
        ~MyComplex() {};                              // 소멸자 함수
        void     printComplex(char *);

        friend   void   main();                       // main()을 프렌드 함수로 선언
};

// 멤버 함수의 정의는 생략함.
// main() 함수는 MyComplex 클래스의 프렌드

void main()
{
    // 클래스 변수의 선언과 초기화
    MyComplex z(1.5, 1.5);

    z.printComplex("z");
    cout << "\n";

    z.real = 1.0;        // 프렌드 함수는 클래스 전용 멤버들의
    z.imag = -1.5;       // 참조가 가능함

    z.printComplex("z");
}
```

위와 같이 main() 함수를 MyComplex 클래스의 프렌드로 선언하면 클래스의 friend로 간주된 main() 함수는 MyComplex 클래스의 전용 멤버 real과 imag에 언제든지 접근하여 그 값을 참조하거나 변경시킬 수 있다. 〈예 19.3〉은 main() 함수를 friend로 선언한 MyComplex 클래스 객체를 생성한 후, 이 객체의 전용 데이터 멤버 real, imag를 참조하고 있는 main() 함수를 표시한 것이다.

〈실행결과〉

```
Complex number z = (1.5) + (1.5)i

Complex number z = (1) + (-1.5)i
```

main() 함수를 예로 들어 살펴봤듯이 클래스의 프렌드(friend) 함수로 명시된 함수는 이 함수 내에서 클래스의 전용 멤버들을 자유롭게 접근할 수 있는 권한을 부여받게 된다. 그러나 프렌드 함수는 클래스의 일부가 아님을 반드시 기억해야 한다.

이제 클래스의 멤버 함수와 클래스의 프렌드 함수를 main()에서 호출하는 차이점에 대하여 알아보자.

〈예 19.4〉는 MyComplex 클래스와 이 클래스의 프렌드 함수 printFriend()를 사용하는 프로그램이다. 프렌드 함수의 정의를 main() 함수 뒤에 나타나도록 하였지만 main() 함수에서 printFriend() 함수를 호출하기 위해 main()에 이 함수의 원형을 표시할 필요가 없다. 이는 MyComplex 클래스의 정의 부분에서 이미 printFriend() 함수의 원형을 선언하였기 때문이다.

〈예 19.4〉

```
#include <iostream.h>
#include <math.h>

class MyComplex {
   private:          // 데이터 멤버의 선언
      double  real;
      double  imag;

   public:           // 멤버 함수의 선언
      MyComplex(double, double);     // 생성자 함수
      MyComplex();                   // 인수가 없는 생성자 함수
      ~MyComplex() {};               // 소멸자 함수
      void    printComplex(char *);

      // 프렌드 함수의 선언
      friend  void  printFriend(const MyComplex &);
};

 // 기타 클래스 멤버 함수의 정의는 생략
```

```
void main()
{
    // 클래스 변수의 선언과 초기화
    MyComplex z(1.5, -1.1);

    z.printComplex("z");        // 멤버 함수의 호출
    cout << "\n";

    printFriend(z);                    // 프렌드 함수의 호출
}

// 프렌드 함수의 정의

void printFriend(const MyComplex & v)
{
    cout << "Real part = " << v.real << "\n";
    cout << "Imag part = " << v.imag << "\n";
}
```

〈실행결과〉

```
Complex number z = (1.5) + (-1.1)i

Real part = 1.5
Imag part = -1.1
```

main() 함수를 살펴보면 MyComplex 클래스의 멤버 함수 printComplex()의 호출에는 이 함수로 전달되는 인수가 없지만, 프렌드 함수 printFriend() 함수의 호출에는 전달 인수가 있음을 알 수 있다. z.printComplex()와 같이 호출될 경우에는 암시적으로 객체 z의 주소가 this 포인터로 넘겨준다고 하였다. 그러나 프렌드 함수는 멤버 함수가 아니기 때문에 일반 멤버 함수처럼 암시적으로 객체의 주소를 넘겨줄 수 없다. 따라서 프렌드 함수는 객체 데이터를 전달받아야 하므로 반드시 전달 인수가 필요한 것이다. 그리고 프렌드 함수의 호출을 다음 예와 같이 멤버 함수의 호

출 방식으로 실행하면 오류가 발생한다. 클래스의 멤버 함수만이 멤버연산자(.)에 의해 실행될 수 있다.

```
z.printFriend() ;                // 오류 발생
```

19.3 프렌드를 이용한 연산자 다중정의

17 장에서 표시된 operator+() 함수는 복소수를 나타내는 두 객체의 합을 연산 가능하도록 연산자 다중정의된 클래스의 멤버 함수이다. 두 실수를 더하는 방법과 동일하게 두 객체를 더하는 연산이 가능하였다. 그러나 이 연산자 다중정의 함수 operator+()를 호출하여 다음과 같은 연산을 수행할 수 없다.

```
u = z + 0.5 ;
```

왜냐하면 operator+() 함수에 명시적으로 전달될 인수는 실수값이 아니라 MyComplex 객체이어야 하기 때문이다. 객체 즉, 복소수에 실수값을 더한다는 것은 복소수의 허수부는 그대로 두고, 실수부에만 실수값을 더하는 연산을 의미한다. 이제 MyComplex 객체에 실수값을 더하는 operator+() 함수를 추가로 다중정의해 보자. 물론 실수값이 아닌 정수가 객체에 더해질 경우에는 연산 변환 규칙에 의하여 정수값이 실수값으로 자동 변환되어 operator+() 함수로 전달될 것이다.

다음은 객체에 실수를 더하는 operator+() 함수를 정의한 것이다.

```
MyComplex operator+( double m )
{
        MyComplex  realonly ;
        realonly.real  =  real  +  m ;
        realonly.imag  =  imag ;

        return  realonly ;
}
```

이 함수를 이용하여 다음과 같은 문장을 실행하면 우리가 바라던 대로 문제없이 연산이 이루어진다.

```
MyComplex   u = z + 0.5 ;      //   성공적으로 수행
```

앞에서 이미 언급하였듯이 위의 문장이 실행되면 다음과 같이 operator+() 함수를 내부적으로 호출하는 것과 같다.

```
MyComplex   u = z.operator+( 0.5 ) ;
```

다시 말해 이 명령문은 객체의 멤버 함수 operator+()가 객체 z에 의하여 호출되며, 이 함수로 double형 자료 0.5가 명시적으로 전달된다.

다음 〈예 19.5〉는 객체에 실수를 더하는 연산(실수에 객체를 더하는 연산이 아닌)을 수행하기 위하여 operator+() 함수를 다중정의한 프로그램이다.

〈예 19.5〉

```
#include <iostream.h>
#include <math.h>

class MyComplex {
   private:          // 데이터 멤버의 선언
      double  real;
      double  imag;
   public:           // 멤버 함수의 선언
      MyComplex(double, double);     // 생성자 함수
      MyComplex();                   // 인수가 없는 생성자 함수
      ~MyComplex() {};               // 소멸자 함수

      void  printComplex(char *);
      double absComplex();
```

```
    MyComplex operator+(const MyComplex &);  // + 연산자 다중정의
    MyComplex operator+(double);              // + 연산자 다중정의
};

// MyComplex::MyComplex(double Re, double Im)의 정의는 생략
// MyComplex::MyComplex()의 정의 생략
// void  MyComplex::printComplex(char *name)의 정의 생략
// double MyComplex::absComplex()의 정의 생략
// + 연산자 다중정의

MyComplex  MyComplex::operator+(const MyComplex & v)
{
    MyComplex  sum;

    sum.real = real + v.real;
    sum.imag = imag + v.imag;

    return sum;
}

MyComplex  MyComplex::operator+(double m)
{
    MyComplex  realonly;

    realonly.real = real + m;
    realonly.imag = imag;
    return realonly;         // 임시 객체의 값 반환
}

void main()
{
  // 클래스 변수의 선언과 초기화
  MyComplex z(1.5, 1.5);
  MyComplex u = z + 0.5;   // 객체 + 실수
```

```
    z.printComplex("z");
    cout << "\n";

    u.printComplex("z+0.5");

    (z+z.absComplex()).printComplex("z+|z|");  // (객체 + 실수).멤버 함수
}
```

<실행결과>

```
Complex number z = (1.5) + (1.5)i

Complex number u=z+0.5 = (2) + (1.5)i
Complex number z+|z| = (3.62132) + (1.5)i
```

<예 19.5>에 표시된 main() 함수에서 객체와 실수값의 덧셈은 항상 + 연산자 앞에(좌측에) 객체가, 뒤에(우측에) 실수값이 피연산자로 되어 있다. 만일 다음과 같이 두 피연산자들의 순서를 바꾸면 어떻게 될까?

```
MyComplex  u = 0.5 + z ;              //  오류 발생
```

이 문장은 다음과 같이 operator+() 연산자 다중정의 함수를 호출하려고 할 것이다.

```
MyComplex  u = 0.5.operator+(z) ;
```

그러나 이 문장은 double형 실수값 0.5가 객체로 인식함과 동시에 존재하지도 않는 객체 0.5가 멤버 함수 operator+()를 호출하게 된다. 따라서 객체보다 실수값 (0.5)이 먼저 나오는 + 연산은 현재의 클래스의 정의로는 불가능하다.

이 문제를 해결하기 위하여 클래스의 멤버 함수는 아니지만, 클래스의 모든 멤버

(전용이거나 공용 멤버)들을 참조할 수 있는 프렌드 함수를 정의하는 것이다. 이미 우리는 프렌드 함수가 무엇이며, 어떻게 선언되고 정의되는 지에 대하여 살펴보았다.

다음은 (0.5+z)의 연산을 성공적으로 수행하기 위한 MyComplex 클래스의 프렌드 함수 operator+()의 원형을 MyComplex 클래스의 정의 부분에 선언한 문장이다.

```
friend MyComplex operator+( double, const MyComplex & ) ;
```

연산자 다중정의를 위한 operator 함수도 클래스의 프렌드 함수로 정의할 수 있다. 여기서 선언된 operator+() 함수는 첫번째 전달 인수가 double형이며, 이는 main() 함수에서 호출될 때 + 연산자의 좌측에 있는 피연산자가 전달된다. 물론 두번째 전달 인자는 + 연산자의 우측 피연산자인 객체가 참조자로 프렌드 함수 operator+()에 전달된다. 실제로 앞에 오류가 발생했던 문장을 수행하면 다음과 같이 일반 함수처럼 프렌드 함수가 호출될 것이다.

```
MyComplex u = operator+(0.5, z) ;
                    // operator+() 함수는 클래스의 멤버 함수가 아니다
```

이제 (0.5+z)의 연산을 위해 프렌드 함수 operator+()를 정의하면 다음과 같다. 프렌드 함수의 정의에서는 키워드 friend를 명시하지 않는다.

```
MyComplex  operator+( double m, const MyComplex & v )
{
                return  ( v + m ) ;
}
```

여기서 정의된 operator+() 함수의 본체는 너무나 간단하다. 이는 (0.5+z)의 연산을 (z+0.5)의 연산으로 피연산자의 순서를 뒤바꾸어 놓았을 뿐이다. 프렌드 함수 내에서는 클래스의 모든 멤버에 접근할 수 있기 때문에 (v+m)의 연산을 위하여 MyComplex 클래스의 operator+() 멤버 함수를 호출할 수 있다. 따라서 최종적으로 우리가 원하는 연산 결과를 얻을 수 있다.

〈예 19.6〉은 (실수+객체)의 연산을 수행할 수 있는 MyComplex 클래스의 프렌드 함수를 선언하고 있는 예를 표시한 프로그램이다.

〈예 19.6〉

```
#include <iostream.h>
#include <math.h>

class MyComplex {
   private:          // 데이터 멤버의 선언
      double  real;
      double  imag;

   public:                     // 멤버 함수의 선언
      MyComplex(double, double);     // 생성자 함수
      MyComplex();                   // 인수가 없는 생성자 함수
      ~MyComplex() {};               // 소멸자 함수

      void  printComplex(char *);
      double absComplex();
      MyComplex operator+(const MyComplex &);   // + 연산자 다중정의
      MyComplex operator+(double);            // + 연산자 다중정의

      // 클래스의 프렌드함수 operator+()의 선언
      friend  MyComplex operator+(double, const MyComplex &);
};

// MyComplex::MyComplex(double Re, double Im)의 정의는 생략
// MyComplex::MyComplex()의 정의 생략
// void  MyComplex::printComplex(char *name)의 정의 생략
// double MyComplex::absComplex()의 정의 생략
// + 연산자 다중정의 : (객체 + 객체)의 연산

MyComplex  MyComplex::operator+(const MyComplex & v)
{
```

```
    MyComplex  sum;

    sum.real = real + v.real;
    sum.imag = imag + v.imag;

    return sum;
}

MyComplex  MyComplex::operator+(double m)  // (객체 + 실수)의 연산
{
    MyComplex  realonly;

    realonly.real = real + m;
    realonly.imag = imag;

    return realonly;
}

// 클래스의 프렌드함수 operator+()의 정의 : (실수 + 객체)의 연산

MyComplex  operator+(double m, const MyComplex & v)
{
   return (v + m);
}

void main()
{
   // 클래스 변수의 선언과 초기화
   MyComplex z(1.5, 1.5);
   MyComplex u = 0.5 + z;   // 실수 + 객체

   z.printComplex("z");
   cout << "\n";

   u.printComplex("0.5+z");
}
```

〈실행결과〉

```
Complex number z = (1.5) + (1.5)i

Complex number 0.5+z = (2) + (1.5)i
```

이상으로 클래스 객체의 연산을 위하여 연산자를 다중정의하는 몇 가지 예를 들어보았다. 지금까지 설명한 방법들을 응용한다면 객체들간의 여러 연산을 가능하게 프로그램을 작성할 수 있을 것이다.

그러나 모든 연산자들을 전부 다중정의할 수는 없다. C++는 사용자 정의 연산자 다중정의에 대하여 몇 가지 제한을 두고 있다. 첫째, $와 같이 기존의 연산자를 기호로 쓰이지 않는 새로운 연산자 기호를 정의할 수 없다. 둘째, 4개의 연산자(sizeof, ., ::, ?:)는 연산자 다중정의할 수 없다. 셋째, int형, double형 같이 기본 데이터형만을 피연산자로 하게끔 다중정의 연산자를 정의할 수 없다. 그 이유는 이미 내장된 연산자의 기능을 보장하기 위해서이다. 넷째, 다중정의된 연산자는 그 연산자가 사용하는 일반적인 형식을 어겨서는 안 된다. 예를 들어 이항 연산자 +를 단항 연산자로 다중정의할 수 없다. 다섯째, 내장된 기존 연산자가 갖고 있는 연산자 우선 순위를 바꿀 수 없다. 예를 들어 다중정의된 * 연산자는 다중정의된 + 연산자보다 우선 순위가 항상 높다.

다른 예를 보자. 18장에서 표시된 De1Complex 클래스는 복소수를 직좌표 형식으로 다루고자할 때 유용하다. 반면에 De2Complex 클래스는 복소수의 또 다른 표현 방법인 극 형식으로 표현하고자 데이터 멤버들을 선언하였다. 이제 두 클래스를 friend로 연결하는 방법에 대하여 알아보자. 한 클래스(원본 클래스)의 정의에서 다른 클래스(프렌드 클래스)를 friend로 선언하면 이 프렌드 클래스의 모든 멤버 함수(메소드)들은 원본 클래스의 전용 멤버까지 접근 가능하다(원래는 원본 클래스의 멤버 함수들만이 전용 멤버에 접근할 수 있었다).

먼저 복소수를 표현하는 두 방법 중 직교 좌표 형식으로 나타내는 클래스 RectComplex의 정의를 표시하면 다음과 같다. 이 클래스의 정의는 이미 우리가 많이 익숙한 것들이므로 설명은 생략하기로 하자.

```
// 직교 좌표 클래스의 정의

class RectComplex
{
    private:
        double  real, imag;  // 복소수 z = (real)+(imag)i
        char  * name;

    public:
        RectComplex(double, double, char *);   // 생성자
        ~RectComplex();   // 소멸자

        void  printComplex();   // 멤버 함수
        double & realPart() { return real; }
        double & imagPart() { return imag; }
        char * namePart() { return name; }

        // PolarComplex는 RectComplex 데이터 멤버를 참조 가능
        friend  class  PolarComplex;
};

// 생성자의 정의

RectComplex::RectComplex(double Re=0., double Im=0.,
      char *s="Null")
{
    real = Re;
    imag = Im;
    name = new char[ strlen(s) + 1];
    strcpy(name, s);
}

// 소멸자의 정의

 RectComplex::~RectComplex()
```

```
{
      delete [] name;
}

// RectComplex 클래스의 멤버 함수

void RectComplex::printComplex()
{
      cout << "Complex (Rect) " << name << " = (" << real
            << ") + (" << imag << ")i\n";
}
```

여기서, RectComplex 클래스 정의의 뒷부분에 friend로 시작되는 하나의 문장은 RectComplex 클래스의 프렌드 클래스로 PolarComplex를 지정하는 명령문이다. 이 문장은 RectComplex 클래스의 어디에 위치하든 차이가 없다.

다음은 RectComplex 클래스의 프렌드 클래스인 PolarComplex를 정의한 것이다. 일단 멤버 함수들의 경우에는 함수들의 원형만 제시하였다.

```
//  극좌표 클래스의 정의

class PolarComplex
{
      private:
            double r, theta;

      public:
            PolarComplex(double, double);  // 생성자
            ~PolarComplex() { };    // 소멸자

            void printComplex();
            double & rPart() { return r; }
            double & rPart(const RectComplex &);        // 함수의 다중정의
            double & thetaPart() { return theta; }
```

```
            double & thetaPart(const RectComplex &);  // 함수의 다중정의

            // RectComplex 객체를 PolarComplex 객체로 변환
            PolarComplex & Rect2Polar(const RectComplex &);

            // 객체 변환을 위한 opertor
            operator RectComplex();
};

// 생성자의 정의

PolarComplex::PolarComplex(double R=0., double T=0.)
{
      r = R; theta = T;
}
```

먼저 PolarComplex 객체를 출력하기 위한 멤버 함수 printComplex()는 다음과 같이 정의하였다. PolarComplex의 전용 멤버 theta는 라디안(radian) 값을 취하는 double형 자료이다. 그러나 보통 각도는 도(°) 단위로 표기하는 것에 우리가 익숙해져 있기 때문에 각도 theta를 도 단위로 변환하여 출력하도록 하였다. 물론 상수 M_PI는 π를 의미하며, 이 값은 math.h 헤더 파일에 정의되어 있다.

```
// PolarComplex 객체의 출력

void PolarComplex::printComplex()
{
      double degree = 180 * theta / M_PI;   // radian을 degree로 변환
      cout << "Complex (Polar)" << " = " << r
            << "(cos(" << degree << "^) + isin(" << degree << "^))\n";
}
```

PolarComplex 클래스의 전용 멤버 r과 theta를 참조하기 위하여 rPart(), thetaPart() 함수를 inline으로 정의하고 있다. 또한 이들과 같은 이름을 갖는 멤버 함수들이 다중정의되어 있는데 이 두 메소드의 정의는 다음과 같다.

```
// 다중정의된 PolarComplex 클래스의 메소드

 double & PolarComplex::rPart(const RectComplex & Rz)
{
        r = sqrt(Rz.real*Rz.real + Rz.imag*Rz.imag);
        return r;
}

double & PolarComplex::thetaPart(const RectComplex & Rz)
{
        theta = atan2(Rz.imag, Rz.imag);
            return theta;
}
```

두 멤버 함수의 역할은 무엇일까? 이 두 메소드의 목적은 앞의 메소드와 같다. 하지만 앞의 두 메소드가 PolarComplex 객체의 r과 theta값을 참조하는데 필요하다면, 다중정의된 이 메소드들은 직좌표 형식으로 표현된 복소수의 실수부와 허수부를 참조하여 이들로부터 극 형식 표현에 필요한 r과 theta값을 구하는 데 필요하다. 따라서 PolarComplex 클래스 내에서 이와 다른 RectComplex 클래스의 전용 멤버들에 접근할 수 있어야 한다.

RectComplex 클래스의 전용 멤버들은 RectComplex 클래스의 멤버 함수들에 의해서만 접근 가능하다. PolarComplex 클래스의 멤버 함수에서도 RectComplex 클래스 전용 멤버의 접근이 가능한 이유는 PolarComplex 클래스가 RectComplex 클래스의 프렌드 클래스이기 때문이다.

thetaPart() 멤버 함수의 정의 본체에서 호출된 atan2() 시스템 라이브러리 함수는 math.h 헤더파일에 그 원형이 선언되어 있다. 이 함수는 arctan() 함수의 값을 $-\pi$에서π 사이의 값으로 반환하도록 한다. 반면에 atan() 함수는 $-\pi/2$에서$\pi/2$사이의 값만을 반환한다. atan2() 함수의 원형은 다음과 같다.

```
double  atan2( double y, double x ) ;  // tan^-1(y/x)를 계산
```

다음은 두 함수를 호출하여 객체의 데이터 멤버를 출력하는 예문들이다.

```
RectComplex  Rz( 1.0,  -1.0,  "rect" ) ;
PolarComplex  Pz( 3.,  M_PI ) ;                  // M_PI : 원주율 상수

cout  <<  Rz.realPart() ;
cout  <<  Pz.thetaPart() ;  // 전달 인수가 없는 thetaPart() 호출
cout  <<  Pz.rPart(Rz) ;
cout  <<  Pz.thetaPart(Rz) ;// 한 개의 전달 인수를 갖는 thetaPart() 호출
```

main() 함수 내에서 다음 문장이 실행되면 C++는 어떤 멤버 함수를 요구할까? 객체 Rz는 앞에서 생성된 RectComplex 객체이다.

```
PolarComplex  pz ;
pz.Rect2Polar(Rz) ;
```

pz 객체가 Rect2Polar() 메소드를 호출하면 C++는 이를 다음과 같이 변형한다고 하였다.

```
Rect2Polar(&pz, Rz) ;
```

그러면 다음에 표시된 Rect2Polar의 정의를 보자.

```
// RectComplex 객체를 PolarComplex 객체로 변환

PolarComplex & PolarComplex::Rect2Polar(const RectComplex & Rz)
{
      r = rPart(Rz);
      theta = thetaPart(Rz);
      return (*this);
}
```

이 메소드는 RectComplex 객체를 PolarComplex 객체로 변환하는 목적으로 작성된 것이다. rPart()와 thetaPart()를 호출하고 있기 때문에 이 함수도 PolarComplex 클래스가 RectComplex 클래스의 프렌드가 아니면 불가능하다. PolarComplex 클래스의 멤버 함수인 operator로 선언된 변환 함수는 다음 절에서 다루기로 하고 지금까지 다룬 것을 바탕으로 main() 함수를 작성해 보면 〈예 19.7〉의 프로그램을 얻을 수 있다.

〈예 19.7〉

```
void main()
{
    // 서로 다른 클래스의 두 객체 생성

    RectComplex  Rz(1.0, -1.0, "rect");
    PolarComplex  Pz(3., M_PI);

    Rz.printComplex();
    Pz.printComplex();
    cout << "\n";

    cout << "Rz.realPart() = " << Rz.realPart() << "\n";
    cout << "Pz.thetaPart() = " << Pz.thetaPart() << "\n";
    cout << "Pz.rPart(Rz) = " << Pz.rPart(Rz) << "\n";
    cout << "Pz.thetaPart(Rz) = " << Pz.thetaPart(Rz) << "\n\n";

    PolarComplex pz;

    // Rz 객체를 pz 객체로 변환
    pz.Rect2Polar(Rz);
    pz.printComplex();
}
```

〈실행결과〉

```
Complex (Rect) rect = (1) + (-1)i
Complex (Polar) = 3(cos(180^) + isin(180^))

Rz.realPart() = 1
Pz.thetaPart() = 3.141593
Pz.rPart(Rz) = 1.414214
Pz.thetaPart(Rz) = -0.785398

Complex (Polar) = 1.414214(cos(-45^) + isin(-45^))
```

PolarComplex클래스 객체의 출력에서 cos(-45^)은 cos(-45°)를 표현한 것이다.

19.4 객체 변환 함수 operator

전 절의 PolarComplex 클래스 정의에서 멤버 함수 중에서 가장 마지막으로 선언된 operator 선언은 객체 변환 함수이다. 이미 우리는 operator를 이용하여 변환 함수를 정의하는 방법을 알고 있다. 여기서 정의된 operator 변환 함수는 다음 문장과 같이 PolarComplex 객체를 RectComplex 객체에 대입할 경우 등에 호출된다.

```
RectComplex  rz ;
rz  =  Pz ;                    // Pz는 PolarComplex 객체
```

이 문장의 성공적인 실행을 위한 operator 변환 함수의 정의는 다음과 같다.

```
// 객체 변환을 위한 opertor 변환 함수

PolarComplex::operator RectComplex()
{
```

```
    double  t_real, t_imag;

    t_real = r*cos(theta);
    t_imag = r*sin(theta);

    return RectComplex(t_real, t_imag);
}
```

여기서, 변환 함수는 한 클래스의 멤버 함수이어야 하며, 전달 인자를 갖지 않고 반환되는 데이터형을 명시하지 않는다는 사실을 기억하여야 한다.

다음 예는 PolarComplex 객체로 초기화되는 RectComplex 객체의 생성과 대입문에서 객체 변환의 예를 표시한 main() 함수이다.

〈예 19.8〉

```
void main()
{
    PolarComplex  Pz1(3., M_PI), Pz2(5.5, M_PI/2);

    RectComplex rz1, rz2 = Pz2;    // rz2 객체는 Pz2 객체로 초기화

    // rz1 객체에 Pz1 객체 대입
    rz1 = Pz1;

    cout << "rz1 : ";  rz1.printComplex();
    cout << "rz2 : ";  rz2.printComplex();
}
```

〈실행결과〉

```
rz1 : Complex (Rect) Null = (-3) + (3.673819e-16)i
rz2 : Complex (Rect) Null = (3.367667e-16) + (5.5)i
```

19.5 프렌드 멤버 함수

전 절에서 PolarComplex 클래스를 RectComplex 클래스의 프렌드로 선언하였다. 따라서 PolarComplex 클래스의 모든 멤버 함수에서 RectComplex의 은폐 데이터 멤버 real, imag등을 참조할 수 있었다. 그러나 PolarComplex 클래스의 모든 멤버 함수가 RectComplex 클래스의 전용 멤버들에 직접 접근하지는 않는다.

반드시 RectComplex 클래스의 전용 멤버에 접근해야 될 필요가 있는 메소드만을 RectComplex 클래스의 프렌드로 만들 수 있다. 우리는 RectComplex 클래스의 프렌드가 되어야 할 메소드가 무엇인지 알고 있다. 그것은 rPart()과 thetaPart() 메소드이다.

이 함수들을 RectComplex 클래스의 프렌드로 선언하는 방법은 다음과 같다. 이들의 friend 위치는 어디든지 상관없다.

```
// 직교 좌표 클래스의 정의

class RectComplex
{
	private:
		double  real, imag;  // 복소수 z = (real)+(imag)i
		char  * name;

	public:
		. . .

	// 다음 PolarComplex의 멤버만이 RectComplex 전용멤버 참조 가능
	friend double & PolarComplex::rPart(const RectComplex &);
	friend double & PolarComplex::thetaPart(const RectComplex &);
};
```

그런데 컴파일러가 위의 두 friend 문을 처리하기 위해서는 RectComplex 클래스가 정의되기 이전에 PolarComplex 클래스의 정의가 먼저 있어야 한다. 하지만 Polar

클래스의 Rect2Polar() 메소드는 RectComplex 객체를 필요로 하므로 PolarComplex 정의 이전에 RectComplex의 정의가 와야 한다. 이것은 마치 닭이 먼저냐, 달걀이 먼저냐 하는 논리와 같다. 이 문제를 해결할 수 있는 유일한 방법은 한 줄의 다음 문장을 PolarComplex 정의 이전에 삽입하는 것이다.

```
class  RectComplex ;        // 정방향 참조문 (Forward reference)
```

이 문장은 PolarComplex 정의에서 표시되는 RectComplex가 클래스임을 알려주는 역할을 한다. 이것을 클래스의 정방향 참조(forward reference)라고 한다. 정방향 참조 방법을 사용하여 두 클래스의 정의가 이루어지는 위치를 표기하면 결국 다음과 같이 배열된다.

```
class  RectComplex ;
class  PolarComplex
{
        …
}
class  RectComplex
{
        …
}
```

마지막으로 PolarComplex의 멤버 함수 rPart()의 본체가 클래스의 정의 부분에 함께 작성된다면 그 시점에서 RectComplex 클래스의 모든 것을 알고 있어야 한다. 그러나 PolarComplex 클래스 이전에는 RectComplex가 클래스라는 사실밖에 모른다. 따라서 PolarComplex 멤버 rPart()가 실행되지 않는다. 이 문제는 RectComplex 클래스의 프렌드로 선언되는 PolarComplex 클래스 멤버 함수의 원형만을 PolarComplex 정의 부분에 표시하고, 실제 본체는 RectComplex 클래스의 정의 이후에 작성하면 해결된다. 따라서 프렌드 함수로 연결되는 두 클래스의 작성 순서를 다시 표시하면 다음과 같다.

```
class  RectComplex ;        // 정방향 참조

class  PolarComplex
{
        ...
        // RectComplex의 프렌드 함수들을 함수 원형만 표시
        double & rPart( const  RectComplex  & ) ;
        double & thetaPart( const  RectComplex  & ) ;
}

class RectComplex
{
        ...
        friend  double & PolarComplex::rPart( const  RectComplex  & ) ;
        friend  double & PolarComplex::thetaPart( const RectComplex &) ;
}

// 프렌드 함수들의 본체 정의
double  &  PolarComplex::rPart( const RectComplex  &  Rz )
{
        ...
}

double  &  PolarComplex::thetaPart( const RectComplex  &  Rz )
{
        ...
}
```

다음은 PolarComplex 클래스의 rPart(), thetaPart() 멤버 함수만을 RectComplex의 friend로 선언하여 작성된 두 클래스에 대하여 객체 생성을 시험하는 프로그램이다.

〈예 19.9〉

```
#include <iostream.h>
#include <string.h>
#include <math.h>

class RectComplex;    // 정방향 참조

 //  극좌표 클래스의 정의
class PolarComplex
{
      private:
              double r, theta;

      public:
              PolarComplex(double, double);  // 생성자
              ~PolarComplex() { };    // 소멸자

              void printComplex();
              double & rPart() { return r; }
              double & thetaPart() { return theta; }

              double & rPart(const RectComplex &);        // 함수의 다중정의
              double & thetaPart(const RectComplex &);  // 함수의 다중정의

              // RectComplex 객체를 PolarComplex 객체로 변환
              PolarComplex & Rect2Polar(const RectComplex &);

              // 객체 변환을 위한 opertor
              operator RectComplex();
};

//  직교 좌표 클래스의 정의
class RectComplex
{
       private:
```

```
        double  real, imag;  // 복소수 z = (real)+(imag)i
        char  * name;

    public:
        RectComplex(double, double, char *);   // 생성자
        ~RectComplex() { };   // 소멸자

        void  printComplex();   // 멤버 함수
        double & realPart() { return real; }
        double & imagPart() { return imag; }
        char * namePart() { return name; }

    // 다음 PolarComplex의 두 멤버만이 RectComplex 전용멤버 참조 가능
        friend double & PolarComplex::rPart(const RectComplex &);
      friend double & PolarComplex::thetaPart(const RectComplex &);
};

// RectComplex 생성자의 정의
RectComplex::RectComplex(double Re=0., double Im=0., char *s="Null")
{
    real = Re;
    imag = Im;
    name = new char[ strlen(s) + 1 ];
    strcpy(name, s);
}

// RectComplex 클래스의 멤버 함수
void RectComplex::printComplex()
{
    cout << "Complex (Rect) " << name << " = (" << real
         << ") + (" << imag << ")i\n";
}

////////// PolarComplex 멤버 함수들의 정의  //////////
// PolarComplex 생성자의 정의
```

```
PolarComplex::PolarComplex(double R=0., double T=0.)
{
      r = R; theta = T;
}

// PolarComplex 클래스의 멤버 함수
void PolarComplex::printComplex()
{
      double degree = 180*theta/M_PI;    // radian을 degree로 변환

      cout << "Complex (Polar)" << " = " << r
            << "(cos(" << degree << "^) + isin(" << degree << "^))\n";
}

// 프렌드 함수들의 본체 정의
 double & PolarComplex::rPart(const RectComplex & Rz)
{
      r = sqrt(Rz.real*Rz.real + Rz.imag*Rz.imag);
      return r;
}

double & PolarComplex::thetaPart(const RectComplex & Rz)
{
      theta = atan2(Rz.imag, Rz.real);
      return theta;
}

// RectComplex 객체를 PolarComplex 객체로 변환
PolarComplex & PolarComplex::Rect2Polar(const RectComplex & Rz)
{
      r = rPart(Rz);
      theta = thetaPart(Rz);
      return (*this);
}
```

```
// 객체 변환을 위한 opertor 변환 함수
PolarComplex::operator RectComplex()
{
      double   t_real, t_imag;
      t_real = r*cos(theta);
      t_imag = r*sin(theta);

      return RectComplex(t_real, t_imag);
}

void main()
{
     RectComplex  Rz(-1.5, -1.5, "z");
     Rz.printComplex();     // 직교 좌표 형식으로 출력

     PolarComplex  Pz;

     cout <<  "Pz.rPart() = " << Pz.rPart(Rz) << endl;

     Pz.Rect2Polar(Rz);     // Rz 객체를 Pz 객체로 변환
     Pz.printComplex();     // 극 형식으로 출
}
```

<실행결과>

```
Complex (Rect) z = (-1.5) + (-1.5)i
Pz.rPart() = 2.12132
Complex (Polar) = 2.12132(cos(-135^) + isin(-135^))
```

지금까지 PolarComplex 클래스가 RectComplex 클래스의 프렌드이거나 Polar Complex 클래스의 일부 멤버 함수가 RectComplex 클래스의 프렌드인 경우를 다루었다. 그러나 동시에 상대방 클래스를 프렌드로 선언할 수도 있다. 물론 클래스들의 정의 순서에 따라 프렌드 함수의 원형과 정의의 위치를 조정하여야 한다. 구조

체의 경우와 마찬가지로 C++에서는 클래스를 또 다른 클래스에 포함시킬 수 있다. 또 다른 클래스 내에 선언된 클래스를 내포 클래스라고 한다. 내포 클래스에 대한 접근 방법 등 여러 기능에 대해서는 생략하기로 한다.

19.6 예외(Exception)

C++ 프로그램을 작성하다보면 전혀 예기치 않은 문제 때문에 프로그램이 정상적으로 실행되지 않을 수 있다. 예를 들어 new 연산자를 통하여 힙 메모리를 할당받는 경우 메모리를 확보하지 못할 경우에는 반환 포인터 값이 NULL이 된다. 그러나 우리가 이 값을 직접 체크하지 않으면 출력 결과가 이상하게 나타날 것이다. 또한 0으로 나누어진 나눗셈의 경우에는 불능의 결과이므로 다음과 같은 오류 메시지를 출력함과 동시에 main()으로 먼저 돌아가지 않고 프로그램이 종료된다.

```
Divide error
```

다음 예는 사용자가 정수값을 입력하면 이 값을 이용하여 프로그램에서 계산한 값과 비교하는 간단한 게임을 실행하는 프로그램이다.

〈예 19.10〉

```
#include <iostream.h>
#include <stdlib.h>        // rand() 함수의 호출을 위해
#include <process.h>       // exit() 함수의 호출을 위해

long game(long m, long n)
{
    if (n <= 0) {
        cout << "입력된 값이 0 이하네요. 강제 종료됩니다.\n";
        exit(1);
    }
    else
        return m/(n*3);
}
```

```
void main()
{
    long x, com;

    cout << "----- Game Start -----\n";
    cout << "정수를 입력하세요..... ";
    while(cin >> x)
    {
        com = game(rand(), x);

        if(com >= x)
           cout << "당신이 승!\n";
        else
           cout << "당신이 패!\n";

        cout << "게임을 마치려면 q 혹은 Q를 입력하고.....\n";
        cout << "계속하려면 또 다른 정수를 입력하세요.... ";
    }
}
```

<실행결과>

```
----- Game Start -----
정수를 입력하세요..... 23
당신이 패!
게임을 마치려면 q 혹은 Q를 입력하고.....
계속하려면 또 다른 정수를 입력하세요.... 57
당신이 패!
게임을 마치려면 q 혹은 Q를 입력하고.....
계속하려면 또 다른 정수를 입력하세요.... 18
당신이 승!
게임을 마치려면 q 혹은 Q를 입력하고.....
계속하려면 또 다른 정수를 입력하세요.... 0
입력된 값이 0 이하네요. 강제 종료됩니다.
```

game() 함수에서 사용자가 입력한 x 값이 0 이하이면 시스템 표준 함수 exit()를 이용하여 프로그램을 강제 종료시키고 있다. 그러나 우리의 속셈은 x 값의 여부에 상관없이 이 게임이 싫증나지 않는 한 계속 실행되게 하고 싶은 것이다.

이런 문제에 대한 처리 방법이 C++에서는 예외 메카니즘을 사용하는 것이다. 예외는 프로그램의 한 부분에서 다른 부분으로 실행의 제어를 넘기는 방법을 제공한다. 예외는 세 개의 키워드 try, throw, catch로 구성된다. 먼저 try로 묶여진 시험 블록 안의 문장들을 실행하는 과정에서 예외를 탐지한다. 따라서 이 시험 블록 밖에서 실행되는 비정상적인 예외 상황은 여기서 정하는 예외 메카니즘을 따르지 않는다.

예외는 키워드 throw로 선언된 문장부터 시작된다. throw 뒤에는 예외를 설명하는 문자열이나 객체의 값이 나타난다. throw 뒤의 값이 문자열이면 괄호 안에 문자열을 의미하는 형 선언이 표시된 catch 예외 핸들러(exception handler) 블록으로 제어가 옮겨간다. 그러나 throw 뒤의 값이 클래스 객체라면 그 객체의 원형이 선언된 catch 예외 핸들러 블록으로 프로그램 실행 제어를 옮겨 catch 블록에 있는 문장들을 실행한다. try 블록의 문장들을 실행하는 과정에서 예외를 시작하지 않고 정상적으로 try 블록을 수행하면 try 다음에 있는 catch 블록은 건너 띄어 프로그램의 나머지 부분을 실행한다.

다음 예는 〈예 19.10〉의 프로그램에 예외 메카니즘을 적용시켜 재작성한 것이다.

〈예 19.11〉

```
#include <iostream.h>
#include <stdlib.h>        // rand() 함수의 호출을 위해
#include <process.h>        // exit() 함수의 호출을 위해

long game(long m, long n)
{
    if (n <= 0)
        throw "입력된 값이 0 이하네요.\n";
    else
        return m/(n*3);
}
```

```
void main()
{
    long x, com;

    cout << "----- Game Start -----\n";
    cout << "정수를 입력하세요..... ";
    while(cin >> x)
    {
        try {           // 예외 메카니즘 적용 블럭
            com = game(rand(), x);
        }

        catch (const char *s) {    // 예외 핸들러 블럭
            cout << s;
            cout << "양의 정수를 입력하세요.... ";
            continue;
        }

        if(com >= x)
            cout << "당신이 승!\n";
        else
            cout << "당신이 패!\n";

        cout << "게임을 마치려면 q 혹은 Q를 입력하고.....\n";
        cout << "계속하려면 또 다른 정수를 입력하세요.... ";
    }
}
```

C++ 예외는 프로그램을 짜는 사용자(프로그래머)가 정상적으로 실행이 되지 않는 문제들로부터 미리 재난을 방지할 목적으로 구현된 강력하고 융통성 있는 도구이다. 이 책에서는 예외 구현을 실제로 실행해보지 않았지만 새 클래스 라이브러리가 예외를 반영하고 있으므로 이 예외 구현 기법을 기억하기 바란다.

연습문제

19-1 연습문제 17-1에서 friend를 이용하여 복소수*실수의 연산이 가능하도록 하여라.

19-2 RectComplex 클래스와 PolarComplex 클래스를 다음과 같이 재작성하여라.

(1) RectComplex 클래스가 PolarComplex 클래스의 프렌드 클래스가 되도록 만들어라.

(2) RectComplex 클래스의 멤버 함수로 Polar2Rect() 메소드를 작성하여라. 이 메소드는 PolarComplex 객체가 전달인수로 보내지며 반환값은 이 객체에 대한 RectComplex 객체이다.

(3) RectComplex 객체로 초기화되는 PolarComplex 객체를 생성하는 객체 변환 함수 operator를 작성하여라.

(4) PolarComplex 클래스의 전용 멤버들을 참조하여 이들로부터 직교 좌표 형식의 실수부 값을 반환하는 RectComplex::realPart() 메소드를 다중정의하여라.

(5) PolarComplex 클래스의 전용 멤버들로부터 직교 좌표 형식의 허수부 값을 반환하는 RectComplex::imagPart() 메소드를 다중정의하여라.

19-3 다음 클래스는 animal형의 매개변수를 가진다. num이 음수이면 참, 그렇지 않으면 거짓을 반환하는 decision() 이라는 프렌드함수를 추가시키는 방법을 설명하여라.

```
class animal {
        int num;
public:
        animal(int x) { num=x; }
};
```

19-4 다음과 같이 pr1과 pr2라는 두 클래스가 하나의 프린터를 공유하는 상황에 대해 생각해보자. 또한 프로그램의 어느 부분에서 어떤 클래스의 객체가 프린터를 사용중인지 알고자 한다고 하자. inuse()하는 함수를 생성하여 프린터가 사용중이면 true를 그렇지 않다면 false를 반환하도록 하라. 이 함수를 pr1, pr2 모두의 friend가 되도록 하여라.

```
class pr1 {
        int printing;
        // ...
public:
        pr1() { printing = 0; }
        void set_print(int status) { printing = status; }
        // ...
};

class pr2 {
        int printing;
        // ...
public:
        pr2() { printing = 0; }
        void set_print(int status) { printing = status; }
        // ...
};
```

19-5 어떤 상황에서 다음과 같은 문장을 사용하는지 설명하라.

```
catch( ...) { throw; }
```

Chapter

20

C++ Programming

입출력과 파일

20.1 입출력과 스트림 객체

이미 지금까지 오는 동안 자료 입출력을 위한 도구(cout 객체와 cin 객체)를 사용하였다. 그러나 이들은 C++가 구축해 놓은 키워드(if나 while 등)가 아니다. C에서조차 자료 입출력을 위하여 printf() 함수나 scanf() 함수 등 시스템 라이브러리 함수를 사용한다. C++도 이러한 함수를 호출하여 자료를 입출력할 수 있지만 C++는 iostream.h와 fstream.h 헤더 파일에 정의되어 있는 클래스 집합을 이용하여 자료의 입출력을 해결하길 선호한다. 이는 사용자가 운영하는 컴퓨터 하드웨어에 가장 적합하게 입출력을 설계하도록 사용자에게 권한을 주자는 목적이 있기 때문이다.

C++ 프로그램은 입력과 출력을 바이트의 흐름으로 간주하여 일련의 입력, 출력 자료들의 모임을 스트림(stream)이란 용어로 사용한다. 예를 들어 프로그램이 파일로부터 자료를 읽어 들일 경우에 입력 스트림은 파일에서 프로그램으로 흘러 들어가는 파이프(pipe)를 연상하면 된다. 물론 물대신 바이트 단위로 자료가 흘러가게 될 것이다. 입력 스트림으로 흘러가는 자료는 파일 이외에 키보드에서 입력되는 각 바이트들이 될 수도 있다. 입력 스트림과 반대의 개념인 출력 스트림은 프로그램에서부터 출력 장치(파일, 모니터 등)까지 연결되는 파이프를 뜻한다.

프로그램은 입출력 정보를 한 번에 한 바이트(문자)씩 처리한다. 만일 하드디스크 파일에 저장된 자료들을 프로그램이 읽어오는 작업을 수행한다고 하자. 먼저 입력 스트림의 양쪽에 파일과 프로그램을 연결한 후, 신호에 따라 파일에서 입력 스트림에 자료들을 바이트 단위로 흘려보낸다. 그런데 하드디스크 파일에 있는 자료가 입력 스트림을 통해 프로그램에 전달되는 속도가 느리다. 따라서 이러한 처리 속도를 효율적으로 다룰 수 있는 방법이 필요하다. 이에 대해 고안해 낸 방법이 임시 저장 장치라고 하는 버퍼(buffer)를 메모리 블록으로 설정하는 것이다.

일반적으로 디스크 드라이브와 같은 장치는 512바이트 이상의 블록 단위로 많은 데이터를 한꺼번에 전송할 수 있으므로, 이들을 임시 메모리인 버퍼에 일단 저장한다. 프로그램은 하드디스크보다 메모리에서 읽는 속도가 빠르므로 버퍼에 전송된 많은 자료들을 빨리 읽고 처리할 수 있게 된다. 버퍼의 자료들을 다 읽으면 (흐름의 원리에 의하여 읽었다는 개념은 읽은 자료가 버퍼에서 흘러 나갔다는 뜻이다) 다시 버퍼의 크기만큼 파일에서 정보를 버퍼로 읽어 들인다.

출력 버퍼의 경우에는 버퍼에 쌓인 정보를 출력 장치로 보내고 다음 출력을 위해

"버퍼 비우기" 작업을 통하여 버퍼를 비워주어야 한다. 키보드 입력으로 입력된 데이터들을 ⏎ 키가 입력되기까지 입력 버퍼에 쌓이게 된다. ⏎ 키가 입력되면 비로소 버퍼에 쌓여있던 자료들이 프로그램으로 전달된다. 파일로 자료들을 입출력하고자 할 때 파일(file)이란 용어와 스트림(stream)이란 용어를 혼용하기도 한다.

C++에서는 클래스 상속을 통하여 스트림과 버퍼를 관리하는 클래스가 정의되어 있다(ios, streambuf, ostream, istream, iostream 클래스; 9 장 참고). 클래스를 사용하기 위해서는 먼저 클래스 객체를 생성하여야 한다. 프로그램에 iostream.h 헤더 파일을 포함(#include)시키면 다음 [표 20.1]에 표시된 스트림 객체가 자동 생성된다. 따라서 자료의 출력을 위하여 ostream 클래스의 cout 객체를 사용하면 된다.

[표 20.1] 스트림 객체

스트림 객체	설명	연계 장치
cin	표준 입력 스트림	표준 입력 장치 (키보드)
cout	표준 출력 스트림	표준 출력 장치 (모니터)
cerr	버퍼 없는 표준 에러 스트림	표준 출력 장치 (모니터)
clog	버퍼 있는 표준 에러 스트림	표준 출력 장치 (모니터)

여기서, 스트림 객체 cout은 표준 출력 스트림으로 한 쪽에는 프로그램이, 다른 한 쪽에는 모니터와 같은 표준 출력 장치가 연계되어 있다. cout은 ostream 클래스에서 정의된 출력 메소드 등을 호출하여 삽입 연산자(<<)뒤에 나타나는 자료들을 출력한다. << 연산자 뒤에 자료들이 데이터형에 따라 서로 다르게 작용하는 operator<<() 함수가 ostream 클래스에 다중정의되어 있으므로 cout 객체는 이 메소드를 호출하여 자료들을 정확히 출력할 수 있게 되는 것이다.

20.2 cout을 이용한 출력

```
cout << income ;
```

이 문장이 수행되면 C++는 이를 다음과 같이 함수 operator<<()의 호출로 인식한다.

```
cout.operator<<(income) ;
```

이 문장이 성공적으로 실행되는 이유는 ostream 클래스 내에 연산자 다중정의 문법에 의하여 << 연산자를 C++의 모든 기본형에 대하여 다중정의하였기 때문이다. 전에 소개된 RectComplex 객체나 PolarComplex 객체의 출력을 위한 << 연산자 다중정의는 ostream 클래스의 정의에 포함되지 않는다. 따라서 cout 객체를 이용하여 우리가 정의한 유도 데이터형 자료들을 출력할 수 없다. 물론 << 연산자를 연산자 다중정의해 줌으로써 다음 <예 20.1>과 같이 간단한 객체 출력을 구현할 수 있다.

<예 20.1>

```
#include <iostream.h>
#include <string.h>
#include <math.h>

// 직교 좌표 클래스의 정의

class RectComplex
{
      private:
            double  real, imag;  // 복소수 z = (real)+(imag)i
            char  name[20];

      public:
            RectComplex(double, double, char *);   // 생성자
            ~RectComplex() { };   // 소멸자

            void  printRect();   // 멤버 함수
            double & realPart() { return real; }
            double & imagPart() { return imag; }
```

```
            // 이 함수는 RectComplex 클래스의 프렌드 함수
            friend ostream & operator<<(ostream &, RectComplex);
};

// 생성자의 정의

RectComplex::RectComplex(double Re=0., double Im=0.,
        char *s="Null")
{
      real = Re;
      imag = Im;
      strcpy(name, s);
}

// RectComplex 클래스의 멤버 함수

void RectComplex::printRect()
{
     cout << "Complex (Rect) " << name << " = (" << real
            << ") + (" << imag << ")i\n";
}

// 객체 출력을 위한 << 연산자 다중정의

ostream & operator<<(ostream & out, RectComplex Rz)
{
     out << "Complex (friend) " << Rz.name << " = (";
     out << Rz.real << ") + (" << Rz.imag << ")i\n";

     return out;
}

void main()
{
```

```
    // 서로 다른 클래스의 두 객체 생성

    RectComplex  z(-1.0, -1.0, "z");
    RectComplex  w(1.5, -1.5, "w");

    z.printRect();
    cout << "\n";

    cout << z;   // << 연산자 다중정의 함수 호출

    cout << z << w;
}
```

<실행결과>

```
Complex (Rect) rect = (-1) + (-1)i

Complex (friend) rect = (-1) + (-1)i
```

RectComplex 객체의 출력을 위하여 operator<<() 함수를 정의하고 이를 RectComplex 클래스의 프렌드(friend)로 선언하고 있다. 프렌드 함수로 작성할 수밖에 없는 이유는 복소수 덧셈 연산 0.5+z를 계산하기 위하여 프렌드를 사용했던 경우와 같기 때문이다.

```
cout  <<  z ;      //  클래스 객체가 연산자 뒤에 위치 - 프렌드 사용
```

객체 출력을 위한 operator<<() 함수는 ostream 클래스 객체 cout의 전달 인자로 참조자를 사용하며, 함수 실행 결과 ostream 객체의 참조자 값을 반환하고 있다. ostream 객체를 반환하는 방법은 cout 객체를 이용하여 연달아 자료들을 출력할 수 있는 좋은 구현을 제공한다.

```
cout  <<  z  <<  w ;         // (cout  <<  z)  <<  w ;
```

위 문장은 먼저 함수 operator<<()를 호출하여 객체 z를 출력하고 그 결과 ostream 객체를 반환한다. 반환된 이 객체를 통하여 다시 operator<<() 함수를 호출하여 객체 w를 출력한다. 그러나 마지막으로 반환된 ostream 객체는 아무런 일도 하지 않을 것이다. 다음은 위 문장의 실행결과이다.

```
Complex (friend) z = (-1) + (-1)i
Complex (friend) w = (1.5) + (-1.5)i
```

이와 같이 cout을 사용하면 출력 자료들의 데이터형에 상관없이 만족할 만한 결과를 얻을 수 있다. 또한 출력 형식 조정자(manipulator)나 ostream 클래스의 몇 가지 메소드를 사용하면 다양한 출력 형태를 얻을 수 있다.

20.2.1 출력 형식 조정자

스트림 객체 cout에 출력 형식 조정자를 사용하면 출력의 여러 가지 형식을 설정할 수 있다. 그러나 한번 설정되면 계속해서 cout에 영향을 주기 때문에 다른 형식의 출력이 필요하면 이 형식에 대응하는 조정자를 재설정하여야 한다. 다음 [표 20.2]는 cout에서 사용되는 조정자를 정리한 것이다.

[표 20.2] cout의 출력 형식 조정자

조정자 (Manipulator)	기능	헤더파일
dec hex oct	정수형 자료를 10진수로 출력 정수형 자료를 16진수로 출력 정수형 자료를 8진수로 출력	<iostream.h>
setw(n) setiosflags(b) resetiosflags(b) setprecision(n) setfill(ch)	출력 폭을 길이 n으로 설정 b의 기능을 수행 전에 지정된 setiosflags(b)의 수행 취소 부동소수형의 유효숫자를 n개까지 출력 출력시 빈 공란을 문자 ch로 채움	<iomanip.h>

출력 형식 조정자 setiosflags(), resetiosflags()의 인수로 사용된 b는 ios 클래스의 멤버들이 사용된다. 다음 [표 20.3]은 b에 해당하는 몇 가지 ios 클래스 서식 상수 멤버들과 그 의미를 표시한 표이다.

[표 20.3] ios 클래스의 서식 상수 멤버

b	의미
ios::left	출력 필드의 왼쪽으로 맞춰 출력
ios::right	출력 필드의 오른쪽으로 맞춰 출력(디폴트)
ios::fixed	소수점을 포함한 형식으로 출력
ios::scientic	지수형식으로 출력
ios::showpoint	소수점 이후의 남은 공간을 0으로 표시
ios::showpos	양수 앞에 + 기호 표시
ios::showbase	8진수, 16진수 출력시 숫자 앞에 0 또는 0x 표시
ios::uppercase	16진수를 출력할 때 대문자 A, B, C, D, E, F를 시용

다음 예는 cout의 출력 형식 조정자들을 사용한 예를 표시한 프로그램이다.

〈예 20.2〉

```
#include <iostream.h>
#include <iomanip.h>

void main()
{
   double  x[5], sum = 0.;
   char *name[5] = {"x[0] = ", "x[1] = ", "x[2] = ", "x[3] = ",
                    "x[4] = "};

   for (int i=0; i < 5; i++) {
          cin >> x[i];

          cout << setw(8) << setiosflags(ios::right) << name[i] << "[";
```

```
        cout << setw(10) << setiosflags(ios::left) << x[i] << "]\n";

        sum += x[i];
    }

    cout << "====================\nsum = ["
        << setw(10) << setprecision(2) << setfill('0') << sum << "]\n";
}
```

<실행결과>

```
12.234 23.345 34.1 57.890 92.4567
 x[0] = [12.234    ]
 x[1] = [23.345    ]
 x[2] = [34.1      ]
 x[3] = [57.89     ]
 x[4] = [92.4567   ]
====================
sum = [220.030000]
```

20.2.2 출력 형식 조정 멤버 함수

ostream 클래스 객체 cout은 ios 클래스의 멤버 함수들은 참조할 수 있다. ios 클래스의 멤버 함수 중에 앞 절에서 다루었던 출력 형식 조정자의 역할과 비슷한 기능을 수행하는 멤버 함수들이 정의되어 있다. [표 20.4]에 이들 멤버 함수들을 정리하였다.

[표 20.4] ios의 출력 형식 조정 멤버 함수

ios 클래스의 멤버 함수	역할
width(m)	출력 폭을 m의 크기로 설정
setf(b)	b의 상태로 출력 위치, 형식 지정
precision(n)	유효숫자를 n개까지 출력
fill(ch)	출력 필드내의 공란을 문자 ch로 채움

setf()의 인수 b는 출력 형식 조정자 setiosflags()에서 사용된 인수들의 명칭과 기능이 같다.

다음 예는 〈예 20.2〉에 표시된 출력 형식 조정자들을 출력 형식 조정 멤버 함수들로 대치하여 재작성한 프로그램이다. 클래스의 멤버 함수를 사용하였으므로 '클래스 객체.멤버 함수()'의 형식으로 표시하였다.

〈예 20.3〉

```
#include <iostream.h>
#include <iomanip.h>

void main()
{
    double  sum = 0.;
    double  x[5] = {12.3, 23.46, 45.170, 53., 87.1234};
    char *name[5] = {"x[0] = ", "x[1] = ", "x[2] = ", "x[3] = ",
                     "x[4] = "};


    for (int i=0; i < 5; i++) {
            cout.width(8); cout.setf(ios::left);
            cout << name[i] << "[";

            cout.width(10); cout.precision(4); cout.setf(ios::showpoint);
            cout << x[i] << "]\n";

            sum += x[i];
    }

    cout << "===================\nsum = [";
    cout.width(10); cout.precision(2); cout.fill('*');
    cout << sum << "]\n";
}
```

〈실행결과〉

```
x[0] = [12.3000    ]
x[1] = [23.4600    ]
x[2] = [45.1700    ]
x[3] = [53.0000    ]
x[4] = [87.1234    ]
====================
sum = [221.05****]
```

20.2.3 출력을 위한 ostream 멤버 함수

cout은 ostream 클래스의 멤버 함수 put() 메소드를 호출하여 하나의 문자를 화면에 출력할 수 있다. 다음은 put() 메소드의 원형을 표시한 것이다.

```
ostream & put( char ) ;
```

따라서 다음 문장들은 모두 문자 'A'를 화면상에 출력한다.

```
char ch = 65 ; // 65는 문자 'A'의 ASCII 코드값
cout << ch ;
cout.put(ch) ;
cout.put(65) ;
cout.put('A') ;
```

put() 메소드의 반환값은 ostream 객체이므로 이 반환된 객체가 다시 put() 메소드를 호출함으로써 연달아 두 문자를 출력할 수 있다.

```
cout.put('A').put('B') ;      // AB가 화면에 출력된다.
```

다음은 문자열을 화면에 표시하기 위한 메소드 write()의 원형이다.

```
ostream & write( char *s, int n ) ;
```

write() 메소드는 문자열 s의 처음 n 개의 문자들을 화면에 출력한다. 만일 n개의 문자가 문자열 s의 길이보다 크더라도 문자 출력을 멈추지 않기 때문에 사용에 조심하여야 한다. write() 메소드 역시 cout 객체를 반환하므로 연달아 두 문자열을 출력할 수 있다.

```
cout.write("Kunsan", 8).write("City",3) ;
```

다음 예는 put() 메소드와 write() 메소드를 사용한 예를 표시한 것이다.

<예 20.4>

```
#include <iostream.h>
#include <iomanip.h>

void main()
{
   char ch = 65;

   cout << ch;

   cout.put(ch);
   cout.put(65);
   cout.put('A');

   cout.put('\n').put('A').put('B');  // 다음 줄로 넘기고 AB 출력
   cout << "\n";

   cout.write("Kunsan", 8).write("City", 3);
```

```
    // flush, endl

    cout << "\n";
    cout << "+++ flush test +++" << flush;
    cout << "--- endl test ---" << endl;
    cout << "*** END TEST ***\n";
}
```

<실행결과>

```
AAAA
AB
KunsanCCit
+++ flush test +++--- endl test ---
*** END TEST ***
```

write() 메소드는 출력될 문자의 수가 문자열의 길이를 넘어서는 경우 인접 자료의 문자들을 계속 출력하고 있다.

C++는 출력을 할 경우 자료들을 일단 버퍼에 저장하지만 여러 가지 구현에 의하여 때맞춰 버퍼의 내용을 출력하고 버퍼를 비우게 된다. 그러나 어떤 상황에서는 버퍼가 비워지지 않을 수가 있는데, 이때는 flush와 endl 조정자를 이용하여 강제로 버퍼를 지울 수 있다. 두 조정자의 차이점은 버퍼를 비우고(즉, 자료를 출력하고) 개행 문자('\n')를 출력하느냐(endl), 하지 않느냐(flush)에 있을 뿐이다. 예의 뒷부분에 두 조정자의 사용 예를 표시하였다.

20.3 cin을 이용한 입력

자료들의 입력은 cin을 이용하여 처리해왔다. cin은 istream 클래스 객체이며 istream 클래스 정의에는 기본형 등의 입력을 위한 >> 연산자 다중정의 함수가 포함되어 있다.

이 연산자 함수는 전달 인수와 반환값 모두 참조자이다. 따라서 cin을 이용한 자료 입력은 한꺼번에 여러 입력을 연달아 지시할 수 있다.

```
cin >> x >> y >> z ; // x, y, z 변수의 값을 연달아 입력
```

만일 위 문장이 수행되는 순간 입력은 어떻게 주어야 하는가? 세 변수 각각에 들어가는 데이터들은 입력 라인의 공백 문자(빈칸, 탭, 개행문자)들로 구분되어야 한다. 즉, cin 객체를 이용할 때는 공백 문자를 하나의 문자로 읽어 들일 수 없다는 것이다. 공백 문자들로 구분된 각각의 자료에 적당치 않은 데이터가 입력된 경우에는 어떤 상황이 전개될까? 예를 들어 다음 cin 문장이 수행된다고 하자.

```
int x ; char ch ;
cin >> x >> ch ;
```

이때 표준 입력 장치로 다음과 같이 입력하였다.

```
150 ABC
```

입력이 이루어졌을 때 변수 x에는 150, 변수 ch에는 문자 'A'가 입력된다. 그러나 다음과 같이 잘못 입력되는 경우에는 어떤가?

```
15o ABC
```

여기서, 숫자 0이 영문자 o로 잘못 입력되었다. 사실 변수 x의 입력에는 숫자를 문자로 하나씩 읽어 들인다. 즉, cin의 입력은 1, 5, o의 순서로 읽어 들이며 이 문자열을 int형 자료로 바꿔서 입력이 완료되는 체계이다. 그런데 빈 문자가 나타나기 전에 숫자가 아닌 문자가 나타나면 변수 x의 입력을 끝내 버린다. 다시 말해 변수 x에는 정수 15만 입력되는 것이다. 아직도 입력 버퍼에는 'o' 이후의 문자들이 남

아있다. 다음 변수 ch의 값을 입력하기 위해 버퍼에 남아있는 자료들을 읽어 들이는데 변수 ch에는 하나의 문자만 입력되면 된다. 따라서 변수 x에는 15가, 변수 ch에는 문자 'o'가 입력된다. 아직도 입력 버퍼에 입력된 자료가 다음 변수를 위해 남아 있다.

이제 입력할 변수 y를 더 추가해보자.

```
int  x,  y ;          char  ch ;
cin  >>  x  >>  y  >>  ch ;
```

이때의 입력도 다음과 같이 잘못 입력되었다.

```
15o  23  A
```

이 경우 변수 x에는 앞의 경우와 같이 정수 15가 입력되었다. 그러나 변수 y의 입력에 문자 'o'가 해당된다. 이 문자 자료는 int형의 표기와 다르기 때문에 cin 입력의 처리를 끝내 버린다. 따라서 char형 변수 ch에도 자료가 입력되지 못한다.

RectComplex 클래스의 friend 함수와 비슷하게 >> 연산자를 다중정의하여 간단하게나마 RectComplex 클래스 객체의 cin 입력을 구현할 수 있다.

operator<<() 함수와 비슷하므로 <예 20.5>에는 operator>>() 함수와 main() 함수만을 표기한다.

<예 20.5>

```
// 객체 입력을 위한 >> 연산자 다중정의

istream & operator>>(istream & in, RectComplex & Rz)
 {
      cout << "name member = ";
      in >> Rz.name;
      cout << "real member = ";
```

```
    in >> Rz.real;
    cout << "imag member = ";
    in >> Rz.imag;

    return in;
}

void main()
{
    RectComplex  z, w;

    cin >> z;     //   >> 연산자 다중정의 함수 호출
    cout << z;    //   << 연산자 다중정의 함수 호출
    cout << "\n";

    cin >> z >> w;
    cout << z;
    cout << w;
}
```

〈실행결과〉

```
name member = z
real member = 1.0
imag member = -1.0
Complex (friend) z = (1) + (-1)i

name member = w
real member = 1.5
imag member = 1.5
name member = v
real member = -2.0
imag member = -2.0
Complex (friend) w = (1.5) + (1.5)i
Complex (friend) v = (-2) + (-2)i
```

20.3.1 문자와 문자열 입력

cin 객체는 istream 클래스의 get() 멤버 함수를 참조하여 하나의 문자 ch를 읽어 들일 수 있다. >> 연산자를 이용하여 cin 입력을 받을 때에는 공백 문자(빈칸, 탭, 개행 문자)를 건너뛰지만 get(ch)를 이용하면 공백도 하나의 문자로 입력된다.

get(char &) 멤버 함수는 cin 객체의 참조자를 반환한다. 따라서 다음과 같이 여러 문자들을 연달아 입력받을 수 있다. 그러나 앞의 세 char형 변수에는 공백 문자가 입력될 수 있지만 마지막 ch4 변수의 입력 단계에서는 공백문자가 무시된다. cin.get() 함수가 파일의 끝을 만나면 cin 객체 대신 0을 반환한다.

```
char ch1, ch2, ch3, ch4 ;
cin.get(ch1).get(ch2).get(ch3).get(ch3) >> ch4 ;
```

isteam 클래스의 get() 멤버 함수는 함수의 다중정의 형식으로 정의되어 있다. 따라서 다음과 같이 이 멤버 함수를 참조할 경우 키보드로부터 입력되는 최대 (n-1) 번째 문자까지의 문자열을 읽어 들일 수 있다. 여기서, 인수 buf 는 n-1 개의 입력 문자열의 저장을 위하여 크기가 n 이상인 char형 배열로 선언되어 있어야 한다. 멤버 함수 get()은 ↵ 키에 의해서 입력이 종료된다.

```
cin.get( buf, n ) ;
```

멤버 함수 getline( )을 사용하면 get() 함수와 마찬가지로 ↵ 키에 의해서 입력이 종료되며, 최대 (n-1)개의 문자들을 읽어 들일 수 있다. 그러나 특정 문자(ch)를 지정하면 이 문자 직전까지만 문자들을 읽어 들인다. getline() 함수의 세 번째 전달 인수는 함수의 정의에서 디폴트 전달 값 '\n'으로 정의되어 있다. 즉, 함수의 호출시 세 번째 인수가 생략되면 디폴트 문자 '\n'이 getline( ) 함수로 전달된다.

```
cin.getline( buf,  n,  ch ) ;
```

get() 함수와 getline() 함수의 차이점은 get()은 입력 스트림에 종료문자('\n')를 남겨두는 반면, getline()은 종료문자('\n'이거나 특정문자)를 남겨두지 않는다. 따라서 get()으로 문자열을 입력한 이후 입력 스트림에 '\n'이 여전히 남아 있어 다른 변수의 입력 자료로 사용될 수 있다.

〈예 20.6〉은 person형 구조체 변수 emp를 선언한 후, cout과 cin을 통하여 emp의 각 멤버들의 자료를 입출력하는 예를 보여주는 프로그램이다. 구조체 변수 emp의 name 멤버는 cin의 get() 멤버 함수를 이용하여 입력되고 있다, 그러나 emp.name의 문자열을 입력하는 과정에서 입력 버퍼에 남아 있는 문자열 자료가 emp.sex에 입력된다. 따라서 기존에 입력된 입력 버퍼의 내용을 지워 주기 위하여 다음과 같은 사용자 정의 함수 clrbuf()를 중간마다 실행하였다. 실제로 emp.name 문자열 입력을 위한 cin.get() 함수의 실행 후 clrbuf()함수를 실행하기 않으면, emp.sex에는 emp.name의 입력 종료와 함께 입력된 문자 '\n'이 대입됨을 알수 있다.

```
cin.get(ch) ;
while( ch != '\n' )
          cin.get(ch) ;
```

〈예 20.6〉

```
#include <iostream.h>
#include <iomanip.h>

const int N = 20;

struct  Person {
            char   name[N];
            char   sex;
            char   address[N];
            long   idNumber;
            double salary;
} emp;

void clrbuf()      // 입력 버퍼의 내용을 비운다.
```

```
{
    char ch;

    cin.get(ch);
    while(ch != '\n')
        cin.get(ch);
}

void main()
{
    cout << "Input <emp> struct data +++++\n";

    cout << "Type string <name> member : ";
    cin.get(emp.name, N);
    clrbuf();

    cout << "Type char <sex> member : ";
    cin.get(emp.sex);
    clrbuf();

    cout << "Type string <address> member (ending char = \'*\')\n";
    cin.getline(emp.address, N, '*');
    clrbuf();

    cout << "Enter long <idNumber> and double <salary> members\n";
    cin >> emp.idNumber >> emp.salary;

    cout << "\nOutput <emp> struct data +++++\n";

    cout.width(N); cout.setf(ios::left); cout << emp.name;
    cout.write("sex(", 4).put(emp.sex).write(") ", 2);
    cout << "\tAddress : ";    cout.write(emp.address, 10);
    cout << "\nID Number : "; cout << emp.idNumber;
    cout << "\nsalary     : ";    cout.precision(2);
    cout << emp.salary ;
}
```

〈실행결과〉

```
Type char <sex> member : f
Type string <address> member (ending char = '*')
Kangnam-Gu, Seoul*
Enter long <idNumber> and double <salary> members
123456   354.467

Output <emp> struct data +++++
Park E. Mi          sex (f) Address : Kangnam-Gu
ID Number : 123456
salary    : 354.47
```

cin의 getline() 멤버 함수는 (LEN-1)개의 문자들을 다 읽기 전이라도 '*' 문자가 입력되면 입력을 종료한다. 이때 입력 버퍼에는 '*' 다음에 입력된 문자열들이 남아 있다. 따라서 cin으로 읽어야할 변수들이 더 있다면 버퍼에 남아있는 잘못된 자료가 그 변수에 입력이 된다. 따라서 get() 멤버 함수를 참조하는 경우와 마찬가지로 문자열을 위해 설정된 입력 버퍼의 내용을 모두 지워 줘야 한다.

20.4 파일 입출력

이제까지 우리가 작성했던 대부분의 프로그램은 키보드 등의 표준 입력 장치들을 통하여 자료의 입력이 이루어졌다. 또한 그 실행 결과는 모니터 등의 표준 출력 장치에 표시되었다. 이 작업을 위한 C++의 좋은 도구가 cout, cin 객체들이었다. cout, cin 스트림 객체는 프로그램과 표준 입출력 장치들을 연계하여 입출력을 수행한다. 그런데 표준 입출력 장치대신 파일(file)에 프로그램의 자료를 입출력할 수 있다. 여기서, 파일이란 보조기억 장치(하드디스크, 자기테이프 등)에 저장된 바이트들의 모임으로써 그 모임을 일컫는 이름이다. 따라서 파일 입출력이란 보조기억장치의 특정 위치에 저장된 파일의 자료(바이트의 무리)를 프로그램으로 읽어들이거나, 그 반대로 프로그램의 실행 결과를 특정 파일로 출력하는 것을 의미한다.

이 절에서는 프로그램과 입출력 장치로서의 파일을 연결시키는 방법, 파일의 내용을 읽어들이는 방법, 파일을 새로 만드는 방법, 그리고 파일에 자료를 저장하는 방법 등을 다루게 된다. 이를 위해서는 파일 스트림 클래스(file stream class)와 그 객체를 생성하여 메소드를 사용하는 문법을 알아야 한다.

C++에서는 파일로의 자료 입출력을 수행할 목적으로 ifstream(input file stream) 클래스와 ofstream(output file stream) 클래스를 fstream.h 헤더 파일에 정의해 놓았다. 따라서 이 헤더 파일을 프로그램에 삽입(#include)해야 한다. 그런데 fstream.h 파일에 iostream.h 헤더 파일을 포함하고 있으므로 iostream.h 헤더 파일을 중복되게 표시할 필요는 없다.

```
copy input-file-name output-file-name
```

이를 위한 클래스는 다음과 같이 선언한다.

```
#include <iostream.h>
#include <fstream.h>          // 스트림 파일 입출력 클래스를 제공
#define SIZE 10
class file {
        unsigned char buf[SIZE];
        public:
        void copy(char *argv[]);      // 입출력 파일명을 인수로 한다.
};
```

copy() 함수의 매개변수는 명령어의 라인 인수로 한다. 파일의 이름을 지정하고 그 파일을 지정하는 객체를 생성하며 파일 모드를 이용하여 파일의 용도를 지정한다. 즉, payroll이라는 입력 파일을 위한 객체 in을 생성하려면 ifstream in("payroll", ios::in); 이라고 지정한다. ios::in의 in은 파일 모드의 상수이므로 표를 참조하면 된다. 이 파일을 읽어서 report라는 출력 파일을 위한 객체 out을 생성하고 싶으면, ofstream out("report", ios::out); 이라고 지정한다.

[표 20.5] 파일 모드의 상수

상수	의미
ios::in	읽기를 위해 파일을 연다(ifstream 클래스의 내정값).
ios::out	쓰기를 위해 파일을 연다(ofstream 클래스의 내정값).
ios::ate	파일을 열때 eof을 찾는다.
ios::app	파일 끝에 첨가한다.
ios::trunc	파일이 있으면 파일을 절단한다.
ios::nocreate	파일이 없으면 열기를 중단한다.
ios::replace	파일이 있으면 열기를 중지한다.
ios::binary	바이너리 파일

생성된 객체 inp 파일에서 5바이트 만큼의 내용을 읽어서 버퍼 buf에 기억시키려면 inp.read(buf, 5); 라고 지정하면 된다. buf에 기억된 5바이트의 내용을 객체 out 파일로 출력하려면 out.write(buf, 5); 라고 지정한다.

다음은 argv[1]에 기억된 이름의 파일을 SIZE 바이트만큼 읽어서 argv[2]에 기억된 이름의 파일에 쓰게 하는 copy() 함수이다.

```
void file::copy(char *argv[])
{
        ifstream in(argv[1], ios::in); // 입력 파일을 argv[1]의 이름으로 개방

        if (!in)
                cout << "file not exist\n";
        ofstream out(argv[2], ios::out); // 출력 파일을 argv[2]의 이름으로 개방

        if (!out)
                cout << "file not exist\n";
        while (in) {                            // 입력 파일에 자료가 있으면
                in.read(buf, SIZE);             // 입력 파일을 읽음
                out.write(buf, SIZE);                   // 출력 파일에 출력함
        }
}
```

```
void main(int argc, char *argv[])
{
	file obj;
	obj.copy(argv);
}
```

```
C:\Documents and Settings\C++ 예제\Debug>filecopy file1.cpp file2.cpp
```

filecopy라는 이름의 프로그램을 실행하면서 2개의 파일명을 지정하면 첫 파일(file1.cpp)을 복제하여 두 번째 파일(file2.cpp)을 만드는 프로그램이다.

다음은 또 다른 파일 복제 프로그램을 보자. 학생들의 이름과 연령을 기억하는 바이너리 파일을 생성하고 그 내용을 인쇄하는 프로그램을 보기로 한다. 우선 학생들의 이름 10자리와 연령을 기억하기 위한 구조체를 만들고, 키보드로 자료를 입력하여 파일에 추가한 다음 파일의 모든 내용을 디스플레이에 출력하는 프로그램이다.

〈예 20.7〉

```
#include <fstream.h>  // 스트림 입출력 파일을 처리하는 헤더 파일
#include <iomanip.h> // setw, setprecision 등을 처리하는 헤더 파일
#define SIZE 15                  // 이름의 길이
const char *file = "data.dat";  // 파일명

class pupil
{
	private:
		struct student {	// 바이너리 파일을 기억하는 구조체
			char name[SIZE];
			int age;
		} st;
	public:
		void add(void);
```

```
                void print(const char *file);
};

void pupil::add(void) // 키보드로부터 학생 이름, 나이를 입력받아 파일에 출력.
{
        ofstream fout(file, ios::app|ios::binary);
                //fout 객체에 입력 추가하는 바이너리파일 개방
                // 출력 파일에 자료를 추가하기 위해, 파일 접근 모드의 상수를 append로,
                // 나이는 정수로 기억해야 하므로 바이너리 파일로 정의
                cout << "Enter name : \n";
                cin.get(st.name, SIZE).get();
                // 키보드로 입력된 자료를 st.name에 기억
        while (st.name[0] != '\n') // 이름에 리턴 키가 입력되면 종료
        {
                cout << "Enter age : ";
                cin >> st.age; //키보드로 입력된 자료를 st.age에 기억
                cin.ignore(80, '\n');  // 다음 줄까지 읽고 폐기한다.
                fout.write((char *) &st, sizeof st);
                        // 구조체 st의 자료를 fout 객체로 출력
                cout << "Enter name:\n";
                cin.get(st.name,SIZE).get();
        };
        fout.close();
}

void pupil::print(const char *file)
{
        ifstream fin;
        fin.open(file, ios::binary);
                // data.dat 파일을 바이너리 파일의 fin 객체로 개방
        if (fin.good())         // 개방 파일의 존재 여부 검사
        {
                cout << "Here are the current contents of the " << file <<
                        "file:\n";
                while (fin.read((char*) &st, sizeof st))
                        // fin 객체가 null 일때까지 입력
                {
```

```
                    cout << setw(12) << st.name << setprecision(0)
                         << setw(6) << st.age << "\n";
                // setw()은 인쇄할 내용의 자릿수를 지정,
                // setprecison()은 인쇄할 내용의
                // 소수점 자릿수 지정하며, iomanip.h 의 선언을 통해 사용할 수 있다.
                }
        }
        fin.close();
}

void main(void)
{
        pupil obj;
        obj.add();
        obj.print(file);
}
```

〈실행결과〉

```
Enter name : Ka Na Da
Enter age : 22
Enter name : Lee Byung Wook
Enter age : 40
Enter name : ↵
Here are the current contents of the data.dat file:
Ka Na Da      22
Lee Byung Uk      40
```

20.4.1 파일 스트림 객체 생성

프로그램이 파일에 출력을 하기 위해서는 출력 스트림을 관리하기 위하여 ofstream 객체를 생성하고, 특정 파일에 이 객체를 연계시켜야 한다. 이때 프로그램은 출력 버퍼를 위한 임시 메모리 공간을 할당한다. 반대의 경우 파일로부터 자료를 입력받기 위하여 입력 스트림을 관리하기 위한 ifstream 객체를 생성하고 이 객체를 특정한 파일에 연계시켜야 한다. 파일 출력과 마찬가지로 프로그램은 입력 버퍼를 위한 메모리 공간을 할당한다. 다음은 ofstream, ifstream 클래스 객체를 생성하는 형식을 표시한 것이다.

```
ofstream  outfile;
ifstream  infile;
```

이는 outfile를 ofstream 클래스의 객체로, ifstream 클래스의 객체로 infile을 선언한다. 다음으로 특정 파일에 이 객체들을 연계하기 위하여 두 클래스의 open() 멤버 함수를 참조하여 해당 파일을 열어야 한다. open() 멤버 함수는 전달 인수로 전달된 파일을 열고, open() 멤버 함수를 참조하고 있는 클래스 객체에 이 파일을 연계시킨다. open() 멤버 함수의 사용형식은 다음과 같다.

```
outfile.open("파일명", [열려지는상태]);
```

클래스의 멤버 함수 역시 다중정의가 가능하다. 따라서 앞에 표시된 멤버 함수 open()의 두 번째 인수가 생략되면 파일 "파일명"이 미리 내정된 [열려지는상태]의 값으로 설정되어 열린다. ifstream 클래스의 정의에서는 [열려지는상태]의 내정값으로 ios::in(읽기전용)을, ofstream 클래스의 경우는 ios::out(쓰기전용)을 내정한다. 그러나 가장 파일을 여는 가장 안전한 방법은 모든 [열려지는상태]의 값을 명시적으로 표시하는 것이다([표 20.5] 참고).

```
outfile.open("파일명", ios::out | ios::trunc);
```

다음 [표 20.6]은 모드([열려지는상태)를 둘 이상 지정할 때의 몇 가지 예를 표시한 것이다.

[표 20.6] 파일 모드의 중첩 지정

[열려지는 상태]	의미
ios::out | ios::truc	쓰기 위해 열고 파일이 존재하면 새로 생성
ios::out | ios::app	쓰기 위해 열고 파일의 뒤에만 추가 쓰기 가능
ios::in | ios::out	읽거나 쓰기 위해 열기
ios::in | ios::out | ios::app	읽거나 쓰기 위해 열고 파일 뒤에 추가 가능
ios::in | ios::binary	읽기 위해 바이너리 모드로 열기

파일을 열어 파일 입출력 작업이 끝난 후, 사용된 파일을 닫기 위하여 close() 멤버 함수를 클래스 객체가 참조한다. 그러나 main() 함수가 종료되면 소멸자 멤버 함수에 의하여 자동적으로 열린 파일이 닫혀지므로 크게 유의할 필요는 없다.

```
outfile.close();
infile.close();
```

〈예 20.8〉은 표준 입출력 장치인 키보드로부터 한 줄(최대 40문자)의 문자열을 입력받아 새로운 파일 "ex20-08.TXT"에 저장하는 예를 표시하고 있다. 실행결과로부터 cout은 << 뒤의 문자열을 표준 출력 장치로 보내 출력하지만, ofstream 객체 outfile은 << 뒤의 문자열을 outfile에 연계된 파일 "e20-08.TXT"에 출력하고 있음을 알 수 있다.

〈예 20.8〉

```
#include <fstream.h>
#define MAXLEN   41

 void main()
{
   char  *fname = "ex20-08.TXT";
   char  buf[MAXLEN];

   ofstream  outfile;
```

```
    outfile.open(fname, ios::out);

    cout << "Enter the string with maximum 40 characters.\n";
    cin.get(buf, MAXLEN);

    outfile << "== 파일 ex20-08.TXT로 자료 출력 ==\n";
    outfile << buf;
}
```

〈실행결과〉

```
C:\Documents and Settings₩C++ 예제₩Debug>ex20-08
Enter the string with maximum 40 characters.
File Stream Class Object Test Line.

C:\Documents and Setting₩C++ 예제₩Debug>type ex20-08.TXT
== 파일 ex20-08.TXT로 자료 출력 ==
File Stream Class Object Test Line.
```

다음 문장은 ofstream 클래스의 객체를 선언하는 또 다른 형식을 나타낸 것이다.

```
ofstream  outfile("파일명");
```

이 문장이 실행되면 ofstream 클래스의 outfile 객체가 생성됨과 동시에 이 클래스의 생성자 멤버 함수가 자동 실행된다. 생성자 멤버 함수는 open() 멤버 함수와 같은 기능을 한다. 따라서 생성자 멤버 함수에 전달된 이름이 "파일명"인 파일을 열게 된다. 이때 파일을 여는 상태는 ofstream 클래스의 내정값인 쓰기 전용 ios::out이 전달된다. 클래스 내부의 생성자 멤버 함수는 다중정의되어 있어서 다음과 같은 방식으로 파일이 열려지는 상태를 지정할 수 있다.

```
ofstream outfile("파일명", [열려지는상태]);
```

여기서, [열려지는상태]는 [표 20.5]와 [표 20.6]에 정리되어 있다. 클래스의 생성자 함수에 두 인수가 전달되면, "파일명"인 파일이 [열려지는상태]의 모드로 열려진다. 이와 같은 클래스 객체가 선언되면, 인수로 주어진 "파일명" 파일에 자료를 출력할 수 있으며 다음과 같이 outfile 객체를 사용하면 된다.

```
outfile  << 자료;
```

이 문장은 자료를 출력하기 위한 cout 객체의 사용과 비슷하다. 차이점이라면 cout 은 표준 출력 장치로, outfile 객체는 특정한 파일로 자료를 보내는 정도이다.

다음 〈예 20.9〉은 스트림 객체 outfile를 선언하고, 추가 쓰기가 가능한 상태로 파일을 여는 예를 보여주고 있다. 여기서, 추가 쓰기를 위하여 열고자 하는 파일은 〈예 20.8〉의 실행 결과로부터 얻어진 "ex20-08.TXT" 파일이다. 이 파일이 존재하지 않으면 새로 파일을 생성하여 처음부터 쓰기 시작하며, 이 파일이 존재하면 이 파일의 끝에서 바로 쓰기가 시작된다.

〈예 20.9〉

```
#include <fstream.h>
#define MAXLEN  41

 void main()
{
   char  *fname = "ex20-08.TXT";
   char  buf[MAXLEN];

   ofstream outfile(fname, ios::app);  // 객체의 생성과 파일 연계

   cout << "Enter another string with maximum 40 characters.\n";
   cin.get(buf, MAXLEN);

   outfile << "\n== 파일 ex20-08.TXT로 자료 추가 출력 ==\n";
   outfile << buf;
}
```

〈실행결과〉

```
C:₩Documents and Settings₩C++ 예제₩Debug>ex20-09
Enter the string with maximum 40 characters.
File Stream Class Object Test Line 2.

C:₩Documents and Settings₩C++ 예제₩Debug>type ex20-08.TXT
== 파일 ex20-08.TXT로 자료 출력 ==
File Stream Class Object Test Line.
== 파일 ex20-08.TXT로 자료 추가 출력 ==
File Stream Class Object Test Line 2.
```

파일의 내용을 읽어 들일 때 사용하는 입력파일 스트림 클래스 ifstream의 객체 선언 방식도 ofstream 클래스의 객체를 선언하는 방법과 유사하다.

〈예 20.10〉은 〈예 20.9〉에서 생성된 파일 "ex20-08.TXT"을 읽어 들여 앞의 세 줄을 표준출력장치로 출력하는 간단한 예를 보여주는 프로그램이다. ifstream 객체의 사용 방법은 ofstream 객체의 사용법과 비슷하므로 생략한다.

〈예 20.10〉

```
#include <fstream.h>
#define MAXLEN   81

 void main()
{
   char  *fname = "ex20-08.TXT";
   char  buf[MAXLEN], ch;

   ifstream infile(fname, ios::in);  // 객체의 생성과 파일 연계

   cout << "파일 ex20-08.TXT에서 3줄의 자료 입력받아 표준출력";

   for(int i=0; i < 3; i++) {
```

```
        infile.get(buf, MAXLEN).get(ch);    // infile 객체에서 읽어들임
        cout.put(ch);
        cout << buf;
    }
}
```

〈실행결과〉

```
C:₩Documents and Settings₩C++ 예제₩Debug>ex20-10
파일 ex20-08.TXT에서 3줄의 자료 입력 받아 표준출력
== 파일 ex20-08.TXT로 자료 출력 ==
File Stream Class Object Test Line.
== 파일 ex20-08.TXT로 자료 추가 출력 ==
```

20.4.2 파일 스트림 클래스 멤버 함수

파일 스트림 클래스 ifstream, ofstream의 클래스 객체가 참조 가능한 몇 가지 멤버 함수들을 살펴보자. 다음에 표시된 open(), close() 멤버 함수의 사용 형식과 기능은 이미 설명하였다.

```
클래스객체.open("파일명", [열려지는 상태]);
```

```
클래스객체.close()
```

다음 멤버 함수 get()은 클래스 객체가 선언됨과 동시에 열려진 파일에서 하나의 문자를 읽어 인수 ch에 대입한다. 그러나 입력 버퍼에 개행 문자 '\n'이 남아있으므로 다른 자료의 입력을 위하여 입력 버퍼를 비워줘야 한다.

```
클래스객체.get(char ch);
```

(n-1) 개의 문자 또는 특별히 지정된 문자 ch 앞까지의 문자들을 클래스 객체와 연계된 파일에서 읽어 들여 buf에 저장하는 멤버 함수 getline()은 다음과 같은 형식으로 참조할 수 있다. 이 함수는 '\n' 또는 특정 문자 ch까지 읽어들이지만 두 문자는 buf에 저장되지 않는다. 반면에 get(char *buf, int n) 멤버 함수는 (n-1)개의 문자들 또는 '\n'직전까지의 문자들을 읽어 buf에 저장한다. 즉, 입력 버퍼에 '\n'이 남아있게 된다.

```
클래스객체.getline(char *buf, int n, char ch);
```

get() 멤버 함수의 기능과 반대로 하나의 문자 ch를 열려진 파일에 저장하기 위해서는 다음과 같은 형식을 사용한다.

```
클래스객체.put(char ch);
```

클래스 객체를 선언하고, 이를 사용하여 파일의 입출력 작업을 진행하는 도중에 오류가 발생할 수 있다. 파일을 통한 입출력 오류의 발생여부를 조사할 수 있는 멤버 함수의 참조는 다음과 같다.

```
클래스객체.fail()
```

이 식의 실행결과는 입출력 오류가 발생하면 1의 값을, 오류가 발생하지 않고 정상적으로 파일 입출력이 실행되면 0의 값을 반환한다.

다음 〈예 20.11〉은 하나의 문자를 읽기 전용 파일에서 읽어서, 쓰기 전용 파일에 출력하는 프로그램이다. 또한 읽기 전용 파일에서 최대 40개의 문자들을 읽어 문자열로 저장한 후, 이 문자열을 쓰기 전용 파일에 출력하는 예도 함께 표시하고 있다. 파일에 문자열을 출력할 경우에는 write() 멤버 함수를 사용한다. 두 파일의 입출력 오류를 조사하기 위하여 fail() 멤버 함수를 if 문의 조건식에서 호출하고 있다. 만일 입력으로 사용될 파일이 존재하지 않으면 프로그램이 실행 불능 상태가 되고 만다.

따라서 이러한 불능 상태를 미연에 방지하기 위하여 fail() 멤버 함수를 이용한 파일 입출력 오류 검사를 하는 것이 좋다.

<예 20.11>

```
#include <fstream.h>
#include <process.h>    // exit() 사용
#include <string.h>
#define MAXLEN  41

void main()
{
  char  *infilename = "ex20-11.DAT";
  char  *outfilename = "ex20-11.TXT";
  char  buf[MAXLEN], ch;

  ifstream  infile(infilename);  // infilename과 연계된 infile 객체 생성
  ofstream  outfile(outfilename);  // outfilename과 연계된 outfile 객체

  if( infile.fail() ) {     // 파일 입력 오류 검사 (0=성공, 1=오류)
            cout << "File not found " << infilename;
            exit (1);
  }

  outfile << "Example of get() and put() -----\n";

  do {
           infile.get(ch);
           outfile.put(ch);
           outfile.put(' ');
  } while (ch != '\n');

  outfile << "Example of getline() and write() -----\n";
  infile.getline(buf, MAXLEN, '.');
  outfile.write(buf, strlen(buf));
}
```

〈실행결과〉

```
C:₩Documents and Settings₩C++ 예제₩Debug>ex20-11.dat
The OOP Language. ENJOY!
File Stream Class Object Test Line. (1)

C:₩Documents and Settings₩C++ 예제₩Debug>ex20-11


C:₩Documents and Settings₩C++ 예제₩Debug>ex20-11.txt
Example of get() and put() -----
T h e   O O P   L a n g u a g e .   E N J O Y !
Example of getline() and write() -----
File Stream Class Object Test Line
```

다음에 표시된 eof() 멤버 함수는 현재 파일의 읽기, 쓰기 위치(파일 포인터의 위치)가 파일의 끝인가의 여부를 조사하는데 사용된다. eof() 멤버 함수는 파일의 읽기 쓰기 위치가 파일의 끝이면 참의 값 (1)을, 끝이 아니면 거짓값 (0)을 실행 결과로 반환한다.

```
클래스객체.eof()
```

클래스 객체에 의해 열려진 파일의 현재 읽기 위치를 제어할 수 있는 멤버 함수가 있다. C의 fseek() 함수와 작동방식이 동일한 seekg() 멤버 함수는 파일의 현재 읽기 위치를 지정한 장소로 이동시켜준다.

```
클래스객체.seekg(n, 읽기 위치이동의 기준위치);
```

위 문장이 실행되면 두 번째 인수로 지정된 기준 위치로부터 n 번째 문자로 읽기 위치를 이동한다. n이 음수값이면 기준 위치에서 n 번째 전 문자로 이동한다. n이 0이면 당연히 현재 위치를 그대로 유지한다. 다음 [표 20.7]은 seekg() 멤버 함수의 두 번째 인수에 해당하는 값을 정리한 것이다.

[표 20.7] 읽기 위치이동의 기준위치 상수

읽기 위치이동의 기준위치	의미
ios::beg	파일의 시작 위치
ios::cur	현재 읽기 위치
ios::end	파일의 끝 위치

마지막으로 다음에 표시된 tellg() 멤버 함수는 파일 입출력이 이루어지는 도중에 현재의 읽기 위치를 구하는 함수이다. 이때 얻어지는 결과는 파일의 시작 위치부터 현재 읽기 위치까지 차지하는 바이트의 총 수(즉, 문자의 총 갯수)를 의미한다. 즉, 이 값은 파일의 시작부터의 절대위치를 나타낸다. 예를 들어 현재 읽기 위치의 값이 112라면 그 위치는 파일의 113번째 바이트가 될 것이다.

```
클래스객체.tellg()
```

다음 〈예 20.12〉에 eof(), seekg(), 그리고 tellg() 멤버 함수들을 클래스 객체가 어떻게 참조하는가에 대한 예를 표시하였다.

〈예 20.12〉

```
// 파일 이름 : ex20-11.cpp
#include <fstream.h>
#include <process.h>

unsigned filesize(char *infilename)
{
  ifstream  ifile(infilename, ios::in);
  ifile.seekg(0, ios::end);   // 파일의 끝으로 읽기위치 이동
  return (ifile.tellg() + 1);    // 파일의 끝의 절대위치 계산 반환
}

void main()
{
  char  *ifname = "ex20-11.DAT";
```

```
    char  *ofname = "ex20-12.TXT";
    char  ch;
    unsigned  curpos;

    ifstream infile(ifname);
    ofstream outfile(ofname);

  if( infile.fail() ) {   // 입력 파일 존재 오류 검사
          cout << "File not found : " << ifname;
          exit(1);
    }

    infile.seekg(-3, ios::end);  // 입력 파일의 끝에서 이전 3번째 위치로 이동

    if( !infile.eof() ) {
          curpos = infile.tellg();  // 시작 위치부터 절대위치값 계산
          outfile << "Current position is " << curpos
                  <<  " bytes apart from beginning position.\n";

          infile.get(ch);     // 현재 읽기 위치의 문자 하나 읽음
          outfile << "This character is \'" << ch << "\'.\n";
    }
    outfile << "Size of file \"" << ifname << "\" is "
              <<  filesize(ifname) << " bytes.";
  }
```

〈실행결과〉

```
C:₩Documents and Settings₩C++ 예제₩Debug>ex20-12


C:₩Documents and Settings₩C++ 예제₩Debug>type ex20-12.txt
Current position is 64 bytes apart from beginning position.
This character is ')'.
Size of file "ex20-11.DAT" is 68 bytes.
```

연습문제

20-1 cat이라고 하는 UNIX 명령어가 있다. 이 명령어와 비슷한 기능을 수행하는 C++프로그램 "CAT.CPP"를 다음 각 단계마다 표시된 실행결과가 얻어지도록 단계별로 수정하여 작성하여라. 각 단계의 실행결과에 표시된 음영 부분은 여러분이 입력해야 되는 문자들이다.

(1단계)

```
C:\USER\> cat
This is test1.↵
This is test1.
^z
C:\USER\>
```

다음 단계로 넘어가기 전에 다음과 같이 방향 지정(1장 참조)을 이용하여 "test2.out" 파일과 "test3.out" 파일을 먼저 만들자.

```
C:\USER> cat > test2.out
THIS IS TEST 2.↵
^Z
C:\USER> cat > test3.out
This is test 3 line.↵
^z
C:\USER>
```

(2단계)

```
C:\USER> cat test2.out
This is test 2.
C:\USER>
```

(3단계)

```
C:\USER> cat test2.out test3.out
This is test 2.
This is test 3 line.
C:\USER>
```

20-2 연습문제 20-1에서 얻어진 "test3.out" 파일 뒤에 "test2.out" 파일의 내용을 추가하는 프로그램을 작성하여라.

20-3 연습문제 20-2에서 얻어진 "test2.out" 파일을 명령행 인수로 주어지는 임의의 다른 파일로 복사하는 프로그램을 작성하여라.

20-4 두 파일이 명령행 인수로 주어질 때 앞의 파일을 뒤의 파일에 복사하는 프로그램을 작성하여라. 단 뒤에 주어진 파일이 이미 존재하는 파일이면 이 파일 뒤에 덧붙이고, 존재하지 않으면 새로 생성하여 복사한다.

20-5 입출력을 사용하여 두 정수를 입력받아 앞의 정수에 대한 뒤의 정수승을 구하여 반환하는 프로그램을 작성하여라(예; 2, 4 -> 24 반환).

20-6 정수를 입력할 때 10진수, 8진수, 16진수인지 구별하는 프로그램을 작성하라. 다음 입력 데이터를 이용하여 프로그램을 확인해 보기 바란다: 10, 010, 0x10

20-7 ASCII 문자 중에 33에서 126까지 문자를 출력하도록 for 문을 이용해 프로그램을 작성하라. 프로그램은 10진수, 8진수, 16진수를 출력할 수 있어야 하며, 각각 문자에 대한 문자 값을 출력해야 한다. 정수를 출력하기 위해 스트림 조작자 dec, oct, hex를 사용하라.

20-8 다음을 이용하여 코드를 작성하라. Person 클래스를 정의한다고 가정한다.

private 멤버와 멤버 함수는 다음과 같다. 이때 10개의 성, 이름, 나이 등을 입력하고 파일에 기록하라.

```
char lastName[15];
char firstName[15]
char age[4];
```

```
// lastName 접근 함수
void setLastName(string);
string getLastName() const;

// firstName 접근 함수
void setFirstName(string);
string getFirstName() const;

// age 접근 함수
void setAge(string);
string getAge() const;
```

부 록

ASCII 표

10진수	16진수	8진수	ASCII	Key	10진수	16진수	8진수	ASCII
0	00	00	NUL	CTRL/1	33	21	41	!
1	01	01	SOH	CTRL/A	34	22	42	"
2	02	02	STX	CTRL/B	35	23	43	#
3	03	03	ETX	CTRL/C	36	24	44	$
4	04	04	EOT	CTRL/D	37	25	45	%
5	05	05	ENQ	CTRL/E	38	26	46	&
6	06	06	ACK	CTRL/F	39	27	47	'
7	07	07	BEL	CTRL/G	40	28	50	(
8	08	10	BS	CTRL/H	41	29	51	)
9	09	11	HT	CTRL/I	42	2A	52	*
10	0A	12	LF	CTRL/J	43	2B	53	+
11	0B	13	VT	CTRL/K	44	2C	54	,
12	0C	14	FF	CTRL/L	45	2D	55	-
13	0D	15	CR	CTRL/M	46	2E	56	.
14	0E	16	SO	CTRL/N	47	2F	57	/
15	0F	17	SI	CTRL/O	48	30	60	0
16	10	20	DLE	CTRL/P	49	31	61	1
17	11	21	DC1	CTRL/Q	50	32	62	2
18	12	22	DC2	CTRL/R	51	33	63	3
19	13	23	DC3	CTRL/S	52	34	64	4
20	14	24	DC4	CTRL/T	53	35	65	5
21	15	25	NAK	CTRL/U	54	36	66	6
22	16	26	SYN	CTRL/V	55	37	67	7
23	17	27	ETB	CTRL/W	56	38	70	8
24	18	30	CAN	CTRL/X	57	39	71	9
25	19	31	EM	CTRL/Y	58	3A	72	:
26	1A	32	SUB	CTRL/Z	59	3B	73	;
27	1B	33	ESC	ESC	60	3C	74	〈
28	1C	34	FS	CTRL\	61	3D	75	=
29	1D	35	GS	CTRL]	62	3E	76	〉
30	1E	36	RS	CTRL^	63	3F	77	?
31	1F	37	US	CTRL_	64	40	100	@
32	20	40	SP	SPACEBAR				

10진수	16진수	8진수	ASCII	10진수	16진수	8진수	ASCII
65	41	101	A	97	61	141	a
66	42	102	B	98	62	142	b
67	43	103	C	99	63	143	c
68	44	104	D	100	64	144	d
69	45	105	E	101	65	145	e
70	46	106	F	102	66	146	f
71	47	107	G	103	67	147	g
72	48	110	H	104	68	150	h
73	49	111	I	105	69	151	i
74	4A	112	J	106	6A	152	j
75	4B	113	K	107	6B	153	k
76	4C	114	L	108	6C	154	l
77	4D	115	M	109	6D	155	m
78	4E	116	N	110	6E	156	n
79	4F	117	O	111	6F	157	o
80	50	120	P	112	70	160	p
81	51	121	Q	113	71	161	q
82	52	122	R	114	72	162	r
83	53	123	S	115	73	163	s
84	54	124	T	116	74	164	t
85	55	125	U	117	75	165	u
86	56	126	V	118	76	166	v
87	57	127	W	119	77	167	w
88	58	130	X	120	78	170	x
89	59	131	Y	121	79	171	y
90	5A	132	Z	122	7A	172	z
91	5B	133	[	123	7B	173	{
92	5C	134	\	124	7C	174	|
93	5D	135	]	125	7D	175	}
94	5E	136	^	126	7E	176	~
95	5F	137	_	127	7F	177	DEL
96	60	140	`	128	80	200	Ç

10진수	16진수	8진수	ASCII	10진수	16진수	8진수	ASCII
129	81	201	ü	161	A1	241	í
130	82	202	é	162	A2	242	ó
131	83	203	â	163	A3	243	ú
132	84	204	ä	164	A4	244	ñ
133	85	205	à	165	A5	245	Ñ
134	86	206	å	166	A6	246	ª
135	87	207	ç	167	A7	247	º
136	88	210	ê	168	A8	250	¿
137	89	211	ë	169	A9	251	??
138	8A	212	è	170	AA	252	¬
139	8B	213	ï	171	AB	253	½
140	8C	214	î	172	AC	254	¼
141	8D	215	ì	173	AD	255	¡
142	8E	216	Ä	174	AE	256	«
143	8F	217	Å	175	AF	257	»
144	90	220	É	176	B0	260	░
145	91	221	æ	177	B1	261	▒
146	92	222	Æ	178	B2	262	▓
147	93	223	ô	179	B3	263	│
148	94	224	ö	180	B4	264	┤
149	95	225	ò	181	B5	265	╡
150	96	226	û	182	B6	266	╢
151	97	227	ù	183	B7	267	╖
152	98	230	ÿ	184	B8	270	╕
153	99	231	Ö	185	B9	271	╣
154	9A	232	Ü	186	BA	272	║
155	9B	233	¢	187	BB	273	╗
156	9C	234	£	188	BC	274	╝
157	9D	235	¥	189	BD	275	╜
158	9E	236	?	190	BE	276	╛
159	9F	237	ƒ	191	BF	277	┐
160	A0	240	á	192	C0	300	└

10진수	16진수	8진수	ASCII	10진수	16진수	8진수	ASCII
193	C1	301	┴	225	E1	341	β
194	C2	302	┬	226	E2	342	Γ
195	C3	303	├	227	E3	343	π
196	C4	304	─	228	E4	344	Σ
197	C5	305	┼	229	E5	345	σ
198	C6	306	╞	230	E6	346	μ
199	C7	307	╟	231	E7	347	τ
200	C8	310	╚	232	E8	350	Φ
201	C9	311	╔	233	E9	351	Θ
202	CA	312	╩	234	EA	352	Ω
203	CB	313	╦	235	EB	353	δ
204	CC	314	╠	236	EC	354	∞
205	CD	315	═	237	ED	355	∅
206	CE	316	╬	238	EE	356	ε
207	CF	317	╧	239	EF	357	∩
208	D0	320	╨	240	F0	360	≡
209	D1	321	╤	241	F1	361	±
210	D2	322	╥	242	F2	362	≥
211	D3	323	╙	243	F3	363	≤
212	D4	324	╘	244	F4	364	⌠
213	D5	325	╒	245	F5	365	⌡
214	D6	326	╓	246	F6	366	÷
215	D7	327	╫	247	F7	367	≈
216	D8	330	╪	248	F8	370	○
217	D9	331	┘	249	F9	371	·
218	DA	332	┌	250	FA	372	·
219	DB	333	█	251	FB	373	√
220	DC	334	▄	252	FC	374	n
221	DD	335	▌	253	FD	375	^{2}
222	DE	336	▐	254	FE	376	■
223	DF	337	▀	255	FF	377	(blank)
224	E0	340	α				

찾아보기

참 고 문 헌

[1] B. W. Kernighan · D. M. Ritchie, "The C Programming Language", 1978, PRENTICE, INC.

[2] BORLAND사 발행, "TURBO C REFERENCE GUIDE", 1987.

[3] BORLAND사 발행, "TURBO C USER′S GUIDE", 1987.

[4] BORLAND사 발행, "TURBO C++ USER′S GUIDE", 1992.

[5] Steven C. Lawlor, "The Art of Programming COMPUTER SCIENCE with C++", 1998, PWS Publishing Company.

[6] Greg Perry 저, 이준규 역, "초보자를 위한 터보 C++ 객체지향 프로그래밍 21일 완성", 1998, 인포북.

[7] Ira POHL 저, 김태공 · 천인국 · 하상호 편역, "C++를 사용한 객체 지향 프로그래밍", 2000, 시그마프레스.

[8] Stephan Prata 저, 윤성일 · 이도희 역, "C++ 기초 플러스", 1996, 성안당.

[9] 김명렬, "C언어. 프로그래밍 바이블", 1995, 홍릉과학출판사.

[10] 김상형, "C++을 내것으로, 레퍼런스편", 1995, 가남사.

[11] 김용일, "C 프로그래밍 실습", 1995, 고우사.

[12] 신동완 · 신동준, "예제로 배우는 터보C++ 3.0", 1996, 기전연구사.

[13] 오종철, "C++ 객체지향 프로그래밍의 이해", 2000, 인터비전.

[14] 이광형 외, "알기쉬운 C언어", 1990, 홍릉과학출판사.

[15] 이광형 · 이재호 편저, "C++ 프로그래밍 언어", 1991, 홍릉과학출판사.

[16] 이대호, "Programming 입문과 활용", 2010, GS인터비전.

[17] 이상구, "C 언어 정복", 1995, 홍릉과학출판사.

[18] 전문식 편저, "미래 컴퓨터 프로그램 언어 객체지향 프로그래밍", 1992, 홍릉과학출판사.

[19] 최승욱, "C 언어 프로그래밍", 2008, 삼진출판사.

[20] 최영근, "정보처리기사1급 프로그래밍 언어", 1996, 정보문화사.

[21] 홍요훈 편저, "완벽 C언어 프로그래밍", 1995, 홍릉과학출판사.

[22] 황희융 편역, "C언어기초+α", 1995, 교학사.

[23] 편집부 역, "이해하기 쉬운 C++", 2002, 홍릉과학출판사.

[24] 이병욱 · 황준, "C언어와 C++ 프로그래밍", 1997, 정익사.

[25] 박근덕 외, "C, C++ 프로그래밍 및 실습", 2006, 정익사.

[26] 박윤용 외, "C와 C++ 프로그래밍", 1997, 정익사.

[27] H. M. Deitel · P. J. Deitel, 강성철 외 역, "C++ HOW TO PROGRAM", 2003, PEARSON EDUCATION KOREA

C++ 프로그래밍

2010년 10월 1일 초판 인쇄

2010년 10월 5일 인쇄 발행

저 자 오종철 · 장민석

발 행 인 송기수

발 행 처 도서출판 GS인터비전

편 집 처 도서출판 GS인터비전

인 쇄 처 삼성문화사

등록번호 제 2008 - 27호

I S B N 978-89-93668-61-2 (92560)

주 소 서울 중랑구 묵동 신도브래뉴 1차 102동 1301호

전 화 02-976-7898, 0707-720-7898

팩 스 02-6468-7898

홈페이지 www.gsintervision.co.kr

이 메 일 gsinter7@chol.com

정 가 26,000 원